本书系2017年国家社会科学基金西部项目（批准号：17XGJ010）成果

以区域自由贸易区

建设推动丝绸之路经济带深化升级研究

赵青松／著

西南财经大学出版社

中国·成都

图书在版编目(CIP)数据

以区域自由贸易区建设推动丝绸之路经济带深化升级研究/赵青松
著.—成都:西南财经大学出版社,2023.4
ISBN 978-7-5504-5702-7

Ⅰ.①以… Ⅱ.①赵… Ⅲ.①自由贸易区—经济发展—研究—中国
②丝绸之路—经济带—区域经济发展—研究—中国 Ⅳ.①F752
②F127

中国国家版本馆 CIP 数据核字(2023)第 040825 号

以区域自由贸易区建设推动丝绸之路经济带深化升级研究
YI QUYU ZIYOU MAOYIQU JIANSHE TUIDONG SICHOUZHILU JINGJIDAI SHENHUA SHENGJI YANJIU
赵青松　著

责任编辑:王　利
责任校对:植　苗
封面设计:墨创文化
责任印制:朱曼丽

出版发行	西南财经大学出版社(四川省成都市光华村街55号)
网　　址	http://cbs.swufe.edu.cn
电子邮件	bookcj@ swufe.edu.cn
邮政编码	610074
电　　话	028-87353785
照　　排	四川胜翔数码印务设计有限公司
印　　刷	四川煤田地质制图印务有限责任公司
成品尺寸	170mm×240mm
印　　张	20
字　　数	338 千字
版　　次	2023 年 4 月第 1 版
印　　次	2023 年 4 月第 1 次印刷
书　　号	ISBN 978-7-5504-5702-7
定　　价	88.00 元

前言

"一带一路"倡议是我国在 2013 年面对经济全球化遭遇波折及区域经济一体化加速发展的情况而提出来的。改革开放 40 多年来，中国在融入经济全球化的过程中实现了经济的快速增长。作为全球第一大货物贸易国和第二大经济体，中国要实现由贸易大国向贸易强国的转变，必须加快推进自由贸易区（FTA）战略。党的十八大提出了"以周边为基础加快实施自由贸易区战略，逐步构筑高标准自由贸易区网络"的发展目标。党的十九届四中全会强调要"推动构建面向全球的高标准自由贸易区网络"，党的二十大进一步提出要"扩大面向全球的高标准自由贸易区网络"。当前，全球范围内 FTA 的数量不断增加，FTA 谈判涵盖议题快速拓展，加快实施自由贸易区战略是中国新一轮对外开放的重要内容和构建开放型经济新体制的必然选择。在逆全球化发展及中、美之间竞争加剧的背景下，中国外贸发展的空间受到挤压，中国在外贸上实现"东方不亮西方亮"显得尤为重要，与"一带一路"尤其是丝绸之路经济带沿线国家（地区）开展经贸合作能够实现中国外贸市场的多元化发展。推进贸易类投资便利化、深化经济技术合作、建立自由贸易区是"一带一路"尤其是丝绸之路经济带建设的"三部曲"，加快 FTA 建设是"一带一路"尤其是丝绸之路经济带建设深化升级的战略突破口。中国如何推动"一带一路"尤其是丝绸之路经济带建设的深化升级，是亟待深入研究的重要课题。

本书首次将中国的自由贸易区战略与"一带一路"倡议相结合进行研究，分析以区域自由贸易区建设推动"一带一路"尤其是丝绸之路经济带深化升级的路径和对策，丰富了二者的研究内涵。目前，中国已经与 26 个国家或地区建立了 19 个自由贸易区。未来五到十年，是中国加快自由贸易区建设全球布局的重要战略机遇期，中国与"一带一路"尤其是丝绸之路经济带沿线国家（地区）建立自由贸易区仍具有较大的拓展空间，对此问题的研究具有很强的实践应用价值。

本书的研究思路如下：首先，综述国内外"一带一路"和 FTA 建设的相关理论和文献，分析"一带一路"建设的进展状况、存在的主要困难及其产生原因，提出"一带一路"建设深化升级的内涵、必要性与实施路径。其次，总结以区域 FTA 建设推动"一带一路"建设深化升级的基础条件、成效及影响，包括中国 FTA 建设的现状、特点及贸易效应，中国与丝绸之路沿线国家或地区的贸易特征及 FTA 建设的进展与障碍。再次，研究中国与"一带一路"沿线国家或地区建立双边和多边 FTA 的经济和贸易效应，分析中国与丝绸之路沿线国家或地区建设 FTA 的优势、劣势、机遇和挑战。最后，比较分析和借鉴世界主要大国和经济体的自由贸易区战略，提出以区域自由贸易区建设推动"一带一路"深化升级的目标任务、措施及对策建议。

首先，本书从政策沟通、道路联通、贸易畅通、货币流通、民心相通5 个方面，总结了"一带一路"建设的进展情况，分析了"一带一路"建设面临的主要问题，包括沿线国家或地区经济发展水平相对滞后、区域发展差距较大、贸易机制缺乏、投资风险大等。然后，研究"一带一路"建设深化升级的内涵及必要性，指出加快实施自由贸易区战略是"一带一路"建设深化升级的必然选择，并提出了"一带一路"建设深化升级的路径选择，即从倡议向项目实施"落地"深化，由"碎片化"的项目建设为主导向"一揽子解决方案"的贸易类投资机制化即 FTA 建设升级；实施路径是从低层次的优惠贸易安排（机制对接）向货物贸易 FTA 推进，从低水平 FTA 向高水平 FTA 迈进，最终构建中国在丝绸之路沿线国家或地区的 FTA 网络。

其次，本书全面总结中国已经签署并实施及正在谈判的双边、多边自由贸易协定概况，分析了中国实施 FTA 战略的特点。研究中国与"一带一路"沿线国家已签署并实施 FTA 的现状及影响，包括中国—东盟 FTA 协定（CAFTA）的主要内容及作用，中国—巴基斯坦 FTA 的主要内容及影响，中国与瑞士、冰岛、格鲁吉亚、马尔代夫、毛里求斯自由贸易协定的特点及影响。通过倾向匹配得分双重差分方法，实证分析 FTA 建设对中国外贸发展的影响，发现 FTA 对中国与契约国（地区）之间的贸易促进作用显著。

再次，本书重点分析中国与丝绸之路沿线国家（地区）的贸易特征及双边 FTA 建设的进展与障碍。我们研究了中国与丝绸之路沿线 47 个经济体的贸易发展现状及特征，包括贸易规模、贸易差额、贸易地位等。通过计算贸易结合度指数（TII）、相似度指数（ESI）、贸易互补性指数（TCI）等，分析中国与丝绸之路沿线国家（地区）的贸易竞争性和互补性。选取与中国正在进行 FTA 谈判的以色列、挪威、斯里兰卡、摩尔多瓦这 4 个国家，具体分析了中国与这些国家的贸易特征及双边 FTA 建设的进展及障碍。另外，研究了中国与印度的贸易潜力及 FTA 建设的经济效应，在分析中、印双边贸易的结合度、相似度、互补性的基础上，利用随机前沿引力模型测算中国对印度的进出口效率及两国之间的贸易潜力，发现建立中、印 FTA 和关税互相削减增加了两国的总经济效应，且印度的收益大于中国。还研究了中、英双边 FTA 建设的可行性及福利影响，通过构建异质性国际贸易模型，测算了建立双边 FTA 对中、英两国福利的影响。

再其次，本书着重研究了中国与"一带一路"沿线国家（地区）多边 FTA 建设的进展、障碍及经济与贸易效应。一是总结了区域全面经济伙伴关系协定（RCEP）的发展历程，分析中国与 RCEP 成员之间的贸易规模、结构及贸易互补性和竞争性，运用 GTAP（全球贸易分析）模型分析了 RCEP 协定的宏观经济效应及影响。研究发现：RCEP 协定对各成员的 GDP（国内生产总值）、福利水平、贸易条件及进出口贸易都有正向刺激作用，而非成员将遭受负面冲击；RCEP 的贸易创造效应和贸易转移效应显著。RCEP 协定将促进中国扩大对区域内成员的贸易规模，中国的整体产出有所提升，但部分产业也将遭受一定的负面冲击，中国与 RCEP 成员产业互补优势明显。二是通过总结中、日、韩自由贸易区谈判的进展，分析了中、日、韩 FTA 谈判的主要阻碍。三是论述了中国与海合会（海湾阿拉伯国家合作委员会，简称"海合会"）成员的双边贸易特点、投资合作和工程承包的状况，分析了中国—海合会 FTA 谈判的进程及主要障碍，指出海合会成员内部矛盾较多、中国从中国—海合会 FTA 中获益有限等问题。四是概括了上海合作组织（简称"上合组织"）区域经济合作取得的成绩，包括上合组织区域经济合作的机制化建设、各成员发展战略与"一带一路"建设对接等内容。

最后，本书分析了中国与丝绸之路沿线国家（地区）建设自由贸易区的优势、劣势、机遇和挑战。优势包括中国与丝绸之路沿线国家（地区）

具备良好的政治外交关系和经济合作基础，经济和贸易互补性强，中方积累了丰富的与各国（地区）开展区域经济合作的经验等。劣势包括中国存在 FTA 协定标准较低、利用率偏低等问题，欧亚地区多层次相互交织的区域经济合作机制阻碍了中国的 FTA 建设，丝绸之路沿线国家（地区）对建立 FTA 的认识差异较大，各国普遍担忧国内产业受到冲击等。机遇包括"一带一路"倡议与丝绸之路沿线许多国家（地区）的发展战略实现了对接，中国已是全球增长最快的商品和服务进口大市场。挑战是欧亚地区安全形势复杂、大国博弈激烈，"一带一路"沿线各国（地区）经济发展水平、政治体制及文化差异巨大，美国在全球范围内大搞单边主义和贸易保护主义，新冠肺炎（新型冠状病毒感染）疫情对世界经济和国际贸易产生巨大冲击等。

本书提出了如下对策及政策建议：美、欧、日等发达经济体追求自由贸易协定的"高标准和高质量"，以及韩国 FTA 政策的普及推广体制等经验都对中国具有一定的借鉴意义。中国要提高 FTA 的自由化标准，增强 FTA 谈判策略的针对性和务实性，针对不同对象采取差别化的 FTA 策略，加快建设高水平 FTA。RCEP 协定的实施和生效具有重大和深远意义，在此基础上，中国要加快推动中、日、韩 FTA 建设，积极加入日本主导的 CPTPP（全面与进步跨太平洋伙伴关系）协定；重启中国与海合会的 FTA 谈判，深化上合组织框架下的中国与欧亚经济联盟经贸合作，并适时启动中国与欧亚经济联盟的 FTA 谈判；积极推动中国与以色列、挪威、斯里兰卡、摩尔多瓦等国家的双边 FTA 谈判；推动尽快签署中国与欧盟的双边投资协定（BIT），加强中国与印度的经贸合作，在英国脱欧后实时启动中、英双边自由贸易区谈判等。

本书由新疆财经大学国际经贸学院教授赵青松博士撰写。本书是 2017 年国家社会科学基金西部项目"以区域自由贸易区建设推动丝绸之路经济带深化升级研究"（批准号：17XGJ010）课题的最终成果。本书的出版得到了新疆财经大学专著出版基金和新疆财经大学国际经贸学院的资助，在此深表谢意。

赵青松

2022 年 9 月

目录

1 导论

1.1 研究背景及意义

1.1.1 研究背景

1.1.1.1 区域经济一体化趋势日益明显

区域经济一体化是世界经济发展的重要趋势之一。最近 60 多年来，全球区域经济一体化大致经历了 3 次浪潮：第一次浪潮是 20 世纪 60 年代，其代表就是 1958 年欧洲共同体和 1960 年欧洲自由贸易联盟①的成立，欧洲区域经济一体化率先启动。第二次浪潮是 20 世纪 90 年代北美洲和南美洲的区域经济一体化，以 1985 年的北美自由贸易协定和 1991 年的南美共同市场协定为代表。第三次浪潮开始于 21 世纪初的亚洲。2001 年，中国与东盟开始自由贸易区谈判，就此开启了亚洲区域经济一体化的新篇章。

进入 21 世纪以来，全球多边贸易谈判进展日趋艰难，前景惨淡。特别是 1999 年世界贸易组织（WTO）部长级西雅图会议和 2003 年坎昆会议受阻，在多边层面推动世界市场的深度开放包括规制建设越来越困难。在此背景下，许多国家转向推进区域贸易协定，以促进区域经济一体化。当前，全球范围内自由贸易区（FTA）的数量不断增加，FTA 谈判涵盖的议题快速拓展。据 WTO 统计，2016 年底，全球已经生效的区域贸易协定（RTA）有 400 多个，通知到 WTO 的已经执行的 FTA 数量共计 284 项，其中

---

① 欧洲自由贸易联盟（EFTA）又称"小自由贸易区"。1960 年，奥地利、丹麦、挪威、葡萄牙、瑞典、瑞士和英国在斯德哥尔摩签订《建立欧洲自由贸易联盟公约》。1973 年，英国、丹麦退出，转身加入欧洲经济共同体。1986 年，葡萄牙退出，转身加入欧洲经济共同体。1994 年，奥地利、瑞典、芬兰退出后转身加入欧盟。

90%是自由贸易区协定，10%是关税同盟①。与多边贸易谈判相比，双边贸易谈判达成一致协议比较容易，政策调整成本小，协定磋商和执行都比较灵活，这些都是FTA协定快速增加的重要原因。

目前，区域贸易协定已经从最初的消除关税的目的转向电子商务、服务贸易、直接投资、政府采购、知识产权、劳工和环境等方向深入发展。新签署的FTA协定在开放度和自由化程度方面都远远高于WTO规则水平，并且FTA也越来越呈现巨型化特征。近年来，尽管美国大力推行单边主义，以双边协定替代多边谈判，但区域性开放潮流势头不减。例如，近期完成了一些大型自由贸易区的谈判，包括欧盟—日本经济伙伴关系协定（EPA）、欧盟—越南自由贸易区协定、欧盟—南方共同市场协定②、非洲大陆自由贸易区协定。因此，FTA被认为是在多边贸易谈判失灵的情况下，实现贸易自由化的重要手段和路径。

1.1.1.2 "逆全球化"趋势加剧

自2008年发生全球金融危机以来，全球贸易年均复合增长率从8%逐渐降低至2017年的0.2%；全球贸易总额占GDP的比例自2008年达到历史顶峰后连续7年下滑，总降幅达到13.6%；世界经济增速也从2007年的4.23%的下降到2017的3.15%。在此背景下，部分发达国家的贸易保护主义倾向抬头。据不完全统计，从2008年初至2016年10月底，全球共推出了2978项贸易限制措施；至2016年10月底，全球仅废止740项贸易限制措施。

特别是近年来，"逆全球化"浪潮席卷全球，使得前期快速发展的区域经济一体化势头发生重大逆转。全球化的负面效应引发了发达国家的民粹主义浪潮，一系列逆全球化的"黑天鹅"事件频发。从WTO的多哈回合谈判受阻③，到2016年以英国"脱欧"、意大利公投修宪失败为代表的政治动向，以2017年美国退出跨太平洋伙伴关系协定（TPP）、重谈北美自由贸易区、挑起对华贸易摩擦等为代表的经济表现，以及欧洲难民危机激发的种族和文化冲突，"逆全球化"事件不断发生。

---

① 参见：世界贸易组织网站（www.wto.org）。

② 2019年，欧盟和由阿根廷、巴西、巴拉圭和乌拉圭组成的南方共同市场，在比利时布鲁塞尔宣布达成自由贸易协定，该自由贸易协定全面生效后，将形成覆盖7.6亿人口的自由贸易区。

③ 多哈回合贸易谈判是WTO于2001年11月在卡塔尔首都多哈举行的WTO第四次部长级会议中开始的新一轮多边贸易谈判，但直至2005年底，仍未能达成协议，最终于2006年7月正式中止。

2013 年，中国国家主席习近平在出访哈萨克斯坦和印度尼西亚时先后提出共建"丝绸之路经济带"和"21 世纪海上丝绸之路"的重大倡议（简称"一带一路"倡议）。自改革开放以来，中国在融入经济全球化的过程中实现了经济的快速增长和结构转换，是经济全球化的最大受益者之一。中国的快速崛起引起了主要发达国家的警觉，受到其遏制，美国奥巴马政府提出的"亚太再平衡"战略和"两洋贸易战略"（TPP 和 TTIP）就是这种反应的体现①，美国试图通过构建新一代国际贸易规则来排斥和制约中国。中国则通过举办"一带一路"国际合作高峰论坛，与丝绸之路沿线国家（地区）共商合作大计，共建多边合作平台，积极成为亚太区域经济一体化的推动者和领导者。因此，中国如何推动"一带一路"建设深化升级，是亟待深入研究的课题。

1.1.1.3 中国加快推进自由贸易区战略

自改革开放以来，中国对外贸易快速发展，进出口贸易规模已跃居世界第一。目前，中国已经成为世界第一大货物贸易出口国和第二大进口国。中国经济对世界经济增长的贡献率连续多年超过 30%，是世界经济增长最重要的引擎。2019 年，中国外贸总额为 31.54 万亿元人民币，同比增长 3.4%，进出口规模均创历史新高，中国出口贸易占全球的市场份额提升至 13.1%。

中国要巩固贸易大国地位，实现由贸易大国向贸易强国的转变，必须加快推进 FTA 战略。至 2020 年底，中国已经与全球 26 个国家或地区建立了 19 个自由贸易区（FTA）②。自由贸易区成为中国对外开放、与其他国家（地区）实现互利共赢的新平台。与世界各国（地区）建立自由贸易区，不仅有利于中国实现国际市场的多样化发展，还将使中国获得参与国际经济规则制定的机会，也将为中国新一轮的改革提供新动力。因此，实施 FTA 战略是中国扩大对外开放、全面深化改革的重要突破口和途径③。

---

① 跨太平洋伙伴关系协定（Trans -Pacific Partnership Agreement，TPP），其前身是跨太平洋战略经济伙伴关系协定，是由亚太经济合作会议成员中的新西兰、新加坡、智利和文莱四国发起，从 2002 年开始酝酿的一组多边关系的自由贸易协定，原名"亚太自由贸易区"。2008 年 2 月美国加入，2017 年美国宣布退出。跨大西洋贸易与投资伙伴关系协定（Transatlantic Trade and Investment Partnership，TTIP）是指美国和欧盟之间的自由贸易协定，该协定谈判于 2013 年 6 月启动。

② 参见：中国自由贸易区服务网（http://fta.mofcom.gov.cn/）。

③ 刘树林，王义源，张文涛. 我国加快推进自由贸易区战略研究 [J]. 现代管理科学，2016（1）：21-23.

为此，2007年，党的十七大就提出将自由贸易区建设作为国家战略予以实施。之后，2012年党的十八大和国家"十三五"规划都再次提出了"以周边为基础加快实施自由贸易区战略，逐步构筑高标准自由贸易区网络"的发展目标，这标志着中国自由贸易区建设全面提速。加快实施自由贸易区战略是中国对外开放的重要内容和构建开放型经济新体制的必然选择。对此问题的研究正逢其时，具有重要的现实意义。

1.1.2 研究意义

1.1.2.1 学术价值

一方面，当前以世界贸易组织为代表的多边贸易谈判陷入僵局，进展缓慢，这使我国难以从多边渠道继续获得全球贸易自由化的红利；另一方面，由于FTA协定具有较强灵活性与政策独立性，成为大多数发展中国家的最佳选择，区域经济一体化趋势日益明显。2015年，国务院《关于加快实施自由贸易区战略的若干意见》① 指出，要加快构建周边自由贸易区，积极同"一带一路"沿线经济体商建自由贸易区，形成"一带一路"大市场。

本书将自由贸易区战略与"一带一路"倡议相结合进行研究，并分析以区域自由贸易区建设推动"一带一路"深化升级的路径和策略，丰富了二者的研究内涵，具有较强的研究前瞻性和学术价值以及现实意义。

1.1.2.2 应用价值

第一，自由贸易区建设是"一带一路"建设深化升级的战略突破口。当前，"一带一路"建设已经从宣传阶段进入实施阶段。自2013年中国提出共建"一带一路"倡议以来，"一带一路"沿线国家（地区）对此倡议的态度从疑虑、观望到积极响应和支持。至2020年5月底，中国政府已先后与138个国家、30个国际组织签署了200份共建"一带一路"合作文件②。"一带一路"建设涉及60多个国家（地区），许多国家（地区）经济发展水平较低，其建设具有长期性与复杂性。"一带一路"建设目前虽未搞机制建设，但这并不意味着中国放弃区域经济一体化的构想。推进贸易类投资便利化、深化经济技术合作、建立自由贸易区是"一带一路"建

---

① 参见：中国政府网（http://www.gov.cn）国发〔2015〕69号，发布日期：2015年12月17日。

② 参见：中国"一带一路"网（https://www.yidaiyilu.gov.cn/xwzx/gnxw/102792.htm）。

设的"三部曲",加快双边、多边自由贸易区建设也是"一带一路"建设深化升级的战略突破口。

第二,中国的自由贸易区建设比发达国家起步晚、经验少、分布不平衡。2020年底,中国已经与26个国家或地区建立了19个自由贸易区。在东亚、东南亚、南亚,中国分别与韩国、东盟、巴基斯坦建立了自由贸易区,但是在中亚、西亚及独联体地区,除了与格鲁吉亚建立FTA之外,其他国家(地区)仍是中国自由贸易区战略的空白地带。2015年,中、俄两国签署了《关于"丝绸之路经济带建设和欧亚经济联盟"对接合作的联合声明》,并提出研究建立中国—欧亚经济联盟FTA这一远期目标。目前,中国正在谈判的自由贸易协定或FTA升级谈判有12个,全部建成后将涵盖中国外贸总量的50%以上。未来五到十年,是中国加快自由贸易区建设全球布局的重要战略机遇期,中国与"一带一路"沿线国家(地区)建立自由贸易区仍具有较大的拓展空间,对此问题的研究具有很强的实践应用价值。

第三,在"逆全球化"不断发展及中、美之间竞争和贸易摩擦加剧的背景下,中国外贸发展的空间受到极大挤压,中国在外贸上要实现"东方不亮西方亮"显得尤为重要。丝绸之路沿线国家(地区)主要包括中亚、西亚、南亚、东南亚、中东欧等60多个国家和地区,与这些国家(地区)开展经贸合作能够实现中国外贸市场的多元化发展,可以减少对欧美发达国家(地区)的市场依赖。因此,研究中国与丝绸之路沿线国家(地区)建立自由贸易区及经济效应,既有利于推动"一带一路"倡议的落实,也具有重要的现实意义和较强的实践应用价值。

1.2 相关概念界定及研究范围

1.2.1 区域经济一体化的主要形式

按照其优惠安排程度的不同,目前已达成的各项区域贸易协定可以区分为下列七种不同的层级:优惠贸易安排、自由贸易区、关税同盟、共同市场、经济联盟、完全经济一体化、自由贸易园区。

1.2.1.1 优惠贸易安排(preferential trade arrangement)

优惠贸易安排是指成员之间在进出口贸易方面彼此提供关税减让优

惠，削减关税但不消除关税，即成员之间仍然存在一定程度的关税，因此经济一体化水平最低。

1.2.1.2 自由贸易区（free trade areas）

根据 WTO 的解释，自由贸易区（FTA）是指"两个以上的主权国家或单独关税区通过签订协议，分阶段取消关税和非关税壁垒，实现贸易和投资自由化的特定区域"。由此可见，自由贸易区是一种比较基本的区域贸易合作形式，由 FTA 签订国家（地区）组成经济贸易集团，在成员之间实现了商品的自由流动，但各成员仍保留对非成员的关税壁垒。由于 FTA 不要求成员之间建立共同的关税制度和对外贸易政策，因此，缔结 FTA 所要求的政策协调程度较低，达成 FTA 的谈判也更容易进行。

1.2.1.3 关税同盟（custom union）

关税同盟的一体化水平比 FTA 高一个层次，不仅成员之间取消所有关税及其他贸易壁垒，实现自由贸易，而且还要求所有成员对外实施统一的关税等政策。FTA 只是成员之间相互取消关税，而关税同盟是将制定关税的权利让渡给了同盟。关税同盟的制度特点有三点：一是参与国家需将对外贸易的政策制定权让渡给关税同盟，由关税同盟实施统一的对外关税和贸易政策。二是成员之间不需要实施原产地规则。由于统一关税税率和对外贸易政策，关税同盟背景下不可能出现借道转口以求低关税出口的现象，所以成员之间的产品流动不需要附加原产地证明。三是关税同盟限制其成员与其他国家（地区）签订自由贸易协定（FTA）。正是由于关税同盟要求其成员让渡权利和对其成员建立自由贸易协定进行限制，导致这种区域经济一体化模式相对较少被世界各国采用。

1.2.1.4 共同市场（common market）

共同市场是在关税同盟实现商品自由流动的基础上，进一步实现劳动力、资本等各种生产要素的自由流动，其经济一体化水平较高。

1.2.1.5 经济联盟（economic union）

经济联盟除了共同市场的内容之外，还要求成员在经济和社会政策上（货币、财政、社会福利政策等）协调一致，如欧盟。

1.2.1.6 完全经济一体化（complete economic integration）

完全经济一体化不仅要求成员在经济上取消国界、实行统一的经济政策，还要求其在政治上有共同的权力机构等。这是最高层次的一体化形式，至今尚无现实案例。

1.2.1.7 自由贸易园区（free trade zone，FTZ）

自由贸易园区是指在一个国家境内设立的实行优惠税收和特殊监管的小块特定区域，类似于世界海关组织（WCO）所解释的"自由区"。该区域内的进口货物被视为"境内关外"，不征收关税和免除海关监管措施。中国的经济特区、保税区、出口加工区、保税港、经济技术开发区等特殊经济功能区都具有"自由贸易园区"的某些特征。因此，中国国家商务部将此定义为"自由贸易园区"或"自由贸易试验区"，这与主权国家或单独关税区之间签署协议建立的自由贸易区（FTA）有本质的区别。本书研究的范围是自由贸易区（FTA），而不是自由贸易园区（FTZ）。

1.2.2 "一带一路"的概念及其范围

2013 年 9 月，中国国家主席习近平在哈萨克斯坦纳扎尔巴耶夫大学演讲时提出了共同建设"丝绸之路经济带"的战略构想；同年 10 月，习近平主席访问印度尼西亚时，提出与东盟国家共建"21 世纪海上丝绸之路"的倡议，两者合称"一带一路"倡议。

"一带一路"沿线涉及 65 个国家和地区，包括东南亚 11 国、中亚 5 国、独联体 7 国、南亚 8 国、西亚 18 国（地区）、中东欧 16 国。其中。东南亚 11 国包括印度尼西亚、泰国、马来西亚、越南、新加坡、菲律宾、缅甸、柬埔寨、老挝、文莱、东帝汶；中亚 5 国包括哈萨克斯坦、乌兹别克斯坦、塔吉克斯坦、吉尔吉斯斯坦、土库曼斯坦；独联体 7 国包括俄罗斯、乌克兰、白俄罗斯、格鲁吉亚、阿塞拜疆、亚美尼亚、摩尔多瓦；南亚 8 国包括印度、巴基斯坦、孟加拉国、尼泊尔、不丹、斯里兰卡、阿富汗、马尔代夫；西亚 18 国和地区包括土耳其、伊朗、伊拉克、科威特、沙特阿拉伯（简称"沙特"）、叙利亚、约旦、以色列、巴勒斯坦、阿拉伯联合酋长国（简称"阿联酋"）、卡塔尔、巴林、也门、阿曼、黎巴嫩、塞浦路斯等；中东欧 16 国包括波兰、捷克、斯洛伐克、匈牙利、斯洛文尼亚、爱沙尼亚、立陶宛、拉脱维亚、罗马尼亚、保加利亚、克罗地亚、塞尔维亚、黑山、马其顿、波黑、阿尔巴尼亚。

一般来说，依据地理位置、古代陆海丝绸之路的走向以及政治经济联系等因素，"21 世纪海上丝绸之路"主要涉及东南亚和南亚地区，"丝绸之路经济带"主要涉及中亚、独联体国家、西亚和中东欧地区。

1.3 相关理论基础

1.3.1 国际贸易经典理论

总体上看，国际贸易理论经历了四个发展阶段，即古典贸易理论、新古典贸易理论、新贸易理论、新新贸易理论四个阶段。

古典贸易理论的代表是亚当·斯密（Adam Smith）的绝对优势理论和大卫·李嘉图（David Ricardo）的比较优势理论，这两个理论是区域经济一体化理论的基石，其从根本上证明了两国开展自由贸易能够为各自带来更大的利益。比较优势理论的问世标志着国际贸易理论体系的建立。

新古典贸易理论的代表是要素禀赋理论，即 H-O 理论（赫克歇尔-俄林理论）。该理论认为，要素禀赋是指一国所拥有的两种生产要素的相对比例，各国的资源条件和生产要素的供给情况的不同是国际贸易产生的基础。各国应出口充分使用本国丰富要素的商品，进口使用本国稀缺要素的商品，这样可以提高各国的福利水平。上述古典经济学理论都证明了：各国之间进行自由贸易，能够实现资源的最优化配置，并获得最大的利益。Krugman（1981）、Dixit 和 Norman（1980）、Helpman（1981）等学者提出了"新新贸易理论"，用规模经济、不完全竞争、产品差异化来分析产业内贸易的形成原因，解释了发达国家之间产业内贸易占比较大的事实[①]。

瑞典经济学家林达提出了"需求偏好理论"或"需求相似理论"，该理论认为国际贸易是国内贸易的延伸，人均收入决定了一国的消费结构，收入水平越高，对高质量产品的需求就越大。收入水平相似的国家，彼此需求的重叠部分就越大，互相间的贸易关系就越密切。他由此认为，在人均收入相似的各国之间建立 FTA，其水平型贸易程度会更高。

德纽（J. F. Deniau）和西托夫斯基（T. Scitovsky）提出了"大市场理论"。该理论认为，在各国实行区域经济一体化合作之前，由于存在贸易保护政策，各国生产企业只能面对狭小的国内市场，无法实现大批量生产和出口。区域经济一体化形成的共同市场将各成员市场统一起来，产生

---

① 孔欣，宋桂琴. 国际贸易理论新进展：新新贸易理论述评 [J]. 税务与经济，2011（5）：16-21.

了规模经济效应。另外，共同市场的形成将使成员厂商之间的竞争更加激烈，导致那些规模较小的、实力弱的企业逐渐被淘汰，各成员将进入以规模经济为主导的发展状态。

1.3.2 关税同盟和自由贸易区理论

1.3.2.1 静态效应：贸易创造与贸易转移效应

在经济一体化理论体系中，影响最大的是关税同盟理论，该理论从效率和福利影响的角度来研究区域资源配置收益，是区域经济合作的传统分析方法。关税同盟理论的分析方法对于自由贸易区来说同样适用。关税同盟的静态效应分为贸易创造效应和贸易转移效应。

1950 年，经济学家雅各布·瓦伊纳（Jacob Viner）在《关税同盟问题》一文中，首先提出了国际区域经济一体化的贸易创造与贸易转移效应，并建立了评价和衡量关税同盟资源配置和福利水平变化的 Viner 准则。Makower、Morton 等学者量化了关税同盟的贸易创造和贸易转移效应。Meade（1955）将 Viner 的关税同盟理论运用于大自由贸易区领域，从而开始形成自由贸易区理论。罗布森（1984）提出了系统的自由贸易区理论，认为自由贸易区有以下几个显著特征：区内成员之间取消了关税，实行严格的原产地规则，但各成员对外保持各自的关税和贸易政策。

贸易创造效应是指当一国加入自由贸易区或关税同盟后，由于某个成员所生产的某类产品成本更低，从该成员进口比本国生产有利，于是就扩大了成员之间的贸易往来。贸易转移效应是指关税同盟或自由贸易区建立后，一国的进口由非成员低成本的商品转向了成员高成本的商品，这样会导致该国的福利减少。一般来说，关税同盟或自由贸易区所包含的成员越多，其贸易创造效应就越有可能超过贸易转移效应，其经济总效应（贸易创造效应加贸易转移效应）就越大。

1.3.2.2 动态效应

关税同盟或自由贸易区的动态效应主要有以下几个方面：一是市场规模的扩大使得成员企业能够进行大规模生产，降低产品成本，产生了规模经济效应。二是关税同盟促进了成员企业之间的竞争。由于各成员之间市场相互开放，一成员企业面临其他成员企业的竞争，这种竞争压力促使企业不断进行技术创新和降低生产成本。三是关税同盟的建立可以产生投资扩大效应。关税同盟对非成员实行统一的关税壁垒，这就使得一些非成员必须在同盟内建立工厂或生产渠道，这在一定程度上扩大了对关税同盟成员投资的规模。

1.3.2.3 投资效应

美国学者 Kindleberger P. 率先提出了"投资创造"和"投资转移"两个概念[1]，认为区域经济一体化的发展引发了投资的创造和转移效应。投资效应是区域一体化协定所引起的贸易创造及转移所产生的投资创造和转移效应。投资创造效应是指区域经济一体化提高了区内对区外的保护水平，削弱了区外厂商在区内市场的竞争优势，区外厂商为了维持其在区内的市场份额而向区内投资生产，导致进入区内的投资增加。投资转移效应是指一体化协定产生贸易创造时，区内部分成员的生产结构发生变化，导致区内吸引的外资布局将会重新调整，比如某个成员直接投资（FDI）[2] 流入的增加，或另一个成员直接投资（FDI）流入的减少。

1.3.2.4 "轮轴—辐条"效应

区域经济一体化的快速发展导致许多国家相互签署了 FTA 协定，不同自由贸易区的成员相互交叉和重叠，在全球范围内形成了 FTA 的网络结构。"轮轴—辐条"理论对这种现象进行了解释：处于 FTA 网络中心的"轴心国"与多个"辐条国"之间都签署了 FTA，而每个"辐条国"之间则没有 FTA 协定。

该理论认为"轴心国"可以在贸易和投资两个方面获得特殊的优惠。在贸易方面，"轴心国"的产品能够通过 FTA 协定进入所有"辐条国"市场，但各个"辐条国"的产品受到原产地规则[3]（FTA 协定的一种规则）的限制则无法相互进入；在投资方面，"轴心国"的特殊地位也会吸引外部资本（包括"辐条国"的资本）进入本国。另外，由于区域经济一体化集团的建立增加了非成员的贸易成本，使得非成员也可能加入到该区域经济一体化组织中，并最终形成"多米诺骨牌效应"（Baldwin，1993）。随着越来越多的"辐条国"加入区域经济一体化协定，会导致每个"辐条国"

---

① KINDLEBERGER P. European integration and the international corporation [J]. Columbia Journal of World Business，1966，1（1）：65-76.

② 直接投资是以控制企业部分产权、直接参与企业管理为特征，以获取利润为目标的资本对外输出，可分为创办新企业和控制外国企业股权两种形式。

③ "货物原产地规则"指一国根据国家法令或国际协定确定的原则制定并实施的确定生产或制造货物的国家或地区的具体规定。为了实施关税的优惠或差别待遇、数量限制或与贸易有关的其他措施，海关必须根据原产地规则的标准来确定进口货物的原产国，并给予相应的海关待遇。

企业对"轴心国"的出口减少，降低了"辐条国"的福利水平。因此，"轮轴—辐条"模式的利益分配有明显的不均衡性，"轴心国"处于优势地位，其福利和贸易流量都会获得提升，而新加入的"辐条国"损害了原"辐条国"的利益，所有"辐条国"都会受到损失。

1.3.3　国际投资理论

国际直接投资理论的主要研究对象是发达国家的大型跨国公司，其主要包括：垄断优势理论、产品生命周期理论、国际生产折中理论等。

垄断优势理论（monopolistic advantage theory）又称所有权优势理论，由美国麻省理工学院教授海默（Stephan Hymer）于 1960 年首先提出。他认为，跨国公司所具备的垄断优势是其实施国际直接投资（FDI）的重要原因。这种垄断优势有两类：一是包括技术、管理与组织技能等无形资产在内的知识优势，二是跨国公司的规模经济优势。

产品生命周期理论（product life cycle theory）的代表人物是哈佛大学教授维农（Raymond Vernon），他认为一个产品在国际市场上有三个周期阶段，即产品创新、成熟和标准化阶段。产品生命周期决定了产品生产比较优势的转换，从而决定了国际贸易和国际投资格局的变动。

国际生产折中理论是由邓宁（John H. Dunning）提出的，他认为企业进行国际投资要具有三个要素：所有权优势（竞争优势或垄断优势）、内部化优势、区位优势。另外，邓宁还提出了"投资周期理论"，又称为"国际生产折中理论的动态分析"，认为对外直接投资的直接倾向取决于经济发展阶段，一国的经济发展水平和人均 GDP 越高，其 FDI 的规模就越大，即经济实力强的发达国家往往是对外直接投资多的国家。

1.3.4　全球价值链理论

传统国际分工是以产品为界限的。近年来，经济全球化导致国际分工逐渐演变为同一产品内某个环节的专业化分工，即全球价值链分工。全球价值链（global value chain，GVC）有时也被称为全球供应链（global supply chain），其囊括从产品概念到最终使用的全过程，包括国内外企业参与制造、销售等所有活动。在全球价值链背景下，贸易商品不再是一个国家制造的，而是"世界制造"的。近年来，世界各国之间的贸易越来越表现为全球价值链上的贸易。目前，全球 50% 的制成品进口、70% 的服务进口是中间产品，绝大多数产品和服务实际上是"世界制造"。

据联合国贸易和发展会议报告①，亚洲国家当前高度参与了全球供应链。全球 GVC 的参与度平均为 57%，其中，发达经济体为 59%，发展中国家 GVC 的参与度平均为 52%，东亚和东南亚国家参与度为 56%。印度、巴西、阿根廷等发展中大国参与全球供应链的程度相对较低，但中国 GVC 的参与度高达 59%，在全球前 25 个出口经济体中排第 11 名，是世界大国中 GVC 参与度最高的国家。

1.4　国内外相关研究动态及评述

1.4.1　自由贸易区的效应及研究方法

区域经济一体化是世界经济发展的重要趋势之一，已有的文献研究主要涉及以下问题：建立 FTA 的动因、FTA 的静态效应和动态效应、FTA 的投资效应等。

1.4.1.1　建立自由贸易区的动因

Grossman 和 Helpman（1995）、Maggi 和 Rodriguez（2007）从政治经济视角分析，认为利益集团游说将对 FTA 的建立产生影响②。Fernands 和 Portes（1998）、Baier 和 Bergstrand（2004）等学者认为，是否签订 FTA 还受到政策的连续性、国家安全、外交战略、地理距离、产业结构、经济规模和差异等因素的影响③。Egger 和 Larch 用空间计量的方法验证了自由贸易区的"多米诺骨牌效应"，即双边 FTA 协定可能会导致其他国家加入④。

1.4.1.2　自由贸易区的静态效应和动态效应

Tinbergen（1962）将引力模型应用到区域经济一体化领域并转向实证研究。随着新贸易理论、新经济地理学的出现，许多学者（Balassa、Krugman 等）从规模经济、产品差异、不完全竞争等假设前提出发，研究了区

---

① 联合国贸易和发展会议. 世界投资报告（2013）：全球价值链：促进发展的投资与贸易 [M]. 北京：经济管理出版社，2013.

② GENE M GROSSMAN, ELHANAN HELPMAN. The Politics of Free-Trade Agreements [J]. The American Economic Review, 1995, 85（4）：667-690.

③ SCOTT L BAIERA, JEFFREY H BERGSTRAND. Economic determinants of free trade agreements [J]. Journal of International Economics, 2004, 64（1）：29-63.

④ PETER EGGER, MARIO LARCH. Interdependent preferential trade agreement memberships：An empirical analysis [J]. Journal of International Economics, 2008, 76（2）：384-399.

域经济一体化的规模经济效应、直接投资效应、经济增长效应等[①]。Baldwin（1997）、Panagariga 和 Krishna（2002）量化了自由贸易区或关税同盟建设产生的贸易创造效应、贸易转移效应以及福利分配效应。

许多文献对世界主要自由贸易区的经济效应及影响进行了定量分析。大量研究认为欧盟成员的贸易创造效应大于贸易转移效应；国际货币基金组织（IMF）对"南南型"区域经济组织的研究认为，其贸易创造效应不明显。中国学者（邝梅、郎永峰、赵玉焕、霍伟东 等）对中国—东盟自由贸易区（CAFTA）的贸易效应和投资效应都有深入研究。另外，目前全球自由贸易区的发展方向逐渐向高标准、高级别、宽领域的模式演变，更多的"21 世纪新议题"（如环境保护、劳工标准、竞争中立、国有企业等）经贸新规则被纳入其中。

1.4.1.3 自由贸易区的投资效应

Meyer（1995）提出"倍差法"，对区域经济一体化投资效应研究的计量方法做出了重要贡献。当前对于区域经济一体化投资效应的研究主要集中在欧盟和北美自由贸易区（NAFTA）上，大多数研究认为区域经济一体化可以带来 FDI 的增加。Ari Kokko 和 Steven Globeman（1998）分析了 NAFTA 区域经济一体化对区域内直接投资的效应，结果表明：NAFTA 使得墨西哥吸引了大量的美国直接投资。Francois 等研究表明，南北区域经济一体化对于小国来说产生了明显的投资增长效应，爱尔兰、西班牙和葡萄牙在加入欧盟，乌拉圭在加入南方共同市场以后，均发生了 FDI 急剧增加的现象[②]。

随着中国—东盟自由贸易区（CAFTA）的建立，许多学者开始研究"南南型"区域一体化组织的投资效应。东艳等（2006）认为，两个发展中国家所进行的一体化将使区外跨国公司在两国内的投资进行重组，跨国公司将选择区内市场规模大、工资水平较低的国家生产以供给整个区内市场[③]。赵玉焕等对 CAFTA 投资效应的研究表明：在静态效应中，市场的开放与扩大会促进整个区域对外资的吸引力，而对双方相互投资的增加并不

---

① KRUGMAN. Scale Economics, Product Differentiation and the Pattern of Trade [J]. American Economic Review, 1979, 70（5）：950-959.

② FRANCOIS J, ROMBOUT M. Preferential Trade Arrangements, Induced Investment and National Income in a H-O-Ramseymodel [R]. Tinbergen Institute Discussion Paper, Amsterdam, 2000.

③ 东艳，李国学. 区域经济一体化与跨国公司的区位选择：基于国际生产折衷范式的分析 [J]. 中央财经大学学报, 2006（10）：66-70.

明显，双方在吸引区外投资方面也不存在竞争。在动态效应中，规模经济、政策预期、经济增长三方面的效应总体就 CAFTA 吸引外资而言是有利因素，但需要较长时间才能显现出来①。汪占熬等运用倍差法对 CAFTA 投资效应进行研究，认为虽然 CAFTA 对成员 FDI 流入有着明显的正向促进作用，但力度较小，远远低于生产规模及消费规模等更为直接的因素②。

1.4.1.4　自由贸易区的实证研究方法

自由贸易区的实证研究方法分为两类：

一类是对已有 FTA 的效应进行事后评估。事后评估主要通过实施 FTA 和假设不存在 FTA 的情况下贸易流量的差异来评估 FTA 的实际贸易效应等，其主要方法包括区域内贸易份额法、巴拉萨模型、贸易引力模型等。由于引力模型的解释力强，数据容易获得，其理论基础也日益完善，因此，贸易引力模型是目前衡量区域贸易效应最有效的工具。例如，Soloaga 和 Winters（2006）将区域内贸易、成员的总进口和总出口作为被解释变量，分析了 9 个区域贸易集团对区域内外福利的影响，发现欧盟与 4 个拉美地区的自由贸易协定具有较强的贸易转移效应③。蒋冠、霍强（2015）基于引力模型检测了中国—东盟自由贸易区的贸易创造效应，发现贸易创造效应呈递减趋势，出口贸易创造效应强于进口贸易创造效应，中国—东盟自由贸易区对中国而言更加有利。

另一类是对即将新建的 FTA 进行事前评估。事前评估主要基于理论推导的均衡分析模型，代入预设的 FTA 内容参数对 FTA 的潜在影响进行预测性研究，根据其依据的理论模型差异，其方法可分为局部均衡分析（如 SMART 模型）和一般均衡模型（如全球贸易分析模型 GTAP）。例如，刘文革、王文晓利用 GTAP 模型研究了"金砖国家"建立 FTA 后对成员的影响，认为 FTA 能够拉动"金砖国家"经济增长，扩大贸易量，增进福利④。王彦芳、陈淑梅分析了中国与欧亚经济联盟的贸易竞争性、互补性

---

① 赵玉焕，王帅. 区域经济一体化直接投资效应研究述评 [J]. 商业时代，2011（10）：133-135.

② 汪占熬，陈小倩. 中国—东盟自由贸易区投资效应研究 [J]. 华东经济管理，2013（6）：65-69.

③ CLAUDIO E MONTENEGRO，ISIDRO SOLOAGA. Nafta's trade effects：new evidence with a gravity model [J]. Estudios de Economia，2006，33（1）：45-63.

④ 刘文革，王文晓. 建立金砖自由贸易区可行性及经济效应分析 [J]. 国际经贸探索，2014（6）：80-91.

和潜力，采用 GTAP 模型模拟了中国与欧亚经济联盟各国在降低关税和非关税壁垒情景下的福利变化，提出建立自由贸易区将有利于扩大中国与欧亚经济联盟贸易规模、改善福利状况，但削减关税壁垒的空间和作用有限，降低或消除非关税壁垒将成为 FTA 建设的关注点①。

1.4.2 中国自由贸易区建设相关研究

作为一个贸易大国，中国非常重视同世界各国建立 FTA，目前中国正大力推进并参与双边自由贸易区建设的进程。2020 年底，中国已经与世界各国和地区签订了 19 个 FTA，涉及 26 个国家和地区。许多学者研究了中国自由贸易区建设的意义、方式及成效等问题。例如，宋玉华从"多米诺骨牌效应"引致的"轴心—辐条"结构出发，认为中国应积极与亚太地区的国家或地区开展 FTA 谈判，从而确立中国在这轮自由贸易协定签订浪潮中亚太"轴心国"之一的地位②。李钢对"一国两制"与 WTO 框架下的自由贸易区、已经开始建设和谈判的 FTA 及已开展联合研究的自由贸易区进行分类分析后，提出了与四种不同类型的国家或地区谈判的模式③④。

在自由贸易区建设的成效上，中国与自由贸易区伙伴的双边贸易增长明显高于平均增速，促进了双向投资，推动了国内改革，改善了外部环境，保障了战略性资源供给⑤。但中国自由贸易区的发展也存在总体层次不高、比其他主要经济体相对落后等问题。全毅认为，中国当前还缺乏整体的自由贸易区发展战略，实际的经济效益也很有限，有必要在总结区域合作和建设自由贸易区经验的基础上，制定我国参与区域合作的战略目标、伙伴选择、合作内容以及推进策略⑥。张国军等认为，中国只与个别"一带一路"沿线经济体签订了 FTA，存在数量少、分布地区不均衡、深

① 王彦芳，陈淑梅. 丝绸之路经济带与欧亚经济联盟对接模式研究 [J]. 亚太经济，2017 (2)：33-42.

② 宋玉华. 亚太区域内自由贸易协定的"轴心—辐条"格局解析 [J]. 世界经济与政治，2008 (2)：69-78.

③ 李钢. 中国特色的区域经济合作总体布局与实施自由贸易区战略 [J]. 国际贸易，2008 (4)：11-17.

④ 谢锐，赖明勇. 中国自由贸易区建设：演化历程、特点与趋势 [J]. 国际经贸探索，2009 (4)：35-40.

⑤ 李光辉. 中国自由贸易区战略 [M]. 北京：中国商务出版社，2011：48-56.

⑥ 全毅. 中国推进区域经济合作与 FTA 建设的战略思考 [J]. 开放导报，2011 (4)：52.

度不够、一体化水平不高、潜在合作风险较高等问题①。竺彩华等提出，中国在选择 FTA 战略支点经济体时应考虑三个因素：地理位置重要、政治风险较低、经贸潜力较大的国家和地区②。

在上合组织自由贸易区建设方面，中国在 2003 年就提出了建立上合组织 FTA 的设想，但并没有得到其他成员的响应。张晔等认为，建立上合组织自由贸易区是中国率先提出并一直在积极推动的倡议，但这面临着利益协调，"宣言多，实践少；框架大，效率低"两个矛盾，以及来自上合组织内外的威胁等问题的挑战③。刘华芹认为，在俄罗斯和哈萨克斯坦加入WTO 之后，应该适时地启动建立上合组织 FTA 谈判。建立上合组织 FTA 可使成员贸易额增加，成员国内生产总值增长，就业状况改善。由于俄罗斯具有最大的发言权，建立上合组织 FTA 最终演变为中、俄之间建立 FTA 的谈判，但俄罗斯表示暂时没有与中方建立 FTA 的构想④。赵华胜认为，俄罗斯对上合组织的经济合作重视程度较低，中亚各成员希望从上合组织的经济合作中取得项目，得到贷款，获得具体的实惠，对建设上合组织自由贸易区也缺乏热情。在未来的中近期，上合组织自由贸易区的设想没有现实可能，上合组织区域经济一体化三步走的计划过于激进，低估了这一过程的困难和复杂性⑤。张猛等研究了组建上合组织 FTA 的可能性，认为组建 FTA 符合上合组织所有成员的共同利益，有利于中国开拓新兴市场，稳定大宗商品供给⑥。

1.4.3 "一带一路"建设相关研究综述

"一带一路"倡议是中国对外开放和积极推动经济全球化发展的重要战略布局，具有划时代的重要意义。当前，对丝绸之路经济带的研究已经

---

① 张国军，庄芮，刘金兰. "一带一路"背景下中国推进自由贸易区战略的机遇及策略 [J]. 国际经济合作，2016（10）：25-30.

② 竺彩华，韩剑夫. "一带一路"沿线 FTA 现状与中国 FTA 战略 [J]. 亚太经济，2015（4）：44-50.

③ 张晔，秦放鸣. 上海合作组织自由贸易区实现路径探析：基于次区域经济合作视角 [J]. 新疆大学学报（哲学·人文社会科学版），2009（6）：95-98.

④ 刘华芹. 新时期进一步推进上海合作组织区域经济合作的思考与建议 [J]. 国际贸易，2011（5）：60-65.

⑤ 赵华胜. 上海合作组织评析与展望 [M]. 北京：时事出版社，2012：76-80.

⑥ 张猛，丁振辉. 上海合作组织自由贸易区：构想及其意义 [J]. 国际经贸探索，2013（2）：22-33.

取得了一系列重要成果，研究范围包括内涵与意义、发展现状、机遇与挑战、战略布局、实践路径与对策建议等，这些研究从时间上和内容上看，主要经历了初始、规划、实施三个阶段。

在丝绸之路经济带的内涵等方面，卫玲认为，丝绸之路经济带是由中国倡导的、在与中亚各国进行能源合作的基础上，通过交通联通和要素流动，促进人口和产业沿着"点—轴"集聚形成的带状空间经济结构①。胡鞍钢等认为，丝绸之路经济带是在古丝绸之路基础上形成的当代经贸合作升级版，是世界上最具有发展潜力的经济大走廊②。

在丝绸之路经济带的战略布局方面，白永秀等提出丝绸之路经济带的范围可以划分为核心区（中国、中亚、俄罗斯）、扩展区（西亚、南亚等亚洲其他区域）、辐射区（中东欧、西欧和北非）三个层次，中心城市建设、产业分工合作、贸易类投资便利化是丝绸之路经济带战略实施的重点③。邢广程认为，丝绸之路经济带应以俄罗斯和中亚地区为桥梁和纽带，以欧洲为落脚点，在欧亚大陆形成一个比较畅通的交通网络和便捷的贸易通道④。李建民提出中亚是丝绸之路经济带的重点区域，中国要处理好与俄罗斯主导的欧亚经济联盟的关系，共同推进地区合作，丝绸之路经济带与欧亚经济联盟可将互联互通、电力、农业、金融等领域的合作作为重点方向⑤。丁晓星提出中亚是建设丝绸之路经济带的第一环，具有基础性和示范性效应。丝绸之路经济带不建立机制化的国际组织，其合作方式灵活多样，其落实的客观困难较多，实施过程将是长期的，应逐步推进⑥。

俄罗斯学者谢尔盖·卡拉加诺夫等认为，中国意在通过丝绸之路经济带完成国内经济结构调整和转型，并同时解决其西部地区的发展与稳定问题。丝绸之路经济带与欧亚经济联盟的对接与合作将促进欧亚国家交通物

① 卫玲. 丝绸之路经济带：超越地理空间的内涵识别及其当代解读 [J]. 兰州大学学报（社会科学版），2014（1）：31-39.

② 胡鞍钢，马伟，鄢一龙. "丝绸之路经济带"：战略内涵、定位和实现路径 [J]. 新疆师范大学学报（哲学社会科学版），2014（2）：1-11.

③ 白永秀，王颂吉. 丝绸之路经济带的纵深背景与地缘战略 [J]. 改革，2014（3）：64-73.

④ 邢广程. 海陆两个丝绸之路：通向世界的战略之梯 [J]. 人民论坛：学术前沿，2014（4）：90-96.

⑤ 李建民. 丝绸之路经济带、欧亚经济联盟与中俄合作 [J]. 俄罗斯学刊，2014（5）：7.

⑥ 丁晓星. 丝绸之路经济带的战略性与可行性分析 [J]. 人民论坛：学术前沿，2014（4）：7.

流领域和整体经济的发展，维护该地区的安全与稳定①。

在丝绸之路经济带建设的风险和挑战方面，现有文献都侧重于研究经济全球化和大国之间的博弈竞争，主要问题包括丝绸之路经济带沿线国家（地区）制度差异大、基础设施落后、地缘政治影响、地区安全问题、资金匮乏等各个方面。

在丝绸之路经济带建设的实施方面，学者们一般都认为应循序渐进，以综合方式推进，注重统筹规划，强调互联互通等。邢广程提出丝绸之路经济带主要解决的是中国与泛欧亚大陆上各国的大区域经济合作问题，其基本内容就是互联互通和贸易类投资便利化②。刘华芹等提出构建丝绸之路经济带应遵从自周边起步，逐步推进的思路，近期主要任务是贸易类投资便利化，中长期目标是建设 FTA 网络③。另外，还有许多学者（罗钢、龚新蜀、唐立久、高志刚 等）从能源合作、交通物流、地方省份战略定位等层面，对丝绸之路经济带建设中的某一问题进行研究。

1.4.4 "一带一路"建设与自由贸易区战略的关系研究

在"一带一路"建设与自由贸易区战略的关系方面，冯宗宪认为丝绸之路经济带展示了中国以走廊经济、带状经济推进欧亚次区域经贸发展的新抱负，是推动中国自由贸易区战略的新举措④。申现杰等提出"一带一路"建设的重点在于贸易合作，中国应加快与"一带一路"沿线国家（地区）签订或升级相关双边或多边区域贸易协定，"一带一路"倡议能够通过提升现有自由贸易区标准、扩大贸易合作领域与覆盖国家，深化中国与东中南亚地区、阿拉伯地区、欧盟这三对重要关系⑤。贺艳提出，贸易制度化建设是"一带一路"倡议的重要组成部分，目前包括中国在内的非独

① 谢尔盖·卡拉加诺夫，等.构建中央欧亚："丝绸之路经济带"与欧亚国家协同发展优先事项 [J].俄罗斯研究，2015（3）：20-36.
② 邢广程.海陆两个丝绸之路：通向世界的战略之梯 [J].人民论坛：学术前沿，2014（4）：90-96.
③ 刘华芹，李钢.建设"丝绸之路经济带"的总体战略与基本架构 [J].国际贸易，2014（3）：4-9.
④ 冯宗宪.中国向欧亚大陆延伸的战略动脉：丝绸之路经济带的区域、线路划分和功能详解 [J].人民论坛·学术前沿，2014（2）：79-85.
⑤ 申现杰，肖金成.国际区域经济合作新形势与我国"一带一路"合作战略 [J].宏观经济研究，2014（11）：30-38.

联体国家和独联体国家间的贸易制度化建设尚属空白领域①。

张国凤认为，建立 FTA 是"一带一盟"对接合作的最终目标，良好的政治关系、广泛的经贸合作和巨大的发展潜力都为构建中国与欧亚经济联盟 FTA 奠定了现实基础，但存在经济规模与发展水平差异较大、地缘政治影响等问题②。顾炜（2015）提出，俄罗斯要努力维护其地区主导地位，因此中国并不是欧亚经济联盟建立自由贸易区的优先选择对象等。包艳、崔日明提出，中国—格鲁吉亚 FTA 将对丝绸之路经济带自由贸易区网络建设产生"多米诺骨牌效应"和示范效应，将有助于畅通中欧运输通道，拓展中国企业在欧盟等国的市场，进一步巩固和促进中格经贸关系，提升两国在多个领域的合作水平③。

高健等认为，自由贸易区（FTA）是"一带一路"倡议的外部依托平台，自由贸易园区（FTZ）是内在落实基点，FTA 与 FTZ 构成"一带一路"倡议落地的国内国外两个战略支撑④。陈淑梅提出"一带一路"倡议和自由贸易区均为国家级战略构想，二者相辅相成，需要将自由贸易区战略与"一带一路"倡议全面有效对接，使之形成合力，以共同服务于我国的总体对外战略⑤。

1.4.5　相关研究评述

总体上，学术界对自由贸易区理论和世界主要自由贸易区都有深入研究，各种实证方法及理论模型也比较成熟，对 FTA 经济效应的研究由静态效应向动态效应拓展，由事后分析向事前分析转变，其研究方法主要有局部均衡分析（SMART 模型）和一般均衡模型（GTAP 模型）。在研究范围上，国内学者的研究主要集中在中国—东盟自由贸易区（CAFTA）和中日

①　贺艳. 建设"丝绸之路经济带"自由贸易协定问题研究 [J]. 国际经贸探索，2015（6）：87-101.

②　张国凤. 中国与欧亚经济联盟自由贸易区构建的基础、问题与对策 [J]. 中国高校社会科学，2016（4）：96-107.

③　包艳，崔日明."丝绸之路经济带"框架下中国—格鲁吉亚自由贸易区建设研究 [J]. 辽宁大学学报（哲学社会科学版），2017，45（1）：51-57.

④　高健，王成林，李世杰. 自由贸易区、自由贸易园区与"一带一路"国家战略 [J]. 海南大学学报（人文社会科学版），2016（4）：41-47.

⑤　陈淑梅. 以经贸手段经略周边的自由贸易区战略思考 [J]. 国际贸易，2016（10）：14-20.

韩自由贸易区，对中国与"一带一路"沿线国家（地区）建设自由贸易区的研究较少，对"一带一路"倡议的各类研究以定性分析为主，定量分析仍然较为欠缺。

目前，学术界对"一带一路"倡议的研究已经到了一个新的阶段，即"一带一路"建设的深化升级问题。"一带一路"建设遇到了许多难题，如沿线国家（地区）经济与制度差异大、各种相互博弈的区域经济合作机制并存等，已有文献对此进行了论述，但仍然没有抓住问题的实质与核心。在俄罗斯主导的欧亚经济联盟大力推进与区域外国家建立自由贸易区的背景下，"一带一路"建设如何推进，如何深化和升级？这些都亟待人们进行深入研究和提出可行的对策建议。

1.5　研究思路、主要内容及研究方法

1.5.1　研究思路

本书研究思路是：首先，综述"一带一路"建设和自由贸易区战略的理论基础，分析当前"一带一路"建设的进展状况和面临的主要困难及其产生原因，提出"一带一路"建设深化升级的内涵、必要性与实施路径。其次，总结以区域自由贸易区建设推动"一带一路"建设深化升级的基础条件、成效及影响，包括中国 FTA 建设的现状、特点及影响，中国与丝绸之路沿线国家（地区）的贸易特点及 FTA 建设的进展与障碍等。再次，研究中国与"一带一路"沿线国家（地区）建立 FTA 的重点国家及经济和贸易效应，分析中国与丝绸之路沿线国家（地区）建设 FTA 的优势、劣势、机遇和挑战。最后，通过比较世界主要大国和经济体的 FTA 战略，借鉴其自由贸易区建设的成功经验，提出以区域自由贸易区建设推动"一带一路"建设深化升级的措施及政策建议。本书的研究框架及基本思路如图 1-1 所示。

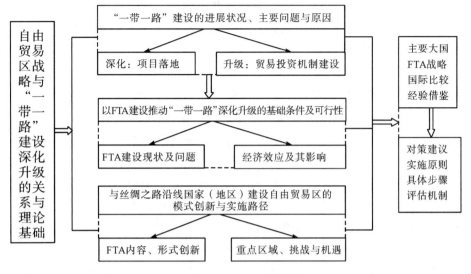

图 1-1　本书研究框架及基本思路

1.5.2　主要内容

本书内容分为七章，每章具体研究内容如下：

第 1 章是导论。本章首先提出本书的三个研究背景，即区域经济一体化趋势日益明显、"逆全球化"趋势加剧、中国加快推进 FTA 战略。其次通过界定相关概念及研究范围，梳理本书研究的理论基础，对国内外有关"一带一路"建设和自由贸易区建设的相关文献和研究方法进行综述。最后提出本书的研究思路、主要内容及研究方法。

第 2 章是"一带一路"建设的现状、问题及深化升级的路径选择。本章从政策沟通、道路联通、贸易畅通、货币流通、民心相通 5 个方面总结了"一带一路"建设的进展情况，分析了"一带一路"建设面临的主要问题及原因，提出了"一带一路"建设深化升级的内涵、必要性与实施路径。

第 3 章是以区域自由贸易区建设推动"一带一路"深化升级的基础条件、成效及影响。本章首先全面总结了中国已经签署和正在谈判的自由贸易协定概况，以及中国实施 FTA 战略的特点。其次重点研究了中国与丝绸之路沿线国家（地区）已签署并实施 FTA 的主要内容及影响，包括中国—东盟 FTA，中国—巴基斯坦 FTA，中国与瑞士、冰岛、格鲁吉亚、马尔代夫、毛里求斯的双边 FTA 协定。最后在此基础上，通过倾向匹配得分双重差分方法（PSM–DID 模型），实证分析 FTA 建设对中国外贸的影响，研究发现 FTA 对中国与缔约方之间贸易具有显著的促进作用。

第 4 章是中国与丝绸之路沿线国家（地区）的贸易特征及双边 FTA 建设的进展、障碍及经济效应。本章首先研究了中国与丝绸之路经济带沿线的 47 个经济体的贸易现状及特征，包括贸易规模、贸易地位等。通过计算贸易结合度指数、相似度指数、G–L 指数、贸易互补性指数，分析中国与丝绸之路沿线国家（地区）的贸易竞争性和互补性。其次选取以色列、挪威、斯里兰卡、摩尔多瓦这 4 个国家，分别研究了中国与这些国家的贸易特征及建设双边 FTA 的进展及障碍。再次在分析中、印双边贸易的结合度和互补性的基础上，利用随机前沿引力模型测算中国对印度的进出口效率及两国之间的贸易潜力。最后分析了中、英两国建设 FTA 的可行性及福利效应，通过构建异质性国际贸易模型，研究建立双边 FTA 对中、英两国福利的影响。

第 5 章是中国与丝绸之路沿线国家（地区）多边 FTA 建设的进展、障碍及经济效应。本章首先总结了区域全面经济伙伴关系（RCEP）的发展历程，分析中国与 RCEP 成员之间的贸易规模、结构及贸易互补性和竞争性；采用 GTAP 模型，模拟分析了 RCEP 协定的经济和福利效应及对中国经济的影响；其次通过总结中、日、韩自由贸易区谈判的进展，分析了中、日、韩 FTA 谈判的主要阻碍。再次通过论述中国与海合会成员的双边贸易特点、投资合作状况，分析了中国—海合会 FTA 谈判的进程及主要障碍。最后总结了上合组织区域经济合作的成果及问题。

第 6 章是中国与丝绸之路沿线国家（地区）建设自由贸易区的 SWOT 分析。本章从四个方面定性分析了中国与丝绸之路沿线国家（地区）进行 FTA 建设的优势、劣势、机遇和挑战。

第 7 章是以 FTA 建设推动"一带一路"建设深化升级的经验借鉴、对策建议及发展前景。本章通过总结美国、欧盟、日本、韩国等主要经济体实施 FTA 战略的经验，提出中国以 FTA 建设推动"一带一路"建设深化升级的战略构想和目标，以及 FTA 对象选择和建设高水平自由贸易区的政策建议，包括中国双边和多边 FTA 建设的前景及对策、中国与潜在自由贸易伙伴经贸合作的对策建议。

1.5.3 研究方法

第一，实地调研法。笔者走访了商务部研究院等国内重点研究机构，参加了国内主要高校举办的相关学术会议，掌握了第一手资料。

第二，指标分析法。笔者运用贸易结合度指数（TII）、贸易竞争力（TC）指数、出口相似度指数（ESI）、显示性比较优势（RCA）指数、贸易互补性（TCI）指数等指标，定量分析了中国与丝绸之路经济带沿线国家（地区）的贸易关系和贸易特征。

第三，实证分析法。笔者利用倾向匹配得分双重差分方法，分析了FTA建设对中国外贸的影响及促进作用；采用随机前沿引力模型方法，研究中国与丝绸之路沿线国家（地区）的贸易效率和贸易潜力；运用全球贸易分析模型（GTAP）和局部均衡模型（SMART），定量分析中国与丝绸之路沿线国家（地区）建立自由贸易区的经济和贸易效应。

第四，比较分析法。笔者运用比较分析法比较分析了世界主要大国及经济体实施FTA战略的特点及经验。

第五，多学科综合分析方法。笔者将定性分析与定量分析相结合，综合运用了地缘政治学、国际经济学、计量经济学的理论和方法进行研究。

1.6 主要创新点和特色

本书主要研究了中国已经签署的FTA及正在谈判的双边和多边FTA协定的特点、成效及影响，涉及当前中国与"一带一路"沿线国家（地区）的全部双边和多边自由贸易区，研究内容广泛且全面。本书有以下创新点和突出特色：

第一，引入新的研究视角。本书首次提出"一带一路"建设深化升级问题，并将中国的自由贸易区战略与"一带一路"倡议相结合进行研究，丰富了二者的研究内涵。本书重点研究中国与丝绸之路沿线国家（地区）建设FTA的经济与贸易效应，提出以FTA建设推动"一带一路"建设深化升级的路径和策略，研究视角与内容都具有一定的创新性。

第二，聚焦重点和难点问题，对策建议可操作性强。本书重点研究了中国与"一带一路"沿线国家（地区）正在谈判的4个双边FTA的进展、障碍及前景，以及 RCEP 协定的贸易效应及影响，中国—海合会 FTA 及中、日、韩 FTA 建设的进程及障碍，中国与印度双边贸易潜力等难点问题，这些国家和区域经济组织都是当前中国 FTA 建设的重点地区，也是亟待解决的重要问题。

本书提出加快 FTA 建设是"一带一路"建设深化升级的战略突破口，深化升级的方向就是从倡议向项目实施"落地"深化，由"碎片化"的项目建设为主导向"一揽子解决方案"的贸易类投资机制化，也就是区域自由贸易区（FTA）建设升级；实施路径是从低层次的优惠贸易安排向货物贸易 FTA 推进，从低水平 FTA 向高水平 FTA 迈进，最终构建中国在丝绸之路沿线国家（地区）的 FTA 网络。这些政策建议具有较强的实用性和可操作性。

第三，综合运用各种定量分析方法。一是利用倾向匹配得分双重差分方法（PSM-DID），分析 FTA 对中国与缔约方之间双边贸易的影响；二是运用 GTAP 模型分析 RCEP 协定的经济及贸易效应、福利影响；三是采用随机前沿引力模型方法，测算中、印双边贸易的潜力。除运用各种实证方法外，本书还大量采用指标分析法，包括贸易结合度指数（TII）、贸易竞争力（TC）指数、出口相似度指数（ESI）、显示性比较优势指数（RCA）、贸易互补性指数（TCI）等各种指标，定量分析中国与"一带一路"沿线国家（地区）的贸易特点。本书数据量大，数据表格多，引用数据资料丰富，弥补了现有文献在定量分析方面的不足。

2 "一带一路"建设的现状、成效、问题及深化升级的路径选择

2.1 "一带一路"建设的现状及成效

"一带一路"倡议的战略目标就是在政策沟通、道路联通、贸易畅通、货币流通、民心相通的前提下,全面深化我国与"一带一路"沿线国家(地区)之间的经贸联系。"一带一路"倡议以共商共建共享为原则,以互学互鉴、互利共赢的丝绸之路精神为指引,以"五通"为主要内容,从理念和愿景转化为现实和行动,从中国的倡议转化为世界各国广泛欢迎的公共产品①。自 2013 年以来,"一带一路"倡议得到了许多国家和国际组织的积极响应,其影响力逐渐扩大。当前,一批早期项目已经建成并发挥作用,丝绸之路沿线各国(地区)对共建"一带一路"的认同感不断增强。

2.1.1 政策沟通

2.1.1.1 "一带一路"倡议已写入许多国际组织的文件中

当前,共建"一带一路"倡议已写入全球各类区域组织有关文件中。例如,2016 年,G20 领导人《杭州峰会公报》发布了关于建立"全球基础设施互联互通联盟"倡议。2017 年,联合国安理会通过了第 2344 号决议,提出世界各国通过"一带一路"建设加强区域经济合作。2018 年,中国—拉美和加勒比国家共同体论坛第二届部长级会议、中国—阿拉伯国家合作

---

① 推进"一带一路"建设工作领导小组办公室. 共建"一带一路"倡议:进展、贡献与展望 [N]. 人民日报, 2019-04-23.

论坛第八届部长级会议、中非合作论坛北京峰会先后召开，这三场重要会议分别达成了《中拉关于"一带一路"倡议的特别声明》《中国和阿拉伯国家合作共建"一带一路"行动宣言》《关于构建更加紧密的中非命运共同体的北京宣言》等成果文件。

2.1.1.2　签署"一带一路"合作文件的国家和国际组织数量逐年增加

自"一带一路"倡议提出以来，沿线国家（地区）对此倡议的态度从疑虑、观望到积极响应和支持。在共建"一带一路"倡议框架下，中国与各参与国（地区）和国际组织在经济发展方面进行了充分沟通和交流，共同协商制定经贸合作规划。至 2020 年 5 月底，中国政府已先后与 138 个国家、30 个国际组织签署 200 份共建"一带一路"合作文件①。

特别是，"一带一路"国际合作高峰论坛已成为世界各国及国际组织深化合作和交往的重要平台。2017 年 5 月，中国举办了首届"一带一路"国际合作高峰论坛，有 32 位外国元首和国际组织负责人参加，在"五通"方面取得了 76 大项、270 多项具体成果。其中，中国与蒙古、巴基斯坦、新加坡、马来西亚、黑山等 11 个国家签订了"一带一路"合作备忘录，与 30 个国家签署了经贸合作协议。2019 年 4 月，第二届"一带一路"国际合作高峰论坛在北京举行，150 个国家、92 个国际组织参加了论坛。其中，中国已经与 125 个国家和 29 个经济组织签署了 173 份合作协议。

2.1.2　设施联通

当前以铁路、公路为核心的基础设施网络正在加快建设，丝绸之路沿线国家（地区）间商品、资金等交易成本大幅降低，促进了各国（地区）资源要素的流动和优化配置。

2.1.2.1　国际经济走廊和通道建设取得明显进展

按照"一带一路"倡议的合作重点和空间布局，中国提出了"六廊六路多国多港"的合作框架。其中，"六廊"就是指新亚欧大陆桥、中蒙俄、中国—中亚—西亚、中国—中南半岛、中巴和孟中印缅六大经济走廊。

第一，新亚欧大陆桥又称为"第二亚欧大陆桥"，该经济走廊以中国东部沿海的连云港为起点，经过国内的陇海铁路和兰新铁路，向西延伸到阿拉山口和霍尔果斯口岸，出国境后途经中亚各国与俄罗斯，最终抵达中

---

① 参见：中国"一带一路"网（https://www.yidaiyilu.gov.cn/xwzx/gnxw/102792.htm）。

东欧国家及荷兰鹿特丹港。近年来，新亚欧大陆桥经济走廊区域合作日益深入，有力地推动了亚、欧两大洲的经贸往来和交流。例如，在"16+1"合作机制下，中国与中东欧国家在 2013 年签署了《中国—中东欧国家合作布达佩斯纲要》，2018 年签署并发布了《中国—中东欧国家合作索菲亚纲要》）。中欧基础设施领域的务实合作正在稳步推进，匈塞铁路已经开工建设①，中国西部—西欧国际公路（又称"双西公路"）已基本建成②。

第二，中蒙俄经济走廊。2015 年，中、蒙、俄签署了《关于建立中蒙俄经济走廊联合推进机制的谅解备忘录》，同年 10 月，中、俄首座跨界河铁路桥的中方段主体完工；2019 年 5 月，中、俄合建首座跨境公路大桥（简称"中俄黑龙江大桥"）合龙；另外，中国中铁公司与俄罗斯企业基本完成了"莫喀高铁"项目的设计工作③。2019 年 7 月，中、蒙、俄三国在 2016 年底签署的《关于沿亚洲公路网国际道路运输政府间协定》正式生效，进一步提升了中蒙俄经济走廊的道路运输便利化水平。

第三，中国—中亚—西亚经济走廊由中国新疆出境，经中亚各国至阿拉伯半岛和地中海沿岸及北非有关国家。2013 年以来，中哈、中乌双边国际道路运输协定及中巴哈吉、中哈俄、中吉乌等多边国际道路运输协定相继签署；"一带一路"倡议与沙特的"2030 愿景"进行了产业对接，中、沙两国还签署了 280 亿美元的合作协议④。2022 年 5 月底，吉尔吉斯斯坦总统扎帕罗夫宣布，中吉乌铁路将于 2023 年正式开工。根据规划，中吉乌铁路从中国新疆喀什向西出境，经吉尔吉斯斯坦卡拉苏，到达乌兹别克斯坦的安集延，全长约 523 千米。中吉乌铁路的建成将会形成从中国到中亚、西亚，直至南欧地区的一条便捷通道，也是从中国到东南欧和中东地区的最短运输线路。

---

① "匈塞铁路"是中国与中东欧国家合作的旗舰项目。项目自匈牙利首都布达佩斯至塞尔维亚首都贝尔格莱德，线路全长 342 千米，设计时速 200 千米/小时，改造既有线并增建二线，形成双线电气化客货共线快速铁路。

② "双西公路"东起江苏连云港，西至俄罗斯圣彼得堡，途经河南、甘肃、新疆，经霍尔果斯口岸进入哈萨克斯坦，从哈萨克斯坦北部边境出境进入俄罗斯，经奥伦堡、喀山、莫斯科抵达圣彼得堡，与欧洲公路网相连，全长 8 445 千米。

③ 莫斯科—喀山高铁西起俄罗斯首都莫斯科，向东南延伸到鞑靼（Tatarstan）共和国的喀山，中间穿过弗拉基米尔州首府弗拉基米尔、楚瓦什自治共和国首府切博克萨雷等重要城市，全长约 770 千米。

④ 推进"一带一路"建设工作领导小组办公室. 共建"一带一路"倡议：进展、贡献与展望 [N]. 人民日报, 2019-04-23.

第四，中巴经济走廊是"一带一路"建设的旗舰项目。该走廊以能源、交通基础设施、瓜达尔港建设为合作重点，一批有影响的项目逐步落地。目前，巴基斯坦的瓜达尔港疏港公路、白沙瓦至卡拉奇高速公路、卡西姆港电站等重点项目已经开工建设。另外，中巴喀喇昆仑公路升级改造工程、巴基斯坦拉合尔的轨道交通橙线项目已相继竣工。

第五，中国—中南半岛经济走廊。近年来，该走廊在互联互通建设等方面取得了许多成绩。2014年，云南昆明至泰国曼谷公路实现了全线贯通。2021年12月3日，北起昆明、南至老挝首都万象，全长1035千米的中老铁路正式通车，这是第一条采用中国标准、中老合作建设运营，并与中国铁路网直接连通的境外铁路。中老铁路在中国和东盟之间构建了一条内外联动、便捷高效的国际物流黄金大通道。

第六，孟中印缅经济走廊。在联合工作组框架下，孟、中、印、缅四方在基础设施互联互通、产业园区合作等方面规划了一批重点项目。中缅天然气管道在2013年建成并已向中国输送天然气，中、缅两国还签署了"皎漂经济特区深水港项目"建设框架协议等。

2.1.2.2 互联互通水平大幅提升

加快基础设施互联互通是"一带一路"建设的关键领域。在铁路合作方面，以中老铁路、中泰铁路、中吉乌铁路等项目为重点的国际铁路网络建设取得重大进展。特别是，以中欧班列为代表的国际铁路物流合作进一步推动和促进了中国与丝绸之路沿线国家（地区）的经贸往来。

（1）中欧班列成为"一带一路"建设的标志性成果

中欧班列（China Railway Express，CR express）是由中国铁路总公司组织，按照固定车次、线路、班期和全程运行时刻开行，运行于中国与欧洲及丝绸之路沿线国家（地区）间的铁路国际联运列车[①]。中欧之间的经贸合作以前主要依靠海上通道，"一带一路"倡议拓展了中欧合作的陆路通道。中欧之间的贸易长期以来依赖海运，中欧班列开拓了中欧合作的陆路通道。中欧班列具有比海运时间短、比空运成本低、运载货物类型不受限等优势。目前，中欧班列机制化建设取得显著进展，初步形成了多国协作的国际班列运行机制。2017年，中欧班列沿线7个国家的铁路公司签署

---

① 曾小林. 基于"一带一路"倡议下的中欧班列高质量发展分析 [J]. 国有资产管理，2020（1）：17-21.

了《关于深化中欧班列合作协议》①，并成立了中欧班列运输联合工作组，推动了各方在运输组织、信息交流等方面开展合作。中欧班列已经成为"一带一路"建设的标志性成果之一，成为连接沿线国家（地区）的重要纽带，被称为新丝绸之路上的"钢铁驼队"。

（2）中欧班列的运行特点

第一，开行数量快速增长，开行质量大幅度提升。2011年3月19日，重庆开通了通往德国杜伊斯堡的首趟货运列车，即为"渝新欧"班列。2016年中欧班列统一品牌后，开行数量迅猛增长，开行质量稳步提升。2011—2018年，中欧班列开行数量快速增长，8年累计开行12 937列。2020年全年，中欧班列开行数量就突破了10 000列达到12 406列，其中，去程和返程分别为6 982列、5 424列。2021年，中欧班列全年开行1.5万多列、发送货物146万标箱，同比分别增长22%和29%；至2021年底，中欧班列已累计开行4.87万列（见表2-1）。另外，中欧班列建立了稳定的回程班列运作机制，从原来的"去二回一"，到2019年以后基本实现双向运输平衡。2016—2021年，中欧班列综合重箱率由77.2%提升至98.1%②，回程班列与去程班列的比例由50.6%提升至81.5%。

表2-1　2011—2021年中欧班列往返开行列数　　　　单位：列

年份	去程	返程	合计
2011	17	0	17
2012	42	0	42
2013	80	0	80
2014	280	28	308
2015	550	265	815
2016	1 130	572	1 702
2017	2 399	1 274	3 673
2018	3 610	2 690	6 300
2019	4 525	3 700	8 225
2020	6 982	5 424	12 406

---

① 这7个国家包括中国、俄罗斯、白俄罗斯、哈萨克斯坦、德国、蒙古、波兰。
② 重箱是集装箱进出口业务的一个专业术语，意思是说已装货物的集装箱，与空箱的意思相对。

表2-1（续）

年份	去程	返程	合计
2021	8 364	6 819	15 183
合计	27 979	20 772	48 751

资料来源：笔者根据公开资料整理。

　　第二，运输覆盖范围不断扩大，运行线路日益丰富。自2011年"渝新欧"班列开行至今，中欧班列国内开行城市达56个，通达欧洲23个国家180个城市和11个亚洲国家，包括欧盟、俄罗斯、中亚、中东、东南亚，共形成78条线路。这些线路主要包括"渝新欧""郑欧""义新欧""苏满欧"等（见表2-2）。例如2018年，中欧班列开行数量位列全国前五的城市分别是成都、重庆、西安、郑州、武汉。其中，"渝新欧"线开行最早，运行线路丰富，平均运行时间为13~15天；"郑欧"线境内外集疏格局强大，货物集疏半径超过1 500千米，覆盖全国四分之三的省份；"义新欧"线是目前行程距离最长、途经国家最多、境外铁路换轨次数最多的中欧班列，义乌也是被列入中欧班列名单的唯一一个县级城市。

表 2-2　主要中欧班列线路概况

序号	国内发（到）城市	边境口岸	境外到（发）城市	方向
1	重庆	阿拉山口（霍尔果斯）	杜伊斯堡（德国）等	双向
2	成都	阿拉山口（霍尔果斯）	罗兹（波兰）等	双向
3	郑州	阿拉山口（霍尔果斯）、二连浩特	汉堡（德国）等	双向
4	武汉	阿拉山口（霍尔果斯）、满洲里	帕尔杜比采（捷克）汉堡（德国）等	双向
5	苏州	满洲里	华沙（波兰）布列斯特（白俄罗斯）	双向
6	义乌	阿拉山口（霍尔果斯）	马德里（西班牙）	双向
7	沈阳	满洲里	汉堡（德国）等	双向
8	长沙	满洲里	汉堡（德国）等	去程

资料来源：笔者根据公开资料整理。

第三，运载货物品种不断丰富。中欧班列运载的货物从起初的电脑等IT产品，扩大到了纺织服装、零配件、粮食、葡萄酒、木材等各种商品，特别是汽车整车的进出口运输成为近年来增长最快的品种。通过中欧班列，中国制造的日用百货、服装、电脑等商品可以便捷地进入欧洲市场；西班牙红酒，荷兰奶酪，波兰水果，德国汽车以及欧洲各地的生物医药、母婴用品、成套橱柜等货物也可以快速进入中国市场。当前，中欧班列运输货品达5万多种，物流配送网络已覆盖欧亚大陆全境。

第四，辐射带动效果显著。中欧班列为中国的内陆地区提供了便捷和高效的贸易通道，重庆、四川、陕西、河南、江苏、浙江6个省市累计开行列数超过总列数的70%。中欧班列还基本上实现了"铁水联运、铁海联运"等多式联运。据统计，2018年，中欧班列运输的货值达到330亿美元；2016—2021年，中欧班列年运输货值由80亿美元提升至749亿美元，共增长了8倍多，在中欧贸易总额中的占比从1.5%提高到8%。

（3）公路合作

2018年2月，中吉乌国际道路运输实现常态化运行①。2016年7月，中国正式加入《国际公路运输公约》（TIR公约）②。公约实施后，从预订货物的发货仓库，到运输至目的地仓库，整个过程从装货、施封到拆封、卸货，沿途海关原则上不查验、不开箱，可大大节省通关时间和运输成本。另外，中国还与15个丝绸之路沿线国家（地区）签署了18个双边和多边国际运输便利化协定，启动了《大湄公河次区域便利货物及人员跨境运输协定》（简称GMS CBTA）便利化措施，通过70多个陆路口岸开通了350多条国际公路运输线路。

（4）港口合作

目前，由中国企业承建的巴基斯坦瓜达尔港开通了定期班轮航线，斯里兰卡的汉班托塔港经济特区已完成园区规划等前期工作。在中国中远海

---

① 中吉乌公路起点为中国的喀什，经吉尔吉斯斯坦境内的伊尔克什坦、萨雷塔什、奥什，乌兹别克斯坦境内的安集延，终点为乌兹别克斯坦的首都塔什干，总长937千米。2018年2月25日，中吉乌公路货运正式运行。

② 《国际公路运输公约》规定，对于装运集装箱的公路承运人，如持有TIR手册，可以由发运地至目的地，在海关封志中途中不受检查，不支付税收，也可不付押金。成为该公约的缔约方之后，中国的货物集装箱最远可以通过公路径直运到爱尔兰。

运集团公司的管理下，希腊比雷埃夫斯港已成为全球发展最快的集装箱港口之一①，成为地中海的重要中转枢纽，其在全球集装箱港口中的排名也由 2010 年的第 93 位跃升至 2019 年的第 32 位。2018 年底，由中国企业与阿联酋阿布扎比港务局联合建设运营的哈利法港二期集装箱码头正式开港②。

（5）能源设施建设合作

中国与"一带一路"沿线国家（地区）在电力、油气、新能源、煤炭等领域开展了广泛合作，并签署了一系列合作框架协议，与周边能源出口国家共同维护油气管网安全运营。当前，中俄与中哈原油管道、中国—中亚天然气管道自开通以来，始终保持稳定运营；2013 年，中缅油气管道全线贯通；2019 年 12 月，中俄天然气管道东线已部分实现通气③，预计2024 年底全线通气。

2.1.3　贸易畅通

贸易畅通是丝绸之路经济带建设的重要内容之一，通过促进贸易与投资的自由化和便利化，能够降低交易和营商成本。

2.1.3.1　贸易便利化与投资自由化水平不断提升

（1）贸易便利化水平快速提升

中国与丝绸之路沿线国家（地区）积极推进海关大通关体系建设，与各国（地区）海关开展"信息互换、监管互认"合作，先后与丝绸之路沿线国家（地区）签署了约 80 项合作文件，推动海关制度对接、检验互认等一系列工作。2017 年 5 月，中国发起由 83 个国家和国际组织参与的《推进"一带一路"贸易畅通合作倡议》。中国与"一带一路"沿线国家（地区）签署了 100 多项海关检验检疫合作文件，实现了 50 多种农产品食品检疫准入④。另外，中国在新疆沿边各口岸开通了与中亚国家（哈萨克

---

① 比雷埃夫斯港（简称"比港"）是希腊最大的港口，也是欧洲十大集装箱码头之一，但其经营一度陷入危机。中国中远海运集团公司于 2008 年和希腊方面签署为期 35 年的特许经营权协议，并据此在 2010 年正式经营比港二号、三号集装箱码头，2016 年又收购了比港港务局 67%的股权。

② 推进"一带一路"建设工作领导小组办公室. 共建"一带一路"倡议：进展、贡献与展望［N］. 人民日报，2019-04-23.

③ 中俄东线管道项目是中国石油与俄气公司的联合项目，包括俄罗斯境内的西伯利亚力量管道和中方境内的中俄东线天然气管道。中俄东线天然气管道起自俄罗斯东西伯利亚，由布拉戈维申斯克进入中国黑龙江省黑河市。

④ 推进"一带一路"建设工作领导小组办公室. 共建"一带一路"：理念、实践与中国的贡献［N］. 法制日报，2017-05-11.

斯坦、吉尔吉斯斯坦、塔吉克斯坦）的农产品通关"绿色通道"①，农产品进出口的通关时间大幅缩短。

（2）投资自由化水平逐步提升

一方面，中国进一步放宽外资准入领域。至 2020 年 9 月底，中国共设立了 21 个国内自由贸易试验园区（FTZ）②，并探索建设海南自由贸易港。中国大力营造高标准的国际营商环境，持续扩大服务业开放，放宽了农业和能源领域的市场准入，修订了外资准入负面清单，营商环境水平大幅提升。在世界银行的营商报告中，中国 2019 年总体排名比 2018 年上升了 32 位，排第 46 名③。另一方面，中国鼓励国内企业到"一带一路"相关国家（地区）投资兴业，帮助这些国家（地区）发展经济，改善民生。据统计，2013—2018 年，中国企业对丝绸之路沿线国家（地区）的 FDI 总金额超过900 亿美元，完成工程承包营业额约 4 000 亿美元④。至 2017 年初，中国企业在"一带一路"沿线 20 个国家（地区）正在建设 56 个经贸合作区，累计投资超过 185 亿美元。特别是，中白工业园、埃及苏伊士经贸合作区等境外园区建设成效显著；至 2016 年底，中国与丝绸之路沿线 50 多个国家（地区）签署了双边投资协定（BIT）和避免双重征税协定⑤。

2.1.3.2 中国与丝绸之路沿线国家（地区）贸易规模持续扩大

在全球贸易持续低迷的背景下，中国与丝绸之路沿线国家（地区）货物贸易持续增长，贸易结构不断优化，巨大的中国市场为丝绸之路沿线各国（地区）提供了越来越多的经贸合作机会。中国的平均关税水平已从2001 年加入 WTO 时的 15%左右下降到 2018 年的约 7.5%。

据中方统计，2013—2018 年，中国与丝绸之路沿线国家（地区）的贸易年均增速远高于中国的外贸平均增速。其中，2016 年，中国与"一带一路"沿线国家（地区）货物贸易额为 6.252 万亿元人民币，占同期中国外

---

① 2013 年中哈巴克图口岸农产品"绿色通道"开通；2015 年中塔、中吉开通卡拉苏—阔勒买口岸、吐尔尕特和伊尔克什坦口岸农产品"绿色通道"。

② 中国 21 个自由贸易试验区分布在上海、广东、天津、福建、辽宁、浙江、河南、湖北、重庆、四川、陕西、海南、山东、江苏、河北、云南、广西、黑龙江、北京、湖南、安徽。

③ 国新办就《共建"一带一路"倡议：进展、贡献和展望》举行发布会 [J]．中国产经，2019（5）：66-77．

④ 推进"一带一路"建设工作领导小组办公室．共建"一带一路"倡议：进展、贡献与展望 [N]．人民日报，2019-04-23．

⑤ 推进"一带一路"建设工作领导小组办公室．共建"一带一路"：理念、实践与中国的贡献 [N]．法制日报，2017-05-11．

贸总额的 25.7%；2017 年，中国与"一带一路"沿线国家（地区）贸易总额上升至 7.375 万亿元人民币，占当年中国外贸总额的比例上升至 26.5%。同年，中国与"一带一路"沿线国家（地区）的服务贸易总额约 978 亿美元，占我国服务贸易总额的 14%①。2018 年，中国与"一带一路"沿线国家（地区）货物贸易总额达到 8.366 万亿元人民币（约 1.2 万亿美元），同比增长 13.3%，高于当年中国外贸增速（9.6%）3.7%，占中国外贸总值的 27.4%。具体见表 2-3。其中，中国对"一带一路"沿线国家（地区）出口 4.648 万亿元人民币，同比增长 7.9%；自"一带一路"沿线国家（地区）进口 3.718 万亿元人民币，同比增长 20.9%。

表 2-3　中国对"一带一路"沿线国家（地区）进出口贸易情况

年份	出口额/亿元人民币	出口增速/%	进口额/亿元人民币	进口增速/%	进出口总额/亿元人民币	进出口增速/%	占中国外贸比例/%
2016	38 319	0.5	24 198	0.4	62 517	0.5	25.7
2017	43 045	12.1	30 700	26.8	73 745	17.8	26.5
2018	46 478	7.9	37 179	20.9	83 657	13.3	27.4
2019	52 585	13.2	40 105	7.9	92 690	10.8	29.4
2020	54 263	3.2	39 433	−1.8	93 696	1	29.14

数据来源：笔者根据中国"一带一路"网（https://www.yidaiyilu.gov.cn/）资料整理。

2019 年，中国货物贸易进出口总值为 31.54 万亿元人民币，同比增长 3.4%。其中，与"一带一路"沿线国家（地区）货物贸易进出口总值为 9.27 万亿元人民币（约 1.32 万亿美元），同比增长 10.8%，对丝绸之路沿线国家（地区）贸易增速高出中国外贸整体增速（3.4%）7.4%，占中国外贸总值的比例进一步提升到 29.4%。当年，中国与丝绸之路沿线国家（地区）服务贸易总额为 1 178.8 亿美元，其中，出口 380.6 亿美元、进口 798.2 亿美元。受新冠肺炎（新型冠状病毒感染）疫情影响，2020 年，中国对"一带一路"沿线国家（地区）进出口总额为 9.37 万亿元人民币，同比增长 1%，占中国外贸总值的比例为 29.14%，其中，出口 5.43 万亿元人民币，同比增长 3.2%；进口 3.94 万亿元人民币，同比下降 1.8%。

---

① 推进"一带一路"建设工作领导小组办公室. 共建"一带一路"倡议：进展、贡献与展望［N］. 人民日报，2019-04-23.

2.1.3.3 中国与"一带一路"沿线国家（地区）的自由贸易区网络体系逐步形成

自 2013 年以来，中国与"一带一路"沿线经济体积极开展贸易协定谈判，自由贸易区建设步伐加快，FTA 协定谈判取得重要突破，中国与沿线国家（地区）的自由贸易区网络体系逐步形成。2015 年，中国与东盟升级了中国—东盟自由贸易协定；2017 年，中国分别与格鲁吉亚、马尔代夫签署了 FTA 协定。2019 年与巴基斯坦完成自由贸易区第二阶段谈判，签署了《中巴关于修订"自由贸易协定"的协定书》。此外，2018 年，中国与欧亚经济联盟签署了经贸合作协定。2019 年，区域全面经济伙伴关系协定（RCEP）谈判取得重大进展，2020 年 11 月，RCEP 协定正式签署。这些自由贸易协定将为中国和"一带一路"沿线国家（地区）的贸易便利化和投资自由化提供更加有效的制度安排。

至 2020 年底，中国已达成了 19 个双边和多边 FTA 协定，涉及 26 个国家和地区，正在开展的 FTA 谈判或升级谈判有 11 个。当前，中国正在大力推进与海合会、以色列、斯里兰卡、摩尔多瓦的自由贸易协定谈判，推动与尼泊尔、孟加拉国等国家的自由贸易区和联合可行性研究。

2.1.3.4 贸易方式创新进程加快

跨境电商是基于互联网发展起来的新型国际贸易方式，目前跨境电子商务等新模式正成为推动国际贸易畅通的新生力量，也为我国外贸企业转型升级提供了新途径。2018 年，中国跨境电子商务零售进出口额为 203 亿美元，同比增长 50%，其中，出口 84.8 亿美元、进口 118.7 亿美元①。目前，中国已经与"一带一路"沿线 17 个国家建立了双边电子商务合作机制。另外，通过发挥综合性展会和专业性展会平台作用，中国面向"一带一路"沿线国家（地区）积极开展贸易促进活动。

2.1.3.5 经贸合作机制更加完善

中国与所有丝绸之路沿线国家（地区）都建有双边经贸联委会、混委会机制，同时还有一些区域、次区域的合作平台。中方还推动在双边经贸机制的框架下，与相关国家（地区）建立贸易畅通工作组和投资合作工作组。中国还与日本、西班牙、荷兰、比利时等一些国家签署了第三方市场合作协定②。

---

① 推进"一带一路"建设工作领导小组办公室. 共建"一带一路"倡议：进展、贡献与展望［N］. 人民日报，2019-04-23.

② 第三方市场合作主要是指中国企业（含金融企业）与有关国家企业共同在第三方市场开展经济合作，是由中国首创的国际合作新模式。

2.1.4 资金融通

2.1.4.1 建立多边金融机构，发挥亚投行的引领作用

资金融通是丝绸之路经济带建设的重要支撑。为了弥补丝绸之路沿线国家（地区）基础设施建设的融资缺口，2014 年 10 月，亚洲 21 个国家共同决定成立亚洲基础设施投资银行（Asian Infrastructure Investment Bank，AIIB，简称"亚投行"）[①]。2015 年 6 月，亚投行 57 个意向创始成员代表在北京正式签署了《亚洲基础设施投资银行协定》[②]。2016 年 1 月，在北京举行了亚投行理事会及董事会成立大会。至 2018 年底，亚投行从 57 个创始成员发展到 93 个成员。另外，2014 年 11 月，中国还宣布出资 400 亿美元成立丝路基金。至 2018 年底，丝路基金协议投资金额约 110 亿美元，并出资 20 亿美元设立了中哈产能合作基金[③]。2014 年 7 月，"金砖国家"领导人第六次会晤在巴西举行，会后宣布正式建立"金砖国家开发银行"[④]。金砖国家开发银行将成为中国与其他金砖国家开展金融合作的重要平台。

2.1.4.2 探索新型国际投融资模式和区域融资保障机制

近年来，各国主权财富基金及投资基金的作用日益凸显，中国投资有限责任公司、阿联酋阿布扎比投资局等主权财富基金对丝绸之路沿线国家（地区）投资规模显著扩大。2018 年 7 月，由丝绸之路基金与欧洲投资基金共同成立的"中欧共同投资基金"开始运营[⑤]，首期投资规模为 5 亿欧元，投资期 3 年。另外，中国与丝绸之路沿线国家（地区）创新区域融资

[①] 亚洲基础设施投资银行（亚投行，AIIB）是一个政府间性质的亚洲区域多边开发机构，总部设在北京，法定资本 1 000 亿美元，初始认缴资本为 500 亿美元。

[②] 亚投行 57 个意向创始成员有：奥地利、澳大利亚、阿塞拜疆、孟加拉国、巴西、文莱、柬埔寨、中国、丹麦、埃及、法国、芬兰、格鲁吉亚、德国、冰岛、印度、印度尼西亚、伊朗、以色列、意大利、约旦、哈萨克斯坦、韩国、科威特、吉尔吉斯斯坦、老挝、卢森堡、马来西亚、马尔代夫、马耳他、蒙古、缅甸、尼泊尔、荷兰、新西兰、挪威、阿曼、巴基斯坦、菲律宾、波兰、葡萄牙、卡塔尔、俄罗斯、沙特、新加坡、南非、西班牙、斯里兰卡、瑞典、瑞士、塔吉克斯坦、泰国、土耳其、阿联酋、英国、乌兹别克斯坦、越南。

[③] 推进"一带一路"建设工作领导小组办公室. 共建"一带一路"倡议：进展、贡献与展望 [N]. 人民日报, 2019-04-23.

[④] 2001 年，美国高盛公司首次提出 BRICs 概念，用巴西、俄罗斯、印度、中国四个新兴市场国家英文名称的首字母组成缩写词。因"BRIC"拼写和发音同英文单词"砖"（brick）相近，中国媒体和学者将其译为"金砖国家"。

[⑤] 丝绸之路基金是由中国外汇储备管理公司、中国投资有限责任公司、中国进出口银行、国家开发银行共同出资，按照市场化、国际化、专业化原则设立的中长期开发投资基金，其重点是在"一带一路"建设与发展进程中寻找投资机会并提供相应的投融资服务。

保障机制，建立开发性金融机构，积极探讨灵活多样的融资和担保模式，积极筹建了中国—欧亚经济合作基金、中国—中东欧投资合作基金等①。加强各国金融机构之间的合作，探讨政府与企业合作模式（PPP）等，鼓励私营部门参与，推进国有企业股份化改造，探讨资源换贷款等新型融资模式②。

2.1.4.3 金融机构合作和互联互通水平不断提升

目前，中国银行等五大国有商业银行与丝绸之路沿线国家（地区）建立了广泛的代理行关系。2019 年初，已有 11 家中资银行在丝绸之路沿线国家（地区）设立了 76 家一级机构，来自 22 个沿线国家的 50 家银行在中国设立了 7 家法人银行、19 家外国银行分行和 34 家代表处③。中国先后与 20 多个沿线国家的中央银行或货币当局签署了双边本币互换协定④，与 7 个沿线国家建立了人民币清算安排，并在新加坡、伦敦建立了人民币清算中心。另外，中国与越南等四个周边国家签订了边贸本币结算协定，与哈萨克斯坦等四个沿线国家签署了一般贸易和投资本币结算协定。目前，人民币跨境支付系统（CIPS）业务范围已覆盖沿线大部分国家和地区⑤。随着人民币跨境贸易结算规模的扩大，人民币在越南、老挝、蒙古等国家已经可以直接使用，人民币逐渐成为中国与周边国家（地区）贸易结算的重要货币。

2.1.5 民心相通

民心相通是共建"一带一路"的人文基础，中国与沿线各国（地区）开展了形式多样、领域广泛的公共外交和文化交流，增进了相互理解和认

---

① 中国—欧亚经济合作基金（简称"欧亚基金"）由习近平主席于 2014 年 9 月在上合组织杜尚别元首峰会期间宣布成立，是促进"一带一路"沿线国家发展合作的重要股权投资平台。欧亚基金主要投资于上海合作组织成员、观察员和对话伙伴。基金首期规模为 10 亿美元，总规模为 50 亿美元。

② 赵青松."一带一路"建设下中国与沿线国家的国际金融合作研究［J］.苏州市职业大学学报，2016（1）：8-12.

③ 推进"一带一路"建设工作领导小组办公室.共建"一带一路"倡议：进展、贡献与展望［N］.人民日报，2019-04-23.

④ 双边本币互换协定是指一国的中央银行与另一国的中央银行签订协定，约定在一定条件下，任何一方可以一定数量的本币交换等值的对方货币，用于双边贸易类投资结算或为金融市场提供短期流动性支持。

⑤ 人民币跨境支付系统（cross-border interbank payment system，CIPS），是专司人民币跨境支付清算业务的批发类支付系统。CIPS 是我国重要的金融市场基础设施，在助力人民币国际化等方面发挥着重要作用。

同，为共建"一带一路"奠定了坚实的民意基础。例如，中国与沿线国家（地区）互办艺术节、电影节、文物展等活动，合作开展图书、广播、影视精品创作和互译互播。中国与中东欧、东盟、俄罗斯、希腊、埃及等国家和地区共同举办文化年活动，打造了丝绸之路国际文化博览会、国际艺术节等一批大型文化节会，在沿线国家（地区）设立了 17 个中国文化中心。在教育培训方面，中国设立了"丝绸之路政府奖学金"项目，在沿线国家（地区）设有 153 个孔子学院，与 24 个沿线国家签署了高等教育学历学位互认协议。2017 年，丝绸之路沿线国家（地区）共约 3.9 万人接受中国政府奖学金来华留学。另外，中国与多个国家共同举办旅游年，创办"一带一路"旅游市场推广联盟等合作机制。中国与 57 个沿线国家（地区）缔结了互免签证协定，与 15 个国家达成简化签证手续的协定。2018 年，中国出境旅游人数达到 1.5 亿人次，俄罗斯、越南、马来西亚、新加坡等国已成为中国主要客源市场。

卫生健康合作是民心相通的重要内容。中国与沿线国家（地区）积极开展卫生领域的学术交流和项目合作，与部分国家、国际组织签署了卫生健康合作协议，开展传染病防控合作，在沿线国家（地区）设立中医药海外中心、中医药国际合作基地。特别是自 2020 年初新冠肺炎（新型冠状病毒感染）疫情发生以来，中国开展了自新中国成立以来援助时间最集中、涉及范围最广的一次紧急人道主义行动，向周边国家（地区）派出多个医疗专家组，向 150 多个国家（地区）和 4 个国际组织提供抗疫援助。中国的疫情防控措施为维护世界公共卫生安全做出了巨大贡献。自 2017 年以来，中国还向沿线发展中国家提供大量紧急粮食援助，向南南合作援助基金增资 10 亿美元，在沿线国家（地区）实施了"幸福家园""爱心助困""康复助医"等援助项目。

2.2 "一带一路"建设面临的主要问题

2.2.1 "一带一路"沿线国家（地区）经济发展水平相对滞后，区域发展差距较大

"一带一路"沿线涉及的国家和地区，包括东南亚 11 国、中亚 5 国、独联体 7 国、南亚 8 国、西亚 18 国、中东欧 16 国，加上蒙古和中国，共

计 67 个国家和地区。从经济总量上看，据世界银行统计，2016 年，"一带一路"沿线 67 个国家和地区 GDP 总量为 23.21 万美元，约占世界 GDP 总量的 30.68%，超过美国（18.58 万亿美元）、欧盟（18.97 万亿美元）。但是剔除中国后，"一带一路"沿线 66 个国家和地区的 GDP 总量约为 12 万亿美元，约只占全球经济的 15.88%，即中国的经济总量约等于"一带一路"沿线 66 个国家和地区的总和，中国与丝绸之路沿线国家和地区经济规模的差距巨大。

"一带一路"沿线国家和地区在经济发展水平上存在较大差异，既有经济总量大国，也有经济总量小国；既有高收入国家，也有低收入国家。从人均 GDP 来看，"一带一路"沿线国家和地区的人口总和约占世界总人口的 62.3%，"一带一路"沿线 67 个国家和地区 2015 年的人均 GDP 约为 5 055 美元，剔除中国之后，人均 GDP 约为 3 743 美元，根据世界银行的划分标准，属于中等偏下收入水平（1 045~4 125 美元），低于世界平均水平（10 058 美元）①。从地区分布来看，高收入国家共 17 个，主要处于欧洲和中东石油输出国；中等收入偏高国家 22 个，主要分别在中东欧、南欧、东南亚等地区；中等收入偏低国家约 22 个，主要位于南亚、东南亚、中亚等地区；低收入国家包括阿富汗、尼泊尔、塔吉克斯坦等。

从进出口贸易上看，2016 年，"一带一路"沿线国家（地区）货物和服务贸易出口总额为 5.69 万亿美元，约占世界出口贸易总额的 36.8%；进口贸易总额为 5.17 万亿美元，约占世界进口贸易总额的 32.8%，总体上出口大于进口。

从能源储量和生产方面看，"一带一路"沿线国家（地区）覆盖了中东石油输出国、俄罗斯、中亚等能源储量丰富地区，故能源产量和出口量都较大。2016 年，"一带一路"沿线国家（地区）石油探明储量占全球的 59.8%，原油产量约占全球的 60%；天然气储量占世界的 81.8%，生产量占世界的 53.2%；煤炭储量占全球的 52.5%，煤炭产量约占全球的 71.2%。

2.2.2 "一带一路"沿线许多国家（地区）营商环境较差，投资风险大

第一，大部分丝绸之路沿线国家（地区）营商环境较差。据测算②，

---

① 国家开发银行，联合国开发计划署，北京大学."一带一路"经济发展报告 [M]. 北京：中国社会科学出版社，2017：80-90.

② 马莉莉，任保平，等. 丝绸之路经济带发展报告（2015）[M]. 北京：中国经济出版社，2015：233.

许多丝绸之路经济带沿线国家的开放度较低。例如，俄罗斯、哈萨克斯坦、伊朗的国内市场准入条件较高，蒙古、吉尔吉斯斯坦、乌克兰等国家的商业环境在全球排名均在 100 名之后。另外，中亚及西亚的许多国家属于欠发展或经济转型国家，其制度不够健全，缺少系统、完善的融资政策。

第二，大部分丝绸之路沿线国家（地区）交通基础设施落后，运输费用过高。以中亚国家为例，根据亚洲开发银行的报告，中亚各国的运输成本远高出亚洲其他国家的平均物流成本。在公路方面，中亚国家的路况较差，严重制约了其贸易往来；在铁路方面，技术标准的不统一和铁路轨距不同制约了铁路的通畅。例如，由于哈萨克斯坦的车站换装设施不足等原因，在其边境口岸时常发生堵塞和延误换装现象。

第三，部分丝绸之路沿线国家（地区）的投资环境较差，表现为政治和社会局势不稳定、法律不健全，一些地方还存在严重的腐败行为，以及经贸纠纷等问题处理过程不透明的现象，这些都制约了中国与这些国家（地区）经贸合作的健康发展。例如，中国企业在中亚投资经营就面临许多法制不健全、执法不规范等问题。在中亚国家，政府经常以总统令等行政方式来改变外商投资在其国内的经营范围和规则，经常发生以"损害本国利益"为借口而不履行合同的情况。当发生经营纠纷时，由于中亚国家的司法仲裁和行政执法透明度低，败诉的一方多是外商，这严重损害了市场的公平竞争秩序，其政策的多变性也增加了投资风险。

2.2.3 中国与丝绸之路沿线国家（地区）之间的贸易机制缺乏

"一带一路"建设必然涉及大量的商品流动、基础设施建设、资本和人员流动，这需要一系列制度保障各国（地区）经贸合作的顺利进行。但是，在中国目前与 26 个国家或地区建立的 19 个自由贸易区中，属于丝绸之路经济带沿线的只有 5 个国家，分别为巴基斯坦、格鲁吉亚、马尔代夫、瑞士、冰岛。这些自由贸易伙伴的经济规模都较小，且均不是中国主要的贸易伙伴。

"一带一路"建设最大的风险是沿线各国（地区）政府的政策变化带来的不确定性。大多数丝绸之路沿线国家（地区）的经济发展水平比较落后、自身财力有限、政权更迭频繁、政策缺乏连续性。近年来，沿线大多数国家（地区）经济增速放缓，进而制约"一带一路"的合作进程及合作成效。另外，目前仍然有许多丝绸之路沿线国家（地区）与中国的贸易关系松散，其与中国的双边贸易额占其总贸易的比例较低。一些国家（地区）的金融市场发展滞后，资金缺乏保障导致融资困难，这些都是中国企业对外投资和开展工程承包的重要障碍。在此背景下，中国需要加强与丝绸之路沿线国家（地区）之间的经贸领域政策协调，需要通过建立双边或区域 FTA 来降低政策不确定性带来的负面影响。

2.3 "一带一路"建设深化升级的内涵

2.3.1 "一带一路"建设与自由贸易区战略的关系

2.3.1.1 "一带一路"倡议与自由贸易区战略具有共同目标

"一带一路"倡议的内涵十分丰富，既有贸易类投资方面的合作，也有基础设施的互联互通、提升政策沟通和扩大人文交流等各方面的合作，但加强中国与沿线国家（地区）的经贸往来是"一带一路"倡议的最重要内容。相比之下，自由贸易区建设则是单纯的经贸合作关系问题。中国自由贸易区建设并不局限于"一带一路"沿线国家（地区），还将在全球其他区域范围内推进。但是，加强中国与丝绸之路沿线国家（地区）间的经贸合作是"一带一路"倡议和自由贸易区战略的共同目标。

2.3.1.2 自由贸易区战略促进"一带一路"倡议落地

作为一种发展倡议，"一带一路"建设必须借助于相应的制度和机制来推动，而自由贸易区（FTA）是当前区域经济一体化的一种主要形式和机制，也是实现贸易自由化的重要路径，能够帮助推动"一带一路"倡议实施落地。因此，加快商签双边和多边自由贸易区是"一带一路"建设深化升级的战略突破口。丝绸之路沿线国家（地区）绝大部分是发展中国家（地区），与中国的经济互补性较强。通过与这些相关国家（地区）建设 FTA，降低各种贸易壁垒和要素流动成本，可以更好地发挥经济互补的优势，实现我国与丝绸之路沿线国家（地区）的双赢。

2.3.1.3 "一带一路"倡议推动自由贸易区建设发展

"一带一路"倡议提出要加强"五通"建设，其中"道路联通、贸易畅通、货币流通"都属于经济合作范畴，其中贸易畅通是"一带一路"倡议的核心内容之一。在"一带一路"倡议背景下，可以充分发挥中国在区域经贸合作中的领导地位，通过推动实施我国与丝绸之路沿线国家（地区）贸易畅通的一系列政策措施，有助于实现中国与丝绸之路沿线国家（地区）的 FTA 建设。

2.3.2 加快实施自由贸易区战略是"一带一路"建设深化升级的必然选择

如果说"一带一路"硬环境建设的中心是基础设施的互联互通，那么"一带一路"软环境建设的核心就是以贸易类投资自由化为主要内容的自由贸易区（FTA）建设。因此，要推动"一带一路"倡议与自由贸易区战略更好地结合，需要在"一带一路"沿线构建中国参与、由区内主要国家组成、对新成员开放的若干自由贸易区，加快建设多层次"一带一路"自由贸易区网络。

FTA 战略是中国对外开放战略的重要组成部分，也是中国以开放促改革、以开放促发展的重要举措。与"一带一路"沿线国家（地区）建立 FTA 是我国构建自由贸易区网络战略的重要内容。当前，在全球经济增速放缓、贸易保护主义盛行的情况下，FTA 的数量不断增加，FTA 自由化水平不断提高，中国外贸发展的机遇和挑战并存，加快实施自由贸易区战略是中国适应区域经济一体化新趋势的要求，也是构建开放型经济新体制的必然选择。

2.4 "一带一路"建设深化升级的必要性与路径选择

2.4.1 "一带一路"建设深化升级的必要性

2015 年 12 月，国务院第一次发布了《关于加快实施自由贸易区战略的若干意见》综合性文件。文件指出，要加快与周边国家构建 FTA，积极同丝绸之路沿线国家（地区）商建 FTA，争取同大部分新兴经济体和部分发达国家建立 FTA，逐步构建中国的全球 FTA 网络①。

一方面，中国要继续支持以 WTO 为代表的基于规则的多边贸易体制，

---

① 国务院. 国务院关于加快实施自由贸易区战略的若干意见（国发〔2015〕69 号）[EB/OL]. http://www.gov.cn/zhengce/content/2015-12/17/content_10424.htm.

促进贸易便利化和投资自由化；另一方面，"一带一路"倡议提出的经贸合作需要国际贸易规则的制度保障，在以 WTO 为代表的多边贸易谈判目前难以取得实质性进展的情况下，中国可以优先开展双边和区域自由贸易协定谈判，根据不同的贸易伙伴，有步骤、有计划地推进与丝绸之路沿线国家（地区）的贸易合作。"一带一路"倡议虽不搞机制建设，但这并不意味着中国放弃区域经济一体化的战略构想。推进贸易便利化和投资自由化、深化经济技术合作、建立自由贸易区是"一带一路"建设的"三部曲"，加快双边、多边自由贸易区建设也是"一带一路"建设深化升级的战略突破口和必然选择。

2.4.2 "一带一路"建设深化升级的路径选择

2.4.2.1 由项目建设为主导向贸易类投资机制化建设升级

当前，"一带一路"建设已经从倡议向项目实施落地深化。2013 年以来，"一带一路"建设以"五通"为主要内容扎实推进，一批具有标志性的早期成果（项目）已经建成并发挥作用。但是，以单个项目投资建设为主导会导致"一带一路"建设"碎片化"发展，急需向"机制化"的经贸制度建设深化升级。为此，中国需要达成与丝绸之路沿线国家（地区）经贸合作的"一揽子"解决方案，这就是与丝绸之路沿线国家（地区）建立双边或区域自由贸易区，降低中国与丝绸之路沿线国家（地区）之间贸易政策变化带来的不确定性。

2.4.2.2 "一带一路"建设深化升级的实施路径

当前，中国与丝绸之路沿线国家（地区）的经贸合作一般采取了以下合作方式和层次：

一是与周边国家建立次区域经济合作平台，包括设立边境或跨境经济合作区，如中哈霍尔果斯边境合作中心、中越凭祥—同登跨境经济合作区等①。

二是签署和制定各类经贸合作机制和贸易便利化制度等，包括海关检

---

① 跨境经济合作区是指在两国边境附近划定特定区域，赋予该区域特殊的财政税收、投资贸易以及配套的产业政策，并对区内部分地区进行跨境海关特殊监管，吸引各种生产要素在此聚集，实现该区域的快速发展，进而通过辐射效应带动周边地区发展。跨境经济合作区是指在沿边地区由两国或两国以上政府共同推动的享有出口加工区、保税区、自由贸易区等优惠政策的次区域经济合作区。

验检疫合作机制、双边和多边国际运输合作机制等。

三是建立各类区域经济合作论坛，这些合作机制一般是较为松散的、非约束性的，其合作内容主要是政策对话、贸易促进和信息交流，其主要代表包括亚太经合组织（APEC）[①]、上海合作组织（SCO）、东盟和中日韩（10+3）机制、中非合作论坛、中阿合作论坛、中拉合作论坛等。这些区域合作形式增进了中国与参与各方互信互利的合作理念，也为中国未来与这些国家（地区）建设自由贸易区奠定了良好的基础。

四是商签双边或多边自由贸易协定。一般先签署货物贸易 FTA，即先在比较容易达成共识的货物贸易领域分阶段降低关税，或先实行"早期收获计划"，之后再逐步签署服务贸易协定或投资协定，再进行 FTA 协定的升级谈判，实现中国与丝绸之路沿线国家（地区）的自由贸易协定从低水平到高标准的转变，逐步建成中国与丝绸之路沿线国家（地区）的自由贸易区网络。

2.4.2.3 多路径灵活推进 FTA 建设

中国自由贸易区战略就是构筑以自身为核心的全球性自由贸易区体系。为此，中国需要采取多种路径灵活推进 FTA 建设。

第一，积极实施自由贸易区战略，重点布局，形成龙头，发挥示范效应。在自由贸易伙伴选择上，可以包括部分发达国家、主要新兴经济体及资源能源型中小国等发展程度各不相同的国家（地区），以满足中国在市场、资源能源等方面的不同需求。中国 FTA 总体战略布局应以周边国家（地区）为中心，向西亚、非洲、欧洲、美洲等地区辐射，全面打造中国在全球的 FTA 网络。

第二，先易后难，先小国后大国。实践证明，中国与发达或发展中经济体中的小国在 FTA 谈判上更容易取得成功，主要原因是中国与这些国家（地区）的经济互补性大于竞争性，经济规模较小的国家（地区）都有进入中国 14 亿人口的巨大消费市场的需求。目前，中国与美、欧等主要经济体商签自由贸易区还存在较大困难，为此，中国自由贸易区战略可以实施"农村包围城市"的推进方式，先小国后大国。例如，在俄罗斯主导的欧

---

① 亚太经济合作组织（APEC），简称"亚太经合组织"，是亚太地区层级最高、领域最广、最具影响力的经济合作机制。APEC 现有 21 个成员，分别是澳大利亚、文莱、加拿大、智利、中国、中国香港、印度尼西亚、日本、韩国、墨西哥、马来西亚、新西兰、巴布亚新几内亚、秘鲁、菲律宾、俄罗斯、新加坡、中国台北、泰国、美国、越南。

亚经济联盟不愿与中国商签 FTA 的情况下，中国可以积极推动与乌兹别克斯坦、乌克兰等非欧亚经济联盟国家建立 FTA。

第三，创新与丝绸之路沿线国家（地区）建设自由贸易区的内容与形式。由于"一带一路"沿线国家（地区）经济发展水平普遍不高，因此，这些自由贸易区的规则、标准和内容既要高于以前传统的自由贸易区，又要与发达国家自由贸易区的规则有一定的区别。为此，要根据丝绸之路沿线国家（地区）的发展水平及承受能力，做出层次不同的自由贸易协定安排；在 FTA 议题上，要针对不同国家（地区）的特点，选择对双方都有利的谈判议题等。

2.5　小结

首先，本章从政策沟通、道路联通、贸易畅通、货币流通、民心相通 5 个方面，总结了"一带一路"建设的进展情况。中国与丝绸之路沿线国家（地区）的国际经济走廊和通道建设取得了明显进展，互联互通水平大幅提升，中欧班列成为"一带一路"建设的标志性成果；中国与"一带一路"沿线国家（地区）的贸易规模持续扩大，贸易便利化与投资自由化水平不断提升；中国积极探索新型国际投融资模式和区域融资保障机制，与"一带一路"沿线国家（地区）的金融机构合作水平不断提升。

其次，本章分析了"一带一路"建设面临的主要问题，包括沿线国家（地区）经济发展水平相对滞后、区域发展差距较大、贸易机制缺乏、投资风险大等。

最后，本章提出了"一带一路"建设深化升级的内涵及必要性，以及"一带一路"建设与自由贸易区战略的关系，指出加快实施自由贸易区战略是"一带一路"建设深化升级的必然选择，"一带一路"建设深化升级的路径选择就是从倡议向项目实施落地深化，由"碎片化"的项目建设为主导向"一揽子解决方案"贸易类投资机制化（包括区域自由贸易区）建设升级；其实施路径是从低层次的优惠贸易安排（机制对接）向货物贸易 FTA 推进，从低水平 FTA 向高水平 FTA 迈进，最终构建中国在丝绸之路沿线国家（地区）的自由贸易区网络。

3 以区域自由贸易区建设推动 "一带一路" 深化升级的 基础条件、成效及影响

3.1 以区域自由贸易区建设推动 "一带一路" 深化升级的 基础条件

3.1.1 中国内地（大陆）已经签署并实施的自由贸易协定概况

中国自由贸易区的建设较欧美发达国家起步晚，但推进成效显著。从 2003 年签署第一份 FTA 协定开始，中国参与区域一体化的进程逐渐加速。至 2020 年底，中国已经签订并实施的自由贸易区协定数达 19 个，涉及 26 个国家或地区。包括中国—东盟、中国—新加坡、中国—巴基斯坦、中国—智利、中国—新西兰、中国—秘鲁、中国—哥斯达黎加、中国—冰岛、中国—瑞士、中国—韩国、中国—澳大利亚、中国—格鲁吉亚、中国—马尔代夫、中国—毛里求斯、中国—柬埔寨等自由贸易协定、区域全面经济伙伴关系（Regional Comprehensive Economic Partnership，RCEP）①。另外，还包括中国内地与香港地区、澳门地区分别签署的更紧密经贸关系安排（Closer Economic Partnership Arrangement，CEPA），以及祖国大陆与台湾地区签署的海峡两岸经济合作框架协议（Economic Cooperation Framework

---

① RCEP 成员包括：中国、日本、韩国、澳大利亚、新西兰、马来西亚、印度尼西亚、新加坡、泰国、菲律宾、越南、缅甸、老挝、柬埔寨、文莱，即东盟十国加中、日、韩、澳（澳大利亚）、新（新西兰）五国。

Agreement，ECFA）。具体见表3-1。

表3-1 中国内地（大陆）已签订协议（定）的自由贸易区

序号	名称及对象	签署/生效时间和发展状况
1	中国—东盟 （CAFTA）	2002年11月签署《中国—东盟全面经济合作框架协议》；2004年实施早期收获计划并签署《货物贸易协议》，2005年开始实施《货物贸易协议》； 2007年1月14日签署《服务贸易协议》，2007年7月1日起实施；2009年签署《投资协定》；2010年中国—东盟FTA基本建成。2014年8月中国—东盟正式启动升级谈判，2015年11月签署升级《议定书》
2 3	中国内地— 香港地区/澳门 地区（CEPA）	2003年，中国内地与香港地区、澳门地区签署包括一个安排、一个安排附件和四个补充协议；2004—2014年相继签署实施了10个补充协议；2014年签署实施《关于内地在广东与香港基本实现服务贸易自由化的协议》，2015年签署实施《服务贸易协定》
4	中国—智利	2005年11月18日签署，2006年10月1日起实施《自由贸易协定》；2008年4月签署并于2010年开始实施《中智自由贸易协定关于服务贸易的补充协定》；2012年9月签署《关于投资的补充协议》；2015年双方签署《关于中国—智利自由贸易协定升级的谅解备忘录》，启动自由贸易协定升级联合研究
5	中国—巴基斯坦	2006年11月签署《自由贸易协定》，并于2007年7月1日起实施；2009年2月签署并于10月起实施《服务贸易协定》；2011年3月启动第二阶段谈判，共举行了11次会议，2019年4月中、巴签署《关于修订"自由贸易协定"的协定书》
6	中国—新西兰	2008年4月7日签署协定并于10月起正式实施，这是我国与发达国家签署的第一个自由贸易协定，也是我国签署的第一个全面涉及货物贸易、服务贸易、投资等多领域的自由贸易协定
7	中国—新加坡	2008年10月签署《中国和新加坡自由贸易协定》，2009年1月起正式实施；2015年11月启动升级谈判
8	中国—秘鲁	2009年4月签署《中国—秘鲁自由贸易协定》，2010年3月起生效。这是我国与拉美国家签署的第一个一揽子自由贸易协定
9	中国— 哥斯达黎加	2010年4月8日签署《中国—哥斯达黎加自由贸易协定》，2011年8月起生效，这是我国与中美洲国家签署的第一个一揽子自由贸易协定
10	祖国大陆与 台湾地区 （ECFA）	2010年，祖国大陆海协会与台湾海基会签署《海峡两岸经济合作框架协议》；2012年，签署《海峡两岸投资保护和促进协议》；2013年签署《海峡两岸服务贸易协议》
11	中国—冰岛	2013年3月签署协议，2014年7月起生效，这是我国与欧洲国家签署的第一个自由贸易协定

表3-1(续)

序号	名称及对象	签署/生效时间和发展状况
12	中国—瑞士	2013年7月签署协议，2014年7月起生效，这是我国与欧洲大陆国家签署的首个自由贸易协定，是目前中国对外达成的水平最高、最为全面的自由贸易协定之一；2017年1月，双方宣布启动中瑞自由贸易协定升级联合研究
13	中国—韩国	2015年6月签署并于12月生效，是我国与东北亚地区建立的第一个自由贸易区
14	中国—澳大利亚	2015年6月签署并于12月生效，是我国首次与主要发达国家达成的FTA协定，也是我国已商签的贸易类投资自由化整体水平最高的FTA协定之一，服务贸易首次以负面清单形式开放承诺
15	中国—格鲁吉亚	2015年12月，中格自由贸易协定启动谈判，2017年5月签署，2018年1月1日起生效并实施，是我国与欧亚地区国家签署的第一个自由贸易协定
16	中国—马尔代夫	中马自由贸易协定谈判于2015年12月启动，并于2017年12月签署协定
17	中国—毛里求斯	2017年12月，中国—毛里求斯自由贸易协定谈判正式启动，2019年10月签署协定，也是我国与非洲国家签署的第一个FTA协定
18	中国—柬埔寨	中柬自由贸易协定谈判于2020年1月启动，共历经7个月3轮正式谈判和多次首席谈判代表层面的磋商，2020年10月12日，中柬FTA协定正式签署，这是我国与最不发达国家商签的第一个自由贸易协定
19	区域全面经济伙伴关系（RCEP）	2012年由东盟发起RCEP谈判，成员包括东盟10国、中国、日本、韩国、澳大利亚和新西兰。2013年5月进行第一轮谈判，至2020年11月底，历经8年谈判、4次领导人会议、23次部长级会议、31轮正式谈判，2020年11月15日，RCEP协定正式签署

资料来源：笔者根据中国自由贸易区服务网（www.fta.mofcom.gov.cn）相关资料整理。

从全球布局上看，除了中国港、澳、台地区之外，中国在亚洲已经签署了8个FTA，分别是东盟、巴基斯坦、新加坡、韩国、格鲁吉亚、马尔代夫、柬埔寨、区域全面经济伙伴关系（RCEP）；大洋洲2个，分别为澳大利亚、新西兰；欧洲2个，分别为冰岛、瑞士；与美洲3个国家签署了自由贸易协定，分别是秘鲁、智利、哥斯达黎加；非洲1个，为毛里求斯。在这些FTA协议（定）中，属于"21世纪海上丝绸之路"沿线的国家和区域分别是东盟、新加坡、柬埔寨、澳大利亚、新西兰及RCEP协定；属于"丝绸之路经济带"沿线的国家（地区）有5个，分别为格鲁吉亚、巴基斯坦、马尔代夫、瑞士、冰岛。

从国别上看，在与中国建立自由贸易区的国家中，既有澳大利亚、韩国、瑞士等发达国家，也有巴基斯坦、秘鲁等发展中国家或经济体量较小的国家。在经济规模上，GDP超过1 000亿美元的国家包括韩国、秘鲁、智利、巴基斯坦、新加坡、澳大利亚、东盟、瑞士、新西兰，超过5 000亿美元的经济体仅有韩国、澳大利亚、瑞士、东盟。2020年11月签署的RCEP是全球规模最大的自由贸易协定（见表3-3）。从时间上看，自2013年提出"一带一路"倡议后，中国与9个国家和地区签署了自由贸易协定，属于"丝绸之路经济带"沿线的国家分别为瑞士、冰岛、格鲁吉亚、马尔代夫。

3.1.2 中国正在谈判的自由贸易协定概况

2020年底，中国正在开展谈判的自由贸易区或自由贸易协定升级谈判有11个，包括中国—海合会①、中日韩自由贸易区、中国—斯里兰卡、中国—以色列、中国—挪威、中国—新西兰、中国—摩尔多瓦、中国—巴拿马、中国—韩国、中国—巴勒斯坦、中国—秘鲁自由贸易协定升级谈判（见表3-2）。其中，有两个区域（多边）自由贸易协定谈判（中国—海合会FTA、中日韩FTA）、三个自由贸易协定升级谈判（中国与新西兰、韩国、秘鲁）、六个双边自由贸易区谈判（中国与斯里兰卡、以色列、挪威、摩尔多瓦、巴拿马、巴勒斯坦）。其中，属于丝绸之路沿线国家（地区）的有7个国家及地区。2022年4月底，中国—新西兰自由贸易协定升级议定书已经签署并生效。

表3-2　中国正在谈判的自由贸易协定

序号	名称及对象	谈判进展状况
1	中国—海合会	2004年7月，中国与海合会签署了《经济、贸易、投资和技术合作框架协议》，2005年举行了首轮自由贸易协定谈判，2009年6月举行第四轮中国—海合会自由贸易区谈判；2016年1月再次重启自由贸易区谈判。至2016年底，中国与海合会已经举行了9轮谈判

---

① 海湾阿拉伯国家合作委员会（简称"海合会"），成立于1981年5月，是中东海湾地区最具影响力的区域经济合作组织，其成员包括沙特、阿联酋、阿曼、卡塔尔、科威特、巴林6国。

表3-2（续）

序号	名称及对象	谈判进展状况
2	中日韩	2012 年 11 月启动谈判，是我国正在推动的多边自由贸易区谈判之一。至 2019 年 4 月底，中日韩自由贸易区已经举行了 15 轮谈判（第十五轮谈判会议于 2019 年 4 月 12 日在日本举行）
3	中国—斯里兰卡	2014 年 9 月正式启动谈判，至 2017 年 1 月底，已经进行了 5 轮自由贸易区谈判（第五轮谈判于 2017 年 1 月在斯里兰卡首都科伦坡举行）
4	中国—以色列	中以自由贸易区谈判始于 2016 年，至 2019 年 5 月底，已经进行了 6 轮中以自由贸易协定谈判（第六轮谈判于 2019 年 5 月在北京举行）
5	中国—挪威	2007 年开始进行可行性研究，2008 年 9 月启动谈判，至 2019 年 9 月底，中国—挪威自由贸易协定已经举行了 16 轮谈判（第十六轮谈判于 2019 年 9 月 9-12 日在武汉举行）
6	中国—摩尔多瓦	中摩自由贸易协定联合可行性研究于 2016 年 12 月启动，2017 年 5 月签署了《关于结束中国—摩尔多瓦自由贸易协定谈判联合可行性研究的谅解备忘录》，2018 年 3 月举行首轮自由贸易协定谈判
7	中国—巴拿马	2018 年 6 月，巴拿马与中国自由贸易谈判正式启动，至 2019 年 4 月底，中国—巴拿马自由贸易协定已经举行了五轮谈判
8	中国—巴勒斯坦	2018 年 10 月，正式启动中国—巴勒斯坦自由贸易协定谈判，2019 年 1 月 30 日，中国—巴勒斯坦自由贸易区首轮谈判在拉马拉举行
9	中国—新西兰	2017 年 4 月启动首轮升级谈判，至 2018 年底已经举行了 6 轮中国—新西兰自由贸易协定升级谈判，2021 年 1 月 26 日，中、新双方签署了《升级议定书》，2022 年 4 月 7 日，中国—新西兰自由贸易协定升级议定书正式生效
10	中国—韩国	2017 年 12 月，中、韩两国签署了《关于启动中韩自由贸易协定第二阶段谈判的谅解备忘录》，中韩 FTA 第二阶段谈判正式启动，至 2020 年 8 月底，已经举行了 6 轮谈判，是我国首次使用负面清单方式进行服务贸易和投资谈判的自由贸易协定
11	中国—秘鲁	2018 年 11 月，双方启动升级谈判；至 2019 年 8 月底，中国—秘鲁 FTA 升级谈判已经举行三轮谈判

资料来源：笔者根据中国自由贸易区服务网（www.fta.mofcom.gov.cn）相关资料整理。

表 3-3　中国自由贸易区对象 GDP 概况　　　　单位：亿美元

已建立 FTA	所属区域	对象 GDP	正在谈判 FTA	所属区域	对象 GDP
中国—毛里求斯	非洲	142.2	中国—海合会	亚洲	16 473.92
中国—格鲁吉亚	亚洲	162.1	中国—日韩	亚洲	65 903.39

表3-3(续)

已建立FTA	所属区域	对象GDP	正在谈判FTA	所属区域	对象GDP
中国—韩国	亚洲	16 194.24	中国—斯里兰卡	亚洲	889.01
中国—冰岛	欧洲	258.82	中国—以色列	亚洲	3 696.9
中国—秘鲁	南美洲	2 222.38	中国—挪威	欧洲	4 347.51
中国—新加坡	亚洲	3 641.57	中国—摩尔多瓦	欧洲	113.09
中国—智利	南美洲	2 982.31	中国—巴拿马	北美洲	650.55
中国—巴基斯坦	亚洲	3 125.7	中国—巴勒斯坦	亚洲	146.16
中国—东盟	亚洲	54 348.39	区域全面经济伙伴关系协定（RCEP）	亚洲	230 000
中国—马尔代夫	亚洲	52.72			
中国—澳大利亚	大洋洲	14 321.95			
中国—瑞士	欧洲	7 055.01			
中国—哥斯达黎加	中美洲	601.26			
中国—新西兰	大洋洲	2 050.25			

数据来源：笔者根据中国商务部官方网站资料整理，不含中国内地与港、澳地区更紧密经贸安排。

3.1.3 中国正在研究的自由贸易协定概况

目前，中国正在与7个国家开展FTA可行性研究，分别是中国—孟加拉国、中国—尼泊尔、中国—蒙古、中国—哥伦比亚、中国—斐济、中国—巴西、中国—加拿大，与瑞士正在开展中国—瑞士自由贸易区升级联合研究。其中，属于"丝绸之路经济带"沿线的国家有尼泊尔、蒙古、孟加拉国。另外，中国与印度两国政府于2005年决定启动中印自由贸易区的联合可行性研究，至2007年底，双方在货物贸易、投资等方面达成了基本共识，但中、印两国至今没有启动FTA谈判。

3.1.3.1 中国—尼泊尔自由贸易协定联合可行性研究

2016年3月21日，中国与尼泊尔在北京共同签署《关于启动中国—尼泊尔自由贸易协定联合可行性研究谅解备忘录》，双方同意成立工作组，正式启动双边FTA联合可行性研究。2015年，中、尼双边贸易额为8.66亿美元，中国已成为尼泊尔第二大贸易伙伴和第一大直接投资来源国。中、尼FTA建设有利于进一步扩大双方贸易和投资往来，将为两国加强经贸关系注入新活力①。

3.1.3.2　中国—蒙古自由贸易协定联合可行性研究

2017 年 5 月 12 日，在"一带一路"国际合作高峰论坛期间，中、蒙两国签署了《关于启动中国—蒙古自由贸易协定联合可行性研究的谅解备忘录》，正式开启双边 FTA 建设进程。2017—2018 年，中、蒙双边贸易额分别为 63.7 亿美元、79.9 亿美元，同比增长分别达到 38%、24.7%。目前，中国已成为蒙古第一大贸易伙伴和第二大投资来源地。中、蒙两国互为重要邻国，经济互补性强，合作潜力巨大，建设自由贸易区有利于进一步扩大双方贸易和投资往来。

2018 年 9 月 26 日，第一次中蒙 FTA 联合可行性研究会议在乌兰巴托举行，双方代表团就自由贸易政策与实践深入交换意见，讨论通过工作职责范围文件，并在研究方法、内容、时间表、工作分工等方面进行交流，达成诸多共识。2019 年 2 月 14 日，中蒙自由贸易协定联合可行性研究第二次会议在北京举行，双方就联合可行性研究报告提纲达成一致，并就各领域重点关注及下一步工作安排等深入交换了意见②。

3.1.3.3　中国与孟加拉国自由贸易协定联合可行性研究

2018 年 6 月，中国与孟加拉国在北京举行了首次自由贸易协定工作会议，双方研究了建立双边自由贸易区的可行性，明确了职责分工及可行性研究报告的主要内容。

2018 年，孟加拉国具备了从最不发达国家"毕业"的资格③，在 2024 年正式"毕业"后，孟加拉国将失去目前享有的发达国家对其市场准入的特惠待遇。为此，孟加拉国政府决定与其主要贸易伙伴开启自由贸易协定谈判④。2016—2017 年，中、孟双边贸易额为 160 亿美元，其中，中方出口额 150 亿美元，孟方存在较大贸易逆差。中、孟两国一致同意，通过加强发展战略对接，重点推动基础设施、贸易类投资、发展援助"三驾马车"

---

① 参见：中国自由贸易区服务网（http://fta.mofcom.gov.cn/article/chinanepal/chinanepalnews/201603/31018_1.html）。

② 参见：中国自由贸易区服务网（http://fta.mofcom.gov.cn/article/chinamongol/chinamongolnews/201705/35064_1.html）。

③ 根据最新制定的标准，至 2019 年底，全世界经联合国承认的最不发达国家总共有 47 个。其中，非洲有 33 个国家、亚洲有 9 个国家（包括缅甸、老挝、尼泊尔、东帝汶、阿富汗、孟加拉国、巴勒斯坦、也门、不丹）、大洋洲有 4 个岛国、北美洲只有海地 1 个国家。

④ 参见：中国自由贸易区服务网（http://fta.mofcom.gov.cn/article/chinabengal/chinabengalfguandian/201805/37737_1.html）。

合作。

3.1.4 "一带一路"沿线国家（地区）FTA 建设概况

根据 WTO 的 RTA 数据库统计，2017 年底，"一带一路"沿线国家（地区）内部之间相互签署的 FTA 协定为 66 个，丝绸之路沿线国家（地区）与其他区域签署的自由贸易协定为 75 个。从区域分布上看，丝绸之路沿线国家（地区）内部的 FTA 协定主要集中在中东欧、西亚地区，中东欧地区签署 FTA 最多的国家是乌克兰、俄罗斯，这两个国家与丝绸之路沿线国家（地区）签署的 FTA 分别达到 12 个和 7 个；西亚地区签署 FTA 最活跃的国家是土耳其、格鲁吉亚，二者分别与丝绸之路沿线国家（地区）签署了 11 个和 8 个自由贸易协定。从丝绸之路沿线国家（地区）与其他区域签署的自由贸易协定看，新加坡是东南亚地区与非丝绸之路沿线国家（地区）签署 FTA 最多的国家；土耳其与非丝绸之路沿线国家（地区）签署了 8 个 FTA 协议（详见附表1）。

当前，欧盟、美国、俄罗斯、日本、印度等世界主要经济体与丝绸之路沿线国家（地区）签署的 FTA 协定有较大差异。其中，欧盟几乎与所有中东欧国家签署了自由贸易协定，还与西亚地区的以色列、土耳其、约旦、黎巴嫩、叙利亚、格鲁吉亚等国家建立了自由贸易区，但欧盟与中亚、南亚国家没有签署任何自由贸易协定。美国与丝绸之路沿线国家（地区）建立的 FTA 主要在西亚和东南亚区域。在西亚地区，美国分别与以色列、约旦、阿曼、巴林这 4 个国家签署了自由贸易协定；在东南亚，美国与新加坡签署了 FTA。俄罗斯的 FTA 对象主要集中在中亚和高加索地区，如独联体自由贸易协定等。日本与丝绸之路沿线国家（地区）签署的 FTA 主要集中在东南亚地区。印度的 FTA 对象主要集中在南亚和东南亚地区，印度与日本也建立了双边自由贸易区。

从总体上看，"一带一路"沿线国家（地区）签订 FTA 最多的国家和经济体包括欧盟、土耳其、乌克兰、格鲁吉亚、吉尔吉斯斯坦、俄罗斯、印度等。目前，签订 FTA 较少的丝绸之路沿线国家主要包括：伊朗、海合会成员，未加入欧盟的挪威、塞尔维亚、黑山，以及蒙古、阿塞拜疆，这些国家都是未来与中国商签 FTA 的潜在对象。另外，签订 FTA 较多和经济较开放的欧盟、乌克兰、土耳其也是中国重点考虑的 FTA 对象。

3.2　中国 FTA 建设的特点及谈判模式

3.2.1　FTA 战略推进呈现出多样化特征

自开展自由贸易区建设以来，根据谈判对象的不同特点，中国采取了不同的 FTA 战略推进模式，即"全面规划、突出重点、先易后难、循序渐进"。与欧盟、美国、日本等发达国家和地区在自由贸易区建设中设定一系列标准（如经济目标、国内政策、外交政策等）相比，中国 FTA 建设具有灵活多变、无统一范式的特点。这是由中国自由贸易区建设开展较晚、经验较少等历史因素决定的。这个特点既是中国自由贸易区建设的优点，也造成了中国自由贸易区整体建设水平较低的现状。

从签订国家的类型上看，中国从签订"南南型"自由贸易区向签订"南北型" FTA 转变。在 FTA 建设之初，中国主要选择与发展中国家和地区进行谈判，并先后与东盟、智利、巴基斯坦签署了 FTA，之后开始与小型发达国家开展了 FTA 谈判，2008 年与新西兰签署的自由贸易协定是中国与发达国家签署的第一个 FTA 协议。然后，中国开始尝试与经济规模较大的发达国家商签自由贸易区。例如，2013 年 7 月，与瑞士签署的 FTA 是中国与欧洲大陆国家签署的首个自由贸易协定，是迄今为止中国对外达成的水平最高、最为全面的自由贸易协定之一；2015 年 6 月，中国—澳大利亚 FTA 是我国首次与主要发达国家达成的自由贸易协定，也是迄今为止中国已商签的自由化水平最高的 FTA 协定之一。

经济和资源的互补性成为中国选择 FTA 对象的主要因素。资源有限一直是制约中国经济发展的重要因素，扩大能源及资源进口能够为中国经济的发展提供保障，中国选择了一些自然资源比较丰富的国家和地区，如东盟的林业资源、智利的铜矿、澳大利亚的铁矿和农业资源、新西兰的畜牧和林业资源、海合会国家的石油和天然气资源等，这一特征反映出中国通过与资源丰富的国家和地区签署 FTA 来缓解国内经济发展面临的资源制约的目的[①]。

---

① 匡增杰. 全球区域经济一体化新趋势与中国的 FTA 策略选择 [J]. 东北亚论坛，2013（2）：90-98.

3.2.2 富有中国特色的三种自由贸易区谈判模式

在 FTA 的谈判过程中，为规避风险，中国一贯主张稳扎稳打，逐步推进，并且鉴于中国对香港地区和澳门地区的特殊治理模式，中国的自由贸易区谈判模式也呈现出中国特色。具体来说，主要有以下三种模式。

3.2.2.1 以 CEPA 为代表的"逐年补充式"模式

2003 年 6 月和 10 月，在"一国两制"框架下，中国内地与香港地区、澳门地区分别签订了更紧密经贸关系的安排（CEPA），这是一国内部签署的 FTA 协议，是极具中国特色的自由贸易区模式。香港地区和澳门地区虽然是中国领土的一部分，却以独立 WTO 成员的身份建立了独立关税区。CEPA 推进速度快、涵盖领域广，是目前中国内容最全面、开放幅度最大的 FTA 协定之一。CEPA 每年会补充一个协议，提高开放水平和充实协定内容[①]。

3.2.2.2 以东盟为代表的"分立式"模式

"分立式"模式是指缔约双方在达成框架协议后，分别签订货物贸易、服务贸易、投资等协议，最终共同构成整个 FTA 协定。在这种模式下，中国采取了循序渐进的推进方式，即先在比较容易达成协议的货物贸易领域进行谈判，或先实行"早期收获计划"，之后再逐步延伸到服务贸易和投资领域。以中国—东盟 FTA 为例。2004 年 1 月，双方开始实行农产品的"早期收获计划"，同年 11 月，中国与东盟签署了"货物贸易协议"；随着开放条件的日渐成熟，2007 年 1 月，双方又签署"服务贸易协议"，自由贸易区合作领域从货物贸易向服务贸易、投资不断拓展。中国与巴基斯坦、智利的 FTA 谈判也都属于此类模式。采取这种模式的主要原因是这些发展中国家的市场经济不发达，其与中国产品的竞争性较强，为了减少FTA 协定对这些国家经济的短期影响，有必要采取逐步深化的推进模式。

3.2.2.3 以新西兰为代表的"一揽子开放式"模式

中国与新西兰的 FTA 协定开启了"一揽子开放式"模式，即直接签署内容涵盖货物贸易、服务贸易、投资、争端解决等诸多领域的 FTA 协定。由于新西兰代表了经济规模较小的发达国家，也可以称之为中国与小型发达经济体谈判模式。中国与新加坡、秘鲁、哥斯达黎加、冰岛、瑞士签署的 FTA 协定都属于此类模式。中国与这些国家 FTA 谈判比较容易取得成功

---

① 刘树林，王义源，张文涛. 我国加快推进自由贸易区战略研究 [J]. 现代管理科学，2016（1）：21-23.

的原因是，这些国家与中国的贸易互补性大于竞争性，一般不要求中国开放弱势领域；另外，小型发达经济体都有进入中国这类超大消费市场的强烈需求。

3.3 中国与丝绸之路沿线国家（地区）已签署并实施FTA的现状及影响

3.3.1 中国—东盟自由贸易区的内容及影响

3.3.1.1 中国—东盟自由贸易区的建设历程

中国—东盟自由贸易区（CAFTA）是我国对外签署的第一个 FTA 协定，其成员包括中国和东盟十国①。2002 年 11 月，中国与东盟签署了《全面经济合作框架协议》，计划于 2010 年建成中国—东盟 FTA；2004 年 1 月，中国—东盟 FTA 的"早期收获计划"开始实施；同年 11 月，中国与东盟签署了《货物贸易协议》，规定除已降税的产品和少量敏感产品之外，从 2005 年 7 月起，双方对其他 7 000 个税目的产品实施降税，并约定中国与东盟六国（文莱、新加坡、印度尼西亚、马来西亚、菲律宾、泰国）的正常类产品关税在 2010 年降为零②。

2007 年 1 月，中国与东盟签署了《服务贸易协议》；2009 年 8 月，双方又签署了《投资协议》，至此完成了 FTA 协定的全部谈判。2010 年 1 月，中国—东盟 FTA 正式全面启动，在货物贸易方面，双方约有 7 000 种产品（约为双方 90%的贸易产品）实现了零关税。2011—2015 年是中国—东盟自由贸易区全面建成阶段，四个东盟新成员（越南、老挝、柬埔寨、缅甸）与中国的大多数产品贸易在 2015 年也实现了零关税。

3.3.1.2 中国—东盟自由贸易区升级协定的主要内容

2013 年 10 月，中国总理在中国—东盟领导人会议上倡议启动中国—

---

① 东南亚国家联盟（Association of Southeast Asian Nations，简称"东盟"），1967 年 8 月 8 日成立于泰国曼谷，2018 年底有 10 个成员：文莱、柬埔寨、印度尼西亚、老挝、马来西亚、缅甸、菲律宾、新加坡、泰国、越南，总面积约 449 万平方千米，人口 6.54 亿。

② 中国与文莱、新加坡、印度尼西亚、马来西亚、菲律宾和泰国这六个东盟老成员建成自由贸易区的时间是 2010 年；中国与越南、老挝、柬埔寨、缅甸这四个东盟新成员建成自由贸易区的时间是 2015 年。

东盟自由贸易区升级谈判。2014 年 8 月，在第 13 次中国—东盟经贸部长会议上，双方宣布启动中国—东盟自由贸易区升级谈判。经过近一年半的 4 轮谈判，双方就主要内容达成一致，并于 2015 年 11 月签署了自由贸易区升级谈判成果文件，并规定自 2019 年 8 月 20 日起，中国与东盟《关于修订〈中国—东盟全面经济合作框架协议〉及项下部分协议的议定书》全面生效，这标志着中国—东盟 FTA "升级版" 推出。

中国—东盟自由贸易区升级谈判是我国在现有自由贸易区基础上完成的第一个升级协定，这是对原 CAFTA 协定的完善，双方改进了原产地规则和贸易便利化措施；中国在建筑、证券、旅游等方面做出开放承诺，东盟各国则在通信、教育、金融、运输等 8 个方面做出了更高水平的开放承诺，双方还纳入了跨境电子商务合作等议题①。

3.3.1.3　中国—东盟自由贸易区的经济效应及影响

（1）提高了中国在区域经济合作中的地位

首先，中国—东盟自由贸易区（CAFTA）的签订改变了亚洲区域经济合作停滞不前的局面。在中国与东盟签署 FTA 之前，亚洲各国对区域经济一体化合作的态度比较消极，多年没有实质性的突破。在中国与东盟宣布建立自由贸易区之后，日本、韩国、印度等亚洲大国纷纷提出与东盟建立自由贸易区。由于 CAFTA 带来的良性效应，不仅促成了东盟与亚洲主要大国迅速达成 FTA，同时还对中国与其他国家签订 FTA 形成了示范效应。在 CAFTA 的推动下，中国又陆续与智利、巴基斯坦、新加坡、秘鲁等国家签订了 FTA，这些协定的签署提升了中国在全球区域经济合作中的地位。其次，在中国与东盟建立自由贸易区之前，中国没有参加任何一个双边或多边 FTA 协定。通过与东盟建立自由贸易区，中国摆脱了长期游离于区域贸易集团之外的不利处境，提高了中国在 WTO、世界银行等国际组织中的话语权和影响力。最后，通过自由贸易区建设，中国还增加了与东盟国家的政治互信，加强了双方的战略合作伙伴关系，稳定了中国的周边外交环境。

（2）促进了中国与东盟贸易及投资的高速增长

中国—东盟自由贸易区有力地推动了中国与东盟十国经贸关系的长期稳定健康发展。2010 年以来，中国—东盟 FTA 框架内 7 000 多种商品实现

---

① 田原. 中国—东盟自由贸易区 "升级版" 带来新商机［N］. 经济日报，2019-09-20.

零关税，中国与东盟双边货物、服务贸易高速增长。2002 年，中国与东盟的双边贸易额只有 548 亿美元，2004 年首次超过 1 000 亿美元，2007 年突破了 2 000 亿美元。2011 年，中国与东盟双向贸易额增长至 3 630 亿美元，2015 年上升至 4 717.7 亿美元；2018 年，中国与东盟的贸易总额高达 5 878.7 亿美元。2002—2018 年，中国与东盟的双边贸易共增长了 9.73 倍。通过对比可以发现，2009—2018 年，中国对东盟进出口贸易增速始终高于中国的整体外贸增速 2~5 个百分点；2015—2016 年，中国对东盟的贸易降幅也远小于中国这两年的外贸降幅。在占比上，2005—2018 年，对东盟进出口贸易占中国外贸的比例从 9.2% 上升至 12.7%，共增长了 3.5%（见表 3-4）。在投资方面，中国与东盟之间的年度双向投资从 2003 年的 33.7 亿美元增长到 2018 年的 159 亿美元，增长了 3.72 倍。目前，中国在东盟各国共建设了 25 个境外经贸合作区。

表 3-4　2005—2020 年中国对东盟贸易额及占比

年份	中国对东盟贸易总额/亿美元	中国对东盟贸易增速/%	中国进出口贸易总额/亿美元	中国外贸增速/%	对东盟占中国外贸比例/%
2005	1 303.6	—	14 221.20	23.2	9.2
2006	1 608.4	23.4	17 606.90	23.8	9.1
2007	2 025.3	25.9	21 738.30	23.5	9.3
2008	2 313.2	14.2	25 616.30	17.8	9.0
2009	2 130.1	−7.9	22 072.20	−13.8	9.7
2010	2 928.6	37.5	29 727.60	34.7	9.9
2011	3 630.9	24	36 420.60	22.5	10.0
2012	4 001.5	10.2	38 667.60	6.2	10.3
2013	4 436.0	10.9	41 589.93	7.6	10.7
2014	4 802.9	8.3	43 012.27	3.4	11.2
2015	4 717.7	−1.8	39 530.33	−8.1	11.9
2016	4 522.1	−4.1	36 855.57	−6.8	12.3
2017	5 148.0	13.5	41 045.04	11.4	12.5
2018	5 878.7	14.2	46 200.00	12.6	12.7
2019	6 328.0	14.1	45 761.00	−0.9	13.8
2020	6 846.0	8.2	46 500.00	1.6	14.7

数据来源：笔者根据联合国 UNCOMTRADE、中国统计年鉴（2006—2021 年）相关数据整理。

在双边贸易高速增长的推动下，中国与东盟之间的贸易伙伴地位不断提高。2000年之前，中国只是东盟的第五大贸易伙伴；2008年，中国上升为东盟的第三大贸易伙伴；2010年，中国超过欧盟成为东盟的第一大贸易伙伴。至2019年，中国已连续10年保持东盟的最大贸易伙伴地位。同样，2006年之前，东盟只是中国的第五大贸易伙伴；2007年，东盟是中国的第四大贸易伙伴；2011年，东盟超过日本，成为中国的第三大贸易伙伴，这一贸易地位一直保持到2018年。

2019年，中国与东盟进出口贸易额达到4.43万亿元人民币（约6328亿美元），同比增长14.1%，东盟超过美国成为我国第二大贸易伙伴。2020年，中国与东盟进出口总额高达4.74万亿元人民币（约6846亿美元），同比增长8.2%，东盟超过欧盟，跃升为中国最大货物贸易伙伴，与东盟贸易额占当年中国外贸总额的比例进一步上升至14.7%（见表3-4）。

3.3.2 中国—新加坡自由贸易协定升级议定书

3.3.2.1 中—新自由贸易协定升级谈判历程

中国（中）—新加坡（新）双边FTA于2008年10月签署，2009年1月起实施。2015年11月，中国国家主席对新加坡进行国事访问期间，两国共同宣布建立"与时俱进的全方位合作伙伴关系"，并启动了中—新FTA协定升级谈判。经过8轮谈判，2018年11月12日，中、新双方签署升级议定书。2019年10月16日，中国与新加坡FTA升级议定书正式生效。中—新自由贸易协定升级议定书是一个在广泛领域达成的高水平自由贸易协定，树立了规模差异巨大的国家间开展互利合作的典范。

3.3.2.2 中—新自由贸易协定升级议定书的主要内容

中—新自由贸易协定升级议定书对原自由贸易协定进行了修订，升级了原协定的贸易救济、服务贸易等6个领域的内容，还新增了电子商务等3个领域。中—新自由贸易协定升级议定书简化了化工产品的原产地规则标准，降低了企业的贸易成本；增加了"海关程序与贸易便利化"章节，包括简化通关手续，运用信息技术等手段为双方企业提供快捷的通关服务等；在服务贸易领域，双方升级了原有FTA协定中的服务贸易承诺，提升了服务贸易自由化水平[①]。在投资领域，双方同意给予对方准入后国民待

---

① 郭丽琴. 中国与新加坡自由贸易协定升级，给予对方高水平投资保护 [EB/OL]. https://www.yicai.com/news/100057984.html.

遇和最惠国待遇，建立了投资者与东道国间争端解决机制；另外，中、新两国还签署了《关于就业准证申请透明度和便利化的谅解备忘录》，双方还在电子商务等领域达成了共识①。

3.3.3　中国—巴基斯坦两个阶段自由贸易协定的内容及影响

作为"一带一路"沿线的重要支点国家，巴基斯坦是中国唯一的"全天候战略合作伙伴"，也是中国在南亚地区的第二大贸易伙伴。中国则是巴基斯坦最大的贸易伙伴和投资来源国。2019年4月，中、巴两国政府签订《关于修订〈自由贸易协定〉的议定书》（第二阶段自由贸易协定），这是对原有2006年中、巴FTA协定的大幅升级，将对两国经贸合作带来深远影响。

目前，关于中、巴两国经贸合作的研究文献主要集中在现状和问题、影响因素及对策建议等方面。例如，张红星等认为，巴基斯坦对中国贸易逆差不断扩大、贸易失衡问题日益严重；中方对巴方主要出口制成品，主要进口原材料和农产品②。程云洁认为，中巴贸易存在的主要问题是中方贸易顺差较大，巴方可出口产品种类较少，巴方基础设施落后、工业化水平较低等③。李轩提出，中、巴之间应发展服务贸易，规避贸易保护主义，扩大两国互补产品的贸易，培育新疆面向巴基斯坦的产业集群④。高志刚等提出，中、巴双边贸易潜力远大于中国对巴方出口贸易潜力，中国将成为巴方重要的出口对象。应利用中巴经济走廊建设的契机，从贸易通道、制度安排等方面提高中、巴双边贸易效率并挖掘两国贸易潜力⑤。总体上，现有文献对中、巴双边FTA及第二阶段自由贸易协定的研究较少。本书通过比较中、巴两个阶段自由贸易协定的内容，分析第二阶段自由贸易区协定对中巴经贸合作的影响。

---

① 马昌，闫嘉琪. 中国与新加坡签署《自由贸易协定升级议定书》[EB/OL]. http://world.people.com.cn/n1/2018/1112/c1002-30396415.html.

② 张红星，何颖. "一带一路"战略（原标题如此。编辑注）下中巴自由贸易协定研究[J]. 国际经济合作，2016（9）：84-89.

③ 程云洁. "中巴经济走廊"背景下提升中巴贸易发展问题研究[J]. 南亚研究，2015（2）：94-101.

④ 李轩. 自贸协议下中巴贸易存在的问题、原因及对策研究[J]. 南亚研究，2014（1）：85-90.

⑤ 高志刚，张燕. 中巴经济走廊建设中双边贸易潜力及效率研究：基于随机前沿引力模型分析[J]. 财经科学，2015（11）：101-110.

3.3.3.1 巴基斯坦外贸发展概况

巴基斯坦是南亚次大陆的第二大国家。据统计，2018年，巴基斯坦人口为2.12亿，人口总数居世界第5位；GDP总量3 125.7亿美元，人均GDP 1 472.9美元，属于低收入国家。2016—2018年，巴基斯坦各项经济指标均呈现增长态势。2018年，巴基斯坦外贸进出口总额为839.6亿美元。其中，出口234.9亿美元，同比增长8.9%；进口604.7亿美元，同比增长4.7%，贸易逆差扩大至369.9亿美元（见表3-5）。据WTO统计，巴基斯坦2018年所有产品、农产品及非农产品的简单平均关税分别为12.1%、13.5%及11.5%①。

表3-5 2016—2018年巴基斯坦主要经济指标

年份	GDP /亿美元	人均GDP /美元	贸易总额 /亿美元	出口额 /亿美元	进口额 /亿美元	贸易逆差 /亿美元
2016	2 786.6	1 368.5	672.2	203.8	468.5	−264.7
2017	3 049.5	1 466.8	793.2	215.7	577.5	−361.8
2018	3 125.7	1 472.9	839.6	234.9	604.7	−369.9

数据来源：世界银行数据库（https://data.worldbank.org.cn/）。

在贸易伙伴方面，2018年，巴方第一大出口国是美国（出口额为38亿美元，占巴出口额的16%），第二至第五大出口国分别为中国（18.1亿美元，占巴出口额的7.7%）、英国（17.2亿美元，占巴出口额的7.3%）、阿富汗（13.4亿美元，占巴出口额的5.7%）、德国（13.1亿美元，占巴出口额的5.5%）；巴方第一大进口来源国是中国（进口额145亿美元，占巴进口额的24%），第二至第五位进口来源国分别为阿联酋（86.6亿美元，占巴进口额的14.4%）、沙特（32.4亿美元，占巴进口额的5.4%）、美国（29.4亿美元，占巴进口额的4.9%）、印度尼西亚（25亿美元，占巴进口额的4.2%）。

在贸易结构方面，2018年，巴基斯坦第一大出口商品为纺织品及原料（出口额为135.7亿美元，占巴出口额的57.4%），第二大至第四大出口商品分别为植物产品（34.16亿美元，占巴出口额的14.5%）、食品饮料及烟草（12.13亿美元，占巴出口额的5.1%）、矿产品（10.31亿美元，占巴出口额的4.4%）；巴方前四大进口商品分别为矿产品（172.89亿美元，占

---

① 世界贸易组织. 2019 World Tariff Profiles［EB/OL］. https://www.wto.org/.

巴进口额的28.7%)、机电产品（105.39亿美元，占巴进口额的17.5%)、化工产品（69.84亿美元，占巴进口额的11.6%)、贱金属及其制品（54.72亿美元，占巴进口额的9.1%)①。

3.3.3.2 中、巴双边贸易现状

（1）贸易规模

第一，中、巴双边贸易增长迅速。2006—2018年，中、巴双边贸易总额从52.5亿美元增长至191.5亿美元，约增长了2.7倍。同期，中方对巴出口额从42.4亿美元上升至169.7亿美元，约增长了3倍；进口额从10.1亿美元增长至21.8亿美元，扩大了约1.2倍。2017年，中、巴双边贸易总额创历史新高，达200.8亿美元，2018年两国贸易额为191.5亿美元，同比下降4.7%（见表3-6）。

表3-6 中国对巴基斯坦双边贸易情况

年份	进出口总额		出口额		进口额		贸易顺差 /亿美元
	金额 /亿美元	增长率 /%	金额 /亿美元	增长率 /%	金额 /亿美元	增长率 /%	
2006	52.5	—	42.2	—	10.1	—	32.3
2007	69.4	32.2	58.3	37.6	11.0	9.6	47.3
2008	70.6	1.8	60.5	3.8	10.1	-8.8	50.4
2009	67.8	-4.0	55.2	-8.9	12.6	25.1	42.6
2010	86.7	30	69.4	25.8	17.3	37.4	52.1
2011	105.6	21.6	84.4	21.6	21.2	22.4	63.2
2012	124.2	17.6	92.8	9.9	31.4	48.3	61.4
2013	142.2	14.5	110.2	18.8	32.0	1.8	78.2
2014	160.0	12.5	132.4	20.2	27.5	-13.9	104.9
2015	189.2	18.3	164.4	24.2	24.6	-10.1	139.7
2016	191.5	1.2	172.3	4.8	19.1	-22.7	153.2
2017	200.8	4.9	182.5	5.9	18.3	-4.2	164.2
2018	191.5	-4.7	169.7	-7.0	21.8	18.9	147.9

数据来源：笔者根据UNCOMTRADE资料计算整理。

第二，中国对巴基斯坦的贸易顺差不断扩大。2006—2018年，中方对巴方的贸易顺差由32.3亿美元上升至147.9亿美元，增长了约3.6倍。其

---

① 参见：UNCOMTRADE. https://comtrade.un.org/.

主要原因是中国对巴方的出口增速较快，但自巴方的进口增速较慢，甚至还出现下降。特别是，受国际市场棉花价格下跌、卢比实际汇率升值等原因影响①，2014—2017 年，中国自巴基斯坦的进口额从 27.5 亿美元下降到 18.3 亿美元，导致同期巴方对华贸易逆差从 104.9 亿美元上升至 164.2 亿美元。2018 年，由于中方出口减少而进口增加，巴方贸易逆差首次出现下降，同比下降了 9.9%。

（2）贸易结构

总体上，中国对巴主要出口机电产品等工业制品，从巴方进口纺织原料、矿产品等初级产品。如 2018 年，中方对巴方的前四大出口商品分别为：第 16 类（机电产品，占中方对巴出口额的 34.3%）、第 11 类（纺织品及原料，占中方对巴出口额的 17.4%）、第 6 类（化工产品，占中方对巴出口额的 13.2%）、第 15 类（贱金属及其制品，占中方对巴出口额的 12.9%），这四类商品的出口总额为 131.99 亿美元，占中方对巴总出口额的 77.8%。中方从巴方进口的前四大商品分别为：第 11 类（纺织品及原料，占中方从巴进口额的 49%）、第 15 类（贱金属及其制品，占中方从巴进口额的 13.6%）、第 5 类（矿产品，占中方从巴进口额的 10.3%）、第 4 类（食品饮料及烟草，占中方从巴进口额的 9.5%），这四类商品的进口总额为 17.94 亿美元，占中方对巴总进口额的 82.4%（见表 3-7）。

表 3-7　2018 年中国对巴基斯坦主要进出口商品　单位：亿美元

主要出口商品		主要进口商品	
海关分类（类）②	金额	海关分类（类）	金额
第 16 类	58.1	第 11 类	10.7
第 11 类	29.5	第 15 类	3.0

---

① 参见：中华人民共和国驻巴基斯坦伊斯兰共和国大使馆经济商务参赞处. http://pk.mofcom.gov.cn/.

② 采用《商品名称及编码协调制度的国际公约》的标准，将中巴贸易商品分为 22 大类。第 1 类：活动物及动物产品；第 2 类：植物产品；第 3 类：动植物油脂及其制品；第 4 类：食品、饮料、烟草；第 5 类：矿产品；第 6 类：化工产品；第 7 类：塑料、橡胶；第 8 类：皮革制品、箱包；第 9 类：木及木制品；第 10 类：纤维素浆及纸张；第 11 类：纺织品及原料；第 12 类：鞋靴、伞等轻工产品；第 13 类：石陶水泥；第 14 类：贵金属及其制品；第 15 类：贱金属及其制品；第 16 类：机电产品；第 17 类：运输设备；第 18 类：光学、钟表及医疗设备；第 20 类：家具、玩具及杂项制品。由于第 19 类（武器、弹药及零件）、第 21 类（艺术品、收藏品及古文物）、第 22 类（特殊交易品及未分类）与日常生活关系不大，故不予分析。

表3-7(续)

主要出口商品		主要进口商品	
海关分类（类）	金额	海关分类（类）	金额
第6类	22.5	第5类	2.2
第15类	21.9	第4类	2.1
第7类	8.2	第2类	1.8
第17类	7.9	第1类	0.9
第20类	4.5	第8类	0.7
第13类	3.6	第18类	0.2
第18类	3.2	第20类	0.1
第10类	2.3	第7类	0.1

数据来源：笔者根据 UNCOMTRADE 资料计算整理。

3.3.3.3 中、巴双边贸易的竞争性与互补性

（1）贸易比较优势

笔者根据联合国 UNCOMTRADE 数据库，计算 2015—2018 年中、巴两国各类商品的显示性比较优势指数（RCA 指数）[①]（见表3-8）。结果显示，中国在第12类（鞋靴、伞等轻工产品）、第20类（家具、玩具及杂项制品）、第11类（纺织品及原料）、第8类（皮革制品及箱包）、第13类（石陶水泥）、第16类（机电产品）、第15类（贱金属及其制品）产品上具有比较优势；巴基斯坦在第11类、第8类、第2类（植物产品）、第1类（活动物及动物产品）、第4类（食品、饮料及烟草）商品上具有比较优势。

表3-8 2015—2018 年中、巴双边贸易显示性比较优势指数

海关分类	中国 RCA 指数				海关分类	巴基斯坦 RCA 指数			
	2015年	2016年	2017年	2018年		2015年	2016年	2017年	2018年
第12类	2.98	3.00	2.80	3.12	第11类	11.81	13.31	13.09	14.60

---

① 显示性比较优势指数（RCA）是指一个国家某种商品的出口值占该国所有出口商品总值的份额，与世界该类商品的出口值占世界所有商品出口总值的份额的比例。显示性比较优势指数（RCA 指数）常被用于分析一个国家或地区的某种产品是否具有比较优势。其计算公式为：$RCA_{ik} = (X_{ik}/X_i)/(X_{wk}/X_w)$。其中，$RCA_{ik}$ 为 i 国 k 产业的显示性比较优势；X_{ik} 为 i 国 k 产业的出口额；X_i 为 i 国出口总额；X_{wk} 为世界各国 k 产业出口总额；X_w 为世界各国出口总额。若 $RCA_{ik} > 1$，说明该国该产业具有显示性比较优势；若 $RCA_{ik} < 1$，说明该国该产业具有显示性比较劣势。

表3-8(续)

海关分类	中国 RCA 指数				海关分类	巴基斯坦 RCA 指数			
	2015年	2016年	2017年	2018年		2015年	2016年	2017年	2018年
第20类	2.87	2.93	2.83	3.00	第8类	6.69	7.21	6.49	6.79
第11类	2.43	2.66	2.50	2.72	第2类	4.89	4.59	4.01	5.62
第8类	2.05	2.23	2.15	2.33	第1类	1.62	1.60	1.47	1.67
第13类	2.24	1.98	1.89	2.03	第4类	1.20	0.97	1.46	1.58
第16类	1.62	1.62	1.54	1.65	第12类	0.54	0.57	0.48	0.64
第15类	1.18	1.16	1.02	1.08	第20类	0.66	0.69	0.62	0.63
第7类	0.88	0.86	0.86	0.91	第18类	0.48	0.48	0.49	0.48
第18类	0.99	0.94	0.87	0.87	第3类	0.53	0.49	0.49	0.34
第9类	0.88	0.88	0.80	0.85	第5类	0.32	0.33	0.28	0.33

数据来源：笔者根据 UNCOMTRADE 资料计算整理。

中、巴在第8类和第11类这两类产品上存在竞争关系，但由于巴方这两类产品的 RCA 指数远大于中国，说明巴基斯坦的纺织品及原料和皮革制品及箱包更具有比较优势。除此之外，两国其他种类商品的 RCA 指数均小于1，都不具有比较优势。中国在第1类、第2类、第4类商品上与巴方存在互补关系，而巴基斯坦在第12类、第13类、第15类、第16类、第20类商品上与中国呈互补之势。

（2）贸易竞争性

笔者通过计算贸易竞争力（TC）指数①来判断两国的竞争性产品（见表3-9）。结果发现，2015—2018 年，第3类（动植物油脂及其制品）、第17类（运输设备）、第16类（机电产品）、第6类（化工产品）、第12类（鞋靴、伞等轻工产品）、第13类（石陶水泥）、第9类（木及木制品）、第7类（塑料、橡胶）、第20类（家具、玩具及杂项制品）、第10类（纤维素浆及纸张）、第18类（光学、钟表及医疗设备）产品的贸易竞争力指

---

① 贸易竞争力（TC）指数剔除一国通货膨胀因素对优势产业的影响，表示为一国进出口贸易的差额占进出口贸易总额的比例。其计算公式为：$TC_k = (X_k - M_k)/(X_k + M_k)$。其中，$X_k$ 表示 A 国对 B 国 k 产品的出口额，M_k 表示 A 国从 B 国 k 产品的进口，$TC_k \in [-1, 1]$。当 $TC_k > (<)0$ 时，说明 k 产品在中国（巴基斯坦）的竞争优势高于巴基斯坦（中国）；越接近 1（-1）代表该产品在中国（巴基斯坦）的竞争力越强，当 $TC_k = 1(-1)$ 时，表示中国（巴基斯坦）产品处于完全的竞争优势；当 TC_k 接近 0 时，说明两国在 k 产品上处于产业内贸易，并且越接近 0，两国在 k 产品上的竞争性越强。

数都接近 1，TC 指数变化也较为稳定，说明中国对巴基斯坦这 11 类产品
具有较强的出口竞争优势；第 15 类（贱金属及其制品）、第 14 类（贵金
属及其制品）产品贸易竞争力指数呈现下降趋势，但 TC 指数仍大于 0.75，
说明中方这两类产品也具有一定的出口竞争优势。

第 1 类产品的 TC 指数接近 -1，说明巴基斯坦在活动物及动物产品上
的出口竞争力极强；第 5 类、第 4 类商品的 TC 指数接近 -0.3，说明巴方
在矿产品、食品饮料及烟草产品上的竞争优势较大；第 11 类（纺织品及
原料产品）的 TC 指数接近 0.4，且呈现上升趋势，说明中方的竞争优势更
大；第 2 类（植物产品）、第 8 类（皮革箱包制品）产品的 TC 指数均接近
0，说明中、巴在这两类产品上属于产业内贸易，且竞争性较强。

表 3-9　2015—2018 年中巴贸易竞争力指数

海关分类（类）	2015 年	2016 年	2017 年	2018 年
第 3 类	1.00	0.93	0.91	1.00
第 17 类	1.00	0.98	0.99	1.00
第 16 类	1.00	1.00	1.00	1.00
第 6 类	1.00	1.00	1.00	1.00
第 12 类	1.00	1.00	1.00	1.00
第 13 类	1.00	1.00	1.00	0.99
第 9 类	0.99	0.99	1.00	0.99
第 7 类	0.94	0.95	0.96	0.99
第 20 类	0.97	0.98	0.97	0.97
第 10 类	1.00	1.00	0.98	0.96
第 18 类	0.97	0.96	0.94	0.90
第 15 类	0.86	0.91	0.89	0.76
第 14 类	0.96	0.93	0.83	0.76
第 11 类	0.36	0.44	0.46	0.47
第 2 类	-0.01	-0.08	0.23	0.09
第 8 类	0.07	0.20	0.26	0.01
第 5 类	-0.75	-0.72	-0.80	-0.26
第 4 类	-0.25	0.31	0.31	-0.45
第 1 类	-0.97	-1.00	-0.99	-0.99

数据来源：笔者根据 UNCOMTRADE 资料计算整理。

（3）贸易互补性

笔者通过计算贸易互补性（TCI）指数①来判断两国的贸易互补性。以中国作为出口国，2015—2018 年，两国在第 11 类（纺织品及原料）、第 13 类（石陶水泥）、第 15 类（贱金属及其制品）、第 20 类（家具、玩具及杂项制品）、第 7 类（塑料及橡胶）、第 16 类（机电产品）商品上具有较强的互补性。其中，第 11 类、第 15 类、第 7 类商品的 TCI 指数比较稳定，而第 15 类、第 20 类、第 16 类商品的 TCI 指数呈现下降趋势，这说明中、巴在这 3 类商品上的贸易互补性逐渐下降。

以巴基斯坦作为出口国，两国在第 11 类、第 2 类、第 8 类、第 1 类商品上具有互补关系。其中，第 8 类商品的 TCI 指数呈现下降趋势，第 1 类商品的 TCI 指数呈现上升趋势。中、巴两国在第 11 类产品上的 TCI 指数均大于 1，但以巴方出口计算的 TCI 指数均较高，这说明巴基斯坦在纺织品及原料产品上更具有比较优势（见表 3-10）。

表 3-10　2015—2018 年中巴贸易互补性指数

海关分类（类）	中国作为出口国				海关分类（类）	巴基斯坦作为出口国			
	2015年	2016年	2017年	2018年		2015年	2016年	2017年	2018年
第 11 类	4.89	4.70	4.63	4.94	第 11 类	6.66	6.37	6.62	6.76
第 13 类	2.30	1.98	1.93	1.69	第 2 类	6.34	5.26	4.92	6.56
第 15 类	1.59	0.68	1.47	1.42	第 8 类	7.14	6.80	6.29	5.29
第 20 类	1.63	1.27	1.51	1.17	第 1 类	0.94	1.14	1.07	1.31
第 7 类	1.09	1.02	1.01	1.05	第 18 类	0.81	0.80	0.82	0.71
第 16 类	3.24	1.21	1.15	1.03	第 4 类	0.47	0.37	0.59	0.65
第 2 类	0.70	0.92	0.86	0.87	第 5 类	0.41	0.11	0.43	0.45
第 3 类	0.43	0.40	0.50	0.70	第 7 类	0.33	0.32	0.32	0.31
第 10 类	0.74	0.71	0.65	0.69	第 3 类	0.47	0.42	0.29	0.30
第 6 类	0.69	0.58	0.61	0.68	第 10 类	0.19	0.33	0.35	0.29

数据来源：笔者根据 UNCOMTRADE 资料计算整理。

---

① 贸易互补性（TCI）指数测量了对于产品 s 而言，一国与其贸易伙伴的供需关系同一国与世界的供需关系的相似性。其表达式为 $TC_{AB}^B = X_A^s / t_W^s \cdot X_B^s / t_W^s$，其中 A 为母国，B 为东道国，$X_A^s$ 为 A 国出口的产品 s 占 A 国总出口的份额，X_B^s 为 B 国进口的产品 s 占 B 国总进口的份额，t_W^s 为世界进口的产品 s 占世界总进口的份额。当指数值大于 1 时，说明两国有较强的贸易互补性。

3.3.3.4 中、巴两个阶段自由贸易协定的内容及比较

(1) 第一阶段中、巴自由贸易协定主要内容

2003 年，中、巴签订了《中巴优惠贸易安排》，对两国部分出口产品实行优惠税率；2005 年又签署了《中巴 FTA 协定早期收获协议》，双方共同对水果、蔬菜等农产品降税；2006 年，两国签订《中国政府和巴基斯坦政府自由贸易协定》，并于 2007 年 7 月正式实施。中、巴 FTA 是中国与南亚国家签署的第一个自由贸易协定，其涉及国民待遇和市场准入、贸易救济、卫生和植物卫生措施、技术性贸易壁垒、投资、争端解决等领域。其主要内容包括：

第一，在关税减让方面，自 2007 年 7 月 1 日起，分两步对相关货物减税。第一步是在协定生效后 3 年内将占各自税目总数 35.5% 的产品关税降为零，在 5 年内削减约占各自税目总数 49% 的产品关税，其余约 15% 的税目暂不降税。第二步从自由贸易协定生效的第六年开始，双方在友好协商、照顾双方关注及对以往情况评审的基础上，对各自占税目数和贸易量 90% 的产品进一步降税[①]。

第二，在投资方面，巴基斯坦对在其境内建立的包括"海尔—鲁巴经济区"在内的"中国—巴基斯坦投资区"[②] 提供一揽子优惠政策，主要包括：免除经济区建设及工程项目所需资本设备的进口关税和税收、经济区内项目自运营之日起 5 年内免征公司所得税、所生产的出口产品同样享受巴方国内的出口优惠政策、巴方政府负责修建通往经济区的道路等。

第三，在服务贸易领域，两国于 2009 年签订了《中国—巴基斯坦 FTA 服务贸易协定》，并提出服务开放具体承诺表。根据 WTO 服务贸易总协定的服务部门分类，巴方对建筑、电信、金融、医疗、旅游、研发、计算机等 11 个主要部门的 102 个分部门扩大开放；将外资股比限制提高，允许中资占股 60% 至 99.99%，并在快递、电信、旅游 3 个部门视情况允许独资。中方则在 WTO 承诺基础上，在采矿、研发、环保、体育、交通等 6 个主要服务部门的 28 个分部门对巴方服务提供者进一步开放。

---

① 赵青松，崔晓梦. 第二阶段自由贸易协定对中国与巴基斯坦经贸合作的影响研究 [J]. 区域与全球发展，2020 (3)：140-153.

② 《中国—巴基斯坦自由贸易协定补充议定书》. 参见：中国自由贸易区服务网（http://fta. mofcom.gov.cn/). "中国—巴基斯坦投资区"是指设立在巴基斯坦境内，经巴基斯坦政府投资委员会通告批准，中国投资者的投资不低于 40% 的特殊工业区。

（2）第二阶段中、巴自由贸易协定主要内容

2011年3月，中、巴双方启动自由贸易协定第二阶段谈判。2015—2016年，双方就FTA第二阶段货物贸易降税模式、调节税、服务和投资领域扩大开放、海关数据交换、检验检疫措施等议题进行了多次磋商，谈判取得了积极进展。巴方提出在FTA协定中加入保护其本土行业的条款，中方同意给予巴方更多优惠，并针对巴方国内的产业现状，给予合适的过渡期来逐步实现巴方的关税减让承诺。2019年4月，两国签订了《中巴关于修订〈自由贸易协定〉的议定书》（简称《议定书》）。《议定书》对原自由贸易协定中的市场准入、关税减让、原产地规则、贸易救济等内容进行了升级和修订，并新增"海关合作"章节，其核心内容是货物贸易的市场准入升级，其主要内容包括（具体见表3-11）：

第一，在零关税范围方面，中、巴两国间相互实施零关税产品的税目数比例从35%增加至75%①。此外，双方还将对占各自税目数比例5%的其他产品实施20%的部分降税。

第二，在中方降税模式上，自2019年12月1日起，中方将45%税目产品降为零关税（主要包括棉纱、皮革、部分鱼类、手工制针织物品、服装等）；30%的税目产品分别在5年内（税目占比15%）和10年内（税目占比15%）等比例削减，并于2024年、2029年的1月1日起降为零关税（主要包括矿物油及蒸馏产品、部分橡胶鞋靴、钢铁及其制品、铜及其制品、汽水、可食用坚果等）；分别将3.3%及1.9%产品自2019年12月1日及2022年1月1日起削减基准税率②的20%（主要包括巧克力及其制品、番茄、矿泉水、部分有机化学品等）③。

---

① 中方税目受中华人民共和国进出口税则约束，巴方税目则受巴基斯坦海关税则约束。
② 基准税率为2013年1月1日执行的《中巴自由贸易协定》项下的实施税率。
③ 赵青松，崔晓梦. 第二阶段自由贸易协定对中国与巴基斯坦经贸合作的影响研究 [J]. 区域与全球发展，2020（3）：140-153.

表 3-11 中、巴两个阶段自由贸易区协定的内容比较

		第一阶段	第二阶段
货物贸易领域	中、巴双方实施零关税产品的税目比例	35.5%	75%
	中方降税模式	在三年内将35.5%税目降至零关税；在五年内将34.5%税目降至0~5%，对8%和7%税目分别按50%和20%优惠幅度削减	将45%税目在协定生效后立即降至零关税，将其余30%税目分别在5年内（15%）和10年内（15%）逐步降至零关税，对5%税目产品降税20%
	巴方降税模式	在三年内将35.6%税目降至零关税；在五年内将19.9%税目降至0~5%，对2%和26.1%税目分别按50%和20%优惠幅度削减	将45%税目在协定生效后立即降至零关税，将其余30%税目分别在7年内（15%）和15年内（15%）逐步降至零关税，对5%税目产品降税20%
投资领域		巴方给予"海尔—鲁巴经济区"等中巴投资区一揽子优惠政策	在优惠政策基础上，新增未来工作计划条款
海关合作领域		无	海关电子数据交换相关条款

资料来源：中国自由贸易区服务网（http://fta.mofcom.gov.cn/）。

第三，在巴方降税模式上，自2019年12月1日起，巴方将45%税目产品免除关税（主要包括食用蔬菜及坚果、小麦等谷物及其制品、部分矿物油及蒸馏产品、未梳的羊毛及棉花等）；30%的税目产品分别在第2年（税目占比15%）和第4年（税目占比15%）起分6年、12年等比例削减，并于2026年1月1日、2034年1月1日免除关税（主要包括种猪、部分家禽、肉及食用杂碎、棉纱线、部分机电产品、家具等）；分别将3.3%、1.7%税目产品于2019年12月1日、2022年1月1日削减基准税率的20%（主要包括硫化橡胶制品、部分牛皮纸及纸板制品、染色及印花棉机织物、摩托车、汽车及车辆零部件等）。

第四，在海关合作领域，议定书中新增建立海关电子信息共享系统，并确保2018年11月3日海关主管部门签署的电子数据交换谅解备忘录的实施，以加强对两国的海关监管，减少低报价格和误用海关分类标准等现象的发生。

第五，在投资领域，在原有一揽子优惠政策的基础上，新增"未来工作计划"条款，致力于鼓励来自另一方的投资，双方同意未来对"投资"

章节开展升级谈判。

3.3.3.5　第二阶段自由贸易协定对中巴经贸合作的影响

在 2006 年第一阶段中、巴 FTA 的基础上，第二阶段自由贸易协定大幅降低了两国间关税水平，提高了两国贸易便利化和投资自由化水平，这必将有力地推动中、巴双边经贸关系的发展。

（1）促进巴方对华出口，减少巴方的贸易逆差

近十几年来，巴方对华贸易逆差不断扩大，从 2006 年的 32.3 亿美元上升至 2018 年的 147.9 亿美元，其主要原因是巴方对华出口增长较慢，甚至还出现下降。但在第二阶段 FTA 议定书中，巴基斯坦的出口优势产品均在关税减免之列，如棉纱、矿物、糖果、服装、坚果、皮革等，且许多产品自 2019 年 12 月起已经降为零关税，这必将大大推动巴方主要出口产品对华出口。巴方生产的珠宝类、地毯和手工艺品等产品在中国都具有一定市场，中方需要进一步扩大巴方优势产品的进口规模。据预测①，议定书实施后，中国有望超过美国成为巴方第一大出口目的地，年出口额将增长至 50 亿美元水平。另外，在第二阶段自由贸易协定的降税时间安排上，中方将在 10 年内将 75% 的商品全部降为零关税，而巴方则在 15 年内降至零关税，这一优惠举措也将有利于促进巴方对华出口，并且充分保护了巴基斯坦的相关产业发展。

（2）推动中、巴双边贸易持续增长

从 2006 年中、巴 FTA 成立至 2018 年，中巴双边贸易额共增长了约 2.65 倍。在第二阶段 FTA 议定书中，巴基斯坦也将中方的许多出口优势产品纳入关税减让，如机电产品、家具、纺织、磷肥、玻璃制品、汽车及摩托车零部件等，这也必将有利于进一步扩大中方对巴出口。一方面，议定书将有助于优化中国出口商品结构，中方将增加对巴基斯坦的机电、通信等高技术产品的出口；另一方面，促进中、巴双边互补产品贸易，中方的机械、电子、化工等传统优势产品将继续扩大在巴方的市场份额。对于两国具有较强竞争性的皮革箱包制品等产品，中、巴可以进行国际产业分工和差异化生产。例如，巴基斯坦生产技术含量比较低的皮鞋、皮包等，中国则生产更加精细、对技术要求比较高的皮鞋制品，从而将该产业的竞争性转变为互补性，扩大两国的产业内贸易。

---

① 中国驻巴基斯坦大使馆经济商务参赞处. 全巴工商联认为中巴自贸协定升级将大大推动巴基斯坦对华出口 ［EB/OL］. http://pk.mofcom.gov.cn/.

（3）促进中方对巴扩大投资，扩大两国产能合作

第二阶段 FTA 议定书的实施将促进中方对巴扩大投资规模和加大投资力度，将为中国企业"走出去"和海外产能布局提供更良好的条件。中国对巴基斯坦制造业的投资既可以增加当地居民就业机会，提升当地人均收入水平，又能够加快其工业化进程。巴基斯坦也出台了许多优惠政策为中国企业提供支持，如给在中巴经济走廊沿线建立的纺织企业提供土地优惠，新企业享有 10 年免税期、免除机械进口税等①。另外，巴基斯坦可出口产品的种类较少，中国企业可以利用当地的廉价劳动力和丰富的自然资源，通过在巴方投资建厂，提高其出口产品的国际竞争力。这样既能够扩大巴方对华出口规模，缩小两国贸易差额，也能通过在巴方的中资企业向其他国家出口，有利于改善我国贸易常年顺差的现状，减少或缓和我国与其他国家的贸易摩擦。

（4）促进中巴经济走廊建设

2013 年，中、巴两国提出了共同建设"中巴经济走廊"的设想，2014年两国政府签订了《中、巴关于深化中巴战略与经济合作的联合声明》，2017 年中、巴双方签署了《中巴经济走廊远景规划》，计划到 2030 年完成，总投资高达 460 亿美元。中巴经济走廊是"一带一路"倡议中"六大经济走廊"的旗舰项目，将为"一带一路"倡议起到引领示范作用。中、巴第二阶段 FTA 议定书的签署和实施必将促进两国双边经贸关系的快速发展，推动巴基斯坦的对外贸易发展和经济增长，有力地促进"一带一路"与中巴经济走廊建设。

3.3.4　中国与瑞士、冰岛自由贸易协定的特点及影响

在欧洲，中国率先与冰岛、瑞士签署了 FTA。2014 年 7 月 1 日，中瑞和中冰自由贸易协定正式生效。其中，中冰 FTA 协定是中国与欧洲国家达成的第一个自由贸易协定，中瑞 FTA 协定是我国与世界经济排名前 20 位的国家达成的第一个双边自由贸易协定。中瑞和中冰两个 FTA 协定都是覆盖面广、开放水平高、优惠政策多的高质量自由贸易协定，也是近年来我国商签的最全面的自由贸易协定之一。

---

① 中国棉纺织行业协会. 中巴贸易与投资论坛在京举行 [EB/OL]. http://www.ccta.org.cn/.

3.3.4.1 中瑞、中冰 FTA 协定的特点

（1）降税比例较高，零关税比例很高

从中瑞 FTA 内容来看，瑞士对中方 99.7% 的出口产品在 2014 年 7 月 1 日起实施零关税，中方对瑞士 84% 的出口实施零关税；加上部分降税的产品，瑞士最后实施降税的产品比例是 99.99%，中方是 96.5%[①]。在工业品方面，自 2014 年 7 月起，瑞士对中国的主要出口产品（包括纺织品、服装、鞋帽、汽车零部件和金属制品等）全部实施零关税。在农产品方面，瑞方对中方 76% 的出口立即实施零关税，对 16% 的出口实施部分降税。瑞士大幅降低农产品市场的准入门槛，将促进中方的蔬菜水果等优势产品扩大对其出口。

从中冰 FTA 的内容看，冰岛自 2014 年 7 月起，对中国所有工业品和水产品实施零关税，涵盖中方对冰岛出口额的 99%，对乳制品、蔬菜等 30 个税目的农产品实施部分降税；冰岛还承诺对鹿肉、鸽肉等 10 个农产品实施 65% 的关税税率封顶；同时，中方在自 2014 年 7 月起对从冰岛进口的 7 830 项产品实施零关税，涉及中方自冰进口总额的约 82%，中方最终关税降为零的产品贸易量比率约为 96.2%，产品税目比率为 95.9%。

中瑞和中冰 FTA 协定具有较高的零关税比例，这将有利于双方外贸企业持续扩大双边进出口贸易。

（2）自由贸易协定涉及许多新规则和新议题

目前，各国对 FTA 谈判涉及的新议题（如政府采购、环境保护、劳工与就业、知识产权、竞争等条款）并没有统一的标准。但在中瑞 FTA 协定中，中瑞双方秉承求同存异的原则，在这些新规则上达成了共识。例如，中方首次同意在 FTA 协定中单独设立"环境问题"章节，并具体制定了知识产权保护的权利和义务。中瑞 FTA 签署的这些新议题具有较强的示范效应，表明了中国加快与国际规则接轨，建设高标准 FTA 的信心。

3.3.4.2 中瑞、中冰 FTA 协定的影响

虽然瑞士、冰岛都不属于欧盟成员，但瑞士、冰岛都是欧洲自由贸易联盟成员（EFTA）。瑞士作为中立国，其经济与外交政策较为独立，但其通过瑞士—欧盟双边协议参与了欧盟单一市场。因此，中国与瑞士、冰岛 FTA 的实施将有助于未来中国与欧盟商签 FTA 协议。2018 年 9 月，中、瑞

---

① 王受文. 推动中瑞、中冰经贸新发展 [N]. 国际商报，2014-06-30.

两国专家学者对 FTA 协定的利用情况等做了首次分析,并发布了评估报告。学者们通过随机抽取两国各 100 家企业进行问卷调查,结果显示,双方企业对中瑞自由贸易协定的满意度都是 100%;自 FTA 协定生效以来,双方对自由贸易协定的实际利用率都超过 40%,2017 年中、瑞两国企业均节约了上亿美元的出口费用①。

3.3.5 中国—格鲁吉亚经贸合作以及 FTA 协定的内容及影响

3.3.5.1 中国与格鲁吉亚经贸合作现状

格鲁吉亚地处南高加索中西部,与黑海相邻,北邻俄罗斯,南接亚美尼亚、土耳其、阿塞拜疆,优越的地理位置使其成为中国通往欧洲的重要节点。格鲁吉亚的森林、水力和矿产资源丰富,其国土面积 6.97 万平方千米,总人口约 372 万。格鲁吉亚具有较好的营商环境,其在《2017 年营商环境报告》提到的全球 190 个国家中排第 16 名。

据中方统计,2003 年,中格双边贸易额只有 2 812 万美元,2005—2016 年,两国双边贸易额从 0.43 亿美元上升至 7.99 亿美元,共增长了 17.6 倍。其中,2014 年两国贸易总额达十年来新高 9.62 亿美元。2016 年,中国对格鲁吉亚出口额为 7.45 亿美元,进口额 0.54 亿美元,中方顺差 6.91 亿美元。多年来,中方对格方一直保持贸易顺差,且顺差额占两国贸易总额的比例较大(见表 3-12)。据格方统计,2017 年,格中双边贸易额为 9.39 亿美元,中国成为格鲁吉亚第三大贸易伙伴、第四大出口市场。

表 3-12 2005—2016 年中国对格鲁吉亚进出口贸易 单位:亿美元

年份	进出口总额	出口额	进口额	中方顺差
2005	0.43	0.41	0.02	0.39
2006	0.85	0.78	0.07	0.71
2007	1.92	1.77	0.15	1.62
2008	2.96	2.93	0.03	2.9
2009	2.1	1.92	0.18	1.74
2010	3.2	2.75	0.45	2.3
2011	7.99	7.61	0.38	7.23

---

① 赵妍. 中瑞自贸协定深化双边合作 促进全球化发展 [EB/OL]. https://news.cri.cn/20191010/eed65600-5381-3779-db92-12a39df7d81f.html.

表3-12（续）

年份	进出口总额	出口额	进口额	中方顺差
2012	7.74	7.4	0.34	7.06
2013	9.16	8.62	0.54	8.08
2014	9.62	9.09	0.53	8.56
2015	8.12	7.68	0.44	7.24
2016	7.99	7.45	0.54	6.91

数据来源：中国国家统计局.《中国统计年鉴》2005—2016年各年版。

在商品结构方面，中国对格鲁吉亚主要出口商品包括机械、电子设备及部件、钢铁、塑料及其制品、家具用品、钢铁制品、车辆及其零备件、木制品等；格鲁吉亚对中国出口的商品主要为铜矿石及其精矿、矿砂及矿渣、葡萄酒及饮料、铜及其制品、纺织品等。

在投资方面，据中方统计，2007年，中国对格鲁吉亚直接投资存量只有0.43亿美元，之后出现快速上升。2016年末，中方对格直接投资存量为5.5亿美元，是2007年的12.8倍（见表3-13）。目前，已经有20多家主要中资企业入驻格鲁吉亚，开展基础设施建设、工程承包等相关业务。这些企业包括中国国家电网国际发展公司、中铁二十三局集团、中国水利水电建设集团有限公司、中核二三建设有限公司、中冶建工集团、新疆华凌集团等。

表3-13　2007—2016年中国对格鲁吉亚直接投资额

年份	投资流量/万美元	同比增长/%	投资存量/万美元	同比增长/%
2007	821	—	4 293	—
2008	1 000	21.8	6 586	53.4
2009	778	−22.2	7 533	14.4
2010	4 057	421.4	13 017	72.8
2011	80	−98.0	10 935	−16.0
2012	6 874	8 492.5	17 808	62.9
2013	10 962	59.4	33 075	85.7
2014	22 435	104.6	54 564	64.9
2015	4 398	−80.3	53 375	−2.1
2016	2 077	−52.7	55 023	3.0

数据来源：中国商务部.中国对外直接投资统计公报2007—2017年各年版。

3.3.5.2 中格 FTA 协定的主要内容

（1）中格自由贸易协定谈判进程

2015 年 3 月，中、格签署了《关于启动中国—格鲁吉亚自由贸易协定谈判可行性研究联合声明》及《加强共建"丝绸之路经济带"合作备忘录》等合作协议。2016 年 2 月 22 日，中格自由贸易协定第一轮谈判在格鲁吉亚首都第比利斯举行，双方在谈判日程、各议题领域和原则等问题上达成一致，并成立谈判工作组，开始自由贸易协定文本磋商①。2016 年 5 月 9 日至 13 日，中格自由贸易协定第二轮谈判在北京举行，双方就货物和服务贸易、投资、电子商务、原产地规则、海关程序、贸易救济等议题上进行了磋商，并在部分议题上达成了一致②。2016 年 7 月，中格自由贸易协定第三轮谈判在第比利斯举行，双方继续就货物及服务贸易等议题进行磋商③。2016 年 10 月 5 日，中、格签署了《关于实质性结束中国—格鲁吉亚自由贸易协定谈判的谅解备忘录》。2017 年 5 月，在"一带一路"国际合作高峰论坛期间，中国与格鲁吉亚正式签署自由贸易协定。2018 年 1 月 1 日，中格 FTA 协定正式生效。

（2）中格 FTA 协定的主要内容

中格 FTA 协定包括货物贸易、原产地规则、海关程序与贸易便利化、卫生与植物卫生措施、技术性贸易壁垒、贸易救济、服务贸易、环境与贸易、竞争、知识产权、争端解决等在内的 17 个章节。除正文内容以外，还有两个附件，附件一为"关税减让说明及中格双方各自具体的关税减让表"，附件二为"产品特定原产地规则和原产地证书"。

在货物贸易领域，格鲁吉亚对中方 96.5%的产品税目种类立即实施零关税。中方对格鲁吉亚 93.9%的产品税目实施零关税，其中 91%的产品（约占进口额 43%）立即实施零关税，其余 3%的产品（占 51%进口额）5 年内逐步降为零关税④，这主要是对中国自格方进口的部分农产品、纺织

---

① 中华人民共和国商务部. 中国—格鲁吉亚自贸协定第一轮谈判在格鲁吉亚举行 [EB/OL]. http://fta.mofcom.gov.cn/article/chinageorgia/chinageorgianews/201602/30678_1.html.

② 商务部新闻办公室. 中国—格鲁吉亚自贸协定第二轮谈判在北京举行 [EB/OL]. http://fta.mofcom.gov.cn/article/chinageorgia/chinageorgianews/201605/ 31858_1.html.

③ 商务部新闻办公室. 中格自贸协定第三轮谈判在格鲁吉亚举行 [EB/OL]. http://fta.mofcom.gov.cn/article/chinageorgia/chinageorgianews/201607/32758_1.html.

④ 中国商务部. 中国与格鲁吉亚自贸协定今日生效 [EB/OL]. http://fta.mofcom.gov.cn/article/chinageorgia/chinageorgianews/201801/36758_1.html.

品、塑料及橡胶制品、金属制品设置降税过渡期，而剩余6.1%的产品则采用基础税率。在原产地规则上，中格FTA协定对不具有原产资格的货物、不能判定为原产货物与原产材料的物品做出了详细的规定，尤其是对葡萄酒、矿泉水、咖啡、糖、棉花、天然橡胶等相关产品，并且规定协议项下的优惠关税待遇只赋予双方直接运输的原产产品。

在服务贸易方面，通过具体承诺减让表对商业、通信、建筑及相关工程、教育、金融、与健康相关的服务、旅游及运输服务的贸易减让做出了详细说明，且双方都采取正面清单的方式开放服务贸易①。协定中服务贸易的整体开放程度高，只对少数部门进行了限制，没有限制的开放承诺超过90%。

3.3.5.3 中格FTA协定的意义及影响

（1）发挥示范带动效应

中格自由贸易协定是中国在欧亚地区的第一个FTA协定，这对于推进中国与丝绸之路经济带沿线国家（地区）之间实现经贸合作的机制化具有重要的示范作用，必将成为中国与欧亚地区其他国家（地区）商签自由贸易协定的重要参照。中格FTA谈判历时不到一年，协定的达成既有利于推动丝绸之路经济带倡议的实施，还能进一步提升两国经贸合作水平。格鲁吉亚的优质产品如葡萄酒、矿泉水、蜂蜜和果汁等产品将会进一步丰富中国消费市场，中国游客赴格旅游和商务访问也更加方便。

格鲁吉亚是欧盟的联系对象，并与俄罗斯等独联体国家和土耳其等国家签署了自由贸易协定，与这些国家大幅削减了关税。中格FTA生效后，将促进中方扩大对格鲁吉亚的投资，中国企业在格方生产和销售出口产品，将享受免税或极低税率。格鲁吉亚也将成为中国进入土耳其、独联体国家及欧盟各国市场的重要平台。

（2）促进格鲁吉亚对华出口，减少其贸易逆差

葡萄酒是格鲁吉亚优势出口产品之一。格鲁吉亚有几千年的葡萄种植和酿酒历史，被认为是葡萄酒发源地之一。目前中国正逐渐成为世界葡萄酒消费大国。2015年，中方自格鲁吉亚进口葡萄酒267.2万瓶，同比增长122%②。2016年以来，中国已经成为格方第二大葡萄酒进口国。自2018

---

① 正面清单是指政府允许的市场准入主体、范围、领域等均以清单方式列明。在正面清单模式下，外资只能在清单范围内享有国民待遇。

② 参见联合国商品贸易数据库（UNCOMTRADE）。

年中格 FTA 协定生效起,中国对格葡萄酒的进口关税税率由 14% 降到零,中方还在霍尔果斯边境合作中心内开设了国内首家格鲁吉亚葡萄酒免税店,这些措施都将极大地促进格鲁吉亚对华葡萄酒出口。

另外,矿产资源及其制品也是中国从格鲁吉亚进口金额最大的产品。据格方统计,2016 年,中国从格鲁吉亚进口的矿砂、矿渣和矿灰为 2 272 万美元,铜及其制品进口额达 909 万美元,二者共计占中国自格进口总额的 61.21%。2018 年中格 FTA 生效后,中国自格方进口的铜制品、矿砂、矿渣等产品关税也降为零,这有利于格鲁吉亚扩大对华矿产资源出口,减少其对华贸易逆差,中国企业也可降低矿产品的进口成本。

(3) 促进双方在旅游业等服务贸易上的合作

格鲁吉亚历史悠久,拥有丰富的旅游自然景观和人文资源,包括四处联合国教科文组织认定的世界遗产。在中格 FTA 协定中,双方都相互开放旅游市场,中国游客赴格鲁吉亚旅游发展潜力巨大。在服务贸易领域,中格 FTA 就市场准入、国民待遇、最惠国待遇等主要义务做出规定,并在金融服务、自然人移动、运输服务等方面有具体承诺,双方均以正面清单方式开放各自服务部门;在市场准入方面,格鲁吉亚给予中方的优惠待遇与其给予欧盟的待遇相当,中方也满足了格鲁吉亚在海运、旅游等部门的谈判要价①。

3.3.6 中国—马尔代夫经贸合作以及 FTA 协定的内容及影响

3.3.6.1 中国与马尔代夫经贸合作现状

马尔代夫位于印度洋上,是世界上最美丽的岛屿国家之一,其人口总数只有 40.8 万人。2017 年,马尔代夫国内生产总值(GDP)为 46.48 亿美元,人均 GDP 为 11 392 美元,居南亚国家首位。马尔代夫属于小型开放经济体,是世界上著名的旅游胜地,旅游业和渔业是该国特色产业,旅游收入对 GDP 的贡献率多年保持在 25%~30%,是其主要的外汇收入来源。马尔代夫制造业落后,大多数工业产品和生活必需品依靠进口。马尔代夫渔业资源丰富,其出口产品多为鱼类及其加工品,但数量有限。马尔代夫国内市场狭小。2017 年,其对外贸易总额为 26.79 亿美元,其中,出口 3.18 亿美元,进口 23.6 亿美元,贸易逆差高达 20.42 亿美元。

---

① 杨金玲. 单一窗口下 FTA 原产地证对我国外贸的影响:以《中国—格鲁吉亚自由贸易协定》为例 [J]. 天津商务职业学院学报,2019 (3):20-25.

中、马双边贸易基本上为中国对马出口，自马进口很少。据中国海关统计，2017 年中马双边贸易额为 2.96 亿美元，同比下降 7.7%。其中，中方出口额为 2.957 亿美元，进口额仅有 62 万美元。2017 年末，中国对马尔代夫直接投资存量约为 6 743 万美元。近年来，中国赴马尔代夫游客人数均保持在 30 万人以上，已连续 8 年成为其最大游客来源地。另外，中、马两国在基础设施、住房建设等领域的合作发展较快。据中国商务部统计，2017 年，中国企业在马尔代夫新签承包工程合同 21 份，新签合同额 12.49 亿美元，完成营业额 4.15 亿美元①。

3.3.6.2 中国—马尔代夫 FTA 协定的内容及影响

中马 FTA 协定是马尔代夫签署的第一个双边 FTA 协定，马尔代夫是继巴基斯坦后第二个与中国达成自由贸易协定的南亚国家。2015 年，中、马双方启动了 FTA 可行性研究及自由贸易协定谈判。2017 年 9 月，双方结束 FTA 谈判，同年 12 月 7 日，中、马两国在北京正式签署 FTA 协定。

在中马 FTA 的货物贸易领域，双方承诺的零关税产品税目数和贸易额比例均超过 95%。在产品类别上，马方将对税目数 97.3% 的工业品取消关税，同时对花卉、蔬菜等中方出口农产品取消关税。中国实现零关税的商品将达到全部税目数的 95.4%，降税期最长为 5 年；中方将对税目数 95.8% 的工业品和税目数 93.6% 的农（水）产品取消关税，其中包含马方对华出口的大部分鱼类及水产品②。

在服务贸易方面，马尔代夫开放的服务部门数量增加至 86 个，并在中方重点关注的领域（如快递、电信、建筑、金融、医疗、交通等）均做出了具体承诺；中方在商业服务、建筑、旅游和公路运输等部门对马方做出了高于 WTO 框架的承诺。在投资领域，双方都相互给予准入后阶段的国民待遇和最惠国待遇等。

3.3.7 中国—毛里求斯经贸合作以及 FTA 协定的内容及影响

3.3.7.1 中国与毛里求斯经贸合作现状

毛里求斯位于非洲大陆以东、印度洋西南部，是一个美丽的海岛国

---

① 商务部国际贸易经济合作研究院. 对外投资合作国别（地区）指南：马尔代夫（2018 年版）[EB/OL]. https://www.yidaiyilu.gov.cn/wcm.files/upload/CMSydylgw/201902/201902010500046.pdf.

② 参见：中国自由贸易区服务网（http://fta.mofcom.gov.cn/article/chinamedf/chinamedfnews/201712/36400_1.html）。

家。毛里求斯又被称为"糖岛",制糖业产值一度占其 GDP 的三分之一和出口总额的 99%。毛里求斯属于开放的出口导向型经济,其对外依存度已超过 80%。毛里求斯是 WTO 成员,拥有欧盟、美国、东南非共同市场(COMESA)等给予的优惠市场准入条件。

据统计①,2018 年,毛里求斯进出口货物贸易总额约为 74.3 亿美元,同比增长 3%。其中,进口 55 亿美元,出口 19.3 亿美元。目前,服务贸易在毛里求斯出口中占据了越来越重要的地位,旅游和商业服务对其国内生产总值的贡献最大。2018 年,毛里求斯对外贸易主要出口市场为美国(占其出口总额的 11.95%)、英国(占其出口总额的 11.3%)、南非(占其出口总额的 10.97%)、法国(占其出口总额的 10.37%)和马达加斯加(占其出口总额的 6.1%);主要进口来源国是印度(占其进口总额的 18.25%,下同)、中国(占其进口总额的 16.51%)、南非(占其进口总额的 9.23%)、法国(占其进口总额的 8.13%)和阿联酋(占其进口总额的 3.42%)。

目前,中国已成为毛里求斯重要的经贸合作伙伴。据中国海关统计,2018 年,中毛双边贸易额为 8.41 亿美元,同比增长 7.3%。其中,中方出口 8.04 亿美元,同比增长 5.5%;中方进口 0.37 亿美元,同比增长 67%。中方目前是毛方第三大贸易伙伴和第二大进口来源国,中方对毛方长期呈现较大贸易顺差,中方出口商品以纺织原料、机电产品和贱金属及其制品为主。

据中国商务部统计,2018 年,中国对毛 FDI 流量为 1.78 亿美元。2018 年底,中国在毛 FDI 存量达 9.98 亿美元,主要集中在金融、房地产、制造业、旅游等领域。主要中资企业包括:山西天利实业有限公司投资的天利纺纱(毛里求斯)有限公司、山西投资集团开发的毛里求斯晋非经贸合作区等。2018 年,中国企业在毛里求斯新签承包工程合同额 1.13 亿美元,完成营业额 1.24 亿美元。主要新签工程承包项目包括:华为技术有限公司承包的毛里求斯电信、中国建筑集团有限公司承包的毛里求斯圣皮埃尔科特多沃综合体育中心项目等。

3.3.7.2　中国—毛里求斯 FTA 协定的内容及影响

2017 年 12 月,中国—毛里求斯 FTA 谈判正式启动,经过 4 轮密集谈判,于 2018 年 9 月结束。2018 年 10 月 17 日,两国政府在北京正式签署了

---

①　商务部国际贸易经济合作研究院. 对外投资合作国别(地区)指南:毛里求斯(2018 年版)[EB/OL]. https://www.yidaiyilu.gov.cn/wcm.files/upload/CMSydylgw/202002/202002140140027.pdf.

自由贸易协定，成为中国与非洲国家商签的第一个自由贸易协定。

中国—毛里求斯FTA协定涵盖货物贸易、服务贸易、投资、原产地规则、贸易救济、技术性贸易壁垒、经济合作等条款内容。在货物贸易领域，双方最终实现零关税的产品税目比例分别达到96%和94%，占自对方进口额的比例均为93%。中方出口的钢铁制品、纺织品及其他轻工产品，毛里求斯出口的特种糖等产品将从中获益；在服务贸易领域，双方承诺开放的分部门都超过100个。其中，毛方将对中国开放通信、教育、金融、旅游、交通等服务领域的130多个分部门，这是毛里求斯在服务领域开放水平最高的FTA协定①。在投资领域，这是中国第一次与非洲国家升级原投资保护协定（BIT），这将为中国企业赴毛里求斯投资提供有力的法律保障。

3.4 FTA 建设对中国外贸发生影响的理论与实证分析

现有文献研究FTA影响的普遍做法是将FTA作为一个虚拟变量构建改良的贸易引力模型，但该方法存在以下不足：一是引力模型无法处理自变量与因变量之间可能存在的内生性关系，由此导致回归结果出现偏误；二是FTA的建立与多重因素密切相关，如经济规模、两国距离、各国制度等因素，引力模型无法对FTA的内生性问题进行把控，将使模型回归结果不够准确；三是大部分研究在FTA尚未建成的情况下开始进行，样本时间跨度较短，影响实验结果的准确性。

笔者认为，要解决FTA内生性的问题，需要选取倾向匹配得分（PSM）与双重差分（DID）结合的方法，才能够更精准地估计FTA的贸易促进效应。实证分析步骤为：一是基于对相关理论研究及贸易引力模型选择影响中国选择FTA缔约方的因素；二是通过运用PSM方法以影响中国选择FTA缔约的因素作为变量，为实验组对象匹配到具有共同趋势的对照组对象，从而解决样本选择偏误；三是运用双重差分方法，对匹配后样本进行回归，降低内生性影响，测算政策效应；四是对模型进行稳健性检验，确保研究结果的稳定性和真实性。

---

① 新华网. 中国与毛里求斯签署中非首个自由贸易协定 [EB/OL]. http://www.chinatradenews. com.cn/content/201910/18/c87259.html.

3.4.1　FTA 促进贸易增长的作用机制及其影响因素

3.4.1.1　FTA 促进贸易增长的作用机制

第一，自由贸易区缔约方之间通过签订 FTA 协定降低了贸易成本，这些成本包括关税、通关、交通运输、法律与制度成本等。各种贸易壁垒阻碍了贸易的发展，建立 FTA 减少或取消了缔约方之间大部分商品的关税与非关税壁垒，提升了贸易的便利性，吸引了更多企业从事对外贸易活动，促进了贸易的发展。

第二，根据自由贸易区理论，FTA 生效后，缔约方之间的经贸关系变得紧密，协定签订前从区外国家（地区）进口的商品有可能转移至区内国家（地区），这将促进区域内缔约方之间贸易量的增长。另外，FTA 建立后，成员的单个小市场转变成一个整体大市场，有利于区域内的厂商扩大生产规模，形成规模经济效应。

第三，建立 FTA 将提升区域内国家（地区）的贸易自由化程度，缔约方之间中间产品的进出口价格下降，有利于缔约方扩大贸易规模和提升出口产品的竞争力。

3.4.1.2　影响双边贸易增长的因素

一是缔约方的 GDP。一般来说，GDP 总量越高，建立 FTA 对双边贸易的促进效用越大。二是地理位置因素。两国（地区）距离越近，运输成本相对越低，就更有利于双边贸易量的增长。三是两国（地区）的人口。一国（地区）的人口总数反映了该国（地区）的市场规模，人口越多市场需求越旺盛，越能促进双边贸易发展。四是缔约方与中国的贸易总额占中国贸易总额的比例。占比越高，说明双边贸易往来越频繁，选择占比高的国家（地区）建立 FTA 有利于双边贸易关系进一步提升。综上所述，我们在研究中选取中国 GDP 总额与缔约方 GDP 总额、双边首府之间的距离、人口总数、双边贸易总额占中国外贸总额四个因素作为回归模型的控制变量。

3.4.2　FTA 对中国与缔约方贸易发生影响的实证分析

3.4.2.1　数据设计与处理

根据 2004—2019 年中国的主要贸易伙伴的贸易数据排名，我们选取了58 个主权国家作为研究样本，其中包含了中国已生效的 11 个 FTA 涉及的

20个国家①。数据来源为联合国商品贸易统计数据库（UNCOMTRADE）与世界银行数据库。

被解释变量 $lntrade_{it}$，表示在 t 时期中国与 i 国的贸易总额，数据来源为 UNCOMTRADE，单位为美元。

核心解释变量 FTA。建立 $treat$ 与 $post$ 两个虚拟变量。$treat$：58 个国家中，中国 FTA 缔约方为 1，其他国家为 0；$post$：缔约方与中国签订 FTA 为 1，未签订为 0。取 $treat$ 与 $post$ 的乘积为 FTA，消除影响 FTA 建设的个体与时间因素。

通过上文对 FTA 建立影响因素的分析，选取 GDP、人口总额、两国地理距离及贸易占比作为模型的控制变量。

$lnGDP_{it}$，GDP 反映经济体的经济规模，经济规模越大，GDP 越高，市场需求越大，建立 FTA 越能促进双边贸易增长。该变量在回归结果中预期为正。

$lndis_{it}$，表示中国与 i 国的地理距离，地理距离越近，贸易成本越低，有利于贸易的增长，反之亦然。该变量在回归结果中应是负相关。

$lnpopc_{it}$ 与 $lnpopf_{it}$，表示 t 时期中国人口规模与 i 国人口规模。人口规模越大，国内市场需求越大，市场需求扩大将对贸易产生正面的影响。

$ptrade_{it}$，表示 t 时期中国与 i 国的贸易总额占中国贸易总额的比例，该比例越高说明两国贸易往来越密切，双边贸易联系越紧密，故该变量预期为正。相关解释变量与数据来源见表 3-14。

表 3-14　模型变量及数据来源说明

类别	指标名称	含义及测度方法	数据来源
被解释变量	进出口贸易总额（$lntrade_{it}$）	中国与 i 国贸易总额取对数，统一以美元为计价单位	联合国商品贸易统计数据

① 与中国签署了 FTA 协议的 20 个国家，包括巴基斯坦、格鲁吉亚、韩国、冰岛、秘鲁、新西兰、澳大利亚、瑞士、哥斯达黎加、东盟十国（新加坡、泰国、越南、马来西亚、文莱、缅甸、柬埔寨、印度尼西亚、菲律宾、老挝）。未与中国签署 FTA 的主要贸易伙伴有 39 个国家，包括美国、日本、德国、俄罗斯、印度、荷兰、墨西哥、英国、巴西、南非、加拿大、法国、沙特、意大利、西班牙、土耳其、安哥拉、波兰、阿曼、捷克、阿根廷、尼日利亚、哥伦比亚、奥地利、埃及、白俄罗斯、哈萨克斯坦、孟加拉国、吉尔吉斯斯坦、挪威、乌克兰、以色列、卡塔尔、葡萄牙、丹麦、爱尔兰、希腊、乌兹别克斯坦、乌拉圭。

表3-14(续)

类别	指标名称	含义及测度方法	数据来源
核心解释变量	FTA	表示签订 FTA 的政策效果,如果个体 i 属于实验组并在 t 年与中国签订 FTA 取 1,否则取 0	中国自由贸易区服务网
控制变量	经济规模($\ln GDP_{it}$)	以中国 GDP 总额取对数乘以 i 国 GDP 总额的对数,反映经济发展规模	世界银行数据库
	本国市场规模($\ln popc_{it}$)	以本国人口总数的对数表示	
	贸易伙伴市场规模($\ln popf_{it}$)	人口能够反映一个国家或地区的消费水平,所以运用人口的对数来表示 i 国市场规模	
	贸易占比($ptrade_{it}$)	表示中国与 i 国之间贸易总额占中国贸易总额的比例	将联合国商品贸易统计数据库与世界银行数据库所得数据处理后取得
	距离($\ln dis_{it}$)	距离反映贸易过程中的运输成本,以北京到 i 国首都的直线距离的对数表示	通过百度地图测算距离

3.4.2.2　PSM-DID 模型设定

使用双差分模型的一个重要前提是政策变动的外生性,即政策变量与回归方程的误差项之间不存在共线性。另外,该方法需要满足随机性和同质性假设,前者要求排除随机化不能控制的因素的影响,后者在政策影响前应具有同质性或共同趋势。政府在选择政策执行对象时有其特定目的,并不完全随机,这将导致控制组不是随机选择的,并且在双偏差变量中产生严重内生问题。因此,我们采用倾向匹配得分法(PSM)从非中国 FTA 缔约方中选取有效的控制组,使 FTA 实施前控制组国家和加工组国家的出口趋势相同。

我们基于自然实验和双差异思想,将中国对 FTA 缔约方的贸易总额作为实验组,将中国对非 FTA 缔约方的贸易总额作为控制组,构造了两个虚拟变量 treat 和 post,并对目标国是否为实验组国家进行处理,treat = 1 表示所选取国家是中国的 FTA 缔约方,treat = 0 表示所选取国家不是中国的 FTA 缔约方。post 是一个二元时间虚拟变量,post = 1 表示 FTA 生效的时间,post = 0 表示 FTA 生效前的时间。令 $trade_{it}$ 表示中国在 t 时期对国家 i 的贸易总额,$\Delta trade_{it}$ 表示 FTA 生效前后中国对国家 i 的贸易增长。若中国与对象建立 FTA 并生效，则将前后两个时期的贸易增长记为 $\Delta trade_i^1$；若中国与对象未建立 FTA 伙伴关系，则将两个时期的出口增长记为 $\Delta trade_i^0$。则 FTA 生效后对出口增长的实际影响 β 可以表示如下：

$$\beta = E(\beta_i \mid treat_i = 1) = E(\Delta trade_i^1 \mid treat_i = 1) - E(\Delta trade_i^0 \mid treat_i = 1)$$

$$(3.1)$$

式（3.1）中，$E(\Delta trade_i^1 \mid treat_i = 1)$ 的值虽无法观测，但可以利用与实验组最相近的对照组来替换——假如实验组没有经过不存在 FTA 时的状态。因此，可以用中国对对照组贸易总额的变化替换不存在 FTA 时对实验组贸易总额的变化，即 $E(\Delta trade_i^0 \mid treat_i = 1) = \hat{E}(\Delta trade_i^0 \mid treat_i = 0)$。其中，$\hat{E}(\Delta trade_i^0 \mid treat_i = 0)$ 表示 PSM 模型匹配后加权的中国对对照组的贸易总额增长。因此，式（3.1）的计算结果即为 FTA 的平均处理效应 ATE。计算如下：

$$\text{ATE} = \beta = E(\beta i \mid treat_i = 1) = E(\Delta trade_i^1 \mid treat_i = 1) - \hat{E}(\Delta trade_i^0 \mid treat_i = 0)$$

$$(3.2)$$

当 FTA 协议生效后，如果中国对实验组的贸易总额增长系统性高于对照组，即式（3.2）中的结果 $\beta > 0$，则可以认为 FTA 促进了中国的贸易增长。因此，我们通过双重差分模型来检验中国 FTA 的贸易促进效应，模型设定如下：

$$trade_{it} = \alpha_0 + \alpha_1 treat + \alpha_2 post + \beta treat \times post + \alpha X_{it} + \xi_{it} \qquad (3.3)$$

在模型（3.3）中，i 和 t 分别表示国家和时间，$trade_{it}$、$treat$ 和 $post$ 的含义与前文一致，匹配后每个处理组国家的 $post$ 值与其匹配到的控制组国家要保持一致；交互项 $treat \times post$ 即为二元虚拟变量 FTA；ξ_{it} 是模型误差项，且 $E(\xi_{it}) = 0$。

从式（3.3）可以得出结果：在 FTA 协议生效前后，中国对实验组国家的贸易总额分别为 $\alpha_0 + \alpha_1$ 和 $\alpha_0 + \alpha_1 + \alpha_2 + \beta$，因此，中国对实验组国家的出口变化为 $\alpha_2 + \beta$。与之相对应，中国对对照组国家的贸易总额分别为 α_0 和 $\alpha_0 + \alpha_2$，贸易总额的变化则为 α_2。由式（3.3）可得

$$E(\Delta trade_i^1 \mid treat_i = 1) - \hat{E}(\Delta trade_i^0 \mid treat_i = 0) = \alpha_2 + \beta - \alpha_2 = \beta \qquad (3.4)$$

由式（3.4）可知，交互项 $treat \times post$ 的系数即为 FTA 的平均处理效应。若 $\beta > 0$，则说明 FTA 协议生效后，中国对实验组的贸易增长系统性大于对照组，FTA 对双边贸易总额增长具有促进效应。

要运用双重差分模型进行研究，必须使所选取的样本满足其具有平行

趋势以及样本选择随机的两个基本假设。平行趋势是指，在实验组不受到政策作用时，其跟随时间的变化趋势应与对照组一致；样本随机选取是指，在为实验组样本选取相应对照组进行比较时不应基于自己的主观选择，而是应该基于样本个体的自我选择进行判断。在实际研究中，平行趋势假设经常很难满足，因为双重差分对照组国家的选取会存在主观性，导致样本个体在分组时并不是随机的，在这种情况下使用双重差分方法得出的政策效果将出现偏误。所以，此时为了解决样本自选择问题，就可以用到 PSM 模型。PSM-DID 模型可以克服满足不了平行趋势带来的实验结果偏误，其中，PSM 可以解决样本自选择问题，而 DID 通过两次差分解决了样本的时间差异与个体差异带来的影响，二者的结合相互补充，由此使用 PSM-DID 方法来测度 FTA 协定对中国与缔约方的贸易促进效应。具体步骤为：通过 PSM 为每一个实验组国家随机匹配到具有相同趋势的对照组国家，再运用匹配后的数据进行双重差分。

3.4.2.3 实证分析

（1）PSM 匹配

双重差分模型的运用有着严格的假设条件：第一，实验对象选取是随机的；第二，实验组与控制组具有共同变化趋势。以上两个条件是双重差分模型构建的必要因素，只有满足以上两个条件，双重差分才不会出现因选择差异而造成实证结果的偏差。中国 FTA 生效时间呈阶梯状分布，且除了地理距离之外，各控制变量随时间变化而有较大波动，因此，选择五个控制变量构建截面数据对实验组国家与对照组通过核匹配的方法进匹配，匹配后各控制变量的标准偏差大幅下降，偏离程度也大幅缩小（见表 3-15、图 3-1）；匹配前除 lnGDP 外其他控制变量的 p 值都说明实验组与对照组之间存在显著性差异，而匹配后的 p 值不拒绝原假设实验组与对照组无系统性差异，证明匹配后，实验组与对照组具有相同变化趋势，满足了双重差分方法的实验对象随机性以及同质性的两个基本假设。在进行核匹配后，实验组与对照组皆不会损失大量样本（见图 3-2），匹配具有共同支撑，且匹配后各控制变量的均值与标准差皆未出现大量变化（见表 3-16），进一步表明选取核匹配进行倾向匹配得分的合理性。

表 3-15　平衡性检验表

变量	匹配前后	均值		标准偏差/%	标准偏差降低/%	t 检验	
		实验组	控制组			t 统计量	p 值
lnGDP	未匹配	55.535	55.743	−11.8	—	−1.23	0.217
	匹配	55.557	55.522	2.0	83	0.18	0.856
lnpopc	未匹配	21.033	21.016	94.8	—	9.91	0.000
	匹配	21.033	21.033	−1.4	98.5	−0.14	0.887
lnpopf	未匹配	16.722	17.13	−25	—	−3.05	0.002
	匹配	16.751	16.764	−0.8	96.9	−0.07	0.944
lndis	未匹配	8.582 4	8.848 6	−42.2	—	−5.19	0.000
	匹配	8.588 2	8.654 5	−10.5	75.1	−0.97	0.335
ptrade	未匹配	0.901 64	1.418 8	−24.8	—	−2.37	0.018
	匹配	0.911 96	0.793 7	5.7	77.1	0.79	0.431

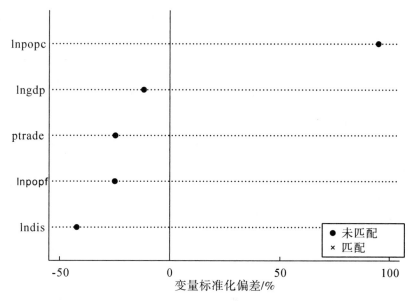

图 3-1　匹配前后协变量标准化偏差

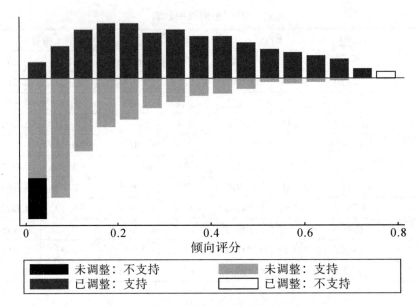

图 3-2　倾向匹配得分的共同取值范围分布

表 3-16　变量描述性分析

变量	匹配前			匹配后		
	N	均值	标准差	N	均值	标准差
lntrade	870	23. 262	1. 663	814	23. 202	1. 640
fta	870	0. 190	0. 392	814	0. 200	0. 400
lnGDP	870	55. 704	1. 952	814	55. 646	1. 934
lnpopc	870	21. 019	0. 022	814	21. 021	0. 021
lnpopf	870	17. 053	1. 553	814	16. 983	1. 548
lndis	870	8. 798	0. 602	814	8. 768	0. 598
ptrade	870	1. 321	2. 526	814	1. 069	1. 823

（2）实证结果与分析

为了剔除时间与个体差异对被解释变量的影响从而得到政策实施的净效用，选择倾向匹配得分双重差分（PSM-DID）方法对政策实施效果进行测度分析。由于中国与各国签订 FTA 的时间并不一致，所以采用一般多时点双重差分模型，根据上文建立如下回归模型：

$$\text{lntrade}_{it} = \alpha_0 + \beta_1 \text{FTA} + \alpha_1 \text{lnGDP}_{it} + \alpha_2 \text{lnpopc}_{it} + \text{lnpopf}_{it} + \text{ptrade}_{it} + \text{lndis}_{it} + \xi_{it}$$
$$(i = 1, \cdots, n; t = 2004, 2005, \cdots, 2019)$$

豪斯曼检验结果（见表 3-17）表明应选择固定效应模型进行回归，但控制变量两国地理距离不随时间变化而变化，所以在固定效应模型中该变量会被忽略，因此，需要运用最小二乘虚拟变量法（LSDVC）进行研究。

表 3-17　豪斯曼检验结果

Hausman（1978）specification test	Coef.
Chi-square test value	126.49
P-value	0.000 0
F test all $\mu_i = 0$	Coef.
F test Value	114.72
P-value	0.000 0

现有研究表明，FTA 的贸易促进效应会受到各国不同国际经济政策与不同地理距离等个体差异因素的影响，因此在进行回归时需要控制个体差异造成的影响，从而使实验结果更加准确。基于使用数据类型为面板数据，所以时间变化带来的差异依旧需要考虑，因此在进行回归分析时也要考虑固定时间效应的影响。回归结果见表 3-18。

表 3-18　基准模型参数估计结果

	(1)	(2)	(3)	(4)	(5)
		OLS		FE	LSDV
FTA	0.174 7	0.422 5***	0.528 9***	0.087 4**	0.087 4**
		(6.21)	(9.070 9)	(2.524 4)	(2.137 2)
lnGDP		0.675 1	0.614 3***	0.712 8***	0.712 8***
		(31.38)	(17.149 6)	(16.216 3)	(5.764 6)
lnpopc		6.062 3***	5.752 1***	0.879 1	0.879 1
		(4.28)	(3.463 0)	(0.494 8)	(0.188 5)
lnpopf		0.121 051***	0.142 0***	2.103 6***	2.103 6***
		(6.03)	(6.767 9)	(11.208 2)	(6.053 9)
lndis		-0.304 7***	-0.188 0***		-5.391 8***
		(-6.89)	(-2.807 2)		(-6.504 9)
ptrade		10.069 1***	0.195 1***	0.279 7***	0.279 7***
		(8.89)	(4.942 6)	(9.623 7)	(6.297 7)

表3-18(续)

	(1)	(2)	(3)	(4)	(5)
	OLS			FE	LSDV
常数项	23. 227 69 ***	113. 487 3 ***	108. 852 6 ***	37. 444 8	86. 393 1
	(369. 44)	(3. 88)	(3. 203 4)	(1. 052 2)	(0. 906 3)
国家	否	否	否	是	是
年份	否	否	否	是	是
Obs.	870	870	814	814	814
R-squared	0. 001 6	0. 835 5	0. 838 0	0. 857 8	0. 983 4

T-values are in parenthesis

*** $p<0.01$, ** $p<0.05$, * $p<0.1$

在表3-18中，模型（1）运用混合效应回归，未固定个体效应与时间效应，且未进行倾向匹配，未加入控制变量，可以看到FTA的建设对双边贸易未出现显著影响。模型（2）加入了控制变量，核心解释变量FTA变得显著，说明控制变量对FTA的建立会产生一定的影响，也就是说核心解释变量具有较强的内生性问题，这正是我们需要规避的。

通过倾向匹配，从对照组国家中匹配到与实验组对应的国家以满足双重差分具有平行趋势的基本条件，模型（3）（4）（5）皆是核匹配后的回归结果模型，模型（3）采用混合效应回归，未固定时间与个体差异的影响，模型（4）采用固定效应回归，同时固定时间效应与个体效应。在固定效应模型下，不随时间变化的控制变量lndis被忽略，因此，模型（5）采用最小二乘虚拟变量法进行回归。在回归结果（3）（4）（5）中，核心解释变量FTA均显著为正，证实FTA对中国与缔约方之间贸易具有促进效应，且根据回归结果，FTA使得中国与缔约方之间的贸易总额增加大约8.74%，lnGDP、lndis、ptrade与lnpopf四个控制变量的符号与理论预期一致，且通过显著性检验。lnpopc虽与理论预期一致但未通过显著性检验。

（3）稳健性检验

第一，匹配误差检验。由于不同的匹配方法会导致对照组的差异，从而导致双重差分模型估计的FTA贸易促进效应出现偏差，因此，我们改变匹配方式，分别采用1:4的近邻匹配和卡尺匹配，并采用LSDV进行DID模型的参数估计。更改匹配方式后的回归结果如表3-19所示。更改匹配方式后核心解释变量FTA对双边贸易增长仍呈现显著的促进效应，且各控制变量符号未发生变化。根据模型（5）（6）（7）可以看出，FTA对我国与缔约方之间的贸易促进效应在8.51%～19.33%之间，更改匹配方式后，回归结果未发生重大偏差，证明实证结果比较稳健。

表3-19　更改匹配方式后回归结果

变量	（6） 近邻匹配	（7） 卡尺匹配
FTA	0.193 3***	0.085 1**
	(2.793 7)	(2.080 8)
lnGDP	0.800 9***	0.697 7***
	(8.868 3)	(5.623 6)
lnpopc	6.272 4*	0.487 3
	(1.664 8)	(0.105 0)
lnpopf	2.893 9***	1.958 3***
	(6.924 3)	(5.595 0)
lndis	-7.177 6***	-5.040 1***
	(-6.962 1)	(-6.056 4)
ptrade	0.268 3***	0.308 9***
	(4.640 4)	(6.526 4)
常数项	224.721 1***	73.314 2
	(2.898 4)	(0.771 4)
年度	控制	控制
国家	控制	控制
Obs.	457	804
R-squared	0.985 0	0.983 8

T-values are in parenthesis

*** $p<0.01$，** $p<0.05$，* $p<0.1$

第二，平行趋势检验。双重差分模型的一个重要前提假设是，在政策冲击前，实验组与对照组的观测值不应出现显著性差异。上文已经通过倾向匹配得分为实验组国家匹配到了政策冲击前具有共同趋势的对照组国家。但为了保证研究结果的真实可靠性，我们运用回归法再次对样本是否满足平行趋势进行检验。当观测值为FTA生效前1年、2年、3年、4年、5年、6年、FTA生效当年、生效后1年、2年、3年、4年、5年、6年、7年、8年等数据时，令处理组pre1、pre2、pre3、pre4、pre5、pre6 current、post1、post2、post3、post4、post5、post6、post7、post8 分别取 1，否则为 0。如表 3-20 所示，回归结果显示 FTA 政策冲击前实验组与对照组观测值均不存在显著性差异，在 FTA 政策冲击后二者出现显著性差异。据图 3-3，当标准差包含 0 则说明差异不显著，不包含 0 则说明差异显著。可以看到，pre1~pre6 分别为政策实行前 6 年，系数估计量差异均不显著，current 为政策实行当年，post1~post8 为政策实行后 1~8 年，系数估计量均不包含 0，说明系数差异显著。上述结果表明政策实行前，处理组与控制组具有共同的趋势，满足平行趋势检验，证明设定模型较为稳定。

表 3-20　平行趋势检验回归结果

lntrade	Coef.	St.Err.	t-value	p-value	[95% Conf	Interval]
pre6	0.211	0.224	0.94	0.346	-0.229	0.650
pre5	0.195	0.214	0.91	0.364	-0.226	0.615
pre4	0.330	0.213	1.55	0.122	-0.089	0.748
pre3	0.253	0.205	1.24	0.217	-0.149	0.655
pre2	0.204	0.204	1.00	0.318	-0.197	0.606
pre1	0.328	0.175	1.87	0.061	-0.016	0.672
current	0.396	0.163	2.44	0.015	0.077	0.715
post1	0.424	0.169	2.51	0.012	0.093	0.754
post2	0.481	0.155	3.11	0.002	0.177	0.786
post3	0.540	0.160	3.38	0.001	0.226	0.854
post4	0.584	0.181	3.23	0.001	0.228	0.939
post5	0.670	0.167	4.02	0.000	0.343	0.996
post6	0.624	0.172	3.62	0.000	0.286	0.962
post7	0.646	0.168	3.85	0.000	0.317	0.975
post8	0.689	0.166	4.16	0.000	0.364	1.015
控制变量	控制					
年度/国家	控制					
Constant	48.338	60.615	0.80	0.425	-70.652	167.329

*** $p<0.01$，** $p<0.05$，* $p<0.1$

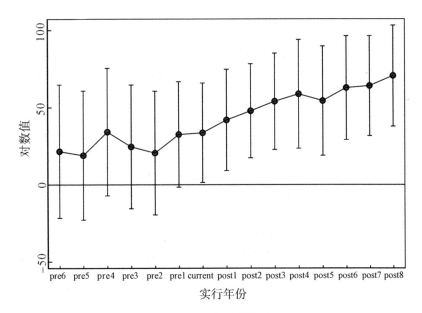

图 3-3 平行趋势检验

第三，安慰剂检验。双重差分模型主要观测的是在政策冲击后，实验组与对照组之间的差别，也就是说在政策冲击当年若政策没有实施，实验组与对照组观测值的变化应不存在显著性差异。因此我们参照前人做法，将中国与缔约方的 FTA 生效时间提前两年，建立新变量 FTA1，假设 FTA 生效时间提前两年，对其再次进行回归，回归结果见表 3-21。回归结果表明，FTA 政策提前两年生效后，在近邻匹配、卡尺匹配、核匹配三种匹配方法下，核心解释变量的促进效应不如此前显著，证明实验组与对照组之间不存在显著性差异，实验组与对照组贸易量的差距不随时间的变化而扩大。由此可见，此稳健性检验结果与前文估计一致，也就是说 FTA 对中国与缔约方的贸易总量具有一定促进作用。

表 3-21 安慰剂检验

变量	(8) 近邻匹配	(9) 卡尺匹配	(10) 核匹配
FTA1	0.131 4*	0.032 1	0.033 6
	(1.780 0)	(0.750 5)	(0.781 1)
lnGDP	0.839 6***	0.715 1***	0.731 3***
	(9.350 7)	(5.758 9)	(5.905 7)

表3-21(续)

变量	(8) 近邻匹配	(9) 卡尺匹配	(10) 核匹配
lnpopc	7.561 1*	0.938 3	1.348 4
	(1.955 8)	(0.202 1)	(0.288 9)
lnpopf	2.850 6***	1.952 9***	2.104 4***
	(6.520 3)	(5.528 5)	(5.990 4)
lndis	−7.071 3***	−5.031 7***	−5.398 2***
	(−6.519 2)	(−5.997 6)	(−6.447 4)
ptrade	0.276 9***	0.312 0***	0.282 5***
	(4.747 7)	(6.530 2)	(6.296 7)
常数项	248.034 6***	81.697 3	95.344 6
	(3.119 0)	(0.857 2)	(0.997 0)
年度	控制	控制	控制
国家	控制	控制	控制
Obs.	457	804	814
R-squared	0.984 6	0.983 7	0.983 3

T-values are in parenthesis

*** $p<0.01$, ** $p<0.05$, * $p<0.1$

(4) 国家分类的实证分析

第一，东盟国家与非东盟国家。东盟是与中国最早建立 FTA 的区域经济一体化组织，中国—东盟 FTA 已经实施生效多年，该自由贸易区的经济与贸易效应十分显著。东盟具备较大的人口和市场规模，其贸易商品标准及贸易规则一致，与类似东盟的区域经济组织建立 FTA 实际上是"一对多"的合作，相较于与单个国家建立 FTA，与东盟建立 FTA 的贸易促进效应将更为明显。模型（11）与模型（12）分别为东盟国家与非东盟国家的回归结果（见表3-22）。研究发现，FTA 对两组国家都具有显著的贸易促进效应，FTA 对中国与东盟国家的贸易促进效应为16.28%，对中国与非东盟国家的贸易促进效应为8.79%，可见建设 FTA 对中国与东盟的贸易促进效应更大。

第二，发达国家与发展中国家。需求偏好理论认为，两国的需求和收入结构与两国贸易交往程度紧密相关，具有相似需求和收入结构的国家之间的贸易联系将更加紧密。因此，本书把所选取的 20 个中国 FTA 缔约方分为发达国家与发展中国家（地区），分别进行回归检验。其中，发达国家有：韩国、澳大利亚、瑞士、冰岛、新西兰、新加坡；发展中国家（地区）有：东盟、巴基斯坦、智利、格鲁吉亚、哥斯达黎加、秘鲁。模型（13）、模型（14）分别为发达国家与发展中国家（地区）匹配后的回归结果（见表3-22），可以看出，建设FTA对中国与发达缔约方的贸易促进效应为14.91%，对发展中缔约方的贸易促进效应为16.88%。因此，虽然建设FTA对中国与发达国家及发展中国家（地区）都具有显著的贸易促进效应，但建设FTA对中国与发展中缔约方的贸易促进效应更为明显。

表3-22　国家（地区）分类实证分析结果

变量	（11）	（12）	（13）	（14）
FTA	0.162 8**	0.087 9**	0.149 1***	0.168 8***
	(2.89)	(2.29)	(3.44)	(4.2)
lnGDP	0.550 7***	0.790 9***	0.704 2***	0.521 1***
	(9.05)	(18.55)	(6.09)	(19.32)
lnpopc	6.586 9**	1.443 5	8.589 3**	1.711 6
	(2.67)	(0.85)	(1.99)	(1.06)
lnpopf	2.590 3***	2.39***	0.295 0**	0.153 2***
	(10.17)	(12.38)	(2.49)	(7.22)
lndis	424.36***	−375.11***	−0.573 1***	−0.007 9
	(−11.24)	(−13.1)	(−7.91)	(−0.12)
ptrade	81.616***	16.604 7***	1.736	41.283 1***
	(8.77)	(8.74)	(1.34)	(13.23)
常数项	3 410.17***	3 155.08***	164.678 5*	27.148 5
	(10.83)	(13.15)	(1.92)	(0.82)
年度	控制	控制	控制	控制
国家（地区）	控制	控制	控制	控制
Obs.	445	823	274	685
R-squared	0.835 1	0.812 4	0.906 7	0.818 7

T-values are in parenthesis

*** $p<0.01$，** $p<0.05$，* $p<0.1$

3.5 小结

首先，本章总结了中国已经签署并实施及正在谈判的、正在研究的双边、多边自由贸易协定概况。目前中国已经签订并实施的 FTA 协定数达 19 个，正在开展谈判的 FTA 或自由贸易协定升级谈判有 11 个，正与 7 个国家开展 FTA 可行性研究。中国采取了"全面规划、突出重点、先易后难、循序渐进"的 FTA 战略推进模式，经济和资源的互补性是中国选择 FTA 对象的主要因素。

其次，总结了中国与丝绸之路沿线国家（地区）已签署并实施 FTA 的现状及影响，包括中国—东盟 FTA 协定的主要内容，该协定促进了中国—东盟贸易与投资的高速增长；比较分析中国—巴基斯坦 FTA 的主要内容及第二阶段自由贸易协定对中巴经贸合作的影响，总结了中国与瑞士、冰岛、马尔代夫、毛里求斯自由贸易协定的特点及影响，分析了中国—格鲁吉亚 FTA 协定的内容及影响。

最后，通过倾向匹配得分双重差分方法（PSM-DID 模型），实证分析建设 FTA 对中国外贸的影响，并且控制了不可观测的因素对 FTA 建设的影响，使得回归结果更为准确。研究发现：FTA 对中国与缔约方之间贸易具有显著的促进作用，FTA 对中国与缔约方双边贸易增长的促进效应在 8.51%～19.33%之间，且对东盟国家与发展中国家（地区）的促进效应更加明显。

4 中国与丝绸之路沿线国家(地区)的贸易特征和双边 FTA 建设的进展、障碍及经济效应

4.1 中国与丝绸之路沿线国家（地区）的贸易现状及特征

4.1.1 中国与丝绸之路沿线国家（地区）的贸易现状

4.1.1.1 "一带一路"国家（地区）总体贸易规模及特征

"一带一路"沿线涉及 65 个国家和地区，从货物贸易规模上看，2015年，65 个"一带一路"沿线国家和地区进出口贸易总额 8.48 万亿美元，占全球贸易额的 25.6%；其中，"一带一路"沿线国家和地区出口 4.25 万亿美元，占全球总出口的 25.8%；"一带一路"沿线国家和地区进口 4.23万亿美元，占全球总进口的 25.4%。

从国别上看，2017 年，新加坡、印度、俄罗斯的贸易规模位列"一带一路"国家和地区前三位，其进出口贸易分别为 6 972.1 亿美元、6 170.4亿美元、5 840 亿美元。进出口贸易总量排名第 4 位至第 9 位的国家分别是阿联酋、泰国、波兰、越南、马来西亚、土耳其。在出口方面，2017 年，新加坡、俄罗斯、阿联酋位列丝绸之路沿线国家和地区出口额前三名，分别为 3 695.5 亿美元、3 570 亿美元、2 986.5 亿美元。在进口方面，印度、新加坡、阿联酋位列丝绸之路沿线国家和地区进口额前三名，分别为 3 567亿美元、3 276.7 亿美元、2 708.8 亿美元①。

---

① 大数据发展部，国家信息中心. "一带一路"贸易合作大数据报告 [EB/OL]. http://www.sic.gov.cn/News/553/9207.htm.

从贸易结构上看，"一带一路"沿线国家（地区）对全球出口的产品种类中，矿产品、机电设备及零部件、纺织原料及其制品等是其主要的出口产品，出口总额一直位居前列，其中，矿产品出口占 2015 年这些国家（地区）全部出口额的 26.83%，机电设备及零部件出口占 2015 年这些国家（地区）全部出口额的 21.1%。"一带一路"沿线国家（地区）的进口主要产品仍是机电设备及零部件、矿产品、纺织原料及其制品和车船等设备。

从"一带一路"沿线国家（地区）的资源禀赋分类上看，可以将这些国家和地区分为四类，即资源型、制造型、混合型、转口贸易型①。其中，资源型贸易国家主要分布在西亚和中亚地区，沙特、俄罗斯是资源型贸易国的典型代表，其出口贸易主要集中在石油、天然气等初级产品领域。印度是制造型贸易国家的典型代表，其出口产品呈现多元化发展，化工产品、纺织服装、医药、钢铁等都是印度的主要出口商品。新加坡是转口贸易型国家的典型代表，作为亚太地区的重要贸易中心及中转枢纽，目前有 7 000 家跨国公司在新加坡设立了其亚太区域基地，这些总部机构和贸易公司构成了其转口贸易的主体。

4.1.1.2　中国与丝绸之路沿线国家（地区）的贸易现状

目前，中国已经是"一带一路"沿线主要贸易国家的重要进出口市场。在 2017 年外贸总额排名前 10 名的丝绸之路沿线国家（地区）中，中国是新加坡、俄罗斯等的第一大出口目的国；中国也是新加坡、印度、俄罗斯、阿联酋、泰国、越南、马来西亚、土耳其这 8 个丝绸之路沿线国家的第一大进口来源国。

本章聚焦"一带一路"中的"一带"，重点研究丝绸之路经济带沿线国家（地区），故在本章的分析中，剔除了东盟十国、日本、韩国、澳大利亚等东南亚和东亚经济体，再加上丝绸之路经济带的延伸区即欧盟②、英国、瑞士、挪威等欧洲主要经济体，共计 47 个国家或经济体。

（1）中国与丝绸之路沿线国家（地区）的贸易规模

据联合国统计，2009—2018 年，中国与丝绸之路沿线国家（地区）双

---

① 彭羽，沈玉良."一带一路"建设与沿线自由贸易区发展 [M].上海：上海社会科学院出版社，2018.

② 目前，欧盟的 27 个成员包括：法国、德国、意大利、荷兰、瑞典、奥地利、丹麦、芬兰、爱尔兰、希腊、保加利亚、西班牙、拉脱维亚、葡萄牙、爱沙尼亚、比利时、塞浦路斯、卢森堡、捷克共和国、匈牙利、立陶宛、马耳他、波兰、斯洛伐克、斯洛文尼亚、罗马尼亚、克罗地亚；英国在 2020 年 1 月 31 日正式宣布脱欧。

边贸易额较大的 8 个非自由贸易区对象分别为欧盟、俄罗斯、印度、英国、沙特、阿联酋、伊朗和哈萨克斯坦，10 年间，中国与上述 8 个经济体双边贸易额年均值分别为 4 747.75 亿美元、742.21 亿美元、675.17 亿美元、659.72 亿美元、554.16 亿美元、391.75 亿美元、361.82 亿美元、201.56 亿美元（具体见表 4-1，下同）。

表 4-1　2009—2018 年中国对丝绸之路沿线国家（地区）贸易均值

单位：亿美元

国家（地区）	进口均值	出口均值	总贸易均值	国家（地区）	进口均值	出口均值	总贸易均值
阿富汗	0.07	3.49	3.56	科威特	80.27	26.22	106.50
阿尔巴尼亚	1.54	3.47	5.01	黎巴嫩	0.24	18.91	19.14
阿联酋	97.86	293.90	391.75	斯里兰卡	1.96	32.74	34.69
亚美尼亚	1.30	1.18	2.48	摩尔多瓦	0.18	0.97	1.16
阿塞拜疆	2.63	6.72	9.35	马尔代夫	0.00	1.41	1.41
孟加拉国	5.85	102.07	107.92	马其顿	0.97	0.76	1.73
巴林	2.14	9.48	11.62	黑山	0.26	1.11	1.37
波黑	0.33	0.82	1.15	蒙古	36.37	18.17	54.54
白俄罗斯	6.16	8.28	14.45	挪威	34.91	28.59	63.50
不丹	0.00	0.10	0.10	尼泊尔	0.25	12.72	12.97
瑞士	220.85	32.39	253.24	阿曼	147.05	16.72	163.77
埃及	11.48	85.95	97.44	巴基斯坦	22.69	118.18	140.87
欧盟	1 879.70	2 868.05	4 747.75	卡塔尔	52.92	15.08	68.00
英国	170.30	489.43	659.72	俄罗斯	355.24	386.98	742.21
格鲁吉亚	0.45	6.85	7.30	沙特	386.83	167.33	554.16
印度	168.37	506.79	675.17	塞尔维亚	1.18	4.12	5.31
伊朗	210.14	151.69	361.82	叙利亚	0.11	14.42	14.53
伊拉克	120.63	58.43	179.07	塔吉克斯坦	0.76	17.22	17.98
冰岛	0.72	1.07	1.78	土库曼斯坦	58.69	8.38	67.07
以色列	29.55	70.57	100.12	土耳其	32.47	157.71	190.18
约旦	2.27	28.12	30.39	乌克兰	28.64	54.85	83.49
哈萨克斯坦	100.24	101.32	201.56	乌兹别克斯坦	12.70	20.18	32.88
吉尔吉斯斯坦	0.71	49.83	50.55	也门	20.53	16.17	36.70

数据来源：UNCOMTRADE 数据库。注：巴勒斯坦数据缺失，未报告。

在出口贸易方面，2009—2018 年，中方排名前 8 位的出口对象分别为欧盟、印度、英国、俄罗斯、阿联酋、沙特、土耳其、伊朗，年出口额均值分别为 2 868.05 亿美元、506.79 亿美元、489.43 亿美元、386.98 亿美元、293.90 亿美元、167.33 亿美元、157.71 亿美元、151.69 亿美元。

在进口贸易方面，2009—2018 年，中方排名前 8 位的进口对象分别为欧盟、沙特、俄罗斯、伊朗、英国、印度、阿曼、伊拉克，年进口额均值分别为 1 879.7 亿美元、386.83 亿美元、355.24 亿美元、210.14 亿美元、170.30 亿美元、168.37 亿美元、147.05 亿美元、120.63 亿美元。

在贸易增速方面，2009—2018 年，超过三年以上中国对其贸易总额减少的国家包括吉尔吉斯斯坦、叙利亚、也门，中国对其贸易总额增长率较大的非自由贸易区对象分别为土库曼斯坦（7.84%）、伊拉克（4.92%）、卡塔尔（4.15%）、亚美尼亚（3.73%）、孟加拉国（3.09%）。超过三年以上中国对其出口额下降的国家有：叙利亚、阿塞拜疆、乌兹别克斯坦、土库曼斯坦、吉尔吉斯斯坦、挪威。而中国对其出口增长率较高的非自由贸易区对象分别为伊拉克、白俄罗斯、孟加拉国、阿曼、阿富汗和巴勒斯坦，分别增长 3.31%、3.84%、3%、2.85%、2.13% 和 2.12%。

同期，中国对丝绸之路沿线进口增长率较高的非自由贸易区对象分别为土库曼斯坦、黑山、阿富汗、亚美尼亚、摩尔多瓦和塞尔维亚，进口增长率分别达到 209.94%、55.66%、16.52%、12.12%、10.8% 和 6.84%。

（2）中国与丝绸之路沿线国家（地区）的贸易差额

总体上看，2009—2018 年，中东地区的能源出口国沙特、阿曼、科威特、伊朗、卡塔尔及中亚的土库曼斯坦对中国保持贸易顺差，欧洲的瑞士、挪威对中国也存在贸易顺差。除此之外，其他丝绸之路沿线国家（地区）对中国的进出口贸易基本上处于逆差状态，部分国家和地区对中国贸易逆差金额较大，如欧盟、阿联酋、英国、印度、巴基斯坦、土耳其等（具体见表 4-1）。

相较于丝绸之路沿线国家（地区），中国的工业体系较为完善、门类较为齐全，中国的贸易品种更为丰富、工业制品的贸易竞争力更强，导致这些国家（地区）对中国工业制品的进口依赖度较大。而中国在初级产品上的贸易竞争力相对较弱。

4.1.2 中国与丝绸之路沿线国家（地区）相互的贸易地位

总体上，剔除东盟、日本、韩国等东南亚和东亚经济体，2009—2018

年，中方对丝绸之路沿线 47 个国家或经济体（包括欧盟等）出口占中国出口的比例由 2009 年的 29.66% 微降至 2018 年的 27.75%；这些国家或经济体（包括欧盟等）整体对中国出口占其整体出口的比例由 2009 年的 3.76% 增加到 2018 年的 5.86%，占比增长了 55.85%（具体见表 4-2，下同）。

表 4-2　2009—2018 年中国与丝绸之路沿线国家（地区）之间的贸易占比

单位：%

国家（地区）	中国对沿线国家(地区)出口占中国出口的比例均值	沿线国家(地区)对中国出口占本国(地区)出口的比例均值	国家（地区）	中国对沿线国家(地区)出口占中国出口的比例均值	沿线国家(地区)对中国出口占本国(地区)出口的比例均值
阿富汗	0.02	1.74	科威特	0.12	11.69
阿尔巴尼亚	0.02	7.34	黎巴嫩	0.09	0.91
阿联酋	1.12	3.99	斯里兰卡	0.14	1.98
亚美尼亚	0.01	10.41	摩尔多瓦	0.00	0.96
阿塞拜疆	0.03	1.43	马尔代夫	0.01	0.64
孟加拉国	0.25	1.97	马其顿	0.00	2.02
巴林	0.05	1.31	黑山	0.01	6.13
波黑	0.00	0.68	蒙古	0.05	91.16
白俄罗斯	0.04	1.91	挪威	0.14	2.72
不丹	0.00	0.01	尼泊尔	0.06	3.00
瑞士	0.16	9.93	阿曼	0.09	36.66
埃及	0.44	4.80	巴基斯坦	0.60	9.96
欧盟	14.23	3.80	巴勒斯坦	0.00	0.05
英国	2.44	4.01	卡塔尔	0.08	6.90
格鲁吉亚	0.04	2.01	俄罗斯	1.94	8.97
印度	2.61	6.16	沙特	0.82	14.02
伊朗	0.49	23.04	塞尔维亚	0.02	0.96
伊拉克	0.22	17.57	叙利亚	0.02	0.24
冰岛	0.01	1.66	土耳其	0.78	2.40
以色列	0.36	5.04	乌克兰	0.28	5.57
约旦	0.14	3.00	乌兹别克斯坦	0.03	25.60
哈萨克斯坦	0.50	15.60	也门	0.06	48.10
吉尔吉斯斯坦	0.25	7.40			

数据来源：UNCOMTRADE 数据库。塔吉克斯坦、土库曼斯坦数据严重缺失，未报告。

从丝绸之路沿线各国（地区）来看，2009—2018年，中方对这些国家（地区）出口占中国出口的比例平均值排名前8位的经济体分别为欧盟、印度、英国、俄罗斯、阿联酋、沙特、土耳其和哈萨克斯坦，比例分别达到14.23%、2.61%、2.44%、1.94%、1.12%、0.82%、0.78%和0.5%。同期，丝绸之路沿线各国（地区）对中国出口占其本国（地区）出口的比例平均值排名前8位的国家分别为蒙古（占其出口额的91.16%）、也门（占其出口额的48.1%）、阿曼（占其出口额的36.66%）、乌兹别克斯坦（占其出口额的25.6%）、伊朗（占其出口额的23.04%）、伊拉克（占其出口额的17.57%）、哈萨克斯坦（占其出口额的15.6%）、沙特（占其出口额的14.02%）。

在出口占比的变化上，2009—2018年，中国对丝绸之路沿线47个经济体出口占中国总出口的各年比例增加的有27个，下降的有20个。其中，占比增加最多的有：马尔代夫、格鲁吉亚、冰岛、白俄罗斯、孟加拉国、阿曼、阿富汗和巴勒斯坦。占比下降的有：土库曼斯坦、叙利亚、阿塞拜疆、挪威、吉尔吉斯斯坦和塔吉克斯坦。从各区域上看，东南亚、中亚、南亚、西亚和独联体国家对中国的进出口贸易占其外贸总额的比例较高，与中国的贸易紧密度较强；中东欧国家与中国的贸易紧密度相对较弱。

4.1.3 中国与丝绸之路沿线国家（地区）的贸易竞争性

4.1.3.1 中国与丝绸之路沿线国家（地区）的贸易结合度指数

贸易结合度指数（TII）是指C国对S国的出口占C国总出口的份额与S国进口占世界进口份额的比值，它衡量的是C国与S国间的贸易紧密程度。其公式为：

$$TII_{CS} = (X_{CS}/X_C)/(M_S/M_W) \qquad (4.1)$$

式（4.1）中C、S、W表示中国、丝绸之路沿线国家（地区）及世界市场，X_{CS}表示中国对丝绸之路沿线国家（地区）的出口额，X_C表示中国的出口总额，M_S表示丝绸之路沿线国家（地区）进口总额，M_W表示世界进口总额。当$TII_{CS} > 1$时，表明中国与丝绸之路沿线国家（地区）贸易往来紧密；当$TII_{CS} < 1$时，则表明中国与丝绸之路沿线国家（地区）贸易联系比较松散。

我们根据联合国贸易数据库，计算2009—2018年中国与丝绸之路沿线国家（地区）的贸易结合度指数（TII），发现中国对丝绸之路沿线国家

（地区）的 TII 平均值较大的国家分别为：吉尔吉斯斯坦（5.00）、蒙古和伊朗（均为1.35）、哈萨克斯坦（1.29）、巴基斯坦（1.09）、孟加拉国（1.03），伊拉克、乌兹别克斯坦、尼泊尔、斯里兰卡的 TII 平均值也都超过了 0.80（具体见表4-3）。

表4-3 2009—2018年中国与丝绸之路沿线国家（地区）的 TII 均值

国家（地区）	TII 均值	国家（地区）	TII 均值	国家（地区）	TII 均值
阿富汗	0.27	伊拉克	0.90	卡塔尔	0.25
阿尔巴尼亚	0.30	以色列	0.48	摩尔多瓦	0.09
亚美尼亚	0.14	约旦	0.63	俄罗斯	0.66
阿塞拜疆	0.34	哈萨克斯坦	1.29	沙特	0.52
巴林	0.26	科威特	0.40	塞尔维亚	0.09
孟加拉国	1.03	吉尔吉斯斯坦	5.00	斯里兰卡	0.80
白俄罗斯	0.10	黎巴嫩	0.42	巴勒斯坦	0.05
不丹	0.05	马尔代夫	0.34	瑞士	0.07
波黑	0.03	蒙古	1.35	叙利亚	0.72
欧盟	0.61	黑山	0.20	土耳其	0.33
埃及	0.58	尼泊尔	0.87	乌克兰	0.41
格鲁吉亚	0.40	马其顿	0.05	阿联酋	0.61
冰岛	0.09	挪威	0.15	英国	0.33
印度	0.59	阿曼	0.29	乌兹别克斯坦	0.88
伊朗	1.35	巴基斯坦	1.09	也门	0.70

数据来源：UNCOMTRADE 数据库。

在中国与丝绸之路沿线国家（地区）的 TII 指数变化上，2009—2018年，中国对马尔代夫、白俄罗斯、格鲁吉亚、阿曼、卡塔尔、波黑、冰岛、阿尔巴尼亚、俄罗斯的 TII 指数呈现上升趋势，分别增长133.75%、123.82%、102.20%、100.11%、70.40%、62.85%、62.31%、47.23%和38.13%。同期，TII 指数下降幅度较大的国家包括阿塞拜疆、吉尔吉斯斯坦、挪威、摩尔多瓦、蒙古、约旦、马其顿，分别下降60.58%、56.18%、42.6%、37.38%、34.48%、21.71%和21.25%。

同理，计算2009—2018年丝绸之路沿线国家（地区）对中国的贸易结合度指数（TII），我们发现在丝绸之路沿线国家（地区）对中国的 TII 平均值中，蒙古的 TII 达到了5.02。其他 TII 值较高的国家（地区）包括也门（1.48）、阿曼（0.76）、乌兹别克斯坦（1.17）、哈萨克斯坦（0.66）、欧盟（0.52）、巴基斯坦（0.41）、伊朗（0.43）和俄罗斯（0.37）（具体见表4-4）。

表4-4　2009—2018年丝绸之路沿线国家（地区）与中国TII均值

国家(地区)	TII 均值	国家(地区)	TII 均值	国家(地区)	TII 均值
阿富汗	0.12	伊拉克	0.00	卡塔尔	0.32
阿尔巴尼亚	0.14	以色列	0.23	摩尔多瓦	0.02
亚美尼亚	0.26	约旦	0.11	俄罗斯	0.37
阿塞拜疆	0.05	哈萨克斯坦	0.66	沙特	0.12
巴林	0.10	科威特	0.07	塞尔维亚	0.01
孟加拉国	0.08	吉尔吉斯斯坦	0.29	斯里兰卡	0.09
白俄罗斯	0.08	黎巴嫩	0.05	巴勒斯坦	0.00
不丹	0.00	马尔代夫	0.02	瑞士	0.19
波黑	0.01	蒙古	5.02	叙利亚	0.02
欧盟	0.52	黑山	0.08	土耳其	0.09
埃及	0.13	尼泊尔	0.13	乌克兰	0.21
格鲁吉亚	0.18	马其顿	0.08	阿联酋	0.05
冰岛	0.07	挪威	0.09	英国	0.17
印度	0.27	阿曼	0.76	乌兹别克斯坦	1.17
伊朗	0.43	巴基斯坦	0.41	也门	1.48

数据来源：UNCOMTRADE数据库。缺失塔吉克斯坦、土库曼斯坦数据。

在丝绸之路沿线国家（地区）对中国的TII指标变化上，2009—2018年，TII值增长较快的国家分别为黑山、巴勒斯坦、格鲁吉亚、摩尔多瓦、马其顿、塞尔维亚、波黑、阿富汗、以色列和卡塔尔，增长率均超过100%。同期，TII值下降较大的国家分别为阿曼、阿尔巴尼亚、马尔代夫、科威特、阿塞拜疆、黎巴嫩，下降幅度均超过50%。

4.1.3.2　中国与丝绸之路沿线国家（地区）的贸易相似度指数

贸易相似度指数（ESI）可以衡量两国（地区）在同一市场上的商品竞争关系，其公式如下：

$$\text{ESI}_{\text{CS}} = \left\{ \sum_{i=1}^{n} \left[\left(\frac{X_{\text{CK}}^{i}/X_{\text{CK}} + X_{\text{SK}}^{i}/X_{\text{SK}}}{2} \right) \times \left(1 - \left| \frac{X_{\text{CK}}^{i}/X_{\text{CK}} - X_{\text{SK}}^{i}/X_{\text{SK}}}{X_{\text{CK}}^{i}/X_{\text{CK}} + X_{\text{SK}}^{i}/X_{\text{SK}}} \right| \right) \right] \right\} \times 100$$

$$(4.2)$$

式（4.2）中，C、S、K 分别指中国、丝绸之路沿线国家（地区）和目标市场，X_{aK}^i/X_{aK} 代表中国出口到 K 市场的第 i 种商品总额占中国出口到 K 市场商品总额的比例，X_{bK}^i/X_{bK} 同理解释。贸易相似度指数（ESI）值介于 0～100，值越大表明两国（地区）出口产品的相似性越高，贸易竞争就越激烈。

本书分别选取中国和丝绸之路经济带沿线国家（地区）2018 年出口前 4 位的国家（地区）作为两国（地区）的竞争市场，分析中国与丝绸之路沿线国家（地区）出口产品的竞争性。最终选取世界、美国、欧盟、俄罗斯、新加坡、日本、韩国、沙特、阿联酋共 9 个市场，作为中国与丝绸之路沿线国家（地区）的主要竞争市场，比较分析中国与丝绸之路沿线国家（地区）的商品竞争关系。

我们通过计算 2009—2018 年中国与丝绸之路沿线国家（地区）的贸易相似度指数（ESI）发现，在世界市场上，中国与丝绸之路沿线国家（地区）的 ESI 平均值表现出较强竞争关系的经济体包括欧盟、土耳其、英国、塞尔维亚、马其顿、瑞士、波黑和以色列，这 8 个经济体的 ESI 均超过 60；中国与印度、黎巴嫩的 ESI 值也均超过 55；中国与其他 36 个丝绸之路沿线经济体则呈现较弱竞争关系。特别是中国与塔吉克斯坦、土库曼斯坦、伊拉克、马尔代夫、阿塞拜疆、蒙古、叙利亚、卡塔尔、乌兹别克斯坦、科威特、也门、伊朗、波黑、沙特、阿富汗和巴林的 ESI 均低于 20（因数据较多，数据列表放在附录部分，详见附表 2，下同）。

从 9 个目标市场的 ESI 指数来看，2009—2018 年，在阿联酋市场上，中国与欧盟、英国、印度、科威特、黎巴嫩、挪威、沙特、土耳其存在较强竞争关系；在沙特市场上，中国与阿联酋、瑞士、欧盟、英国、科威特、黎巴嫩、土耳其表现出较强竞争关系；在欧盟市场上，中国与英国、印度、土耳其、摩尔多瓦、塞尔维亚存在较强竞争关系；在俄罗斯市场上，中国与白俄罗斯、欧盟、英国、土耳其、乌克兰、瑞士等存在较强竞争关系；在日本市场上，中国与欧盟、英国、以色列、土耳其、瑞士表现出较强竞争关系；在韩国市场上，中国与欧盟、英国、以色列、土耳其、瑞士、波黑存在较强竞争关系；在新加坡市场上，中国与欧盟、英国、以色列、科威特、波黑、斯里兰卡、挪威、印度表现出较强竞争关系；在美国市场上，中国与欧盟、英国、土耳其、印度、瑞士、埃及、吉尔吉斯斯坦存在较强竞争关系。从总体上看，中国与丝绸之路沿线的主要大国和经济体之间的贸易相似度指数（ESI）较高，贸易竞争关系比较激烈。

4.1.4 中国与丝绸之路沿线国家（地区）的贸易互补性

4.1.4.1 中国与丝绸之路沿线国家（地区）的 G-L 指数

G-L（格鲁贝尔-劳埃德）指数主要用于度量两国（地区）间贸易类别的重要指标，其值介于 0～1，以 0.5 为临界值，GL 值大于 0.5 表明两国（地区）以产业内贸易为主，两国（地区）产品互补性较弱；小于 0.5 则表示两国（地区）产业间贸易占据重要地位。其公式如下：

$$GL_i = 1 - \frac{\left| X_{cs}^i - M_{cs}^i \right|}{X_{cs}^i + M_{cs}^i} \tag{4.3}$$

式（4.3）中，X_{cs}^i 是中国对丝绸之路沿线国家（地区）在 i 产品上的出口，M_{cs}^i 是中国对丝绸之路沿线国家（地区）在 i 产品上的进口。以贸易比例加权平均则可衡量两国（地区）间总体产业贸易类型。其公式如下：

$$GLT = \sum_{i=1}^{n} \left(1 - \frac{X_{cs}^i - M_{cs}^i}{X_{cs}^i + M_{cs}^i} \right) \times \left(\frac{X_{cs}^i + M_{cs}^i}{\sum_{i=1}^{n} X_{cs}^i + M_{cs}^i} \right) \tag{4.4}$$

2009—2018 年，中国与丝绸之路沿线国家（地区）各类 G-L 平均值普遍低于 0.5，说明中国与丝绸之路沿线国家（地区）整体上产品互补性较强，竞争性较弱。从各个国家（地区）方面看，中国与瑞士在 SITC2、SITC3、SITC6、SITC7、SITC8[1]，与欧盟在 SITC0、SITC3、SITC4、SITC5、SITC6、SITC7、SITC9，与英国在 SITC3、SITC5、SITC7、SITC9，与印度在 SITC0、SITC3、SITC6，与以色列在 SITC1、SITC2、SITC4、SITC5、SITC6、SITC7，与巴基斯坦在 SITC0、SITC2、SITC6，与俄罗斯在 SITC0、SITC1、SITC5、SITC6 产品类别上呈现出较大的竞争性（详见附表3）。

2009—2018 年，在中国与丝绸之路沿线国家（地区）GLT 方面，仍然印证了中国与丝绸之路沿线国家（地区）的互补关系。其中，GLT 超过 0.5 的国家（地区）有巴林、瑞士、欧盟、以色列、马其顿、挪威，其中，

---

[1] 《国际贸易标准分类》（SITC）第四版的一位数指标将国际贸易商品分为以下十个大类：第 0 类为食品和活牲畜；第 1 类为饮料和烟草；第 2 类为非食用粗料（不包括燃料）；第 3 类为矿物燃料、润滑油和相关原料；第 4 类为动植物油脂和蜡；第 5 类为化学制品和相关产品；第 6 类为主要按原料分类的制品；第 7 类为机械及运输设备；第 8 类为杂项制品；第 9 类为《国际贸易标准分类》其他未另分类的商品和交易。

巴林、瑞士和挪威的 GLT 呈现持续下降趋势，欧盟、以色列、马其顿则呈现较明显的上升趋势。其他呈现较明显上升趋势的有英国、印度和摩尔多瓦，其中英国的 GLT 较大，2018 年达到 0.46，接近临界值 0.5，另外一些 GLT 呈现上升趋势的国家，虽然 GLT 表现出产品竞争激烈的趋势，但与临界值仍有相当大的距离。而 GLT 较为明显下降的国家包括白俄罗斯、巴基斯坦、哈萨克斯坦、俄罗斯和塔吉克斯坦（详见附表 4）。

4.1.4.2　中国与丝绸之路沿线国家（地区）的贸易互补性指数

贸易互补性指数（TCI）是衡量贸易互补程度和贸易关系密切程度的指标，其公式为：

$$C_{cs} = \text{RCA}_{eci} * \text{RCA}_{msi} \qquad (4.5)$$

$$\text{RCA}_{eci} = \frac{X_c^i}{X_c} * \frac{X_w}{X_w^i} \qquad (4.6)$$

$$\text{RCA}_{mai} = \frac{M_s^i}{X_s} * \frac{X_w}{X_w^i} \qquad (4.7)$$

上式中，C_{cs} 是中国与丝绸之路沿线国家（地区）贸易互补性指数；RCA_{eci} 是中国出口的优势；RCA_{msi} 是丝绸之路沿线国家（地区）的进口劣势；是 X_c^i 是中国出口 i 类商品的出口额；M_s^i 是丝绸之路沿线国家（地区）进口 i 类商品的进口额；X_s^i 是世界出口 i 类商品的出口额；X_c 是中国的出口额；M_s 是丝绸之路沿线国家（地区）的进口额；X_w 是世界的出口额。

我们通过计算中国与丝绸之路沿线国家（地区）贸易互补性指数发现：2009—2018 年，中国出口与丝绸之路沿线 47 个经济体进口的综合贸易互补性指数大于 1 的共计 17 个；在 10 年间，中国与丝绸之路沿线国家（地区）贸易互补性指数多次超过 0.9 的国家还包括亚美尼亚、斯里兰卡、蒙古、摩尔多瓦；另外，中国与阿富汗、亚美尼亚、白俄罗斯、格鲁吉亚、马尔代夫、巴基斯坦、巴勒斯坦、塞尔维亚、乌克兰 9 个国家的贸易互补性指数呈现持续上升且接近 0.9，三者数量占 47 个经济体的 63.83%，这说明中国出口与大部分丝绸之路沿线国家（地区）进口表现出较强互补性（详见附表 5）。

我们通过计算丝绸之路沿线国家（地区）出口与中国进口的贸易互补性指数发现：2009—2018 年，丝绸之路沿线 47 个经济体出口与中国进口的综合贸易互补性指数大于 1 的国家共计 31 个，占 47 个经济体的 66%，说明丝绸之路沿线国家（地区）的出口与中国进口也表现出较强的贸易互补性；从各国（地区）情况来看，主要经济体如欧盟、印度、英国、俄罗斯的出口与中国进口的贸易互补性指数基本都在 1 左右；亚美尼亚、阿塞拜疆、格鲁吉亚、哈萨克斯坦、吉尔吉斯斯坦、黑山、科威特、阿曼、蒙古的出口与中国进口的贸易互补性指数都大于 1。阿尔巴尼亚、瑞士、以色列、尼泊尔、巴基斯坦、土耳其的出口与中国进口的贸易互补性指数呈现下降趋势；哈萨克斯坦、吉尔吉斯斯坦、俄罗斯、马尔代夫等与中国的贸易互补性指数呈现上升态势（详见附表 6）。

我们通过计算中国出口与丝绸之路沿线国家（地区）进口的 SITC 分类贸易互补性指数发现：2009—2018 年，中国出口与丝绸之路沿线国家（地区）进口分类产品的 RCA 平均值大于 1、产品类别数量超过 3 个的对象有阿联酋、阿塞拜疆、巴林、瑞士、欧盟、英国、格鲁吉亚、冰岛、以色列、哈萨克斯坦、科威特、黎巴嫩、蒙古、挪威、阿曼、卡塔尔、俄罗斯、沙特、塞尔维亚、土耳其和乌克兰共计 21 个经济体，占经济体总数的 44.68%。中国与这些对象贸易互补强的产品主要是 SITC6（主要按原材料分类的制品）、SITC7（机械及运输设备）、SITC8（杂项制品）（详见附表 7）。这说明中国的工业制品出口与丝绸之路沿线国家（地区）进口具有较强的贸易互补性。

我们通过计算丝绸之路沿线国家（地区）出口与中国进口的 SITC 分类贸易互补性指数发现：2009—2018 年，丝绸之路沿线国家（地区）出口与中国进口分类产品的 RCA 平均值大于 1、产品数量超过 3 个的对象有阿富汗、阿尔巴尼亚、亚美尼亚、巴林、波黑、不丹、埃及、欧盟、英国、格鲁吉亚、印度、冰岛、以色列、约旦、吉尔吉斯斯坦、黎巴嫩、斯里兰卡、摩尔多瓦、马其顿、黑山、尼泊尔、阿曼、巴基斯坦、巴勒斯坦、塞尔维亚、叙利亚、土耳其和乌克兰共计 28 个经济体，占经济体总数的 59.57%。这些产品类别主要分布在 SITC1（饮料和烟草）、SITC2（燃料除外的非食用粗原料）、SITC3（矿物燃料、润滑油和相关原料）。其中，也有一部分对象的出口与中国进口 RCA 平均值大于 1 的产品类别超过 4 个，说明这些对象的初级产品出口对中国进口具有较强的贸易互补性（详见附表 8）。

4.2 中国与以色列的经贸合作及双边 FTA 建设

4.2.1 以色列外贸发展概况

以色列是中东地区强国,也是中国在"一带一路"沿线国家(地区)的重要合作伙伴。以色列位于亚、非、欧三大洲交界处,国土面积约 2.57 万平方千米,海岸线长 198 千米。以色列的水资源和自然资源都比较贫乏,其主要资源是死海中的钾、镁和溴等矿物质①。2018 年 9 月底,以色列全国人口 890.7 万,人口年增长率约为 2%。以色列属于工业发达国家,2009—2018 年,其 GDP 总量从 2 074.5 亿美元增长至 3 696.9 亿美元,年均增长率为 6.8%,2018 年其人均 GDP 高达 4.16 万美元,位于高收入国家前列(具体见表 4-12)。

表 4-12　2009—2018 年以色列主要经济指标情况

年份	GDP 总量 /亿美元	人均 GDP /美元	出口额 /亿美元	进口额 /亿美元	贸易差额 /亿美元
2009	2 074.5	27 713	477.1	473.7	3.4
2010	2 337.3	30 659	584.2	592.0	−7.8
2011	2 617.2	33 701	672.6	735.4	−62.8
2012	2 574.4	32 543	631.9	731.2	−99.3
2013	2 929.2	36 344	665.8	719.0	−53.2
2014	3 100.1	37 733	689.6	722.8	−33.2
2015	3 004.7	35 855	660.4	620.0	40.4
2016	3 193.8	37 372	601.4	657.4	−56.0
2017	3 532.7	40 544	600.2	690.9	−90.7
2018	3 696.9	41 614	606.5	765.8	−159.3

数据来源:GDP 数据来自世界银行网站(https://data.worldbank.org.cn),进出口贸易数据来自 IMF 网站(http://www.Imf.org/)。

---

① 中华人民共和国驻以色列国大使馆经济商务参赞处. 以色列概况 [EB/OL]. http://il.mofcom.gov.cn/article/ddgk/zwdili/201507/20150701035434.shtml.

近年来，以色列的对外贸易实现了较快发展，外贸总额从 2009 年的 950. 8 亿美元增长至 2018 年的 1 372. 3 亿美元，但贸易逆差在不断扩大。2018 年，进出口贸易总额为 1 372. 3 亿美元，其中，进口 765. 8 亿美元，出口 606. 5 亿美元，贸易逆差为 159. 3 亿美元。在贸易结构上，以色列主要进口商品为工业原料、粮食谷物、石油和石油制品、钻石原石、数据处理设备、机械设备等，主要出口商品为软件、切割钻石、农产品、服装、电子设备等①。

以色列国内市场相对狭小，又因政治、宗教等影响而与周边阿拉伯国家市场长期处于相对隔绝状态，因此以色列非常重视出口贸易，经济对外依存度较高。以色列是世界贸易组织（WTO）和经济合作与发展组织（OECD）成员，其与美国、加拿大、土耳其、墨西哥、欧盟及欧洲自由贸易联盟、南方共同市场等都签署了自由贸易协定。欧盟是以色列最大的贸易伙伴，美国是其最大的单一贸易伙伴。2017 年，以色列前 5 大进口对象分别为：中国（占以色列进口总额的 13. 1%）、美国（占以色列进口总额的 11. 5%）、德国（占以色列进口总额的 7. 2%）、比利时（占以色列进口总额的 4. 9%）、意大利（占以色列进口总额的 4. 2%）；前 5 大出口对象分别为：美国（占以色列出口总额的 27. 9%）、英国（占以色列出口总额的 8. 5%）、中国香港（占以色列出口总额的 6. 9%）、中国大陆（占以色列出口总额的 5. 4%）、比利时（占以色列出口总额的 4. 4%）。

4. 2. 2　中国与以色列经贸合作的现状及特点

4. 2. 2. 1　中国与以色列双边贸易的现状及特点

（1）双边贸易规模不断扩大，中方贸易顺差较大

自 1992 年中国和以色列建交以来，两国贸易规模不断扩大。2009—2018 年，两国双边贸易总额由 51. 8 亿美元上升至 139. 2 亿美元，增长了约 1. 7 倍，年均增长率高达 9. 82%。目前，中国已经成为以色列的全球第三大、亚洲第一大贸易伙伴。特别是，2010—2011 年，两国双边贸易额分别为 76. 4 亿美元、97. 8 亿美元，分别同比增长 47. 5% 和 28%；2017 年，

---

① 商务部国际贸易经济合作研究院. 对外投资合作国别（地区）指南：以色列（2018 年版）[EB/OL]. http://www.gdqy.gov.cn/attachment/0/24/24000/1333262.pdf.

两国进出口总额为 131.2 亿美元，同比增长 15.6%。近十年间，中方对以方的贸易顺差不断扩大，顺差额由 2009 年的 21.2 亿美元增长至 2018 年的 46.4 亿美元，其中，2015 年中方贸易顺差高达 58.2 亿美元（具体见表 4-13）。

表 4-13 2009—2018 年中国对以色列进出口贸易

年份	进出口总额		出口额		进口额		中方贸易顺差/亿美元
	金额/亿美元	增长率/%	金额/亿美元	增长率/%	金额/亿美元	增长率/%	
2009	51.8	-14.4	36.5	-14.3	15.3	-14.5	21.2
2010	76.4	47.5	50.4	38.1	26.1	70.6	24.3
2011	97.8	28.0	67.4	33.7	30.4	16.5	37.0
2012	99.1	1.3	69.9	3.7	29.2	-3.9	40.7
2013	108.3	9.3	76.5	9.4	31.8	8.9	44.7
2014	108.8	0.5	77.4	1.2	31.4	-1.3	46.0
2015	114.2	5.0	86.2	11.4	28.0	-10.8	58.2
2016	113.5	-0.6	81.7	-5.2	31.8	13.6	49.9
2017	131.2	15.6	89.2	9.2	42.0	32.1	47.2
2018	139.2	6.0	92.8	4.0	46.4	10.5	46.4

数据来源：2009—2018 年《中国统计年鉴》，2018 年数据来源于中国海关总署。

（2）贸易结构持续优化

据联合国统计，中国对以色列主要出口商品包括机电产品、纺织品、服装、鞋类、陶瓷制品等。中方对以方出口的前五大类商品分别是杂项制品、按原材料分类的制品、机械及运输设备、化学制品和相关产品、食品和活牲畜。例如，2017 年，中国对以色列出口杂项制品 29 亿美元、机械及运输设备 27.1 亿美元、按原料分类的制品 22.2 亿美元、化学制品和相关产品 7.9 亿美元，分别占中方对以方出口总额的 32.5%、30.4%、24.9% 和 8.8%（见表 4-14）。

表 4-14　中国对以色列出口主要产品结构

分类	商品类别	2013 年		2014 年		2015 年		2016 年		2017 年	
		金额/亿美元	占比/%	金额/亿美元	占比/%	金额/亿美元	占比/%	金额/亿美元	占比/%	金额/亿美元	占比/%
第 8 类	杂项制品	24.3	31.5	24.1	31.2	29.9	34.7	26.9	32.9	29.0	32.5
第 6 类	主要按原料分类的制品	20.9	27.4	21.0	27.1	23.8	27.6	21.7	26.6	22.2	24.9
第 7 类	机械及运输设备	20.6	27.0	20.8	26.9	23.1	26.8	24.0	29.4	27.1	30.4
第 5 类	化学制品和相关产品	7.7	10.0	8.6	11.1	6.9	8.0	6.3	7.7	7.9	8.8
第 0 类	食品和活牲畜	2.1	2.7	2.0	2.5	1.8	2.0	2.0	2.4	2.0	2.2

数据来源：联合国商品贸易数据库（UNCOMTRADE）。

中国自以色列进口的商品大多为高技术产品，主要有机电产品、医疗仪器及器械、电信产品等。据中方统计[①]，2017 年，中方从以方进口机械及运输设备 23 美元（占中方进口总额的 54.6%）、杂项制品 6.4 亿美元（占中方进口总额的 15.2%）、化学制品和相关产品 6.4 亿美元（占中方进口总额的 15.2%）、主要按原料分类的制品 5.2 亿美元（占中方进口总额的 12.3%）（见表 4-15）。

表 4-15　中国对以色列进口主要产品结构

分类	商品类别	2013 年		2014 年		2015 年		2016 年		2017 年	
		金额/亿美元	占比/%	金额/亿美元	占比/%	金额/亿美元	占比/%	金额/亿美元	占比/%	金额/亿美元	占比/%
第 7 类	机械及运输设备	12.6	39.6	12.4	39.5	11.6	41.49	14.5	45.8	23.0	54.6
第 6 类	主要按原料分类的制品	8.5	26.7	6.5	20.8	5.61	20.02	5.3	16.8	5.2	12.3
第 5 类	化学制品和相关产品	6.2	19.5	7.7	24.6	5.5	19.51	5.4	16.9	6.4	15.1
第 8 类	杂项制品	3.1	9.6	3.6	11.6	4.5	16.13	5.7	17.8	6.4	15.2
第 2 类	非食用粗原料	0.9	2.7	0.5	1.5	0.4	1.27	0.5	1.5	0.5	1.1
第 0 类	食品及活牲畜	0.6	1.8	0.4	1.2	0.4	1.45	0.4	1.1	0.6	1.5

数据来源：联合国商品贸易数据库（UNCOMTRADE）。

---

① 联合国商品贸易数据库（https://comtrade.un.org/data/）。

近年来，在双边贸易规模不断扩大的同时，中、以两国贸易结构也在不断优化，不断从食品、化工、钻石等传统产品贸易，向高科技、现代医药、生物技术、新能源等方向发展转变，产品结构趋于多元化①。例如，中兴智能手机、荣威汽车等高附加值机电产品成功进入以色列市场，联想笔记本电脑等已成为以色列市场同类商品中最畅销的品牌。

4.2.2.2　中国与以色列的投资合作情况

（1）中国对以色列投资规模不断扩大

以色列高科技产业在世界上占据领先地位，拥有大批初创企业，创新成果丰硕。中国劳动力相对丰裕，具有强大的加工制造能力，双方之间产业优势互补，相互投资快速发展。据中国商务部统计，2010—2017 年，中国对以色列直接投资存量由 0.22 亿美元上升到 41.49 亿美元，增长了约188 倍。特别是，2016 年中国直接投资的规模出现巨大增幅，当年中方对以方直接投资流量和存量分别为 18.41 亿美元、42.3 亿美元，同比分别增长 701.5%和 1 233.6%（见表 4-16）。这主要是由于 2016 年中、以两国签署了有关便利签证、联合科研、农业、高等教育、文化等领域的 13 项合作协议。

表 4-16　2010—2017 年中国对以色列直接投资

年度	2010	2011	2012	2013	2014	2015	2016	2017
流量/万美元	1 050	200	1 160	190	5 260	22 970	184 130	14 730
增速/%	—	−80.9	476.1	−83.7	2 682	336.9	701.5	−92
存量/万美元	2 190	2 390	3 850	3 410	8 670	31 720	422 990	414 870
增速/%	92.3	9.2	61.1	−11.5	154.5	266.0	1 233.6	−1.9

数据来源：中国商务部，国家统计局. 2016 年、2017 年中国对外直接投资统计公报［EB/OL］. http://fec.mofcom.gov.cn/article/tjsj/tjgb/.

（2）中方投资项目集中在高科技产业

中国对以色列的投资项目主要集中在高科技产业，主要项目有：2010年 2 月，深圳易方数码科技股份有限公司整体收购以色列高科技企业佩格萨斯公司；2011 年，中国化工集团成功收购以色列著名农业化工企业 ADAMA（原名马克西姆·阿甘公司）；2013 年，以色列医疗美容器械制造商

①　商务部国际贸易经济合作研究院. 对外投资合作国别（地区）指南：以色列（2018 年版）［EB/OL］. http://www.gdqy.gov.cn/attachment/0/24/24000/1333262.pdf.

阿尔玛激光公司（Alma Lasers Ltd.）以 2.4 亿美元的价格被上海复星医药（集团）股份有限公司控股收购。据中方统计[1]，2016 年，中、以两国在高科技产业方面共达成 42 项交易，投资额共计 5.43 亿美元；2017 年，中国在 43 项交易中总共投给以色列高新技术公司 5.96 亿美元资金。

（3）以色列对华投资主要集中在现代农业、电子信息等产业

近年来，以色列对中国的投资发展迅速，累计对华投资超过 4 亿美元。其中比较有影响力的项目包括在北京和新疆等地的示范农场、天津海水淡化厂、苏州工业园风险投资、中以加速器项目、华亿创投等。中以创投基金规模已超过 3 亿美元，主要投向中国现代农业、电子信息等高新技术企业。在农业领域，凭借滴灌技术享有盛名的一些以色列农业科技类公司已与许多中国种植企业开展了全方位合作，并成功实施了大量"交钥匙"工程项目。例如，耐特菲姆公司在中国宁夏开设银川国际工厂，与当地蔬菜、枸杞、玉米、牧草等诸多种植企业达成了多项精准灌溉合作项目，为当地带去了先进的滴灌技术和设备，还提供了全面定制的灌溉解决方案[2]。

4.2.2.3 工程承包与劳务合作

第一，工程承包成果颇丰。近年来，中国企业利用自身的工程建设优势，积极参与以色列铁路、公路、港口、市政工程等项目的招标与建设，从无到有，发展迅速。中国企业在以色列承包了许多大型基础设施工程项目，主要包括卡梅尔公路隧道、吉朗铁路隧道、阿什杜德南港口、特拉维夫红线轻轨及绿线地铁等。2019 年 9 月，中国建筑国际建设有限公司在以色列与特拉维夫大都会轨道交通有限公司（NTA）共同签署了"特拉维夫绿线 G3-2 段地铁项目 EPC 合同"，合同额约 5.17 亿美元。该项目是中国建筑继美国、新加坡之后又一次成功进入发达国家地铁建设领域，也是中国建筑在海外最大的地铁项目[3]。这些工程项目的承建不仅使中国企业卓越的建设能力得到展现，而且也将极大地促进以色列经济和社会的发展。

第二，劳务合作方兴未艾。近年来，以色列劳动力短缺状况加剧，尤

---

① 商务部国际贸易经济合作研究院. 对外投资合作国别（地区）指南：以色列（2018 年版）[EB/OL]. http://www.gdqy.gov.cn/attachment/0/24/24000/1333262.pdf.

② 科技部. 中以农业科技合作结出"一带一路"新硕果 [J]. 石河子科技，2019（4）：23.

③ 中国对外承包工程商会官网. 中国建筑签约以色列特拉维夫绿线地铁项目 [EB/OL]. http://www.chinca.org/CICA/info/19093012000911.

其是建筑业更是出现了"劳工荒",引进中国劳务工人的意愿比较强烈。2017 年 3 月,中、以双方在北京签署了《关于招募中国工人在以色列特定行业短期工作的协议》。据中国对外承包工程商会统计[①],中以劳务合作于 2017 年 7 月启动招募程序,人员派遣程序也于当年 11 月正式启动,至 2019 年 5 月底,已完成 56 批中国建筑劳务人员的派遣工作。

4.2.3 中、以两国建立双边自由贸易区的基础

4.2.3.1 两国经贸关系日趋紧密

2008—2017 年,中国对以色列的贸易结合度指数由 0.67 上升至 0.98,增长了 46%,2017 年 TII 接近 1;同期,以色列对中国的贸易结合度指数由 0.275 提升至 0.506,增长了 84%(具体见表 4-17)。中、以双方的贸易结合度指数均呈上升趋势,这说明两国的经贸关系越来越紧密,双方正在成为彼此越来越重要的贸易对象,目前中国已经是以色列的第三大贸易伙伴。但中、以之间的贸易结合度指数均小于 1,这说明双方的经贸合作还有较大的提升空间。

表 4-17 中、以贸易结合度指数 (TII)

年份	中国对以色列的贸易结合度	以色列对中国的贸易结合度
2008	0.67	0.28
2009	0.77	0.26
2010	0.80	0.37
2011	0.86	0.41
2012	0.84	0.43
2013	0.88	0.41
2014	0.84	0.38
2015	0.98	0.49
2016	0.93	0.54
2017	0.98	0.51

数据来源:联合国商品贸易数据库 (UNCOMTRADE)。

---

① 中国对外承包工程商会官网. 中国工人赴以色列国建筑劳务招募公告 [EB/OL]. http://www.chinca.org/CICA/info/63075.

4.2.3.2 贸易互补性较强

显示性比较优势指数（RCA）可以测量各产业的比较优势①，我们根据第四版 SITC 的分类标准，计算中国和以色列各类商品的显示性比较优势指数（见表 4-18 和表 4-19）。由两国的 RCA 指数可知，中国具有明显的国际竞争力的产品主要是第 6 类（主要按原料分类的制品）、第 7 类（机械及运输设备）、第 8 类（杂项制品）三大类别，特别是，第 8 类产品的比较优势显著，其余商品的 RCA 指数均小于 0.8，表明中方这些产品的竞争力较弱。

以色列具有明显比较优势的产品主要是第 5 类（化学制品和相关产品）、第 6 类（主要按原料分类的制品）。对比 2017 年的 RCA 指数可以看出，中、以两国的优势产业不同。以色列面对不利的自然状况，采取科技立国的战略方针，其传统的工业制造基础相对薄弱，两国经济结构上的互补性为中、以建立 FTA 提供了良好基础。

表 4-18　2013—2017 年中国的 RCA 指数

第四版 SITC	分类标准	2013 年	2014 年	2015 年	2016 年	2017 年
0	食品及活牲畜	0.425	0.411	0.404	0.440	0.425
1	饮料及烟草	0.147	0.153	0.173	0.191	0.174
2	非食用粗原料	0.167	0.181	0.178	0.180	0.164
3	矿物燃料及润滑油	0.096	0.099	0.123	0.152	0.174
4	动植物油脂	0.054	0.056	0.058	0.052	0.062
5	化学制品和相关产品	0.507	0.530	0.508	0.514	0.537
6	主要按原料分类的制品	1.336	1.372	1.365	1.349	1.297
7	机械及运输设备	1.432	1.348	1.278	1.255	1.266
8	杂项制品	2.327	2.250	2.018	1.980	1.951
9	其他未分类商品和交易	0.013	0.020	0.018	0.044	0.055

数据来源：联合国商品贸易数据库（UNCOMTRADE）。

---

①
$$RCA_{ab} = \frac{X_{ab} / X_{at}}{X_{wb} / X_{wt}}$$

式中，X_{ab} 表示 a 国出口第 b 类商品的出口额，X_{at} 表示 a 国出口产品的总额，X_{wb} 表示世界上 b 类商品的总出口额，X_{wt} 表示世界商品的出口总额。RCA 值是各国商品曾经的潜在竞争力在当代世界进行比较的结果。该国某种商品的 RCA 值越高，则表明该国该种商品在国际上的竞争力越强。通常认为，$RCA_{ab} < 0.8$ 时，表明该国出口的商品 b 在国际上竞争力较弱；$0.8 \leq RCA_{ab} < 1.25$ 时，表明该国出口的商品 b 在国际上具有较强竞争力；当 $1.25 \leq RCA_{ab} < 2.5$ 时，表明该国出口的商品 b 在国际上具有很强的竞争力；当 $RCA_{ab} \geq 2.5$ 时，表明该国出口的商品 b 在国际上具有最强的竞争力。

表 4-19　2013—2017 年以色列的 RCA 指数

第四版 SITC	分类标准	2013 年	2014 年	2015 年	2016 年	2017 年
0	食品及主要供食用的活动物	0.517	0.470	0.403	0.404	0.457
1	饮料及烟类	0.081	0.087	0.087	0.091	0.103
2	非食用粗原料	0.374	0.389	0.360	0.398	0.409
3	矿物燃料及润滑油	0.098	0.075	0.078	0.159	0.155
4	动植物油脂	0.089	0.098	0.086	0.087	0.090
5	化学制品和相关产品	2.547	2.418	2.081	2.097	2.341
6	主要按原料分类的制品	2.735	2.797	2.523	2.577	2.428
7	机械及运输设备	0.742	0.710	0.764	0.745	0.729
8	杂项制品	0.727	0.684	0.639	0.771	0.983
9	其他未分类商品和交易	0.169	0.269	0.174	0.303	0.012

数据来源：联合国商品贸易数据库（UNCOMTRADE）。

4.2.4　中、以双边 FTA 谈判的进展及存在的问题

4.2.4.1　中国与以色列已经举行七轮 FTA 谈判

2016 年 3 月，中国时任国务院副总理刘延东访问以色列，其间两国在耶路撒冷举行了中以创新合作联合委员会第二次会议，签署了 13 项合作协议，涉及便利签证、联合科研、农业、水处理、高等教育、文化等领域，并宣布启动双边自由贸易协定谈判①。2017 年 7 月 11—13 日，中以双边 FTA 第二轮谈判在北京举行，双方就货物贸易、经济技术合作、服务贸易和自然人移动、电子商务、贸易救济、争端解决和其他法律问题等相关议题展开了磋商②。

2019 年 5 月 20—23 日，在北京举行了中以 FTA 第六轮谈判，双方就货物贸易、技术性贸易壁垒、投资、知识产权、政府采购、电子商务、竞争政策、争端解决、法律与机制条款等议题展开磋商，并取得积极进展③。在第六轮谈判中，双方首次磋商政府采购（GPA）议题，以方还介绍了以

---

① 中国自由贸易区服务网. 中国和以色列将开启自由贸易区谈判［EB/OL］. http://fta.mofcom.gov.cn/article/chinaisrael/chinaisraelnews/201801/37007_1.html.

② 中国自由贸易区服务网. 中国—以色列自由贸易区第二轮谈判在北京举行［EB/OL］. http://fta.mofcom.gov.cn/article/chinaisrael/chinaisraelnews/201707/35418_1.html.

③ 中国自由贸易区服务网. 中国—以色列自贸协定第六轮谈判举行［EB/OL］. http://fta.mofcom.gov.cn/article/chinaisrael/chinaisraelnews/201905/40638_1.html.

色列政府采购制度和加入 GPA 的经验；还新增加了技术性贸易壁垒、知识产权和竞争政策等议题。2019 年 11 月 18—21 日，中以 FTA 第七轮谈判在以色列举行，双方就货物贸易、海关程序与贸易便利化、原产地规则、贸易救济、卫生与植物卫生措施、环境、竞争政策、政府采购、知识产权、法律与机制条款等议题展开磋商，并取得积极进展①。具体见表 4-20。

表 4-20　中以双边自由贸易区谈判过程

谈判轮数	地点	日期	主题
第一轮	以色列耶路撒冷	2016 年 3 月	中国和以色列签署了 13 项合作协议，并宣布启动双边自由贸易协定谈判
第二轮	中国北京	2017 年 7 月 11—13 日	货物贸易、贸易救济、服务贸易和自然人移动、经济技术合作、电子商务、争端解决和其他法律问题等相关议题
第三轮	以色列	2017 年 11 月 28—30 日	货物贸易、经济技术合作、服务贸易、原产地规则及海关程序、卫生与植物卫生、电子商务、争端解决等相关议题
第四轮	中国北京	2018 年 5 月 15—17 日	—
第五轮	以色列耶路撒冷	2019 年 1 月 28—31 日	货物贸易、服务贸易、投资、环境、原产地规则、贸易救济、海关程序与贸易便利化、争端解决机制条款等相关议题
第六轮	中国北京	2019 年 5 月 20—23 日	货物贸易、电子商务、技术性贸易壁垒、知识产权、政府采购、投资、竞争政策、争端解决、法律与机制条款等相关议题
第七轮	以色列	2019 年 11 月 18—21 日	货物贸易、贸易救济、原产地规则、环境、海关程序与贸易便利化、卫生与植物卫生措施、竞争政策、政府采购、知识产权法律与机制条款等相关议题

资料来源：中国自由贸易区服务网（http://fta.mofcom.gov.cn/）。

4.2.4.2　中以双边 FTA 谈判的主要障碍

（1）以色列对华贸易逆差大

以色列对华出口商品比较单一，以化工产品和机电产品为主，而中国对以色列出口的商品种类繁多，包括杂项制品、机电产品、纺织服装等，涵盖面较广。近年来，以色列对华贸易逆差逐年增长，2018 年高达 46.4

---

① 中国自由贸易区服务网. 中国—以色列自贸协定第七轮谈判举行［EB/OL］. http://fta. mofcom.gov.cn/article/chinaisrael/chinaisraelnews/201911/41878_1.html.

亿美元，占其总体逆差的29%，巨额贸易逆差在一定程度上成为两国双边FTA谈判的主要阻碍①。

（2）以色列的关税保护水平较高

据WTO统计②，2017年，以色列的平均约束关税税率为23.1%，其中农产品关税高达78.1%，非农产品关税为10.5%。比较而言，2018年中国的平均关税税率为10%，农产品关税只有15.7%，非农产品关税为9.1%。以色列农产品的高关税将对双边FTA谈判造成障碍，两国在自由贸易协定的降税范围和降税幅度等方面都存在较大分歧。

（3）中国企业对以投资热潮背后存在隐患

近年来，中国企业赴以投资形成热潮，频繁出现大规模投资，尤其是针对以色列金融、资源类行业垄断性企业的并购，在以色列国内引起舆论热议，给以色列人造成了一定的危机感，不利于中国企业在以色列国内的长期投资发展。伴随着这些数十亿美元的大额投资，以色列国内开始出现所谓的"中国威胁论"，这在一定程度上将阻碍两国经贸合作发展③。

（4）美国因素不容忽视

美国是以色列最重要的非正式的同盟国，对以色列内政外交影响巨大。迫于美国的压力，以方难以满足中国对以色列高端技术和先进军事设备的需求④。例如，2000年，由于美国施压，以色列单方面取消了对中国出口"费尔康"预警机的合同，一度让中以关系陷入低潮。以色列对中国转让军事设备等敏感技术必须提交美国审批，这使得以色列对华技术出口难度增加。

---

① 赵青松，王文倩. 中国与以色列经贸合作和自由贸易区建设［J］. 国际研究参考，2020（2）：39-46.

② WTO. World traffic profiles 2019［EB/OL］. https://www.wto.org/english/res_e/publications_e/world_tariff_profiles19_e.htm.

③ 陈谢晟. "一带一路"背景下赴以色列投资的问题与对策［J］. 国际经济合作，2017（12）：44-47.

④ 毕健康. 以色列中东战略调整与"一带一路"倡议下的中以合作［J］. 当代世界，2018（12）：64-67.

4.3 中国与挪威的经贸合作及双边 FTA 建设

4.3.1 挪威外贸发展概况

挪威是北欧五国之一，位于斯堪的纳维亚半岛西部，国土面积仅为38.5 万平方千米，人口约 531 万人。据统计[①]，2018 年挪威 GDP 总量为4 343.9 亿美元，人均 GDP 高达 8.15 万美元，是当今世界上最富有的国家之一。挪威油气资源丰富，油气产业发达，是西欧最大的产油国和石油出口国。造纸、造船、机械、水电、化工、木材加工也是挪威的传统发达产业。挪威的海上运输业发展历史悠久，是世界航运大国，在海洋设备制造方面拥有世界领先技术。自 2001 年起，挪威已连续六年被联合国评为最适宜居住的国家，并于 2009—2018 年连续获得全球人类发展指数排名第一。2015—2018 年挪威主要经济指标见表 4-21[②]。

表 4-21 2015—2018 年挪威主要经济指标

年份	GDP /亿美元	人均 GDP /美元	贸易总额 /亿美元	出口额 /亿美元	进口额 /亿美元	贸易顺差 /亿美元
2015	3 883.2	91 585	1 802.0	1 038.1	763.9	274.2
2016	3 704.5	80 349	1 621.9	895.1	726.0	168.2
2017	3 964.6	73 296	1 818.3	1 012.8	805.5	207.3
2018	4 343.9	81 500	2 083.9	1 217.9	866.0	351.9

数据来源：中国驻挪威王国大使馆经济商务参赞处. 2015—2018 年挪威主要经济指标［EB/OL］. http://no.mofcom.gov.cn/.

近年来，挪威的对外贸易实现了较快发展，外贸总额从 2015 年的1 802 亿美元上升至 2018 年的 2 084 亿美元，4 年间增长了 26%，贸易顺差从 274 亿美元扩大到 351 亿美元。在贸易对象上，欧盟一直是挪威的第一大进出口贸易伙伴，与欧盟之间的贸易额占其贸易总额的 70%以上。虽然

---

① 中国驻挪威王国大使馆经济商务参赞处. WTO 2018 年贸易统计报告：挪威篇［EB/OL］. http://no.mofcom.gov.cn.

② 中国驻挪威王国大使馆经济商务参赞处. 2015—2018 年挪威主要经济指标［EB/OL］. http://no.mofcom.gov.cn/.

挪威曾两次全民公决都拒绝加入欧盟，但挪威是欧洲自由贸易联盟（EFTA）成员，挪威与欧盟在 1992 年签订的欧洲经济区（EEA）①协议使挪威无须加入欧盟也能参与欧洲单一市场，这促进了其与欧盟的经贸合作。2018年，挪威排名前 5 位的出口对象分别是英国（出口额为 261 亿美元）、德国（出口额为 193 亿美元）、荷兰（出口额为 135 亿美元）、瑞典（出口额为 82 亿美元）、法国（出口额为 79 亿美元）；其排名前 5 位的进口对象分别为瑞典（进口额为 105 亿美元）、德国（进口额为 95 亿美元）、中国（进口额为 87 亿美元）、美国（进口额为 68 亿美元）、丹麦（进口额为 47亿美元）。

在贸易结构方面，2018 年，挪威前 5 大出口商品分别是：矿产品（764 亿美元）、活动物及动物产品（118 亿美元）、贱金属及其制品（84亿美元）、机电产品（72 亿美元）、化工产品（38 亿美元）；挪威前 5 大进口商品分别为：机电产品（198 亿美元）、运输设备（134 亿美元）、贱金属及其制品（102 亿美元）、化工产品（79 亿美元）、矿产品（59 亿美元）②。

4.3.2 中国与挪威经贸合作的现状及特点

1954 年，中、挪两国建立了外交关系。1958 年，两国签订了《双边贸易和支付协定》。1980 年，两国签订《经济、工业和技术合作协定》并成立中挪经贸混合委员会（现更名为"中挪经贸联委会"），已成为两国经贸合作的重要磋商机制。

4.3.2.1 中挪双边贸易状况

近年来，中挪双边贸易呈现较快发展态势。据中方统计，2006 年，中挪双边贸易额为 53.6 亿美元，其中，中方出口 36.5 亿美元，进口 17 亿美元。至 2011 年，两国双边贸易额上升至 107.2 亿美元，其中，中方出口78.8 亿美元，进口 28.4 亿美元，6 年间中挪双边贸易额增长了约 2 倍。2011—2018 年，两国贸易缓慢增长，至 2014 年达到阶段性高点 116.2 亿美元。2018 年，中挪双边贸易额为 112 亿美元，同比增长 10.1%，其中，中方出口 87.2 亿美元，同比增长 7.3%；进口 24.8 亿美元，同比增长

---

① EEA 是挪威、冰岛、列支敦士登与欧盟（EU）达成的一项协议，于 1994 年 1 月生效，欧盟与挪威的经贸关系受该协定管辖。EEA 协定不涵盖农业和渔业。

② 中国商务部国别数据网. 2018 年挪威货物贸易及中挪双边贸易概况［EB/OL］. https://countryreport.mofcom.gov.cn.

20.9%。与 2011 年相比，2018 年中方对挪威进口额出现下滑，出口额仅增长了 8.4 亿美元（具体见表 4-22）。2018 年底，中国是挪威的第三大进口来源地和第十大出口市场。

表 4-22　中国对挪威双边贸易情况

年份	进出口总额		进口额		出口额		中方贸易顺差/亿美元
	金额/亿美元	增幅/%	金额/亿美元	增幅/%	金额/亿美元	增幅/%	
2006	53.6	—	17.0	—	36.5	—	19.5
2007	64.7	20.6	16.1	−5.6	48.6	32.9	32.5
2008	75.4	16.54	18.9	17.3	56.5	16.2	37.6
2009	76.6	1.5	24.3	28.5	52.3	−7.4	28.0
2010	86.9	13.4	23.5	−3.2	63.4	21.2	39.9
2011	107.2	23.3	28.4	20.8	78.8	24.2	50.4
2012	103.5	−3.4	23.9	−15.8	79.6	1.0	55.7
2013	108.6	4.9	27.7	15.9	80.9	1.6	53.2
2014	116.2	7.0	32.4	16.9	83.9	3.7	51.5
2015	106.4	−8.4	29.6	−8.6	76.8	−8.4	47.2
2016	100.7	−5.3	22.9	−22.6	77.8	1.3	54.9
2017	101.7	0.9	20.5	−10.4	81.2	4.3	60.7
2018	112.0	10.1	24.8	20.9	87.2	7.3	62.4

数据来源：中国商务部国别数据网（https://countryreport.mofcom.gov.cn/）。

在贸易差额方面，2006—2018 年，中国对挪威始终保持贸易顺差，13 年间贸易差额扩大了 3.2 倍。2006 年，中方贸易顺差为 19.5 亿美元，至 2012 年扩大到 55.7 亿美元。2018 年中方贸易顺差达到 62.4 亿美元，占两国贸易总额的 55.7%。

在出口商品结构方面，据中国商务部统计[①]，中方对挪威出口的主要产品为机电产品、纺织品、家具玩具、贱金属等。2018 年，中方对挪威出口机电产品 42.8 亿美元，占中国对挪威出口额的 49.1%，同比增长 11.1%，居第一位；纺织品及原料、家具玩具、杂项制品、贱金属及其制品列第二位、第三位和第四位，2018 年出口额分别为 11.8 亿美元、8.9 亿

---

① 中国商务部国别数据网. 2018 年挪威货物贸易及中挪双边贸易概况 [EB/OL]. https://countryreport.mofcom.gov.cn.

美元和 5 亿美元，分别占中方对挪威出口额的 13.6%、10.2% 和 5.7 %
（具体见表 4-23）。特别是，中国的劳动密集型产品在挪威具有较大优势，
是挪威纺织品及原料、家具玩具、鞋靴伞等轻工产品的首要进口来源地，
分别占其进口市场份额的 34.9%、22.3% 和 32.1%。

表 4-23　中国对挪威出口主要产品结构　单位：亿美元

海关分类	商品类别	2014 年	2015 年	2016 年	2017 年	2018 年
第 16 类	机电产品	37.9	33.1	34.4	38.5	42.8
第 11 类	纺织品及原料	13.3	12.1	11.4	11.7	11.8
第 20 类	家具、玩具、杂项制品	9.2	8.8	8.3	8.7	8.9
第 15 类	贱金属及其制品	5.2	5.3	4.6	4.8	5.0
第 18 类	光学、钟表、医疗设备	2.3	2.1	2.0	2.8	2.7
第 12 类	鞋靴伞等轻工产品	2.9	2.7	2.6	2.6	2.6
第 7 类	塑料、橡胶	2.6	2.3	2.4	2.5	2.6
第 17 类	运输设备	2.0	2.6	4.7	2.4	2.4
第 8 类	皮革制品；箱包	1.5	1.3	1.2	1.3	1.4
第 6 类	化工产品	1.5	1.5	1.5	1.7	2.2

数据来源：中国商务部国别数据网（https://countryreport.mofcom.gov.cn/）。

在进口商品结构上，中国从挪威进口的前 4 大产品分别是：化工产品、
活动物及动物产品、机电产品、矿产品。2018 年，中方这 4 类产品的进口
额分别为 7.1 亿美元、4.6 亿美元、3.2 亿美元和 2.4 亿美元，分别占中方
从挪威进口额的 28.8%、18.5%、13% 和 9.7%。其中，化工产品、活动物
及动物产品、矿产品的进口额分别同比增长 18.7%、13% 和 113.6%。另
外，光学、钟表、医疗设备，贱金属及其制品的进口额分别为 1 亿美元、
1.6 亿美元（具体见表 4-24）。

表 4-24　中国从挪威进口主要产品结构　单位：亿美元

海关分类	商品类别	2014 年	2015 年	2016 年	2017 年	2018 年
第 6 类	化工产品	5.5	6.5	6.7	6.1	7.1
第 1 类	活动物及动物产品	5.0	2.9	3.3	4.1	4.6
第 16 类	机电产品	9.4	8.0	4.8	3.3	3.2
第 5 类	矿产品	3.0	1.5	1.2	1.1	2.4

表4-24(续)

海关分类	商品类别	2014 年	2015 年	2016 年	2017 年	2018 年
第 18 类	光学、钟表、医疗设备	2.9	2.4	1.5	1.2	1.0
第 15 类	贱金属及其制品	2.8	4.2	2.7	1.8	1.6
第 10 类	纤维素浆；纸张	0.5	0.5	0.5	0.5	0.4
第 17 类	运输设备	0.5	0.5	0.5	0.4	0.4

数据来源：中国商务部国别数据网（https://countryreport.mofcom.gov.cn/）。

4.3.2.2 双向投资合作情况

（1）中国对挪威直接投资

早在 1984 年，两国就签订了《中华人民共和国和挪威王国关于相互保护投资协定》。据中方统计，2009 年，中国对挪威的直接投资存量仅为 0.13 亿美元，之后 5 年迅速增长，至 2014 年达到历史新高 52.2 亿美元[①]。但从 2015 年起，由于中石化对挪威的石油投资减少，中方对挪威直接投资出现大幅下滑。至 2017 年底，中国在挪威的直接投资存量为 20.83 亿美元（见表4-25），居中国对欧洲国家直接投资存量的第八位。

表 4-25　2009—2017 年中国对挪威直接投资流量及存量

单位：亿美元

年份	2009	2010	2011	2012	2013	2014	2015	2016	2017
流量	0.04	1.35	0.19	0.08	1.96	0.59	-16.76	-8.51	-5.49
存量	0.13	1.48	1.67	1.88	47.72	52.24	34.71	26.42	20.83

数据来源：中国商务部，国家统计局，国家外汇管理局. 2017 中国对外直接投资统计公报 [EB/OL]. http://www.stats.gov.cn/.

近年来，中国一些大型企业逐步在挪威开展业务，主要有英特曼国际公司、中兴通讯、深圳华为技术有限公司、海南航空、中远集团、中国国航、国家开发银行等，工程项目涉及电器、航运、通信、电子产品、银行业务等领域。

（2）挪威对中国投资

挪威对华投资始于 1983 年，2015 年挪威对华投资实际投入 1.28 亿美

---

① 中国商务部，国家统计局，国家外汇管理局. 2017 中国对外直接投资统计公报 [EB/OL]. http://www.stats.gov.cn/.

元，至 2015 年底，实际投资存量为 6.1 亿美元①。挪威对华投资主要分布在中国东部沿海，挪威国家石油公司、海德鲁公司、佐敦公司、斯考根集团、埃肯公司、康斯伯格公司、挪威森林职业公司等挪威知名企业均在中国设立了工厂或办事处，投资项目主要集中于石油化工、冶金、医药、船舶设备、造纸、发电设备、渔业等其具有优势的产业上。

4.3.2.3 中挪双边贸易的互补性和竞争性

（1）贸易比较优势指数（RCA）

产业比较优势的测度指标是比较优势指数（RCA），又叫显示性比较优势指数。我们根据联合国国际贸易标准分类第四版的标准，计算中国和挪威各类商品的比较优势指数，见表 4-26。

表 4-26　中挪贸易商品的 RCA 指数

第四版 SITC	分类标准	中国			挪威		
		2015年	2016年	2017年	2015年	2016年	2017年
0	食品和活牲畜	0.40	0.44	0.43	1.44	1.89	1.78
1	饮料和烟草	0.17	0.19	0.17	0.11	0.15	0.12
2	非食用原料	0.18	0.18	0.16	0.5	0.51	0.48
3	矿物燃料及润滑油	0.12	0.15	0.17	5.83	6.06	6.06
4	动植物油脂	0.06	0.05	0.06	0.39	0.43	0.35
5	化学制品和相关产品	0.51	0.51	0.54	0.3	0.34	0.32
6	按原料分类的制品	1.37	1.35	1.3	0.69	0.72	0.71
7	机械与运输设备	1.28	1.26	1.27	0.32	0.32	0.26
8	杂项制品	2.02	1.98	1.95	0.26	0.27	0.23
9	其他未分类商品和交易	0.02	0.04	0.06	0.71	0.65	0.71

数据来源：笔者根据联合国统计署贸易数据库（UNCOMTRADE）数据计算得出。

中国具有较强国际竞争力的产品有 3 类（2.5>RCA≥1.25），包括 SITC6（按原料分类的制品）、SITC7（机械与运输设备）、SITC8（杂项制品）；中方其他商品（化学制品和相关产品、食品和活牲畜等）的 RCA 指数均小于 0.8，矿物燃料及润滑油、动植物油脂的 RCA 指数甚至小于 0.2，说明中方这些产品的竞争力较弱。挪威最具有竞争力的产品有两类，即

① 中华人民共和国驻挪威王国大使馆经济商务参赞处. 对外直接投资合作国别：挪威指南 [EB/OL]. http://no.mofcom.gov.cn.

SITC0（食品和活牲畜）、SITC3（矿物燃料及润滑油），其中，矿物燃料及润滑油的 RCA 指数大于 6，表明其具有极强的国际竞争力；挪威其他商品的 RCA 指数均小于 0.8，表明其机械与运输设备等工业制品的竞争力较弱。

（2）贸易结合度指数（TII）

我们通过测算中国与挪威的 TII 指数发现，2013—2017 年，中国对挪威的贸易结合度指数在 0.221~0.267 之间，近 5 年 TII 指数均小于临界值 1，这说明中国与挪威的贸易联系不紧密。同期，挪威对中国的 TII 指数在 0.212~0.384 之间，贸易结合度指数也都小于临界值 1，这说明挪威与中国的贸易联系也不太紧密（见表 4-27）。

表 4-27　中挪双边贸易的结合度指数（TII）

年份	中国对挪威的贸易结合度	挪威对中国的贸易结合度
2013	0.256	0.212
2014	0.241	0.292
2015	0.265	0.384
2016	0.267	0.357
2017	0.221	0.286

数据来源：笔者根据联合国统计署贸易数据库（UNCOMTRADE）数据计算得出。

（3）贸易互补性指数（TCI）

我们根据贸易互补性（TCI）指数的公式计算了中国与挪威的贸易互补性指数，测算结果见表 4-28。

表 4-28　中国与挪威贸易互补性指数

第四版 SITC	分类标准	2014 年	2015 年	2016 年	2017 年	2018 年
中国作为出口国						
0	食品和活牲畜	0.475	0.449	0.489	0.444	0.503
1	饮料和烟草	0.260	0.275	0.321	0.316	0.318
2	非食用原料	0.205	0.210	0.213	0.195	0.254
3	矿物燃料及润滑油	0.030	0.042	0.051	0.055	0.068
4	动植物油脂	0.110	0.118	0.123	0.137	0.223
5	化学制品和相关产品	0.408	0.377	0.401	0.434	0.453

表4-28（续）

第四版 SITC	分类标准	2014 年	2015 年	2016 年	2017 年	2018 年
6	按原料分类的制品	1.791	1.651	1.663	1.972	1.796
7	机械与运输设备	1.538	1.389	1.300	1.310	1.363
8	杂项制品	3.452	2.958	2.860	2.662	2.542
9	其他未分类商品和交易	0.008	0.006	0.014	0.017	0.020
挪威作为出口国						
0	食品和活牲畜	0.522	0.707 6	0.926	0.852	0.911
1	饮料和烟草	0.027	0.044	0.062	0.060	0.053
2	非食用原料	1.183	1.372	1.555	1.454	1.218
3	矿物燃料及润滑油	4.02	5.427	6.547	6.136	5.870
4	动植物油脂	0.285	0.334	0.362	0.288	0.322
5	化学制品和相关产品	0.204	0.245	0.283	0.273	0.246
6	按原料分类的制品	0.440	0.468	0.486	0.455	0.406
7	机械与运输设备	0.297	0.347	0.343	0.271	0.236
8	杂项制品	0.168	0.191	0.185	0.155	0.118
9	其他未分类商品和交易	0.938	0.993	0.836	0.943	0.992

数据来源：笔者根据联合国统计署贸易数据库（UNCOMTRADE）数据计算得出。

中国作为出口国时，中国对挪威在 SITC6（按原料分类的制品）、SITC7（机械与运输设备）、SITC8（杂项制品）三类产品上有较强的互补关系，该结果与比较优势指数的结果相似。特别是，SITC8（家具、鞋类等各种服装服饰品）是中方一直具有较大优势的产品，该产品在 2014 年 TCI 指数高达 3.4，至 2018 年下降为 2.5，但仍远大于 1。中方对挪威在 SITC6 和 SITC7 两类产品的 TCI 指数变化不大，5 年内都保持在 1.3 至 2 之间，说明这两类产品的贸易互补性也较强。

挪威作为出口国时，挪威对中国在 SITC2（非食用原料）和 SITC3（矿物燃料及润滑油）上有较强的互补关系，特别是，SITC3 产品的 TCI 指数一直高于 4，2016 年甚至达到了 6.5，说明两国能源产品的贸易互补性极强，中方从挪威进口石油产品的数量和占比都较大。另外，挪威对中国在 SITC2 产品上也具有较强的互补关系，其中木材加工是挪威的传统优势产业，中国也大量从挪威进口木材及其制品。

4.3.3 中、挪双边 FTA 谈判的进展及存在的障碍

4.3.3.1 自由贸易区谈判的进展情况

2008—2019 年，中挪双边 FTA 谈判已经进行了 16 轮。早在 2007 年，中、挪就开展了自由贸易区可行性研究，在工作机制、研究问题及时间安排等方面进行了磋商。2007 年 3 月，双方签署了"关于挪威承认中国完全市场经济地位的谅解备忘录"等协议。2008 年 9 月，中、挪启动自由贸易区谈判，至 2010 年 9 月底，两国 FTA 谈判共开展了 8 轮，双方在贸易、投资和技术引进等领域的合作进一步深化。

2010 年，受"诺贝尔和平奖事件"影响①，两国外交关系恶化，导致自由贸易协定谈判停止。直到 2017 年 4 月，中、挪签署"关于恢复谈判的谅解备忘录"，FTA 谈判再度重启。至 2019 年 9 月底，两国已举行了 16 轮 FTA 谈判。特别是，在第 14 轮至第 16 轮的谈判中，双方就货物贸易、服务贸易与投资、海关程序与贸易便利化、技术性贸易壁垒、原产地规则、贸易救济等相关议题展开深入磋商，自由贸易协定谈判取得积极进展（见表 4-29）。

表 4-29　中挪自由贸易区谈判过程（摘要）

谈判轮数	地点	日期	主题
第九轮	中国北京	2017 年 8 月 21—23 日	货物贸易、服务贸易、投资、知识产权、环境、竞争政策、电子商务、政府采购和法律等相关议题
第十一轮	挪威奥斯陆	2018 年 5 月 14—16 日	货物贸易、服务贸易、投资、原产地规则、海关程序与贸易便利化、知识产权、政府采购等相关议题
第十二轮	中国北京	2018 年 9 月 25—28 日	货物贸易、服务贸易与投资、原产地规则、海关程序与贸易便利化、技术性贸易壁垒、卫生与植物卫生措施、法律议题、贸易救济、知识产权、电子商务、环境、竞争政策等相关议题

---

① 2010 年，挪威政府默许诺贝尔奖评审委员会把"和平奖"颁给了中国一个煽动颠覆国家政权的服刑人员，导致两国自由贸易协定谈判中断，中挪关系陷入低谷。

表4-29(续)

谈判轮数	地点	日期	主题
第十四轮	中国北京	2019年3月25—28日	货物贸易、服务贸易与投资、原产地规则、海关程序与贸易便利化、技术性贸易壁垒、卫生与植物卫生措施、贸易救济、环境、争端解决、政府采购等相关议题
第十五轮	挪威奥斯陆	2019年6月24—27日	货物贸易、服务贸易、投资、技术性贸易壁垒、卫生与植物卫生措施、政府采购、环境、竞争政策、电子商务、法律议题、争端解决等相关议题
第十六轮	中国武汉	2019年9月9—12日	货物贸易、服务贸易与投资、贸易救济、环境、法律议题、争端解决、竞争政策、政府采购等议题

资料来源：笔者根据中国自由贸易区服务网（http://fta.mofcom.gov.cn/）资料整理。

4.3.3.2 中挪FTA谈判的主要障碍

第一，挪威的高关税税率阻碍了两国FTA谈判。挪威是全球贸易保护水平较高的发达国家之一，其关税水平高而复杂。据WTO统计，2018年，挪威关税税率平均为20.2%，农产品关税高达133.6%，非农产品关税为3%，其给予最惠国的农产品平均关税为44.9%[①]。相比较而言，2018年中国的关税税率平均为10%，农产品关税只有15.7%，非农产品关税为9.1%。虽然挪威总体的加权关税税率并不高（2017年为2.7%），但其农产品的高关税将对中挪FTA谈判造成障碍，两国在自由贸易协定的降税范围和降税幅度等方面都可能存在较大分歧和争议，两国均需要做出一定的让步才能最终达成FTA协议。

第二，中国对挪威的贸易顺差逐步扩大。近20年来，中方对挪威一直处于贸易顺差状态，2018年达到创记录的62.4亿美元，且中国出口产品大多为劳动密集型产品，具有较强的价格竞争优势，因此，FTA的建立将可能导致中方更多的优势产品涌入挪威市场，对挪威本土企业产生较大的冲击，挪方可能会担心其贸易逆差会随着FTA的签订而继续扩大[②]。

---

① WTO. World traffic profiles 2019 [EB/OL]. https://www.wto.org/english/res_e/publications_e/world_tariff_profiles19_e.htm.

② 赵青松，舒展. FTA建设下中国与挪威经贸合作现状及前景 [J]. 武汉商学院学报，2019（6）：26-31.

4.4　中国与斯里兰卡的经贸合作及双边 FTA 建设

4.4.1　斯里兰卡外贸发展概况

斯里兰卡地理位置独特，位于印度洋的咽喉要道，是连接东盟、西亚及中东地区、东非和欧洲国家的地缘区位中心，也是"21 世纪海上丝绸之路"的重要节点。据统计，2017 年，斯里兰卡人口规模为 2 144.4 万，GDP 总额为 872 亿美元，人均 GDP 为 4 065 美元，人均 GDP 位居世界第 112 位①。斯里兰卡的经济以农业为主，其中茶叶、橡胶和椰子是其农业经济收入的三大支柱，其最重要的出口产品是锡兰红茶，也是世界前五名的宝石生产大国。斯里兰卡长期实行财政赤字政策，2017 年底，斯里兰卡政府债务为 10.3 万亿卢比（约 1 617.73 亿美元），占 GDP 的 77.6%，其中，内债占政府债务的 42.1%，外债占政府债务的 35.5%。总体上来说，斯里兰卡经济总量小、经济结构单一、债务负担重。

斯里兰卡于 2009 年结束内战后，国内经济开始迅速发展，积极实行贸易自由化政策，目前已经与世界上 200 多个国家和地区开展了贸易往来。2017 年，斯里兰卡进出口贸易总额为 321.90 亿美元，其中，出口额 113.31 亿美元，进口额 208.59 亿美元，贸易逆差 95.28 亿美元②。自 2001 年以来，印度一直是斯里兰卡的第一大贸易伙伴和主要进口来源国。据中方统计③，2017 年，斯里兰卡排名前三位的进口来源国分别是印度、中国和阿联酋，占其进口的比例分别为 21.6%、18.9%、8.1%；排名前三位的出口国分别是美国、英国和印度，占其出口的比例分别为 25.6%、9.1%、6.1%。2019 年 7 月底，中国是斯里兰卡的第 1 大进口来源国和第 11 大出口国。

---

①　中国商务部网站. 对外投资国别（地区）指南：斯里兰卡 [EB/OL]. http://www.mofcom. gov.cn/.

②　进出口贸易数据来自 WTO 数据库：https://www.wto.org/.

③　参见：中华人民共和国驻斯里兰卡参赞处网站（http://lk.mofcom.gov.cn/）。

4.4.2 中国与斯里兰卡经贸合作的现状及特点

4.4.2.1 中斯双边贸易合作现状及特点

中斯贸易往来历史悠久。1952 年，两国政府就签署了著名的《米胶贸易协定》[①]，该协定使中国获得了生产急需的橡胶原材料，并突破了当时西方国家对华的禁运。1983 年之前，中、斯一直采取记账贸易形式，之后开始以现汇方式进行贸易结算[②]。

（1）双边贸易额增长迅速，中方贸易顺差较大

近年来，中、斯之间贸易规模不断扩大。据中方统计，2009 年中斯双边贸易额仅为 9.4 亿美元，其中，中方出口 8.8 亿美元，进口 0.6 亿美元；至 2017 年，双边贸易额增长至 46.1 亿美元，9 年内共增长了 3.9 倍，年均增长 23.3%。2018 年，中斯双边贸易总额为 43.5 亿美元，同比下降 5.6%，其中，中方出口 41.2 亿美元，进口 2.3 亿美元。两国贸易下降的主要原因是中方从斯方进口同比下降了 44.4%（见表 4-30）。

表 4-30　2009—2018 年中国对斯里兰卡双边贸易

年份	进出口总额		出口额		进口额		贸易差额
	金额 /亿美元	增长率 /%	金额 /亿美元	增长率 /%	金额 /亿美元	增长率 /%	金额 /亿美元
2009	9.4	—	8.8	—	0.6	—	8.2
2010	13.3	41.5	12.4	40.9	0.9	50.8	11.5
2011	22.4	67.9	21.3	71.4	1.1	19.5	20.2
2012	26.8	19.6	25.7	20.7	1.1	1.2	24.6
2013	30.8	14.9	29.6	15.2	1.2	12.3	28.4
2014	36.2	17.5	34.5	16.6	1.7	42.9	32.8
2015	40.3	11.3	37.3	7.9	3.0	70.4	34.4
2016	44.4	9.9	42.4	13.7	2.0	-32.8	40.4
2017	46.1	3.9	41.9	-1.1	4.1	108.6	37.8
2018	43.5	-5.6	41.2	-1.7	2.3	-44.4	38.9

数据来源：中国商务部国别贸易报告（网址：https://countryreport.mofcom.gov.cn/）。

---

① 1952 年，中国与斯里兰卡从各自的需要出发，签订了以大米换橡胶为主要内容的政府贸易协定，这是新中国同非社会主义国家第一笔重大易货贸易协定。该协定从 1952 年执行到 1982 年，长达 30 年。

② 参见：中国驻斯里兰卡参赞处网站（http://lk.mofcom.gov.cn/）。

中斯双边贸易严重不平衡，中方对斯方贸易顺差从2009年的8.2亿美元增长至2018年的38.9亿美元，10年内共增长了3.7倍。特别是，2016年，中方贸易顺差达到历史新高40.4亿美元，之后增长势头虽有所减缓，但中方贸易顺差仍然较大。据中方统计，2017年，中斯贸易逆差在斯里兰卡外贸总逆差中占比高达39.3%[①]。

从横向比较来看，2017年，中国与印度、巴基斯坦、孟加拉国、尼泊尔、马尔代夫5个南亚国家之间的货物贸易额分别为843.88亿美元、200.84亿美元、160.44亿美元、9.85亿美元、2.96亿美元[②]，中斯贸易额仅占中国与南亚国家贸易总额的3.6%，位于中国与南亚国家贸易额的第四位，这与斯里兰卡的市场容量小、资源有限直接相关。

（2）中方出口工业制品，进口农产品等初级产品

据统计，2018年，中国对斯里兰卡出口商品前三大类分别为机电产品（HS编码第84—85章）、纺织品及原料（HS编码第50—63章）和贱金属及其制品（HS编码第70—83章），这三类产品出口金额分别为12.62亿美元、11.45亿美元、5.44亿美元，占中方对斯方出口的比例分别为30.6%、27.8%和13.2%，共占比71.6%，合计出口29.5亿美元[③]。同年，中国从斯里兰卡进口前三大类商品分别为：纺织品及原料（HS编码第50—63章）、植物产品（HS编码第06—14章）和矿产品（HS编码第25—27章），占中方从斯方进口额的比例分别为31.3%、20.8%和9.4%（见表4-31）。

从商品种类上看，中方对斯方出口的商品相对较分散，2018年前十大类商品占比68.4%，而斯里兰卡对华出口产品种类不多，其出口商品相对集中，前十大类商品占比83.2%。特别是，两国在纺织业中存在产业内贸易现象。斯里兰卡的劳动力价格低廉，但其纺织原料比较匮乏，因此，斯方从中方进口许多纺织原料，如针织物及钩织编物（占中对斯出口的7.1%）、棉花（占中对斯出口的6.8%）和化学纤维短纤（占中对斯出口的5.2%）；而中方从斯方进口大量纺织制品，如针织或钩编的服装及衣着附件（占中对斯进口的12.8%）、非针织或非钩编的服装及衣着附件（占中对斯进口的10.2%）和纺纱线及其机织物（占中对斯进口的6.9%）。据

---

① 中国商务部网站. 对外投资国别（地区）指南：斯里兰卡 [EB/OL]. http://www.mofcom.gov.cn/.

② 各年版中国统计年鉴. 参见：http://www.stats.gov.cn/.

③ 中国商务部国别贸易报告. 参见：https://countryreport.mofcom.gov.cn/.

HS（海关）2 位编码统计，除第 85 章所包含的商品外，中国与斯里兰卡的进出口前十大类商品完全不同。总体上，两国贸易结构的特点是中方主要出口工业制品，主要进口农产品等初级产品，贸易互补性强。

表 4-31　2018 年中国与斯里兰卡进出口商品结构

中国向斯里兰卡出口			中国从斯里兰卡进口		
HS 编码	商品类别	金额/亿美元（占比/%）	HS 编码	商品类别	金额/亿美元（占比/%）
第 85 章	电机、电气、音像设备及其零备件	7.25(17.6)	第 9 章	咖啡、茶、马黛茶及调味香料	0.48(20.6)
第 84 章	核反应堆、锅炉、机械器具及零件	5.36(13.0)	第 61 章	针织或钩编的服装及衣着附件	0.29(12.8)
第 60 章	针织物及钩编织物	2.94(7.1)	第 62 章	非针织或非钩编的服装及衣着附件	0.23(10.2)
第 52 章	棉花	2.78(6.8)	第 53 章	其他植物纤维；纺纱线及其机织物	0.16(6.9)
第 72 章	钢铁	2.63(6.4)	第 85 章	电机、电气、音像设备及其零备件	0.15(6.4)
第 55 章	化学纤维短纤	2.13(5.2)	第 40 章	橡胶及其制品	0.14(6.2)
第 73 章	钢铁制品	1.65(4.0)	第 38 章	杂项化学产品	0.14(6.0)
第 39 章	塑料及其制品	1.29(3.1)	第 64 章	鞋靴、护腿和类似品及其零件	0.13(5.6)
第 87 章	车辆及其零备件	1.06(4.0)	第 27 章	矿物燃料、矿物油及其产品；沥青等	0.12(6.0)
第 58 章	特种机织物；簇绒织物；刺绣品等	1.06(3.1)	第 26 章	矿砂、矿渣及矿灰	0.07(5.6)

数据来源：中国商务部国别贸易报告. 参见：https://countryreport.mofcom.gov.cn/.

4.4.2.2　中国对斯里兰卡投资及工程承包合作

（1）中国对斯直接投资快速增长，投资额居南亚地区第四位

2009 年 5 月，斯里兰卡结束长达 26 年的国内武装冲突后，进入和平发展时期，之后迅速改善营商环境，积极吸引外商直接投资。据中方统计，2009 年中方对斯方直接投资存量只有 0.16 亿美元，2015 年，中方对斯方的直接投资存量增长至 7.73 亿美元，7 年内增长了 47.3 倍。2015 年，中方 20 多个投资项目被斯方政府叫停①。2016—2017 年，中方对斯方直接

---

① 王琳. 中国驻斯里兰卡大使易先良：中斯关系已走出困难时期［EB/OL］. https://finance.sina.com.cn/roll/2016-04-12/doc-ifxrcuyk2782120.shtml.

投资流量和存量连续两年出现下滑，但这并未动摇中国是斯里兰卡第一大投资来源国的地位。2018 年底，中国对斯里兰卡直接投资存量为 4.69 亿美元（见表 4-32）。从横向比较来看，2018 年底，中国对印度、巴基斯坦、孟加拉国、尼泊尔的直接投资存量分别为 46.63 亿美元、42.47 亿美元、8.70 亿美元、3.79 亿美元。中方对斯方的直接投资位居中国对南亚各国直接投资的第四位[①]。

表 4-32 2009—2018 年中国对斯里兰卡直接投资存量与流量

单位：亿美元

年份	2009	2010	2011	2012	2013	2014	2015	2016	2017	2018
流量	-1.40	0.28	0.81	0.17	0.72	0.85	0.17	-0.60	-0.25	0.08
存量	0.16	0.73	1.63	1.79	2.93	3.64	7.73	7.29	7.28	4.69

数据来源：中国投资指南网. 2018 中国对外直接投资统计公报［EB/OL］. http://www.fdi.gov.cn/.

（2）中国在斯投资以基础设施为主

近年来，斯里兰卡政府积极改善国内投资环境，出台各类政策吸引外商投资。由于斯里兰卡具备极其重要的地理位置，吸引了许多中国企业开发其港口资源，目前中方对斯方的投资主要集中在基础设施领域。近几年，中资企业对斯里兰卡投资发展迅速，多个大型投资项目签约并正在实施（见表 4-33）。

第一，科伦坡港南港国际集装箱码头（南港码头）。科伦坡港是斯里兰卡乃至南亚地区的最大深水国际港，地理位置优越。2009 年，斯政府开始招标修建大型集装箱码头，该项目由中国港湾工程有限责任公司承建，项目年设计集装箱吞吐能力 240 万标箱，总投资额 5.6 亿美元，2011 年 12 月 16 日开工，2014 年 4 月 11 日完工。该项目采用 BOT（建设—经营—移交）模式，中国企业获得了 35 年的特许经营权。南港国际集装箱码头的建成极大地提高了科伦坡港的吞吐能力，也使得以前要在马来西亚经停的货物可以选择在科伦坡经停，减少了中转费用，降低了运输成本。南港国际集装箱码头的建设为斯国提供了大量就业机会，在建设和运营期中创造的直接就业岗位达 10 500 个。预计在 35 年的特许经营期内，将为斯政府带来近 20 亿美元的收入[②]。

---

① 中国投资指南网. 2018 中国对外直接投资统计公报［EB/OL］. http://www.fdi.gov.cn/.

② 朱瑞卿. 南港码头踏上新征程：新年探访科伦坡南港国际集装箱码头［EB/OL］. https://finance.huanqiu.com/.

表 4-33　中国企业在斯里兰卡部分投资项目情况

时间	项目承建方	项目	项目金额
2005 年	中国水利水电第十三工程局	瓦拉维灌溉渠道改造扩建二期工程	954 万美元
2007 年	常州轨道车辆牵引传动工程技术研究中心	班达拉奈国际机场至科伦坡站快速铁路线项目	1.565 亿美元
2008 年	中国冶金科工集团有限公司	科伦坡机场高速公路	3.1 亿美元
2009 年	中国港湾工程有限公司	科伦坡环城高速南段项目	2.15 亿美元
2010 年	中国交通建设股份有限公司	汉班托塔国际机场项目	2.09 亿美元
2011 年	中国机械进出口（集团）有限公司	南方交通发展项目	1.38 亿美元
2012 年	中国水利水电第十四局	莫洛嘎哈岷达大坝项目	2.52 亿美元
2012 年	中国电子进出口总公司	科伦坡莲花塔项目	8 860 万美元
2014 年	中国交通建设股份有限公司	科伦坡港口城项目	14 亿美元
2015 年	中国冶金科工股份有限公司	斯里兰卡中部高速公路项目	9.89 亿美元
2016 年	中国航空技术国际工程公司、中国建筑股份有限公司、中国港湾工程有限公司	南部高速延长线项目	14.55 亿美元
2019 年	中国电力建设集团	康提北部综合供水工程项目	2.741 亿美元

资料来源：笔者根据斯里兰卡政府外部资源部、各类新闻网站资料整理。

参见：http://www.erd.gov.lk/index.php？lang＝si.

第二，汉班托塔港。汉班托塔港位于斯里兰卡南部省汉班托塔区首府，2007 年起在中国企业的援助下开始建设，2012 年港口开始运营。2017年 7 月，中、斯达成一致并签署协议，中国招商局控股港口有限公司购得汉班托塔港口 70% 的股权，并租用了其港口及周边土地，租期为 99 年。中国企业计划将汉港及周边地区建设成为国际物流中心，成为南亚地区又一国际航运枢纽。

第三，普特拉姆煤电站。普特拉姆煤电站是中、斯迄今为止最大的经济合作项目，也是斯里兰卡最大的燃煤电站。该电站占斯里兰卡现有发电机装机容量的三分之一以上，该项目由中国银行提供了 13.35 亿美元的贷款，目前已交由斯方运营。普特拉姆煤电站的建成改善了斯国人民无法支付昂贵电费、电资源稀缺的现状，为斯里兰卡社会、经济发展提供了可靠的电力资源保障。

（3）投资主体以国有企业为主，民营企业占比较小

由于斯里兰卡特殊的经济发展环境，同时基础设施的建设具有周期长、资金大、风险大、管制多等特点，目前对其投资的主体主要是我国的国有企业。其中大型项目主要在首都科伦坡落地实施，包括港南集装箱码头、科伦坡港口城等民生项目。中资民营企业赴斯里兰卡投资相对分散，但发展迅速，除了建筑承包商以外，还有华为、中兴等高科技企业，及与旅游业相关的中餐厅、民宿、旅行社等。

4.4.3　中国—斯里兰卡 FTA 谈判的进展及存在的问题

4.4.3.1　中、斯两国已经举行五轮 FTA 谈判

2014 年 9 月，中、斯两国签署了规模为 100 亿元人民币（约 16 亿美元）的双边货币互换协议，并同时签署了《关于启动中国—斯里兰卡自由贸易协定谈判的谅解备忘录》，宣布正式启动双边 FTA 谈判。2014—2017年，两国先后进行 5 轮谈判。2017 年 1 月，在科伦坡举行了第五轮 FTA 谈判，双方就货物和服务贸易、投资、原产地规则、海关程序与贸易便利化、技术性贸易壁垒、卫生与植物卫生措施、贸易救济等议题进行了深入探讨，并取得了实质性进展。中斯 FTA 谈判情况见表4-34。

表4-34　中斯 FTA 谈判的进展情况

谈判轮数	时间	地点	内容
第一次	2014 年 9 月	斯里兰卡科伦坡	谈判工作机制、覆盖范围、推进方式、路线图和时间表、货物贸易降税模式等多项议题
第二次	2014 年 11 月	中国北京	货物贸易、服务贸易、投资、经济技术合作、原产地规则、海关程序与贸易便利化、技术性贸易壁垒、卫生与植物卫生措施、贸易救济、争端解决等议题
第三次	2016 年 8 月	斯里兰卡科伦坡	货物贸易、服务贸易、投资、经济技术合作、原产地规则、海关程序与贸易便利化、贸易救济以及法律相关议题等
第四次	2016 年 11 月	中国北京	货物贸易、服务贸易、投资、经济技术合作、原产地规则、海关程序与贸易便利化、技术性贸易壁垒、卫生与植物卫生措施等议题
第五次	2017 年 1 月	斯里兰卡科伦坡	货物贸易、服务贸易、投资、经济技术合作、原产地规则、海关程序与贸易便利化、贸易救济等议题

资料来源：中国自由贸易区服务网（网址：http://fta.mofcom.gov.cn/）。

4.4.3.2　中国—斯里兰卡 FTA 谈判中的主要问题

从 2014 年起，到 2017 年，中国与斯里兰卡已举行五轮 FTA 谈判，但是迄今仍没有达成自由贸易协定，甚至于在 2017 年出现被迫中止的现象，其原因包括首席谈判代表换人、斯政府更迭过快等。目前存在的主要障碍有以下三点：

（1）两国在降税范围上存在分歧

中方希望两国 90% 的商品实行零关税，而斯方仅希望对 50% 的商品实施零关税，再逐步扩大降税范围。斯方的这一要求由其目前的关税水平决定。据统计，2018 年，斯里兰卡的所有产品、农业品和非农业品的平均关税税率分别为 32.1%、50.1% 和 22.3%，中国的平均关税、农产品和非农产品关税税率分别为 10%、15.7% 和 9.1%，斯方的平均关税和农产品关税远高于中国①。中斯 FTA 的建立将导致斯里兰卡进一步开放其国内市场，斯国担心将受到更多中国产品的冲击；为了保护本国产业的发展，斯方在降税范围上一直坚持 50%，并且提出逐步扩大市场②。

（2）斯方担心 FTA 建设会导致其贸易逆差扩大

近十年来，斯方对华贸易逆差逐年增长，2018 年其贸易逆差高达 38.9 亿美元，占斯总贸易逆差的 37%③。斯里兰卡制造业非常落后，斯里兰卡担心与中国签订自由贸易协定会进一步冲击其国内第二产业，造成斯方贸易逆差继续扩大。

（3）印度的干扰和阻碍不容忽视

斯里兰卡与印度地理位置接近、种族相同、文化差异小、历史渊源深，两国一直保持友好关系，印度也是斯国外交的重点国家。印度一直处于"南亚霸主"地位，对斯政府制定经济政策影响巨大。印度担心一旦中斯自由贸易区达成，中方可能会把斯作为转口贸易中心，在斯投资设厂，将中国产品输入印度市场，这挤占了印度的市场；而且，印度与中国在各领域都存在战略竞争关系，因此，建立中斯自由贸易区将会受到印度的干扰和阻碍。

---

① WTO. World Tariff Profiles 2019 [EB/OL]. http://www.intracen.org/.

② 赵青松，郭婉茹. FTA 建设下中国与斯里兰卡经贸合作的问题及对策研究 [J]. 天津商务职业学院学报，2020（1）：33-40.

③ 参见：中华人民共和国驻斯里兰卡参赞处网站（http://lk.mofcom.gov.cn/）。

4.5 中国与摩尔多瓦的经贸合作及双边 FTA 建设

4.5.1 摩尔多瓦外贸发展概况

摩尔多瓦共和国（简称"摩尔多瓦"）是东南欧的内陆国家，与罗马尼亚和乌克兰接壤，是苏联加盟共和国，1991 年独立，现为独联体成员。摩尔多瓦地处欧洲东南部，属黑海沿岸低地，毗邻乌克兰和罗马尼亚，国土面积 3.38 万平方千米，人口约 354 万（2020 年 1 月底）。摩尔多瓦境内自然资源比较匮乏，缺少煤炭、石油、天然气等能源，但其国内非金属富矿储量较多，主要有大理石、石灰岩、石膏、陶土、沙土和硅藻土等。摩尔多瓦是一个以农业为主的国家，拥有世界上最适宜农作物种植的黑土地，盛产葡萄、甜菜、水果和烟草，尤其以葡萄种植业最为知名，葡萄酒制造业是该国出口创汇的支柱产业。据世界银行统计，2010—2019 年，摩尔多瓦 GDP 由 69.75 亿美元上升至 119.55 美元，年均增长率高达 7.1%。同期，人均 GDP 由 2 437 美元上升到 4 498 美元，十年间共增长了 84.6%（具体见表 4-35）。

表 4-35　2010—2019 年摩尔多瓦主要经济指标　　单位：亿美元

年份	GDP	人均国民收入/美元	进口额	出口额	贸易差额
2010	69.75	2 437	39	16	-23
2011	84.14	2 942	42	19	-23
2012	87.09	3 045	52	22	-30
2013	94.97	3 322	55	24	-31
2014	95.10	3 328	53	23	-30
2015	77.45	2 179	40	20	-20
2016	80.71	2 272	40	20	-20
2017	96.70	2 724	48	24	-24
2018	114.57	3 227	55	26	-29
2019	119.55	4 498	58	28	-30

资料来源：GDP 数据来自世界银行（http://data.worldbank.org.cn）；进出口贸易数据来自 IMF（http://www.imf.org/）。

据 IMF 统计，2010 年，摩尔多瓦外贸进出口额只有 55 亿美元；2019 年，其外贸总额达到 86 亿美元，同比增长 1.8%，其中，出口 28 亿美元，进口 58 亿美元，外贸逆差为 30 亿美元。近十年来，摩尔多瓦一直处于严重贸易逆差状态，逆差额基本在 20 亿至 30 亿美元之间，长期贸易逆差是阻碍摩尔多瓦经济发展的重要因素。

在贸易结构上，据联合国统计，2018 年，摩尔多瓦出口前五大产品分别是绝缘电线（出口额 4.79 亿美元）、向日葵种子（出口额 1.99 亿美元）、葡萄酒（出口额 1.37 亿美元）、座椅（出口额 1.29 亿美元）和小麦（出口额 0.94 亿美元）；其主要进口产品分别为精炼石油（进口额 5.99 亿美元）、包装药品（进口额 2.24 亿美元）、汽车（进口额 1.70 亿美元）、绝缘电线（进口额 1.51 亿美元）和广播设备（进口额 0.79 亿美元)[①]。

在贸易伙伴方面，2018 年，摩尔多瓦的前五大出口国分别是罗马尼亚（出口额 7.92 亿美元）、意大利（出口额 3.1 亿美元）、德国（出口额 2.2 亿美元）、俄罗斯（出口额 2.18 亿美元）和乌克兰（出口额 0.8 亿美元）；其前五大进口来源国分别是罗马尼亚（进口额 8.38 亿美元）、俄罗斯（进口额 7.21 亿美元）、中国（进口额 6 亿美元）、乌克兰（进口额 5.77 亿美元）和德国（进口额 4.84 亿美元）。由此可见，罗马尼亚是摩尔多瓦位列第一的进出口贸易伙伴，中国是其第三大进口来源国。

4.5.2 中国与摩尔多瓦经贸合作的现状及特点

1992 年 1 月 30 日，中、摩两国正式建交。尽管摩尔多瓦政权多次更迭，两国却一直保持良好的政治经济合作关系，中国视摩尔多瓦为中东欧和独联体地区的重要合作伙伴。摩尔多瓦对发展与中国的经贸合作一直持积极态度，并明确表示愿在中国与欧洲经贸往来中起到桥梁作用。1999 年，两国成立经贸合作委员会并签署了《中摩合作委员会工作条例》。至今，两国在各领域已签署 60 多项合作协议，主要包括经贸合作协定、避免双重征税协定、相互保护投资协定等，涉及教育、旅游、卫生和文化及航空服务等领域。

4.5.2.1 中摩双边贸易发展现状

自建交以来，中摩双边贸易额一直呈上升趋势。据中国海关统计，

---

① 参见：联合国统计署贸易数据库（UNCOMTRADE）。

2010 年底，中摩双边贸易额仅有 8 723 万美元，至 2019 年底，两国贸易总额上升为 1.76 亿美元，十年间共增长了 1.02 倍。分阶段看，2010—2012 年，中摩双边贸易增长较快；2013—2016 年，双边贸易出现一定幅度下滑，主要原因是中方对摩方出口下降较多；2017—2019 年，两国贸易额增幅显著，三年增长率分别为 30.82%、11.21% 和 19.62%。至 2019 年底，中国成为摩尔多瓦第三大出口国和第六大贸易合作伙伴（具体见表4-36）。

表 4-36 2010—2019 年中国对摩尔多瓦双边贸易

年份	进出口总额		出口额		进口额		中方贸易顺差/万美元
	金额/万美元	增长率/%	金额/万美元	增长率/%	金额/万美元	增长率/%	
2010	8 723	—	8 052	—	671	—	7 381
2011	11 030	26.45	9 748	21.06	1 252	86.59	8 496
2012	14 257	29.26	12 394	27.14	1 863	48.80	10 531
2013	13 122	-7.96	11 263	-9.12	1 859	-0.21	9 404
2014	14 008	6.75	11 529	2.36	2 479	33.35	9 050
2015	12 144	-13.30	9 996	-13.30	2 148	-13.35	7 848
2016	10 109	-16.02	7 672	-23.24	2 437	13.45	5 235
2017	13 225	30.82	9 828	28.10	3 397	39.39	6 431
2018	14 708	11.21	10 870	10.60	3 838	12.98	7 032
2019	17 594	19.62	12 914	18.80	4 680	21.93	8 234

资料来源：中国海关（www.customs.gov.cn/）、华经产业研究院（www.huaon.com）。

在贸易差额上，近十年来，中方一直处于顺差状态。特别是 2012 年，中方顺差额达到 1.05 亿美元，占当年两国外贸总额的 73.9%；2012—2016 年，中方贸易顺差额出现下降；2016 年以后，中方顺差额又呈现小幅上升的态势。2019 年，中方贸易顺差为 8 234 万美元。

在贸易结构方面，据联合国统计，2016—2018 年，中国出口摩尔多瓦的商品主要包括机电机械产品、塑料制品、车辆及零部件、光学医疗器械和家具等。按照 HS（海关）编码，中方出口前五位的是第 16 类（机器、机械器具、电气设备及其零件；录音机及其零备件）、第 20 类（杂项制品）、第 7 类（塑料及其制品；橡胶及其制品）、第 17 类（车辆、航空器、船舶及有关运输设备）、第 18 类（光学、照相、电影、计量、检验、医疗或外科用仪器及设备、精密仪器及设备）。2018 年，上述前五大类商品分

别占中方对摩尔多瓦出口总额的 43.29%、6.29%、4.98%、4.69% 和
4.12%。同期，中国从摩尔多瓦进口主要集中在农产品领域，前三大类进
口商品主要为第 4 类（食品、饮料、酒及醋；烟草、烟草及烟草代用品的
制品）、第 2 类（植物产品）和第 20 类（杂项制品）。其中，葡萄酒等产
品占进口比例最高，占 2018 年中方进口总额的 38.56%（具体见表 4-37）。

表 4-37　2016—2018 年中国对摩尔多瓦进出口商品结构

单位：万美元

出口产品	2016年	2017年	2018年	进口产品	2016年	2017年	2018年
电机、设备及零部件、复制机及电视	1 002	1 653	2 452	饮料、烈酒和醋	997	1 620	1 480
机械及器具、核反应堆和锅炉	1 002	1 653	2 254	食用蔬菜、根及块茎	0	402	964
塑料及其制品	436	483	541	家具、床上用品、床垫	127	145	308
车辆及其零件、备件	228	328	510	电气机械设备、复制机及电视	16	21	11
光学、照相、计量、检验、医疗器械	306	924	448	谷物	0	0.3	6
家具、床上用品、床垫	310	331	380	蔬菜、水果、坚果或植物其他部分的制品	0.3	1.6	1.9
玩具、游戏品、运动用品	180	250	304	动植物油脂	11	7	0.2

资料来源：联合国贸易数据资料库（UNCOMTRADE）。

近年来，中、摩两国之间的贸易结构不断优化，中方出口产品从纺织
品、鞋帽等生活必需品不断向高附加值、高科技含量的汽车、电子通信产
品转变。特别是以华为、中兴为首的中国通信公司已经成功进入摩尔多瓦
市场，目前中方通信企业的产品已经占据了摩尔多瓦一半的市场份额。

4.5.2.2　中国对摩尔多瓦投资及工程承包状况

据中国商务部统计，2017 年底，中国对摩尔多瓦直接投资存量只有
387 万美元①。中国对摩方的投资主体主要是国有企业。例如，2011 年中
方投资援建了摩尔多瓦中医中心项目；2018 年，中国核能电力有限公司与

---

① 中国商务部，国家统计局，国家外汇管理局. 2017 中国对外直接投资统计公报 ［EB/
OL］. http://www.stats.gov.cn/.

摩尔多瓦商谈能源合作开发，投资援建的 2 兆瓦太阳能电站项目已顺利启动。中方私营和民营企业对摩尔多瓦的投资仍较少，投资领域集中在通信服务业和零售业。其中，华为技术有限公司与中兴通讯公司凭借其先进的技术和产品，占据了摩尔多瓦 3G 项目一半的市场份额。另外，郑氏国际贸易集团旗下的"三联"公司在摩尔多瓦投资 3 000 万美元建设了综合商贸中心。

在工程承包方面，据中方统计，2014 年中国企业在摩尔多瓦完成承包工程营业额 16 万美元，2015 年新签承包工程合同 33 份；2017 年中国企业在摩尔多瓦完成营业额 11.04 万美元。

4.5.2.3 中摩双边贸易的互补性和竞争性

（1）贸易结合度指数（TII）

我们通过测算中国与摩尔多瓦的双向 TII 指数发现，2015—2019 年，中国对摩尔多瓦的贸易结合度指数值介于 0.009~0.015 之间，摩尔多瓦对中国的贸易结合度指数值介于 0.006~0.009 之间。这说明两国贸易关系非常不紧密，主要原因是摩尔多瓦经济体量和贸易规模相对较小（具体见表 4-38）。

表 4-38　2015—2019 年中国与摩尔多瓦贸易结合度指数

年份	2015	2016	2017	2018	2019
中对摩贸易结合度	0.011	0.009	0.012	0.013	0.015
摩对中贸易结合度	0.007	0.006	0.008	0.009	0.008

数据来源：联合国统计署贸易数据库（UNCOMTRADE）。

（2）显示性比较优势指数（RCA）

我们根据联合国数据库计算 2014—2018 年中国和摩尔多瓦的显示性比较优势指数（RCA）。由两国的 RCA 指数可以看出，中国作为出口国，在第 6 类（主要按原料分类的制品）、第 7 类（机械及运输设备）、第 8 类（杂项制品）具有比较强的竞争力。特别是，第 7 类和第 8 类是中国出口摩尔多瓦的主力产品（具体见表 4-39）。

表 4-39　2014—2018 年中国的 RCA 指数

STIC4	分类标准	2014 年	2015 年	2016 年	2017 年	2018 年
0	食品及活牲畜	0.425	0.411	0.404	0.440	0.425
1	饮料及烟草	0.147	0.153	0.173	0.191	0.174
2	非食用粗原料	0.167	0.181	0.198	0.180	0.164
3	矿物燃料及润滑油	0.096	0.099	0.123	0.152	0.172
4	动植物油脂	0.054	0.056	0.058	0.052	0.062
5	化学制品和相关产品	0.507	0.530	0.508	0.514	0.537
6	主要按原料分类的制品	1.336	1.372	1.365	1.349	1.297
7	机械及运输设备	1.432	1.348	1.278	1.255	1.266
8	杂项制品	2.327	2.250	2.618	1.980	1.951
9	其他未分类商品和交易	0.013	0.020	0.018	0.044	0.055

资料来源：联合国商品贸易数据库（UNCOMTRADE）。

摩尔多瓦作为出口国，在第 1 类（饮料及烟草）具有比较强的竞争力，第 8 类（杂项制品）也具有一定的竞争力，其他类别产品的竞争力都较弱。特别是，摩尔多瓦是全球唯一一个把葡萄酒产业提高到国家战略层面的政府，葡萄酒产业也是其出口创汇的支柱产业（具体见表 4-40）。

表 4-40　2014—2018 年摩尔多瓦的 RCA 指数

STIC4	分类标准	2014 年	2015 年	2016 年	2017 年	2018 年
0	食品及活牲畜	0.004	0.003	0.004	0.005	0.004
1	饮料及烟草	1.081	1.092	1.023	1.021	1.231
2	非食用粗原料	0.002	0.003	0.002	0.002	0.004
4	非植物油脂	0.001	0.001	0.002	0.002	0.002
6	主要按原料分类的制品	0.012	0.011	0.013	0.014	0.015
7	机械及运输设备	0.023	0.065	0.077	0.078	0.080
8	杂项制品	0.452	0.641	0.712	0.854	0.887
9	其他未分类商品和交易	0.132	0.176	0.144	0.159	0.213

资料来源：联合国商品贸易数据库（UNCOMTRADE）。

（3）贸易互补性指数（TCI）

我们根据联合国贸易数据库，通过公式测算，发现当中国作为出口国时，中国对摩尔多瓦在 SITC6（按原料分类的制品）、SITC8（杂项制品）

两类产品上有较强的互补关系，该结果与上述显示性比较优势指数（RCA）的结果相似。特别是，在SITC6类别上，中方对摩的TCI指数一直高达3.7至4之间；在SITC8类别上，TCI指数介于1.8至2之间；在SITC7（机械与运输设备）和SITC0（食品及活牲畜）类别上，TCI指数也呈现逐年上升的趋势。

我们也发现，当摩尔多瓦作为出口国时，其对中国在SITC2（非食用粗原料）、SITC1（饮料及烟草）、SITC8（杂项制品）这三类产品有较强互补关系。这一结论基本与上述RCA指数的结果相似，反映出摩尔多瓦在原料、饮料及杂项制品上与中方互补关系较强（具体见表4-41）。

表4-41 2014—2018年中国与摩尔多瓦贸易互补性指数

第四版SITC	分类标准	2014年	2015年	2016年	2017年	2018年
中国作为出口国						
0	食品及活牲畜	0.667 4	0.681 3	0.696 7	0.704 1	0.742 5
1	饮料及烟草	0.474 1	0.519 3	0.531 8	0.542 8	0.557 2
2	非食用粗原料	0.661 7	0.069 7	0.077 9	0.079 6	0.076 6
3	矿物燃料及润滑油	0.120 2	0.117 6	0.123 1	0.129 9	0.123 5
4	动植物油脂	0.040 7	0.039 6	0.047 3	0.040 6	0.060 6
5	化学制品和相关产品	0.590 5	0.576 7	0.587 1	0.635 1	0.597 2
6	主要按原料分类的制品	3.770 1	3.915 2	3.876 9	3.993 2	4.005 1
7	机械及运输设备	0.634 5	0.671 9	0.650 5	0.714 7	0.704 7
8	杂项制品	1.805 3	1.782 1	1.790 3	1.834 2	1.951 2
摩尔多瓦作为出口国						
0	食品及活牲畜	0.667 4	0.681 3	0.696 7	0.851 5	0.742 5
1	饮料及烟草	1.414 7	1.520 7	1.586 7	1.612 4	1.576 2
2	非食用粗原料	4.173 1	4.342 1	4.650 5	9.271	5.141 1
8	杂项制品	1.087 5	1.172 1	1.009 3	1.209 9	1.201 2

数据来源：笔者根据联合国统计署贸易数据库（UNCOMTRADE）计算得出。

4.5.3 中摩双边 FTA 谈判的进展和存在的障碍

4.5.3.1 中摩 FTA 谈判进展状况

2016 年 12 月，中摩双边自由贸易协定谈判可行性研究启动，2017 年 5 月结束。可行性研究报告认为，建立中摩 FTA 将有助于加强两国之间的贸易和经济关系，挖掘经贸合作潜力。2017 年 12 月 28 日，中国与摩尔多瓦签订了《自由贸易协定双边谈判谅解备忘录》，正式启动中摩自由贸易协定谈判。

2018 年 3 月 5 日，中摩 FTA 第一轮谈判在摩尔多瓦首都基希纳乌举行，双方就谈判职责文件交换了意见，并成立了谈判工作组，对协定中方建议文本进行逐条磋商，就后续工作路线图和具体任务达成共识。2018 年 6 月 27 日，中摩 FTA 第二轮谈判在中国北京举行，双方讨论了 FTA 协定文本，涉及的主要内容有：货物贸易、投资、原产地规则、电子商务、卫生和植物检疫、技术贸易壁垒、知识产权等条款。另外，双方还交换了不取消关税的保护产品清单，摩尔多瓦接受了协定草案关于"竞争"部分提出的若干修正案。2018 年 9 月 6 日，中摩双边 FTA 第三轮谈判在摩尔多瓦首都基希纳乌举行，谈判主要侧重于原产地规则、市场准入、技术贸易壁垒和贸易保护措施等内容①。

2018 年 9 月 19 日，中国外长王毅会见摩外交部部长乌里扬诺夫斯基并表示，中、摩是传统友好国家，中方视摩方为共建"一带一路"的重要合作伙伴，中方欢迎并支持摩方参与中国—中东欧国家合作进程，双方要尽早完成 FTA 谈判，扩大双边贸易类投资，提升人员往来便利化水平，为两国人民创造更多福祉②。

4.5.3.2 中摩双边 FTA 谈判的障碍

第一，中方贸易顺差过大。近年来，中方对摩尔多瓦贸易顺差一直维持在 7 000 万至 8 000 万美元的水平，主要原因是摩方出口到中国的产品过于单一，主要是以葡萄酒为主的农产品。而中国出口到摩方的产品种类繁多，从玩具百货、服装鞋帽到机械、车辆以及精密仪器等。较大的贸易差额成为中摩双边 FTA 谈判的一大障碍。

---

① 笔者根据中国自由贸易区服务网（http://fta.mofcom.gov.cn/）公开资料整理。
② 商务部世界贸易组织司. 中国—摩尔多瓦自贸区第三轮谈判在摩举行 [EB/OL]. http://fta.mofcom.gov.cn/article/chinamoldova/chinamoldovanews/202009/43040_1.html.

第二，中国企业缺乏对摩尔多瓦战略地位的认识和了解，对摩尔多瓦辐射欧洲市场的作用重视程度不足，导致中国企业对摩方投资热情不高。目前中国对摩方直接投资存量只有 300 多万美元，主要原因是摩尔多瓦国内市场规模过小，吸引外资的能力有限。另外，摩尔多瓦在基础设施建设、工业配套设施、政府工作效率和法制建设等方面还需要进一步改善。

第三，欧盟和俄罗斯对摩尔多瓦制定贸易政策的制约。摩尔多瓦是独联体国家中第一个成为欧洲委员会成员和欧盟联系对象的国家，其也一直致力于实现与欧盟的经济一体化，欧盟已成为摩尔多瓦主要的贸易伙伴。另外，俄罗斯一直是摩尔多瓦最主要的天然气来源国，虽然近几年两国关系日益冷淡，但俄罗斯在摩尔多瓦的政治、经济生活中仍然扮演着重要的角色。欧盟和俄罗斯都不希望看到大量的中国商品通过摩尔多瓦这个中转站进入各自国内市场，因此，外部因素影响也是中摩双边 FTA 谈判的障碍之一。

4.6 中国与印度的贸易潜力及双边 FTA 的经济效应

4.6.1 引言及文献综述

印度是"一带一路"沿线国家中经济规模较大的经济体，印度目前签订了 16 个自由贸易协定，且中、印两国的自由贸易区发展对象主要是东南亚国家。2018 年，中、印两国人口之和突破 27 亿，约占全球总人口的 36%，两国 GDP 合计达到 16.33 万亿美元，约占世界 GDP 的 20%。但中印双边贸易额 2018 年只有 955 亿美元，只占当年中国外贸总额的 2%，远低于中美贸易占中国外贸总额 13.7% 的比例。2008—2018 年，中、印两国 GDP 平均增长率分别高达 8.11% 和 6.75%，远高于世界经济 2.45% 的平均增长速度。无论是从人口还是从经济体量上看，若中、印管控分歧、求同存异，则建成的中印 FTA 将是世界最大的双边自由贸易区，这也将大大增加两国在区域内甚至在全球的影响力。

早在 2003 年，印度总理访华时，首先提出了创建中印 FTA 的建议。2005 年中国总理访印后，两国才开始联合研究建立自由贸易区的可行性。2007 年 6 月，在中印区域贸易安排可行性研究第四次会议上，两国在货物和服务贸易、贸易类投资便利化等方面达成基本共识。然而，十几年来，中印自由贸易区迟迟未能建立。如今两国的经济环境已发生了许多变化，那么当前两国建设自由贸易区是否还具有可行性呢？因此，有必要对中、印两国双边贸易的潜力、自由贸易区建设的基础和经济效应进行研究。

目前，中印经贸关系的相关研究文献包括：中印经贸合作的问题及对策、合作的效率与潜力，中印建设 FTA 的效应等方面。总体上，现有研究方法多属于定性分析，而对中印贸易合作的潜力及两国建立 FTA 的定量分析仍比较缺乏①。鉴于此，本书将分析中印双边自由贸易区建设的基础，运用随机前沿引力模型研究中印双边贸易的效率及潜力，并通过 SMART 模型模拟了不同程度的关税减让对中、印两国的影响及差异。

4.6.2　中、印双边贸易发展的现状及特点

4.6.2.1　中、印双边贸易发展现状

2008—2017 年，中、印双边贸易呈现逐步增长态势。据统计，2008 年，中印双边贸易额为 518 亿美元，2017 年达到 843.9 亿美元，10 年间共增长了 63%。但在 2009 年和 2012 年，两国贸易额出现了小幅度的下降。在出口方面，同期，中方对印度出口从 315.9 亿美元增长到 680.4 亿美元，共增长了 115%，仅在 2009 年和 2012 年出现小幅下滑。在进口方面，中方对印度进口额在 2011 年达到阶段性高点 233.7 亿美元，此后逐年下滑至 2016 年的 117.6 亿美元。2017 年，中方对印度进口额为 163.5 美元，同比增长了 38.9%。具体见表 4-42。

表 4-42　中国对印度双边货物贸易情况

年份	进出口总额		出口额		进口额		贸易差额/亿美元	对印出口占比/%	对印进口占比/%
	金额/亿美元	增长率/%	金额/亿美元	增长率/%	金额/亿美元	增长率/%			
2008	518.4	34.1	315.9	31.3	202.6	38.6	113.3	2.2	11.1
2009	433.8	-16.3	296.7	-6.1	137.1	-32.3	159.5	2.5	7.8
2010	617.6	42.4	409.1	37.9	208.5	52	200.7	2.6	9.6
2011	739.1	19.7	505.4	23.5	233.7	12.1	271.6	2.7	7.8
2012	664.7	-10.1	476.8	-5.7	188	-19.6	288.8	2.3	6.5

---

① 赵青松，祝学军. 中印贸易合作的潜力及实现路径研究：基于随机前沿引力模型 [J]. 价格月刊，2020 (5)：34-42.

表4-42(续)

年份	进出口总额		出口额		进口额		贸易差额/亿美元	对印出口占比/%	对印进口占比/%
	金额/亿美元	增长率/%	金额/亿美元	增长率/%	金额/亿美元	增长率/%			
2013	654	-1.6	484.3	1.6	169.7	-9.7	314.6	2.2	5.0
2014	705.8	7.9	542.2	11.9	163.6	-3.6	378.6	2.3	5.2
2015	716	1.5	582.3	7.4	133.7	-18.3	448.6	2.6	5.1
2016	701.6	-2	584	0.3	117.6	-12	466.3	2.8	4.5
2017	843.9	20.3	680.4	16.5	163.5	38.9	517	3.0	5.6

数据来源：UNCOMTRADE。对印度出口占比是指中国对印度的出口占中国总出口的比例，对印度进口占比是指印度对中国的出口占印度总出口的比例。

印度对中国的贸易逆差现象比较严重。2008—2017年，中方对印度的贸易顺差从113.3美元扩大到517亿美元，中方顺差增长了4.6倍。在贸易占比上，中国占印度出口总额的比例从2008年的11.1%下降到2017年的5.6%，但基本在5%至7%之间波动；同期，印度占中方出口总额的比例则逐步扩大，从2.2%上升到3%。这说明中国已经是印度的主要出口市场之一，印度逐渐成为中国的主要出口市场。

4.6.2.2 中印双边贸易的指标测度

（1）贸易结合度指数（TII）

我们通过计算2008—2017年中、印之间的TII指数发现，中国对印度的TII指数介于0.86至1.23之间，在临界值1上下变化。中国对印度2012年出口额下降74.3亿美元，当年中国对印度的TII指数下降到近年来的最低值0.86，此后TII指数逐年攀升，至2016年增长至1.23（见图4-1）。这表明中国与印度的贸易联系逐渐紧密。

同期，印度对中国的TII指数却呈现下降趋势，从2008年的1.58下降至2016年的0.45，2017年回升至0.52，这其中的主要原因是，印度对中国的出口贸易出现持续下滑，且中国进口占世界总进口的比例逐年提高。总体上，中方对印度的TII指数高于印度对中国的，这说明中国对印度的贸易联系较紧密，中国是印度重要的出口市场，而印度对中国的贸易联系紧密程度较低。

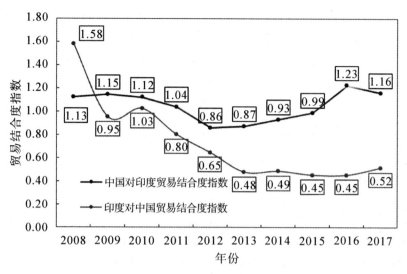

图 4-1　中、印两国贸易结合度指数

数据来源：UNCOMTRADE。

（2）出口相似度指数（ESI）①

本书拟分别选取中国、印度出口前四位的国家作为两国的竞争市场，分析中、印两国出口产品的竞争性②，最终选择世界市场、美国、阿联酋、新加坡、日本、韩国、越南作为中、印两国的主要出口市场。

2008—2017 年，中、印两国在世界市场上的 ESI 指数在 55 上下波动，2016 年最高达到 60.9 的水平，说明两国商品在全球市场上的平均竞争程度适中。从各国市场上看，除在阿联酋的 ESI 指数大于 60 之外，中、印两国在其他 5 大出口市场的 ESI 指数都低于世界平均水平。其中，在日本、韩国、新加坡市场上，ESI 指数大部分年份不超过 50，在越南市场上都低于 40，说明中、印两国在这些国家市场上的竞争程度低于世界平均水平。

---

① 出口相似度指数衡量两国在同一市场上的商品竞争关系。ESI 指数在 0~100 之间，取值越大，则表示两国产品的出口相似度越大，贸易竞争越激烈。

出口相似度指数（ESI）公式为：

$$ESI_{ab} = \left\{ \sum_{i=0}^{n} \left[\left(\frac{X_{ak}^{i}/X_{ak} + X_{bk}^{i}/X_{bk}}{2} \right) \times \left(1 - \left| \frac{X_{ak}^{i}/X_{ak} - X_{bk}^{i}/X_{bk}}{X_{ak}^{i}/X_{ak} + X_{bk}^{i}/X_{bk}} \right| \right) \right] \right\} \times 100$$

式中，a、b、k 分别指中国、英国和目标市场，X_{ak}^{i}/X_{ak} 代表中国出口到 k 市场的第 i 种商品总额占中国出口到 k 市场商品总额的比例，X_{bk}^{i}/X_{bk} 同理解释。

② 中国 2017 年出口排名前四国家：美国、日本、韩国、越南；印度 2018 年出口排名前四国家：美国、阿联酋、中国、新加坡。

从 ESI 指数的变化来看，中、印在美国市场上的 ESI 指数在 52 左右波动，属于适度的竞争关系，并存在下降趋势；在日本市场上的 ESI 指数出现上升趋势；在韩国、新加坡、阿联酋市场上，ESI 指数分别在 45、50 和 64 左右波动，说明中、印两国在这些市场上的竞争性较为稳定（见表 4-43）。

表 4-43　2008—2017 年中、印两国在主要市场上的贸易相似度指数

年份	2008	2009	2010	2011	2012	2013	2014	2015	2016	2017
世界	55	59.3	53.4	55.5	55.5	52	56.4	59	60.9	59.4
美国	60	61.9	57.2	53.6	48.4	47.7	48.5	51.3	50.5	52.3
日本	43.4	42.7	37.8	44.9	40.8	39.8	42.9	53.4	51.5	49.3
韩国	49.3	37.6	45.6	47.8	44.2	42.6	44.6	44.6	47.7	47.5
新加坡	49.3	59.4	46.5	50.1	40.2	47.3	53.8	50.2	56.4	53.0
越南	36.7	46.2	51.3	36.4	30.9	31.7	30.8	34.5	36.6	39.0
阿联酋	58.2	66.3	63.7	68.2	64.3	67.4	65.3	63.1	63.4	64.2

数据来源：UNCOMTRADE。

（3）贸易互补性指数（TCI）

我们通过计算 2008—2017 年中印贸易互补性指数看出，中国出口与印度进口的 TCI 指数总体表现为上升趋势，从 2008 年的 0.65 增长到 2017 年的 0.76，增长了 16.9%，说明中国出口与印度进口的互补性越来越强。从各类产品上看，SITC5、SITC6、SITC7、SITC8 都表现出较高的互补性[①]，只有 SITC7 出现下降趋势，由 2008 年的 0.84 下降到 2017 年的 0.79，SITC5、SITC6、SITC8 则分别上升约 22%、39.3%、20%，而 SITC6、SITC7、SITC8 是中国出口金额较大的三类产品（见表 4-44）。

表 4-44　2008—2017 年中国出口与印度进口贸易互补性指数

种类	2008年	2009年	2010年	2011年	2012年	2013年	2014年	2015年	2016年	2017年
SITC0	0.10	0.14	0.14	0.10	0.10	0.10	0.11	0.16	0.19	0.19
SITC1	0.01	0.01	0.01	0.01	0.02	0.02	0.02	0.02	0.03	0.02
SITC2	0.36	0.28	0.24	0.23	0.24	0.24	0.27	0.29	0.27	0.25

---

① SITC0（食品和活牲畜）、SITC1（饮料及烟草）、SITC2（燃料除外的非食用原料）、SITC3（矿物燃料、润滑油和相关原料）、SITC4（动物和植物油脂）、SITC5（化学制品和相关产品）、SITC6（主要按原材料分类的制品）、SITC7（机械及运输设备）、SITC8（杂项制品）、SITC9（其他未分类商品及交易）

表4-44(续)

种类	2008年	2009年	2010年	2011年	2012年	2013年	2014年	2015年	2016年	2017年
SITC3	0.31	0.33	0.27	0.23	0.23	0.22	0.25	0.34	0.43	0.55
SITC4	0.16	0.21	0.18	0.18	0.20	0.24	0.27	0.31	0.30	0.32
SITC5	0.59	0.42	0.48	0.51	0.47	0.48	0.53	0.56	0.57	0.72
SITC6	1.22	1.45	1.62	1.65	1.25	1.41	1.50	1.61	1.69	1.70
SITC7	0.84	0.95	0.82	0.81	0.75	0.74	0.67	0.73	0.79	0.79
SITC8	0.58	0.74	0.67	0.71	0.86	0.66	0.67	0.67	0.71	0.69
SITC9	0.03	0.02	0.02	0.03	0.02	0.02	0.02	0.01	0.04	0.01
综合贸易互补值	0.65	0.72	0.69	0.67	0.62	0.61	0.62	0.70	0.74	0.76

数据来源：UNCOMTRADE。

印度出口与中国进口的 TCI 指数总体为下降态势，从 2008 年的 1.02 下降到 2017 年的 0.93，共下降 8.8%，但近十年，该 TCI 指数均保持在 0.9 以上。在产品种类上，SITC2、SITC3、SITC5、SITC6 这 4 个大类商品一直表现出较强的互补性，但只有 SITC3 产品的 TCI 指数呈现大幅上升，共上升了 97%，而 SITC2、SITC4 产品的 TCI 指数却出现大幅下滑，分别下降了 57.4%、36.8%（见表4-45）。

表 4-45　2008—2017 年印度出口与中国进口贸易互补性指数

种类	2008年	2009年	2010年	2011年	2012年	2013年	2014年	2015年	2016年	2017年
SITC0	0.38	0.25	0.33	0.37	0.52	0.58	0.62	0.76	0.70	0.72
SITC1	0.13	0.14	0.13	0.12	0.15	0.14	0.15	0.21	0.24	0.20
SITC2	8.06	6.51	5.78	4.11	3.88	3.69	3.30	3.31	3.57	3.43
SITC3	0.96	0.94	1.04	1.00	1.13	1.08	1.27	1.39	1.49	1.89
SITC4	1.06	0.93	0.81	0.69	0.72	0.67	0.57	0.70	0.57	0.67
SITC5	1.14	0.89	1.00	0.98	1.22	1.10	1.06	1.16	1.23	1.03
SITC6	1.34	1.62	1.58	1.26	1.17	1.23	1.37	1.33	1.35	1.35
SITC7	0.45	0.52	0.48	0.47	0.44	0.45	0.49	0.50	0.51	0.48
SITC8	0.90	1.05	0.78	0.82	0.86	0.65	0.69	0.76	0.81	0.84
SITC9	0.04	0.08	0.19	1.09	0.29	0.77	0.13	0.05	0.02	0.01
综合贸易互补值	1.02	0.99	0.99	0.93	0.92	0.90	0.91	0.91	0.92	0.93

数据来源：UNCOMTRADE。

从 TII、ESI、TCI 三个指数可以看出，中、印两国出口产品在 6 个主要市场上表现出一定的弱竞争性。中国对印度在三类出口产品（SITC6、SITC7、SITC8）上具有较强的互补性，印度对中国在四类出口产品（SITC2、SITC3、SITC5、SITC6）上具有较强的互补性。因此，中、印两国若能进一步降低关税，减少贸易壁垒，将有利于释放两国双边贸易的潜力。

4.6.3　中、印双边贸易潜力及效率的实证分析

4.6.3.1　模型设定与数据来源

随机前沿方法是由 Farrell[①] 开创的，被 Meeusen 和 Broeck[②]、Aigner,Lovell 和 Schmidt 应用并引入面板数据[③]，用于研究生产的技术效率；之后，由 Battese 和 Coelli 继续发展，提出了时变衰减模型[④]。在研究贸易问题时，学者们通常将该方法加入 GDP、人口、距离等影响因素，则产生了随机前沿引力模型。其对数形式的表达式如下：

$$lnTrade = \alpha_1 + \alpha_2 lnd + \alpha_3 lnz + v_{ij} - \mu_{ij}$$

式中，$Trade$ 表示贸易量；d 表示距离；z 表示其他影响贸易量的控制变量；v_{ij} 表示一般的随机误差项，主要是指非人为的不可观测因素的集合；μ_{ij} 表示贸易非效率项，主要是指人为因素对贸易的促进或抑制程度。当贸易水平达到最优状态时，$\mu_{ij}=0$；当贸易水平未达到最优状态时（即存在效率损失），$\mu_{ij}>0$。而在时变衰减模型中，贸易非效率项 μ_{ijt} 服从截尾正态分布 $\mu_{ijt} = \{exp[-\eta(t-T)]\}\mu_{ij}$，其中 η 为待估参数。当 $\eta=0$ 时，意味着贸易非效率项不随时间推移而变化，即此时等价于时不变模型，当 $\eta<0$、$\eta>0$ 时，分别表示贸易非效率项随时间推移而增加和减少。

早期的学者在使用随机前沿引力模型时，一般运用"两步法"，但这种方法存在前后两步假设矛盾的问题，因此，现在学者们都采用"一步

①　FARRELL M J. The Measurement of Production Efficiency [J]. Journal of the Royal Statistical Society, 1957 (120): 253-281.

②　MEEUSEN, J VAN DEN BROECK. Efficiency estimation from Cobb-Douglas production functions with composed error [J]. International Economic Review, 1977 (18): 141.

③　DENNIS AIGNER, C A KNOX LOVELL, PETER SCHMIDT. Formulation and estimation of stochastic frontier production function models [J]. Journal of Econometrics, 1976 (6): 21-37.

④　BATTESE G E, T J COELLI. Frontier Production Functions, Technical Efficiency and Panel Data: With Application to Paddy Farmers in India [J]. The Journal of Productivity Analysis, 1992 (3): 149-169.

法"进行估计。

我们根据中国、印度各自出口前 20 的国家，构建一个包含 26 个国家、跨度从 2000 年至 2017 年的面板数据[①]，对中国和印度的出口、进口、总贸易效率进行估计。我们构建的随机前沿引力模型的设定如下：

$$\ln T_{ijt} = \beta_0 + \beta_1 \ln \text{GDP}_{it} + \beta_2 \ln \text{GDP}_{jt} + \beta_3 \ln P_{it} + \beta_4 \ln P_{jt} + \beta_5 \ln d_{ijt} + \beta_6 \ln \text{duty}_{it} + \beta_7 \ln \text{duty}_{jt} + \beta_8 \text{CONT} + \beta_9 \text{APEC} + v_{ijt} - \mu_{ijt} \tag{4.1}$$

$$\ln im_{ijt} = \beta_0 + \beta_1 \ln \text{GDP}_{it} + \beta_2 \ln \text{GDP}_{jt} + \beta_3 \ln P_{it} + \beta_4 \ln P_{jt} + \beta_5 \ln d_{ijt} + \beta_6 \ln \text{duty}_{it} + \beta_7 \ln \text{duty}_{jt} + \beta_8 \text{CONT} + \beta_9 \text{APEC} + v_{ijt} - \mu_{ijt} \tag{4.2}$$

$$\ln \exp_{ijt} = \beta_0 + \beta_1 \ln \text{GDP}_{it} + \beta_2 \ln \text{GDP}_{jt} + \beta_3 \ln P_{it} + \beta_4 \ln P_{jt} + \beta_5 \ln d_{ijt} + \beta_6 \ln \text{duty}_{it} + \beta_7 \ln \text{duty}_{jt} + \beta_8 \text{CONT} + \beta_9 \text{APEC} + v_{ijt} - \mu_{ijt} \tag{4.3}$$

其中，T_{ij}、im_{ij}、$\exp_{ij}$ 分别表示中国与美国、印度等主要贸易国家的总贸易额、进口额、出口额，GDP_i、GDP_j 分别表示中国、主要贸易国家的国内生产总值，反映 i、j 国家的发展水平，GDP 越大则双边贸易额越大，预估系数为正；P_i、P_j 分别表示中国、主要贸易伙伴的人口规模，反映 i、j 国的消费人数，一般认为若人口增长快于 GDP 增长，则预期系数为负，否则系数为正；d_{ij} 表示中国与这些国家首都的距离，反映 i 与 j 国间的贸易壁垒，预估系数为负；duty_i、duty_j 分别表示中国、主要贸易伙伴的加权平均关税，反映 i 与 j 国的关税水平，关税水平越低则贸易量越大，预估系数为负；CONT 表示中国与主要国家是否接壤，接壤取 1，否则取 0；APEC 表示主要国家是否为 APEC 成员，是取 1，否则取 0。贸易数据来源于联合国数据库；GDP 与人口数值来自 Wind 数据库；距离来源于 distance calculator；关税税率来自 WITS 中 Trains 数据库。

4.6.3.2 实证结果分析

本研究对进口、出口、总贸易三个被解释变量分别进行时不变（TI）、时变衰减（TVD）两种方法回归，对比发现三个模型不论采用何种方法估计，贸易非效率项（μ_{ij}）的方差占混和误差项的比例在 0.88 至 0.99 之间，说明贸易非效率项确实存在，使用随机前沿是合理的；另外 η 都在 1% 显

[①] 中国 2017 年出口排名前 20 国家：美国、日本、韩国、越南、德国、印度、荷兰、英国、新加坡、俄罗斯、马来西亚、澳大利亚、墨西哥、印度尼西亚、菲律宾、加拿大、意大利、巴西、阿联酋、法国；印度 2018 年出口排名前 20 国家：美国、阿联酋、中国、新加坡、英国、德国、孟加拉国、荷兰、尼泊尔、比利时、越南、马来西亚、意大利、沙特、法国、土耳其、韩国、印度尼西亚、日本、斯里兰卡。

著水平上异于 0，表明采用 TVD 比用 TI 方法得到的结果更为可信。

　　GDP$_i$、GDP$_j$ 在三个模型中的系数均大于零，且都通过 1% 显著水平的检验，说明 GDP 的提高促进了主要国家与中国双边贸易的增长，这与预期相符；P$_i$、P$_j$ 分别主要表现为系数小于零、大于零，说明中国人口的增加不利于中国外贸的扩张，而主要贸易国家人口的增加则促进了其与中国贸易的增长；d$_{ij}$ 的系数小于零，说明距离阻碍了中国与这些国家的双边贸易；duty$_i$、duty$_j$ 的系数均小于零，均通过了 1% 显著水平检验，说明平均关税越低越有利于中国与这些国家贸易的增长；其中，中国的关税每降低 1%，则能促进中国与这些国家双边进口约 7%、出口贸易约 6.5% 左右的增长，而这些国家关税下降 1%，则能分别促进与中国进口和出口贸易约 3.2%、4.5% 的增长；CONT 的系数为负，说明边界仍是阻碍中国与主要国家双边贸易的因素之一；APEC 系数为正值，表明加入 APEC 促进了中国与这些国家的双边贸易。具体见表 4-46。

表 4-46　随机前沿模型估计结果

模型类别	进口估计	出口估计	总贸易估计	进口估计	出口估计	总贸易估计
估计方法	TI	TI	TI	TVD	TVD	TVD
lnGDP$_i$	0.677 ***	0.595 ***	0.667 ***	0.689 ***	0.598 ***	0.633 ***
	(0.12)	(0.07)	(0.08)	(0.11)	(0.07)	(0.07)
lnGDP$_j$	0.503 ***	0.797 ***	0.650 ***	0.469 ***	0.800 ***	0.700 ***
	(0.07)	(0.04)	(0.04)	(0.06)	(0.03)	(0.04)
lnP$_i$	−3.254	−2.164	−3.872 *	−6.464 **	1.336	0.375
	(3.22)	(1.93)	(2.10)	(3.18)	(2.03)	(2.60)
lnP$_j$	0.454 ***	−0.068 0	0.086 0	0.484 ***	−0.206 ***	0.013 0
	(0.16)	(0.07)	(0.08)	(0.12)	(0.05)	(0.07)
lnd$_{ij}$	−0.341	−0.652 ***	−0.584 ***	−0.136	−0.980 ***	−0.997 ***
	(0.35)	(0.17)	(0.21)	(0.15)	(0.12)	(0.19)
duty$_i$	−0.068 ***	−0.068 ***	−0.073 ***	−0.071 ***	−0.064 ***	−0.067 ***
	(0.01)	(0.01)	(0.01)	(0.01)	(0.01)	(0.01)
duty$_j$	−0.034 ***	−0.046 ***	−0.042 ***	−0.031 ***	−0.044 ***	−0.044 ***
	(0.01)	(0.00)	(0.00)	(0.01)	(0.00)	(0.00)
CONT	−1.788 ***	0.201	−0.517 **	−1.928 ***	0.255	0.036 0
	(0.52)	(0.26)	(0.24)	(0.32)	(0.24)	(0.32)

表4-46(续)

模型类别	进口估计	出口估计	总贸易估计	进口估计	出口估计	总贸易估计
APEC	0.951***	0.290	0.743***	0.988***	0.529***	1.017***
	(0.29)	(0.19)	(0.17)	(0.25)	(0.15)	(0.20)
cons	54.94	38.60	73.419*	120.741*	−29.93	−10.86
	(64.45)	(38.64)	(42.06)	(63.54)	(40.86)	(52.03)
lnsigma2						
cons	2.042	−1.352***	−0.726	1.822	−0.834**	−0.675*
	(1.40)	(0.34)	(0.53)	(1.20)	(0.38)	(0.38)
lgtgamma						
cons	4.492***	2.008***	2.512***	4.341***	2.635***	2.607***
	(1.41)	(0.40)	(0.58)	(1.22)	(0.42)	(0.42)
μ						
cons	−2.354	0.850***	0.517	−1.717	1.033***	1.629***
	(7.19)	(0.19)	(0.36)	(5.14)	(0.23)	(0.40)
η						
cons				0.011***	−0.017***	−0.013***
				(0.00)	(0.00)	(0.00)
N	468	468	468	468	468	468

注:笔者根据stata软件整理而得,***、**、*分别表示通过1%、5%、10%的显著水平检验,括号内为标准误。

2006—2017年,中国对印度的出口效率(实际出口额与理论出口额之比)呈现递增趋势,从0.4上升到0.46;而中国对印度的进口效率(实际进口额与理论进口额之比)则呈递减势头,从2006年的0.52下降到2017年的0.48,且中国对印度的出口效率始终小于进口效率。在中国对印度的进口和出口的可拓展贸易潜力方面(理论值与实际值之差),2006—2017年,可拓展的出口贸易潜力从217亿美元增长至793.95亿美元,可拓展的进口贸易潜力从94.4亿美元增长至176.7亿美元,且出口潜力值始终大于进口潜力;2017年,中国对印度的出口潜力是进口潜力的3.49倍①。总之,中、印两国进口及出口贸易效率较低,两国贸易潜力较大。具体见表4-47。

---

① 赵青松,祝学军. 脱欧背景下中英双边FTA建设的可行性及其福利分析 [J]. 经济论坛,2020(2):87-96.

表 4-47 中国对印度的进口、出口效率及潜力

年份	出口效率 /%	实际出口值率 /亿美元	出口潜力 /亿美元	进口效率 /%	实际进口值 /亿美元	进口潜力 /亿美元
2006	0.4	145.81	216.99	0.52	102.77	94.37
2007	0.41	240.51	350.28	0.52	146.17	136.28
2008	0.41	315.85	450.22	0.51	202.59	191.78
2009	0.42	296.67	413.75	0.51	137.14	131.76
2010	0.42	409.14	558.09	0.51	208.46	203.27
2011	0.43	505.36	674.29	0.50	233.72	231.30
2012	0.43	476.77	622.29	0.50	187.97	188.87
2013	0.44	484.32	618.41	0.50	169.70	172.99
2014	0.45	542.17	677.01	0.49	163.59	169.25
2015	0.45	582.28	710.81	0.49	133.69	140.38
2016	0.46	583.98	696.96	0.48	117.64	125.37
2017	0.46	680.42	793.95	0.48	163.45	176.72

注：笔者根据 stata 软件整理而得，出口潜力和进口潜力表示可拓展的贸易潜力。

4.6.4 基于局部均衡模型的中印自由贸易区经济效应

4.6.4.1 SMART 模型介绍

SMART 模型是由世界银行和 UNCTAD 等组织联合开发的用于模拟分析自由贸易区关税削减的贸易效应的局部均衡模型，该模型注重模拟双边 FTA 对贸易商品结构、整体经济效应的影响。根据 Viner 的框架，模型的三个假设条件为：①局部均衡：无收入效应；②Armington（阿明顿）假定：进口产品非完全替代；③出口供给曲线向上倾斜：每种产品的世界价格是内生的[①]。

各国建立 FTA 的主要目的是削减关税，甚至将关税全面削减为零。在研究 FTA 关税减让效应时，SMART 软件模拟涉及四个参数的设置：一是关于国际公认的关税减让方式即非线性的瑞士公式 $\tau = a\tau_0 / a + \tau_0$ 中的参数，a 通常设定为 $a = 0.5$、$a = 0.16$、$a = 0$ 三种情况，若 $a = 0$，则表示关税减让到零。二是关于"阿明顿替代弹性"（不同来源地进口品间的替代弹

[①] 刘岩. 中国潜在自由贸易区伙伴的选择战略：基于贸易效应的局部均衡分析 [J]. 国际商务（对外经济贸易大学学报），2013（4）：15-26.

性）的设定，一般有 E=1.5、E=3、E=6 三种情况。三是供给弹性，本书采用 SMART 软件默认设置为 99（出口供给弹性无限大，各出口国均是世界价格的接受者）。四是进口需求弹性，由 SMART 系统的内嵌算法自动得出①。因此，我们设定 E=1.5、a=0.5（基准场景），E=3、a=0.5，E=6、a=0.5，E=1.5、a=0.16，E=1.5、a=0 五种场景，利用 SMART 模拟中、印之间关税减让带来的经济效应。

4.6.4.2　模拟结果分析

中国对印度关税削减的场景设置为 E=1.5、a=0.5，其他条件不变时，中国总经济效应增加 2.15 亿美元。其中，中国能从中印双边贸易中获得约 1.82 亿美元的贸易创造效应、0.61 亿美元的贸易转移效应，贸易总效应达到 2.42 亿美元。第 3 类、第 6 类、第 8 类、第 11 类商品的贸易总效应最高，分别达到 0.34 亿、0.28 亿、0.41 亿、0.47 亿美元②。关税的下降造成中国的关税收入损失 0.46 亿美元，这主要是对第 3 类、第 6 类、第 11 类、第 16 类商品的关税削减造成的关税收入下降。同时，关税的减让造成经济福利增加了 0.19 亿美元，其中，第 3 类、第 4 类、第 11 类、第 12 类商品的经济福利增长较为明显。从对印度进口增长率上看，中国的关税减让将促进对印进口增长约 1.25%，特别是在第 3 类、第 4 类、第 8 类、第 12 类商品上的进口增长最快，分别达到 8.2%、26.3%、12.9%、10.2%（见表 4-48）。

表 4-48　中国对印度关税减让基准场景模拟结果

产品种类	贸易创造/万美元	贸易转移/万美元	贸易总效应/万美元	经济福利/万美元	关税收入/万美元	经济效应/万美元	关税1/万美元	关税2/万美元	进口增长率/%
1	285.20	61.90	347.10	28.14	−29.48	345.76	4.71	4.31	3.49
2	434.86	229.54	664.40	26.67	−173.97	517.10	7.77	6.73	3.85
3	3 288.47	84.10	3 372.57	294.10	−408.79	3 257.88	10.00	8.34	8.21

---

① HIAU LOOI KEE, ALESSANDRO NICITA, MARCELO OLARREAGA. Import Demand Elasticities and Trade Distortions [J]. The Review of Economics and Statistics, 2008, 90 (4): 666-682.

② HS（海关）2012 商品分类标准下的 21 大类 2 分位产品名称为：1 为活动物等；2 为植物产品；3 为动植物油等；4 为食品、饮料、烟草等；5 为矿产品；6 为化工产品；7 为塑料制品；8 为生皮及其制品；9 为木及木制品；10 为木浆及其制品；11 为纺织原料及其制品；12 为鞋、帽等；13 为石料、石膏等；14 为珍珠、宝石；15 为贱金属及其制品；16 为机器、机械器具等；17 为车辆及运输设备；18 为光学器具；19 为武器、弹药等；20 为杂项制品；21 为艺术品。

表4-48（续）

产品种类	贸易创造/万美元	贸易转移/万美元	贸易总效应/万美元	经济福利/万美元	关税收入/万美元	经济效应/万美元	关税1/万美元	关税2/万美元	进口增长率/%
4	1 171.33	97.39	1 268.72	516.44	179.64	1 964.8	6.61	5.84	26.28
5	881.96	43.05	925.01	23.19	-45.65	902.55	0.61	0.60	0.30
6	1 640.17	1 138.31	2 778.47	82.15	-986.88	1 873.75	4.61	4.22	1.21
7	325.73	498.27	824.01	25.62	-352.70	496.92	6.78	5.97	1.94
8	3 751.75	333.08	4 084.83	183.25	-124.86	4 143.22	7.31	6.38	12.89
9	60.43	8.88	69.31	1.26	-1.29	69.28	0.76	0.75	1.30
10	14.87	17.56	32.43	0.98	-12.10	21.31	5.85	5.24	1.78
11	3 017.10	1 640.73	4 657.84	295.39	-1 186.27	3 766.95	5.94	5.31	2.72
12	1 665.41	270.16	1 935.57	216.33	-264.90	1 887	11.67	9.46	10.22
13	94.37	81.33	175.71	12.39	-61.56	126.53	9.31	7.85	3.94
14	37.94	23.79	61.74	4.64	-15.34	51.03	0.05	0.05	0.02
15	398.60	379.41	778.01	21.32	-271.31	528.02	1.92	1.85	0.26
16	630.00	790.00	1 420.00	49.26	-551.49	917.77	4.31	3.97	1.17
17	312.90	231.20	544.10	57.09	-146.46	454.73	11.25	9.18	7.25
18	83.74	95.95	179.68	7.22	-66.97	119.94	4.10	3.79	1.13
19	0.03	0.00	0.03	0.00	0.00	0.03	13.00	10.32	501.67
20	56.15	69.70	125.84	7.33	-50.51	82.67	6.31	5.61	3.41
21	0.18	0.26	0.44	0.02	-0.18	0.28	1.38	1.34	0.60
总计	18 151.19	6 094.60	24 245.79	1 852.78	-4 571.06	21 527.51	3.12	2.94	1.52

数据来源：笔者根据 SMART 软件整理而得。产品种类对应于 HS 编码的21大类，关税1表示削减前关税，关税2表示削减后关税，贸易总效应＝贸易创造+贸易转移，经济效应＝贸易创造+贸易转移+经济福利+关税收入。后同。

我们通过对中国不同场景的模拟发现：中国的贸易效应、经济福利、总经济效应随着进口关税削减而增加，当关税削减为零时，贸易总效应、经济福利、总经济效应分别达到 19.25 亿美元、0.75 亿美元和 14.73 亿美元，关税收入损失为 5.27 亿美元，但远低于削减关税带来的总经济效应增加。同时，关税的削减也将促进中方从印度的进口，最高增长 12.1%。因此，中国对印度削减关税对中、印双方都有利（见表4-49）。

表 4-49　中国对印度关税减让不同场景下模拟结果

项目	场景 1	场景 2	场景 3	场景 4	场景 5
E	1.50	3.00	6.00	1.50	1.50
a	0.50	0.50	0.50	0.16	0.00
初始税率/%	3.12	3.12	3.12	3.12	3.12
减让后税率/%	2.94	2.94	2.94	2.61	0.00
贸易创造/万美元	18 151.19	18 151.18	18 151.18	42 349.32	140 712.49
贸易转移/万美元	6 094.60	12 178.13	24 313.37	14 470.27	51 780.12
贸易总效应/万美元	24 245.79	30 329.32	42 464.55	56 819.56	192 492.60
经济福利/万美元	1 852.78	1 851.17	1 848.01	3 577.57	7 462.85
关税收入/万美元	−4 571.06	−4 590.00	−4 627.22	−12 359.98	−52 664.62
总经济效应/万美元	21 527.51	27 590.48	39 685.34	48 037.18	147 290.84
进口增长率/%	1.52	1.91	2.67	3.57	12.10

数据来源：笔者根据 SMART 软件整理，经济福利表示消费者剩余。

　　印度对中国关税减让的场景设置为 E=1.5、a=0.5，其他条件不变时，印度能从印中双边贸易中获得约 44 亿美元的总经济效应、37.87 亿美元的总贸易创造效应、5.74 亿美元的总贸易转移效应，贸易总效应达到 43.61 亿美元。印度贸易总效应增加的产品种类较多，除了第 6 类、第 11 类、第 15 类、第 17 类商品增加较明显外，在第 2 类、第 4 类、第 7 类、第 12 类、第 13 类、第 16 类、第 20 类商品上也有较大的增加。印度对中国的关税减让，在经济福利上表现出很强大的促进作用，如在第 2 类、第 16 类、第 17 类商品上改善较大，另外在第 4 类、第 11 类、第 12 类商品上的促进作用也较明显。

　　同时，关税减让给印度的关税收入带来了损失，其中，损失较大的表现在第 6 类、第 11 类、第 15 类、第 16 类商品上，但各类产品的经济效应仍大于零。从印度进口增长率上看，印度的关税减让将促进对中国进口增长约 4.94%，特别是在第 1 类、第 2 类、第 4 类、第 9 类、第 12 类、第 17 类商品上的进口增长最快，分别达到 40.63%、58.19%、89.72%、24.19%、36.53%、27.27%（见表 4-50）。

表 4-50　印度对中国关税减让基准场景模拟结果

产品种类	贸易创造/万美元	贸易转移/万美元	贸易总效应/万美元	经济福利/万美元	关税收入/万美元	经济效应/万美元	关税1/万美元	关税2/万美元	进口增长率/%
1	129.27	9.08	138.35	11.79	-5.18	144.96	22.73	15.63	40.63
2	10 290.98	1 569.21	11 860.19	6 051.48	269.47	18 181.14	32.68	19.76	58.19
3	118.1	34.06	152.16	25.99	-139.33	38.82	25.49	16.88	8.45
4	10 985.23	1 664.06	12 649.28	2 948.49	-689.69	14 908.09	37.02	21.27	89.72
5	752.58	513.47	1 266.05	39.90	-567.61	738.34	4.33	3.99	0.77
6	32 174.54	8 677.03	40 851.57	2 385.13	-13 257.96	29 978.74	7.29	6.36	2.55
7	8 809.33	4 271.98	13 081.31	726.80	-4 156.70	9 651.41	9.18	7.76	3.87
8	2 439.42	229.64	2 669.06	212.86	-648.20	2 233.72	9.89	8.26	5.13
9	2 842.23	177.78	3 020.01	166.92	46.51	3 233.38	9.26	7.81	24.19
10	3 231.93	851.04	4 082.97	244.2	-702.94	3 624.23	9.26	7.81	6.15
11	44 692.19	2 500.86	47 193.05	3 566.12	-1 716.68	49 042.49	9.82	8.21	13.93
12	21 550.9	1 378.75	22 929.64	3 257.15	-42.99	26 143.81	18.21	13.35	36.53
13	14 529.78	1 213.74	15 743.52	1 237.26	-1 449.49	15 531.29	9.33	7.86	8.89
14	1 974.26	1 033.85	3 008.11	203.30	-817.01	2 394.4	10.13	8.42	5.37
15	45 899.86	6 656.18	52 556.04	3 292.00	-5 253.96	50 594.08	8.98	7.61	8.03
16	83 968.36	18 953.14	102 921.50	6 068.82	-19 016.81	89 973.51	3.99	3.69	2.28
17	82 843.65	4 605	87 448.65	18 377.39	6 672.02	112 498.06	10.57	8.72	27.27
18	2 583.25	1 612.03	4 195.28	179.98	-1 629.31	2 745.95	6.65	5.87	2.02
19	0.25	0.05	0.30	0.03	-0.01	0.32	10.00	8.33	14.48
20	8 893.68	1 425.83	10 319.51	671.89	-2 754.32	8 237.08	9.52	8.00	4.52
21	2.24	2.91	5.15	0.21	-2.08	3.28	10.00	8.33	3.85
总计	378 712.03	57 379.69	436 091.7	49 667.65	-45 862.27	439 897.1	6.28	5.58	4.94

数据来源：笔者根据 SMART 软件整理。

　　我们通过对印度不同场景的模拟发现：印度对中国关税削减力度越大，印度的贸易效应、经济福利、总经济效应会增加越多，当进口关税降为零时，印度的贸易总效应、经济福利、总经济效应分别达到 246.3 亿美元、12.75 亿美元和 201.1 亿美元，印度的关税收入损失达到 57.96 亿美元，但其总经济效应远大于关税收入损失。同时，印度关税的削减也将促进其从中国的进口增长，关税为零时，进口增长可以达到 27.9%。因此，印度削减关税不仅增加了其总经济效应，也有利于中方扩大对印度出口（见表 4-51）。

表 4-51　印度对中国关税减让不同场景下模拟结果

项目	场景 1	场景 2	场景 3	场景 4	场景 5
E	1.50	3.00	6.00	1.50	1.50
a	0.50	0.50	0.50	0.16	0.00
初始税率/%	6.28	6.28	6.28	6.28	6.28
减让后税率/%	5.58	5.58	5.58	4.51	0.00
贸易创造/万美元	378 712.03	378 712.03	378 712.03	827 326.37	2 092 106.07
贸易转移/万美元	57 379.69	114 438.11	225 054.18	132 243.76	370 872.23
贸易总效应/万美元	436 091.70	493 150.19	603 766.21	959 570.07	2 462 978.29
经济福利/万美元	49 667.65	49 626.65	49 554.63	83 636.29	127 547.78
关税收入/万美元	−45 862.27	−45 931.48	−45 413.98	−147 086.13	−579 602.31
总经济效应/万美元	439 897.10	496 845.31	607 906.86	896 120.29	2 010 923.77
进口增长率/%	4.94	5.59	6.84	10.87	27.91

数据来源：笔者根据 SMART 软件整理。

综上所述，中印经贸合作的总经济效应都随着关税削减幅度的增加而呈现扩大趋势，中、印两国分别在不同的领域、不同的商品种类上展现出不同的利弊。总体上，中、印之间的关税互相减让的结果是印度经济效益的增加大于中国的利得。

在中国对印度的关税削减和印度对中国的关税削减的五种场景上，分别都呈现了中国的贸易总效应小于印度的贸易总效应、中国的进口增长率小于印度的进口增长率，说明在中印双边贸易中，两国的关税互相削减使得印度获益更多，且更有利于印度对中国的出口；五种场景模拟的结果都具有一致性，这也说明了模型结果也具有相当强的稳健性。在经济福利与关税收入的总和上，中国仅在第 4 类、第 8 两个商品上呈现出受益情况，而印度在第 2 类、第 3 类、第 11 类、第 12 类、第 17 等较多商品种类上表现出利大于弊的情况。因此，中、印相互削减关税有利于两国经济发展，中、印建设自由贸易区具有必要性和可行性。

4.6.5　中、印双边贸易潜力的实现路径

2019 年，印度退出了 RCEP 谈判，但如果其在未来能够重回 RCEP，

将意味着中国与印度在 RCEP 框架下建立了自由贸易区，两国关税水平将大幅下降。

4.6.5.1 双向投资对实现中印贸易合作潜力的作用

据统计，印度 2018 年全部产品的简单平均关税为 50.8%，其中农业产品的平均关税高达 113.1%，非农业产品关税也达到了 36%①，高关税税率严重阻碍了中印双边贸易的发展。因此，中国扩大对印度的投资能够促进两国贸易的增长，这样既能规避印度高关税的阻碍，还能扩大印度对中国的出口。

据中方统计，2003—2018 年，中方对印度的直接投资（FDI）存量从 101 万美元上升至 46.6 亿美元②。从投资领域看，中国对印度的主要投资（包括间接投资）集中在能源、科技、金属和运输这四个部门。至 2015 年底，印度对华累计直接投资只有 6.4 亿美元。相较于两国对美国等发达国家的 FDI 规模，中、印之间的投资规模很小，通过双向投资来带动中印双边贸易增长的潜力较大。

4.6.5.2 上合组织对实现中印贸易合作潜力的作用

当前，上海合作组织区域经济合作已取得重要成果，先后达成了成员政府间农业合作、科技合作、国际道路运输便利化等协定。2010—2016 年，印度对上合组织成员、非成员及中国的平均出口增长率只有 2.6%、7.3% 和 1.4%。2017 年印度加入上合组织，之后印度对上合组织成员和中国的出口增速大幅上升，分别由 2016 年的 -6.7%、-6.9% 骤增至 2017 年的 32.9%、40.1%，2018 年仍分别保持 28.2% 和 31.1% 的出口增速（见图 4-2）。

---

① WTO. World Tariff Profiles [EB/OL]. https://www.wto.org/.
② 中国投资指南网. 2018 中国对外直接投资统计公报 [EB/OL]. http://www.fdi.gov.cn/.

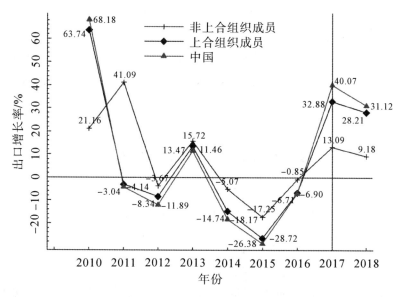

图 4-2 2010—2018 年印度对上合成员、非成员及中国的出口增速

数据来源: UNCOMTRADE。

2017 年之前，印度对上合成员的平均出口增速低于对非上合成员的出口增速 4.7%，之后却高于对非上合成员平均出口增速 19.4%，这表明加入上合组织可能促进了印度对上合成员的出口。另外，2010—2018 年，中国对上合组织成员的平均出口增速为 8.8%，高于对非上合组织成员的出口增速 8.2%。印度加入上合组织后，2017—2018 年，中国对印度的平均出口增速为 35.6%，高于中国对上合其他成员的平均出口增速 30.5%，这也说明印度加入上合组织促进了中国对印度的出口①。

4.6.5.3 主要结论

第一，近年来，中印双边贸易稳步增长，中方贸易顺差逐步扩大。中国对印度的贸易联系较紧密，而印度对中国的贸易联系紧密程度较低，中、印产品在主要市场的竞争程度低于世界平均水平。中国在机械及运输设备等 3 大类出口产品上对印度具有较强互补性，印度则在矿物燃料、润滑油和相关原料等其他 4 大类出口商品上对中国具有互补性。

第二，在贸易效率方面，中国对印度的出口效率小于进口效率，且分

---

① 赵青松，祝学军. 中印贸易合作的潜力及实现路径研究：基于随机前沿引力模型 [J]. 价格月刊，2020（5）：34-42.

别呈现递增与递减趋势。但中国对印度的出口效率和进口效率都不超过0.5，说明两国贸易增长潜力较大。

第三，在关税互相减让方面，中、印两国五种关税减让模拟场景都表明，关税减让对中、印双方都有利，关税下降得越多，两国获益越大，且印度在关税削减上的收益大于中国。

4.7 中、英双边 FTA 建设的可行性及经济效应

4.7.1 英国"脱欧"进程及相关文献综述

4.7.1.1 英国"脱欧"进程

近几年来，"逆全球化"浪潮席卷世界，使得前期快速发展的区域经济一体化势头发生重大逆转。其中，最引人注目的是 2016 年 6 月的英国脱欧事件，当时英国全民公投的脱欧支持率为 51.9%，之后英国政府在 2017 年 3 月启动了《里斯本条约》中的第 50 条，开启了英国的脱欧进程。但至 2019 年 3 月，英国首相特蕾莎·梅的脱欧协议连续三次遭到英国议会否决，欧盟同意将英国脱欧期限延长至 2019 年 10 月底。漫长的脱欧困境引起了民众和各党派人士的不满，2019 年 6 月 7 日，特蕾莎·梅引咎辞职。7 月 23 日，保守党硬脱欧派候选人鲍里斯·约翰逊当选英国新首相。10 月 17 日，英国政府与欧盟委员会达成"新脱欧协议"，并再次同意将英国脱欧期限推迟至 2020 年 1 月底。之后，英国议会批准在 2019 年 12 月 12 日举行临时大选，12 月 13 日大选结果是执政的保守党获得了 368 个议席，超过议会总席位的 50%，保守党取得英国大选的巨大胜利。12 月 20 日，英国议会下议院通过了约翰逊政府的"脱欧协议"相关法案[①]，英国在 2020 年 1 月 31 日正式退出欧盟，并于 2 月 1 日进入过渡期，到 2020 年 12 月 31 日过渡期结束。

英国是欧洲的第三大经济体，也是全球第八大货物贸易国，是中国在欧盟成员中的第二大贸易伙伴和第二大投资目的国。脱欧后，英国退出欧盟关税同盟，获得与其他国家达成贸易协议的权利。2015 年，中国国家主

---

① 赵青松，祝学军. 脱欧背景下中英双边 FTA 建设的可行性及其福利分析 [J]. 经济论坛，2020（2）：87-96.

席习近平访英时发表了《中英关于构建面向 21 世纪全球全面战略伙伴的联合宣言》，开启了中英双边关系的"黄金时代"。2016 年 11 月，中、英宣布成立工作组以强化双边贸易合作。2018 年 8 月，在中英经贸联委会第 13 次会议后，两国同意"积极协商英国脱欧后，双方建设高水平自由贸易协定的可能性"。在脱欧背景下，研究中、英建立 FTA 及其影响具有一定的现实意义。

4.7.1.2 相关文献综述

目前，有关英国脱欧及中英经贸关系的相关文献可分为以下几个方面：一是脱欧对中英经贸发展的正向作用。例如，王原雪等采用实证方法探析了英国脱欧对中国的影响，发现英国脱欧将导致英国的贸易转移效应，促进中国与"一带一路"国家贸易额扩大，特别是有利于中国对英国的出口增长[①]。李媛等认为，英国脱欧后，中英双边进出口贸易规模将扩大，且两国贸易差额有缩小趋势，中英贸易政策也将出现新变化[②]。徐则荣等认为，英国脱欧将造成英镑长期贬值，从而改善其贸易条件，促进英国对中国出口增长。相反，在脱欧的过渡期前，中国将要面临满足欧盟和英国双重高标准的市场准入条件的局面，中国对英国的出口增长将暂时受到压制[③]。二是英国脱欧对中国的负面作用。徐建炜等提出，中国在英国的脱欧事件中获得的贸易利益相当少，短期内对中国与欧盟的双边贸易谈判获得进展的推动作用也十分有限；中英 FTA 协定也很难为中国提供进入欧洲市场的机会，部分中资企业可能从英国撤资，并直接投资到其他欧盟国家[④]。三是中、英建立自由贸易区的前景。姚铃认为，脱欧将给中英经贸合作带来新局面，双方有必要推动达成涵盖投资和服务的高水平双边 FTA 协定，为提升中英经贸关系创造良好的制度环境[⑤]。

总体上看，现有研究成果主要侧重于英国脱欧的政治和经济影响，多属于定性分析。对英国脱欧和中英建立 FTA 对中英福利影响的定量分析仍

---

① 王原雪，张晓磊，张二震."英国脱欧"将如何影响中国的"一带一路"战略（原标题如此。编辑注）：基于 GTAP 模型的分析 [J]. 国际经贸探索，2017（5）：29-39.

② 李媛，孙碧宁，倪志刚. 英国脱欧对中英贸易的影响分析 [J]. 沈阳工业大学学报（社会科学版），2017（2）：118-124.

③ 徐则荣，王也. 英国脱欧的原因及对中英贸易的影响 [J]. 管理学刊，2017（1）：21-33.

④ 徐建炜，艾西亚，张佳唯. 英国"脱欧"会影响中欧贸易吗？[J]. 国际经济评论，2017（3）：45-57.

⑤ 姚铃. 英国脱欧背景下的中英经贸合作 [J]. 对外经贸实务，2017（5）：4-7.

比较缺乏。鉴于此，本书拟通过分析中英双边贸易的竞争性和互补性，探究中英建立 FTA 的基础，并实证研究中、英两国 FTA 建成后对两国福利的影响及差异。

4.7.2 中、英双边贸易发展的现状及特点

4.7.2.1 中、英双边贸易发展现状

总体上，自 2009 年以来，中英贸易规模始终保持增长势头。2009—2014 年，两国双边贸易从 391.55 亿美元增长到 808.68 亿美元，增长了 1.07 倍；2014 年之后双边贸易额出现小幅下降，2016 年下滑至 743.46 亿美元，2018 年再次上升至 808.72 亿美元。在出口方面，2009—2018 年，中国对英国的出口从 312.77 亿美元增长到 569.81 亿美元，共增长了 82.2%，但中方出口增长率却呈现下降趋势，从 2010 年最高 23.95% 的增速下滑到 2018 年的 0.47%。在进口方面，中方对英国进口从 2009 年的 78.77 亿美元增长至 2018 年的 238.92 亿美元，共增长了 2.03 倍；特别是，自 2010 年以来，除了 2015 年之外，中方对英国的进口增长率始终高于对其出口增长率（见表 4-52）。

表 4-52　2009—2018 年中英双边贸易状况

年份	贸易总额/亿美元	出口/亿美元	进口/亿美元	中方顺差/亿美元	出口增长率/%	进口增长率/%	中向英出口占中国出口比例/%	英向中出口占英国出口比例/%
2009	391.55	312.77	78.77	234.00	-13.28	-17.45	2.6	2.19
2010	500.72	387.67	113.05	274.62	23.95	43.58	2.46	2.68
2011	586.79	441.22	145.57	295.65	13.80	28.74	2.32	2.81
2012	630.98	462.97	168.01	294.95	4.94	15.38	2.26	3.49
2013	700.21	509.42	190.79	318.63	10.02	13.57	2.31	3.48
2014	808.68	571.41	237.27	334.14	12.17	24.37	2.44	4.64
2015	785.01	595.67	189.34	406.33	4.25	-20.23	2.62	4.06
2016	743.46	556.64	186.81	369.83	-6.56	-1.32	2.65	4.54
2017	790.42	567.14	223.29	343.85	1.89	19.54	2.51	5.05
2018	808.72	569.81	238.92	330.89	0.47	7.00	2.29	5.21

数据来源：UNCOMTRADE 数据库。

2009—2018 年，中国始终保持对英国贸易顺差，中方贸易顺差从 234 亿美元增长到 330.89 亿美元，其中，2015 年中方贸易顺差高达 406 亿美

元。2017—2018 年，中方贸易顺差分别下降到约 344 亿美元和 331 亿美元。在贸易占比上，2009—2018 年，中方对英出口占中国外贸总出口的比例基本在 2.5%左右波动，占比变化不大。但英国对中方的出口占英国外贸出口的比例则稳步提高，从 2009 年的 2.19%上升至 2018 年的 5.21%，占比增长了约 1.38 倍，这表明中国正日益成为英国重要的出口市场，而英国一直都是中方稳定的出口市场。

4.7.2.2 中英贸易结构

在中国对英出口产品结构方面，据联合国统计，2017 年，机电产品、纺织原料及其制品、杂项制品为中方对英出口的前三大商品。其中，机电产品占中方出口的比例约为 33%，前三大类商品占 2017 年中方对英出口份额的 64.2%。中方对英国纺织原料及其制品、鞋帽产品的出口额均出现下降，机电产品、杂项制品、贱金属及其制品、运输设备等出口额都有所增长。总体上来看，中方对英出口前六位商品大部分是劳动密集型产品（见表 4-53）。

表 4-53　2017 年中、英相互出口前十大商品构成

排名	中国对英国出口前十大商品				英国对中国出口前十大商品			
	商品名称	金额/亿美元	同比增长/%	占比/%	商品名称	金额/亿美元	同比增长/%	占比/%
1	机电产品	190	2.55	32.85	运输设备	76.93	14.84	34.45
2	纺织原料及其制品	99.74	-12.25	17.59	矿产品	38.63	94.98	17.3
3	杂项制品	77.83	8.52	13.72	机电产品	27.79	-0.56	12.45
4	贱金属及其制品	35.17	10.03	6.2	化工产品	23.51	7.23	10.53
5	鞋帽制品	29.95	-6.52	5.28	光学等仪器	14.95	15.26	6.7
6	塑料橡胶及其制品	25.65	7.99	4.52	贱金属及其制品	11.54	22.24	5.17
7	运输设备	21.47	21.87	3.79	纸及纸制品	8.49	3.32	3.8
8	化工产品	20.3	13.29	3.58	塑料橡胶及其制品	6.6	3.19	2.95
9	皮革制品	13.05	3.36	2.3	食品饮料及烟酒	3.23	28.01	1.45
10	光学等仪器	12.14	3.42	2.14	杂项制品	3.03	78.45	1.36

数据来源：UNCOMTRADE 数据库，占比是指该类商品占 2017 年中对英或英对中出口总额的比例。

在英国对中国的出口商品结构上，2017年，运输设备、矿产品、机电产品、化工产品占据前四位。其中，运输设备占比约为35%，位于第一位，前四大类商品占2017年英国对中方出口额的74.73%。其中，化工产品的出口额增加，矿产品出口额同比增长约95%，占比位列第二位。总体上看，英国向中方出口的前六位商品基本上是资本和技术密集型制品，中、英两国分别在劳动密集型和资本技术密集型出口产品上具有竞争优势，这种双边贸易结构状况有利于双方开展更深入的贸易合作①。

4.7.3 中、英FTA建设的基础及可行性

4.7.3.1 中、英双边贸易的竞争性

出口相似度指数（ESI）主要衡量两国在某共同目标市场上出口商品的竞争关系，ESI的取值范围是0~100，取值越大表明中国、英国出口到K市场的商品越相似，竞争越激烈。兼顾中国和英国的主要贸易对象，我们选取世界市场、德国、美国、日本作为比较中、英两国商品竞争程度的目标市场。

我们通过相似度指数（ESI）计算结果（表4-54）可以看出，中、英两国在世界市场上的出口相似度指数微高，在55上下波动，2006年最高达到63.77的水平，之后呈现下降趋势，说明两国商品在世界市场上的竞争程度温和且稳中有降；中、英在德国、日本、美国三大市场上的出口相似度指数均小于世界市场的相似度，说明两国在三大主要出口国的商品竞争性弱于世界平均水平。从2001年至2016年中、英在这三个国家的出口相似度指数变化上看，两国在德国市场上的出口相似度指数较高，但呈现下降趋势；在日本市场上的相似度指数呈现N形曲线走势，2016年比2001年上升了6.54%；在美国市场上的相似度指数则在波动中有所下降，16年来平均下降了3%，低于在世界市场上10.51%的下降幅度。中、英商品的相似度指数在主要出口市场下降的原因是，两国主要的出口市场均为发达国家，其与中国是"南北型"贸易，以产业间贸易为主；而英国是"北北型"贸易，主要是产业内贸易；且中国出口的商品较为多元化，而英国出口种类较少，两国在主要市场上的商品重叠性较小。因此，随着中英出口相似度的不断下降，两国的贸易竞争激烈程度也将相应减弱。

---

① 赵青松，祝学军. 脱欧背景下中英双边FTA建设的可行性及其福利分析 [J]. 经济论坛，2020（2）：87-96.

表 4-54　中英 ESI 指数

年份	德国	日本	美国	世界市场	年份	德国	日本	美国	世界市场
2001	55.51	40.99	41.20	57.76	2009	47.18	44.50	37.16	52.15
2002	58.13	41.39	41.65	59.35	2010	46.34	43.91	36.38	50.82
2003	54.23	43.43	40.29	57.78	2011	46.34	45.26	40.06	50.24
2004	51.40	43.95	41.45	57.64	2012	43.51	46.05	40.88	51.01
2005	47.43	45.10	41.44	59.39	2013	49.03	48.09	42.58	47.97
2006	52.28	44.53	41.68	63.77	2014	47.51	46.36	43.25	51.69
2007	48.12	40.95	38.57	54.59	2015	48.01	44.34	39.45	49.85
2008	45.38	44.39	39.13	53.24	2016	49.49	43.67	39.96	51.69

数据来源：UNCOMTRADE 数据库。

4.7.3.2　中、英贸易结合度

2001—2016 年，中国对英国的贸易结合度指数介于 0.43～0.67 之间，英国对中国的贸易结合度指数介于 0.10～0.57 之间，两国的双边贸易结合度指数都远小于临界值 1，总体均呈现稳定的上升趋势，这表明虽然中英贸易的紧密程度较低，但两国的贸易联系正越来越强。具体来看，2001 年英国对中国的贸易结合度指数为 0.23，2016 年上升至 0.43，年均增长率为 4.4%，16 年内共上升了 91.2%。同期，中国对英国的贸易结合度从 0.44 增长至 0.65，年均增长率为 2.6%，共增长了 47.2%。这说明中国正在成为英国越来越重要的贸易伙伴，两国贸易联系日渐紧密（见表 4-55）。

表 4-55　中英 TII 指数

年份	中国对英国贸易结合度	英国对中国贸易结合度	年份	中国对英国贸易结合度	英国对中国贸易结合度
2001	0.44	0.23	2009	0.58	0.28
2002	0.43	0.18	2010	0.59	0.29
2003	0.44	0.10	2011	0.59	0.28
2004	0.47	0.20	2012	0.59	0.33
2005	0.49	0.21	2013	0.65	0.31
2006	0.49	0.20	2014	0.65	0.48
2007	0.53	0.24	2015	0.67	0.57
2008	0.58	0.27	2016	0.65	0.43

数据来源：UNCOMTRADE 数据库。

4.7.3.3 中英贸易互补性

显示性比较优势指数（RCA）是衡量某国产品在世界市场上竞争力的重要指标，从中英产品 RCA 指数（表 4-56、表 4-57）可以看出：2007—2016 年，两国产品的国际竞争力格局分布差异较大，英国具有较强国际竞争力的产品种类比中国多，但两国互相竞争的产品领域重叠较少。中国在国际市场上表现出一定竞争力的产品（RCA≥0.8）有 SITC6（按原材料分类的制品）、SITC7（机械及运输设备）、SITC8（杂项制品），其中，SITC8 有较强的国际竞争力（2.5≥RCA≥1.25），而 SITC6 和 SITC7 则有中度的国际竞争力（1.25≥RCA≥0.8）。

表 4-56 中国产品的 RCA 指数

年份	SITC0	SITC1	SITC2	SITC3	SITC4	SITC5	SITC6	SITC7	SITC8	SITC9
2007	0.499	0.148	0.212	0.131	0.058	0.467	1.254	1.280	2.213	0.043
2008	0.435	0.144	0.225	0.135	0.075	0.533	1.339	1.370	2.253	0.027
2009	0.443	0.156	0.198	0.127	0.054	0.453	1.220	1.438	2.145	0.023
2010	0.463	0.159	0.182	0.113	0.047	0.504	1.224	1.452	2.191	0.018
2011	0.469	0.162	0.184	0.099	0.050	0.565	1.305	1.472	2.279	0.024
2012	0.444	0.163	0.173	0.090	0.048	0.523	1.326	1.445	2.369	0.013
2013	0.428	0.149	0.168	0.092	0.055	0.516	1.354	1.443	2.362	0.014
2014	0.411	0.154	0.182	0.097	0.056	0.537	1.383	1.354	2.26	0.020
2015	0.405	0.174	0.178	0.120	0.058	0.513	1.371	1.278	2.023	0.018
2016	0.445	0.192	0.182	0.148	0.056	0.519	1.356	1.253	1.977	0.045

数据来源：UNCOMTRADE 数据库。

在英国的贸易产品中，RCA≥0.8 的种类有 SITC1、SITC5、SITC7、SITC8 和 SITC9，说明这些产品都具有一定的竞争力。其中，SITC7 和 SITC8 的 RCA 指数在 1 上下波动；SITC5（化学制品和相关产品）的 RCA 指数高于临界值 1.25、低于 2.5，这类产品具有较强的国际竞争力；英国在 SITC1（食品和活牲畜）产品上的国际竞争力最强，RCA 指数基本都超过 2.5 的临界值，在 2011 年和 2012 年更是达到 3。SITC3 和 SITC6 的 RCA 指数则一直在 0.8 上下微量波动，表现出较弱的国际竞争力，也说明英国在劳动密集型及初级原料产品上不具有竞争优势。

表 4-57 英国产品的 RCA 指数

年份	SITC0	SITC1	SITC2	SITC3	SITC4	SITC5	SITC6	SITC7	SITC8	SITC9
2007	0.656	2.581	0.609	0.785	0.335	1.503	0.901	0.930	1.085	1.644
2008	0.639	2.625	0.643	0.782	0.251	1.526	0.915	0.912	1.047	1.941
2009	0.641	2.699	0.566	0.822	0.326	1.651	0.827	0.801	0.969	2.191
2010	0.657	2.916	0.589	0.825	0.295	1.573	0.824	0.896	1.056	1.769
2011	0.608	3.021	0.588	0.733	0.23	1.443	0.835	0.893	0.992	2.664
2012	0.610	3.000	0.605	0.809	0.266	1.528	0.843	0.930	1.041	1.757
2013	0.563	2.596	0.479	0.677	0.269	1.270	0.750	0.861	0.941	3.555
2014	0.638	2.718	0.531	0.708	0.288	1.385	0.740	1.022	1.053	2.070
2015	0.609	2.569	0.504	0.688	0.263	1.476	0.694	0.964	1.069	1.945
2016	0.662	2.643	0.533	0.722	0.268	1.485	0.689	1.044	1.098	1.104

数据来源：UNCOMTRADE 数据库。

通过比较两国 RCA 指数可知，中、英在世界市场上相互竞争的产品主要体现在 SITC7 和 SITC8 上，但中国在这两类产品上的竞争力更强。中、英出口到国际市场上的产品差异较大，两国有竞争优势的产品重叠较少，且各类产品的显性优势也有相当大差异，这说明中、英两国贸易互补性较强，这些都为未来中、英建设双边自由贸易区奠定了良好基础。

4.7.4 FTA 建设对中、英两国福利影响的实证分析

4.7.4.1 贸易福利模型、数据来源

目前国内学者研究福利效应变化时较多运用 CGE 或者 GTAP 模型，但这些方法在构建时有较严格的假定，很难修改模型的内部运行，尤其是 GTAP 模型需要估计 10 000 多个参数，而实际上很难准确测算所有参数。故本书借鉴樊海潮和张丽娜构建的异质性国际贸易模型中推导的关税变化导致福利变化公式①：

---

① 樊海潮，张丽娜. 中间品贸易与中美贸易摩擦的福利效应：基于理论与量化分析的研究 [J]. 中国工业经济，2018（9）：41-59.

$$
d\ln w = \frac{\varphi}{\varphi+2} \frac{1}{1 - \left[\frac{\tau_{uc}^f [\varphi\eta_u]^{-\frac{1}{\theta}}}{[\varphi\eta_c]^{-\frac{1}{\theta}}}\right]^{-\varphi}} \frac{1}{1 + \frac{T_u}{T_c}(\tau_{cu}^g)^{\theta}} d\ln\tau_{cu}^g -
$$

$$
\frac{\varphi}{\varphi+2} \frac{(\tau_{cu}^f \tau_{uc}^f)^{-\varphi}}{1 - (\tau_{cu}^f \tau_{uc}^f)^{-\varphi}} d\ln\tau_{cu}^f - \frac{\varphi}{\varphi+2} \frac{(\tau_{cu}^f \tau_{uc}^f)^{-\varphi}}{1 - (\tau_{cu}^f \tau_{uc}^f)^{-\varphi}} d\ln\tau_{uc}^f +
$$

$$
\frac{\varphi}{\varphi+2} \frac{\left[\frac{\tau_{uc}^f [\varphi\eta_u]^{-\frac{1}{\theta}}}{[\varphi\eta_c]^{-\frac{1}{\theta}}}\right]^{-\varphi}}{\left[\frac{\tau_{uc}^f [\varphi\eta_u]^{-\frac{1}{\theta}}}{[\varphi\eta_c]^{-\frac{1}{\theta}}}\right]^{-\varphi}} d\ln\tau_{uc}^f -
$$

$$
\frac{\varphi}{\varphi+2} \frac{\left[\frac{\tau_{uc}^f [\varphi\eta_u]^{-\frac{1}{\theta}}}{[\varphi\eta_c]^{-\frac{1}{\theta}}}\right]^{-\varphi}}{1 - \left[\frac{\tau_{uc}^f [\varphi\eta_u]^{-\frac{1}{\theta}}}{[\varphi\eta_c]^{-\frac{1}{\theta}}}\right]^{-\varphi}} \frac{1}{1 + \frac{T_c}{T_u}(\tau_{uc}^g)^{\theta}} d\ln\tau_{uc}^g \tag{4.8}
$$

式 (4.8) 中 u、c 分别代表英国和中国，消费者福利 w 参照 Melitz 和 Otta-viano（2008）的做法，以实际工资 W/P 刻画，其变化取决于：①η_u/η_c、T_u/T_c，分别表示中、英两国获得中间品的相对能力和两国生产中间品的相对技术水平，其计算参见公式（4.9）和（4.10）；②φ 是生产率分布的形状参数，表示生产率的离散程度，此处参照樊海潮和张丽娜（2018）、Hsieh 和 Ossa（2016）的方法，假定中、英两国生产率分布的形状参数相同，$\varphi = 2.28$；③τ_{uc}^f、τ_{uc}^g、τ_{cu}^f、τ_{cu}^g，前两项分别表示中国进口英国最终品和中间品的贸易成本，后两项分别表示英国进口中国最终品和中间品的贸易成本，其计算参见公式（4.11）；④θ 代表抽取的生产率变化幅度，其值借鉴 Anderson 和 Wincoop（2004）的赋值，$\theta = 3$、$\theta = 5$。等式右边第一项、第五项为中间投入品贸易成本变化对福利的影响，第二项、第三项为最终品贸易成本变化对福利的影响，其值为正表示福利水平恶化，其值为负表示福利水平改善。

$$
\frac{\eta_u}{\eta_c} = \frac{T_u + T_c(\tau_{cu}^g)^{-\theta}}{T_c + T_u(\tau_{uc}^g)^{-\theta}} = \frac{1 + T_c(\tau_{cu}^g)^{-\theta}/T_u}{(\tau_{uc}^g)^{-\theta} + T_c/T_u} \tag{4.9}
$$

$$
T_u/T_c = (\tau_{cu}^g)^{-\theta} \prod\nolimits_{uu} / \prod\nolimits_{cu} \tag{4.10}
$$

$\prod_{uu}$、$\prod_{cu}$ 分别表示英国使用本国中间投入品、中国中间投入品占本国使用总的中间投入品的比例，另外 $\prod_{cc}$、$\prod_{uc}$ 表示中国使用本国中间投入品、英国中间投入品占本国使用总的中间投入品的比例。

$$t_{uc}^g d = \tau_{uc}^g,\ t_{cu}^g d = \tau_{cu}^g,\ t_{uc}^f d = \tau_{uc}^f,\ t_{cu}^f d = \tau_{cu}^f \qquad (4.11)$$

t_{uc}^f、t_{uc}^g、t_{cu}^f、t_{cu}^g 前两项分别表示中国进口英国最终品和中间品的实际关税水平，后两项分别表示英国进口中国最终品和中间品的实际关税水平，采用进口额加权平均方法，计算参见余淼杰（2011）；d 表示中、英两国间的物理距离，衡量两国实际关税水平外其他方面的差异，其计算参见下面公式：

$$\tau_{cu}^g \tau_{uc}^g = \left(\prod_{cu} \prod_{uc} \bigg/ \prod_{cc} \prod_{uu} \right)^{-\frac{1}{\theta}} = t_{cu}^g t_{uc}^g d^2 \qquad (4.12)$$

综上可知，计算中、英建立自由贸易区对两国福利的影响，除借鉴其他学者的估计参数 θ、φ，以及需要自己估计的参数 η_u/η_c、T_u/T_c、d 外，还需要获得关于 $\prod_{uu}$、$\prod_{cu}$、$\prod_{cc}$、$\prod_{uc}$、t_{uc}^f、t_{uc}^g、t_{cu}^f、t_{cu}^g 的原始数据。

τ_{uc}^f、τ_{uc}^g、τ_{cu}^f、τ_{cu}^g 的数据来源于世界银行 TRAINS 数据库及 WTO 网站中 2017 年最惠国待遇关税，参照联合国公布的 HS（海关）六位编码与 BEC（经济大类）分类的对应表，以及 BEC 分类中间品的编码分别合成两国的中间品与最终品关税；另外，在 HS 六位编码中合并中间品与最终品关税时，若关税或者进口额缺失，则删除此观测值；$\prod_{uu}$、$\prod_{cu}$、$\prod_{cc}$、$\prod_{uc}$ 数据取自 WIND 数据库中公布的最新的 2014 年世界投入产出表。相关参数估计见表 4-58。

表 4-58　相关参数估计

参数	估计值	含义	参数	估计值	含义
φ	2.280 0	帕累托分布的形状参数，代表生产率的离散程度	T_u/T_c	0.105 5	两国生产中间品的相对技术水平
d	1.873 8	两国物理距离	η_u/η_c	0.110 9	两国获得中间品的相对能力

数据来源：stata 处理结果，下同。

4.7.4.2　中、英构建自由贸易区的定量模拟

如表 4-59 所示，中、英建立自由贸易区对两国福利影响的量化结果表明，两国建立自由贸易区后，双边关税互降为 0，两国福利水平均不同

程度有所改善，中国福利增进 0.296%，英国福利增进 1.044%，英国福利改善幅度大于中国福利的增加，这说明建立 FTA 有利于改善中、英两国的福利。具体在中间投入品和最终品关税下降对贸易福利的影响上，中国福利的改善主要来源于最终品关税的降低，而英国福利的改善主要缘于中间投入品关税的降低。

表 4-59　中、英两国建立 FTA 对双方福利的影响

国家	福利变化	第一项	第二项	第三项	第四项	第五项
中国	-0.002 96	-0.000 16	0	0	-0.003 09	0.000 29
英国	-0.010 44	-0.010 44	0	0	0	0

反事实假设：中、英建立自由贸易区后，双边关税最终降为零。此处零值表示该项对福利影响很小，近似为零。

4.7.4.3　模型稳健性检验

如表 4-60 所示，我们运用简单平均关税计算方法或 $\theta = 5$ 两种不同的情况，对模型进行稳健性检验。两种方法结论与基准模型的结果一致，即建立 FTA 都有利于改善中、英两国的福利，且英国的福利改善幅度均大于中国的改善幅度。中间投入品关税下降对英国的福利改善要大于中国，最终品关税的下降对中国福利改善的贡献更大。

表 4-60　考虑不同的关税计算方法、参数 θ 的不同值，中、英建立 FTA 的福利影响

选项		福利变化	第一项	第二项	第三项	第四项	第五项
简单平均关税	中国	-0.002 68	-0.000 05	0.000 00	0.000 00	-0.002 88	0.000 25
	英国	-0.007 39	-0.007 33	0.000 00	0.000 00	-0.000 06	0.000 00
$\theta = 5$	中国	-0.007 47	-0.000 17	0.000 00	0.000 00	-0.008 07	0.000 77
	英国	-0.010 46	-0.010 44	0.000 00	0.000 00	-0.000 02	0.000 00

4.7.4.4　主要结论

第一，中、英两国互为对方的重要贸易伙伴。近年来，中英双边贸易持续增长，10 年来两国贸易总额增长了 1.07 倍，中国已经成为英国除了欧盟之外的第二大进口国。中、英两国产品在世界主要市场上的出口相似度不断下降，两国贸易结合度不断上升，两国出口商品的互补性较强，且产业内的竞争性较弱。这些特点说明了中、英之间的贸易潜力较大，两国具有建立双边 FTA 的可行性。

第二，实证研究表明，建立中、英自由贸易区将有利于双方福利增

长，特别是对英国福利的改善更显著。并且，中、英两国福利的改善分别主要来源于最终品和中间投入品关税的降低。因此，当两国FTA谈判涉及关税的下降幅度和种类时，中国可以降低进口英国的中间投入品关税，而英国则需要降低中国的最终品关税，这样才能更加有利于中、英双方的福利改善。

4.8 小结

首先，本章选取丝绸之路沿线的47个经济体作为对象，研究了中国与这些国家（地区）的贸易发展现状及特征，包括贸易规模、贸易差额及中国与这些国家（地区）相互之间的贸易地位。中国已是丝绸之路主要国家（地区）的重要贸易伙伴，其中，与中国贸易规模较大的8个经济体分别为欧盟、俄罗斯、印度、英国、沙特、阿联酋、伊朗和哈萨克斯坦。除了丝绸之路沿线11个国家（地区）对中国表现为贸易顺差，其他沿线国家（地区）对中国长期存在贸易逆差。

其次，本章通过计算贸易结合度指数（TII）、贸易相似度指数（ESI），分析了中国与丝绸之路沿线国家（地区）的贸易竞争性，发现中国与沿线各国（地区）在主要出口市场上的贸易竞争性较低、产业互补性较强；通过计算G-L指数、贸易互补性指数（TCI）发现，中国与这些国家（地区）总体上表现为产业间贸易，中国与丝绸之路沿线多数国家（地区）的进出口贸易互补性指数大于1，贸易互补性较强。

再次，本章分别选取与中国正在进行双边FTA谈判的以色列、挪威、斯里兰卡、摩尔多瓦四个国家，重点分析中国与这些国家的贸易特征及FTA建设的进展及存在的障碍。研究发现，中国与以色列近年来双边贸易额增长较快，双方经贸关系日趋紧密，中、以两国已经举行了7轮FTA谈判，但仍存在以色列对华贸易逆差大、以方关税保护水平较高、美国因素等一些障碍。中国与挪威双边贸易额大幅增长，中国已是挪威第三大进口来源国，中挪双边自由贸易协定谈判已举行了16轮，但仍存在中方贸易顺差扩大、挪威的高关税税率等问题。中国与斯里兰卡双边贸易增长迅速，中方贸易顺差逐年扩大，中方已成为其最大投资国和基础设施建设合作伙伴，中、斯两国已举行5轮FTA谈判，但仍存在自由贸易区降税范围上的分歧、斯方担心贸易逆差扩大、印度的干扰等问题。摩尔多瓦具有独特的地缘区位优势，中方已成为摩方第三大出口国，中摩双边 FTA 谈判目前已举行了 3 轮，但仍存在中方贸易顺差较大、中国企业对摩尔多瓦的认知度较低且投资较少等问题。

最后，本章研究了中国与印度的双边贸易潜力及 FTA 建设的经济效应。在分析中、印双边贸易的结合度、相似度、互补性的基础上，利用随机前沿引力模型测算了中国对印度的进出口效率及中、印双边贸易的潜力，指出建立中印 FTA 和关税互相削减增加了两国的总经济效应，且印度的收益大于中国。另外，还分析了中英双边 FTA 建设的可行性及福利影响，通过构建异质性国际贸易模型，测算了建立中英 FTA 对两国福利的影响，发现建立双边 FTA 能够促进中、英福利增长，且对英国福利的改善作用更显著。英国脱欧为中、英建立双边 FTA 带来了机遇，两国建立 FTA 具有较强的可行性。

5 中国与丝绸之路沿线国家（地区）多边 FTA 建设的进展、障碍及经济效应

5.1 RCEP 协定经济效应及对中国经济的影响

5.1.1 区域全面经济伙伴关系协定（RCEP）概况

2012 年，东盟十国发起了区域全面经济伙伴关系（regional comprehensive economic partnership，RCEP）协定谈判，并邀请中国、印度、日本、韩国、澳大利亚、新西兰 6 个国家参加，其目标是在与这些国家签署的各个"10+1"FTA 协定基础上，通过进一步削减关税及非关税壁垒，达成一个全面的、高质量的、16 国统一市场的大型自由贸易协定。RCEP 谈判从 2013 年正式开始，至 2020 年 11 月底，RCEP 已经历 8 年谈判、4 次领导人会议、23 次部长级会议和 31 轮正式谈判。特别是，RCEP 第三次领导人会议后的联合声明宣布：除印度退出谈判外，15 个成员已结束全部 20 个章节的文本谈判及所有的市场准入谈判①。

2020 年 11 月 15 日，在第四次 RCEP 领导人视频会议上，RCEP 协定正式签署，这标志着全球规模最大的 FTA 协定达成。RCEP 协定达成后，将覆盖全球近一半人口和 30% 的贸易量，成为世界上涵盖人口最多、成员结构最多元化的自由贸易区。作为一个纵跨南北半球两大洲、总人口达

---

① 平力群. 亚太区域经济一体化的步伐：以 RCEP 为中心 [J]. 亚太安全与海洋研究，2020（6）：111–124.

22.7亿、GDP达26万亿美元的巨型自由贸易协定，RCEP的签署和生效意味着全球约30%的经济体量将形成一体化大市场。

RCEP协定是东亚经济一体化建设近20年来最重要的成果，它将使全球三大经济圈之一的东亚经济圈形成一体化制度安排和统一的内部大市场，必将对东亚地区乃至全球经济发展格局带来深远影响。特别是，在新冠肺炎（新型冠状病毒感染）疫情肆虐导致世界经济衰退、发达国家贸易保护主义抬头的背景下，RCEP协定的生效和实施不仅有利于实现区域内高水平的贸易类投资自由化，减轻当前贸易保护主义引发的消极影响，还将有助于各成员应对世界经济下行风险的挑战，推动各成员疫后经济的恢复和增长。RCEP协定的实施也必将对中国经济产生较大影响，研究RCEP的经济效应及影响具有重要的现实意义。

5.1.2　RCEP的发展历程及主要内容

5.1.2.1　RCEP的发展历程（见表5-1）

（1）起始阶段（2011—2012年）

为应对亚太地区经济一体化趋势，巩固东盟的中心地位，整合已有的5个"10+1"自由贸易协定[①]，东盟十国于2011年2月在第18次东盟经济部长级会议上提出了组建RCEP的草案，同年11月，第19届东盟峰会正式批准组建RCEP。2012年8月，16个国家达成共识并通过了《RCEP谈判指导原则和目标》；同年11月，东盟十国与中国、日本、韩国、澳大利亚、新西兰、印度的领导人共同宣布启动RCEP谈判，这一涵盖16个国家的巨型自由贸易区谈判正式拉开帷幕[②]。

（2）缓慢发展阶段（2013—2015年）

2013年5月9日，RCEP第一轮谈判在文莱举行，本轮谈判成立了货物贸易、服务贸易和投资三个工作组，各方就工作组的规划、职责范围等议题展开磋商，还探讨了其他领域问题[③]。同年9月，在澳大利亚布里斯班举行第二轮谈判。2014年1月在马来西亚吉隆坡举行第三次谈判。2015

---

① 包括《中国—东盟全面经济合作框架协议》《东盟—日本全面经济伙伴协定》《东盟—韩国自由贸易协定》《东盟—澳大利亚/新西兰自由贸易协议》和《东盟—印度服务和投资协议》。

② 中国自由贸易区服务网. 区域全面经济伙伴关系协定谈判进程正式启动［EB/OL］. http://fta.mofcom.gov.cn/article/ftanews/201211/11207_1.html.

③ 中国自由贸易区服务网.《区域全面经济伙伴关系协定》（RCEP）第一轮谈判在文莱举行［EB/OL］. http://fta.mofcom.gov.cn/article/rcep/rcepnews/201309/13514_1.html.

年 8 月，在 RCEP 第三次部长会议期间，货物贸易市场准入谈判取得积极进展，各成员就初始出价模式达成共识。该阶段共进行了十轮谈判，但由于各方在市场准入水平等方面存在很大分歧，各议题尚未取得实质性成果。这一时期，东盟未能充分发挥主导作用，且新西兰、澳大利亚、日本等部分 RCEP 成员同时参与了跨太平洋伙伴关系协定（TPP）①谈判，各成员达成协议的意愿不够强烈，未能就关键领域达成一致，这一阶段的推进较为缓慢。

（3）快速推进阶段（2016 年至今）

2016 年 2 月，包括美国、日本、澳大利亚等国在内的 12 个 TPP 成员在新西兰签署了 TPP 协定，这刺激了未按时结束谈判的 RCEP 成员，此后 RCEP 谈判进入了快速发展阶段。2016 年 12 月，RCEP 第 16 轮谈判在印度尼西亚举行，并成功结束了"中小企业章节"和"经济技术合作章节"的谈判②。2017 年 11 月，RCEP 首次领导人会议在菲律宾举行，各国领导人在会后发表了联合声明及 RCEP 协定框架③。2018 年 7 月，RCEP 各方在泰国曼谷就货物、服务、投资等领域进行了第 23 轮全面磋商，同年 11 月，RCEP 各方完成了"海关程序与贸易便利化""政府采购"等七个章节的谈判。

2019 年 11 月，在泰国曼谷召开了第三次 RCEP 领导人会议，会后发表了联合声明，15 个成员（印度已退出）已结束全部 20 个章节的文本谈判，以及所有的市场准入谈判，并将启动文本的审核工作，印度选择暂时不加入 RCEP④。2020 年 6 月 23 日，举行了 RCEP 部长级视频会议，15 个成员重申将在 2020 年签署 RCEP 协定。2020 年 11 月 15 日，RCEP 协定在第四次 RCEP 领导人会议上正式签署。2022 年 1 月 1 日，RCEP 协定在东盟 6 个成员（文莱、柬埔寨、老挝、新加坡、泰国、越南）及中国、日

---

① TPP 的前身是"跨太平洋战略经济伙伴关系协定"，是由新西兰、新加坡、智利和文莱四国发起，从 2002 年开始酝酿的一组多边关系的自由贸易协定。2008 年美国加入。2015 年 10 月，美国、日本、澳大利亚等 12 个国家达成 TPP 协定；2017 年 1 月，美国政府宣布退出 TPP 协定。

② 中国自由贸易区服务网.《区域全面经济伙伴关系协定》第 16 轮谈判在印度尼西亚唐格朗举行［EB/OL］. http://fta.mofcom.gov.cn/article/rcep/rcepnews/201612/33846_1.html.

③ 中国自由贸易区服务网. 驱动经济一体化，促进包容性发展——《区域全面经济伙伴关系协定》（RCEP）谈判领导人联合声明［EB/OL］. http://fta.mofcom.gov.cn/article/rcep/rcepnews/201711/36158_1.html.

④ 中国自由贸易区服务网.《区域全面经济伙伴关系协定》（RCEP）第三次领导人会议联合声明［EB/OL］. http://fta.mofcom.gov.cn/article/rcep/rcepnews/201911/41745_1.html.

本、澳大利亚、新西兰正式生效实施。韩国、马来西亚分别于 2022 年 2 月 1 日、3 月 18 日起生效实施协定，剩余成员也将在完成国内审批程序后履行生效。

表 5-1　RCEP 谈判进程

阶段	时间	内容
提出阶段	2011 年 2 月	第 18 次东盟经济部长级会议提出组建 RCEP 的草案
	2011 年 11 月	第 19 届东盟峰会正式批准组建 RCEP 并通过了《东盟区域全面经济伙伴关系框架文件》
	2012 年 8 月	16 国达成共识并通过了《RCEP 谈判指导原则和目标》
	2012 年 11 月	东盟十国与六个对话伙伴的领导人共同发布《启动〈区域全面经济伙伴关系协定〉（RCEP）谈判的联合声明》
缓慢发展阶段	2013 年 5 月	RCEP 第一轮谈判在文莱举行，本轮谈判正式成立货物贸易、服务贸易和投资三个工作组
	2013 年 9 月	第二轮谈判在澳大利亚布里斯班举行，各方重点讨论了关税减让模式等问题，并在贸易数据交换、原产地规则、海关程序等方面进行了交流
	2014 年 1 月	第三轮谈判在马来西亚吉隆坡举行，谈判重点有市场准入模式、RCEP 协定章节框架等
	2014 年 3 月至 2015 年 2 月	RCEP 第四轮谈判在中国广西南宁举行；第五轮谈判在新加坡举行；第六轮谈判在印度新德里举行；第七轮谈判在泰国举行
	2015 年 8 月	RCEP 第三次部长级会议，货物贸易市场准入谈判取得突破，各成员就初始出价模式达成一致意见
快速推进阶段	2016 年 12 月	RCEP 第 16 轮谈判在印度尼西亚唐格朗举行，各方就货物、服务、投资三大核心领域市场准入问题展开深入讨论，并继续推进知识产权、竞争、电子商务、法律条款等领域条文磋商
	2017 年 11 月	RCEP 首次领导人会议在菲律宾首都马尼拉举行，与会各国领导人在会后发表了联合声明以及 RCEP 协定框架
	2018 年 7 月	RCEP 第 23 轮谈判在泰国曼谷举行，各国就货物、服务、投资、卫生与植物卫生措施、法律机制、政府采购等领域进行了磋商
	2018 年 11 月	RCEP 在新加坡举行第二次领导人会议
	2019 年 11 月	在泰国曼谷召开第三次 RCEP 领导人会议并发表联合声明：15 个 RCEP 成员已结束全部 20 个章节的文本谈判以及实质上所有的市场准入问题的谈判，拟定于 2020 年签署协议

表5-1(续)

阶段	时间	内容
快速推进阶段	2020 年 6 月	举行 RCEP 部长级视频会议，15 个成员重申将在今年签署 RCEP 协定，并强调 RCEP 将对印度保持开放
	2020 年 11 月 15 日	在第四次 RCEP 领导人视频会议上《区域全面经济伙伴关系协定》（RCEP）正式签署

资料来源：笔者根据中国自由贸易区服务网资料整理。

5.1.2.2　RCEP 协定的主要内容

RCEP 协定整合了现有的五个"东盟+1"FTA 协定（包括东盟与中国、日本、韩国、澳大利亚、新西兰、印度），致力于消除成员之间的关税和非关税壁垒，促进区域间货物、服务贸易及投资自由化。从涉及的议题来看，RCEP 是一个内容全面的、现代的、高质量的自由贸易协定。该协定由序言、20 个章节、货物和服务贸易、投资和自然人临时移动承诺表组成[①]。RCEP 在货物贸易领域开放水平达到 90% 以上，在投资准入方面采用负面清单的方式。RCEP 协定里还纳入了经济技术合作、政府采购、知识产权、电子商务等方面内容，并给予柬埔寨等最不发达国家一些过渡期的安排。

（1）货物贸易方面

在货物贸易方面，RCEP 15 个成员之间采用双边两两出价的方式对货物贸易自由化做出安排，协定生效后区域内 90% 以上的货物贸易将最终实现零关税，且主要是立刻降税到零和 10 年内降税到零，使 RCEP 自由贸易区有望在较短时间内兑现所有货物贸易自由化承诺。例如，新加坡、菲律宾、文莱对中国立即零关税比例分别高达 100%、80.5%、76.5%，中国对东盟立即零关税比例高达 67.9%（见表 5-2）。

表 5-2　中国与 RCEP 成员相互立即零关税比例

RCEP 成员	中国对成员立即零关税比例/%	成员对中国立即零关税比例/%
文莱	67.9	76.5
柬埔寨	67.9	29.9
印度尼西亚	67.9	65.1
老挝	67.9	29.9

---

① 20 个章节主要包括货物贸易、原产地规则、贸易救济、服务贸易、海关程序与贸易便利化、投资、知识产权、电子商务、中小企业、经济和技术合作、金融、电信、政府采购等。

表5-2(续)

RCEP 成员	中国对成员立即零关税比例/%	成员对中国立即零关税比例/%
马来西亚	67.9	69.9
缅甸	67.9	30
菲律宾	67.9	80.5
新加坡	67.9	100
泰国	67.9	66.3
越南	67.9	65.8
日本	25	57
韩国	38.6	50.4
澳大利亚	64.7	75.3
新西兰	65	65.5

数据来源：笔者根据中国自由贸易区服务网资料整理。

RCEP 在区域内采用"区域原产地累积原则"，来自 RCEP 任何一方的价值成分都会被考虑在内，产品原产地价值成分可在 15 个成员构成的区域内进行累积，这将显著提高协定优惠税率的利用率，也有助于各方企业在区域内灵活进行产业布局和建设产业链分工体系。此外，RCEP 进一步丰富了原产地证书的类型，除了传统原产地证书外，还将允许经核准的出口商声明和出口商的自主声明。这标志着原产地制度将由官方授权机构的签发模式向企业信用担保的自主声明模式转变，政府的行政管理成本和企业的经营成本将大大降低，将进一步提高货物的通关时效。

（2）服务贸易方面

在服务贸易方面，日本、韩国、澳大利亚、新加坡、文莱、马来西亚、印度尼西亚 7 个成员采用负面清单方式承诺，中国、新西兰等 8 个成员则采用正面清单承诺，并约定于协定生效后 6 年内转化为负面清单。与以往"10+1"自由贸易协定相比，RCEP 15 个成员均做出了更高水平的开放承诺。其中，中国在入世承诺的基础上，新增了研发、管理咨询、制造业相关服务、空运等 22 个服务部门，并提高了金融、法律、建筑、海运等 37 个部门的承诺水平。其他成员在中方重点关注的建筑、医疗、房地产、金融、运输等服务部门都做出了高水平的开放承诺[①]。

---

① 商务部新闻办公室. 商务部国际司负责同志解读 RCEP（二）[EB/OL]. http://www.mof-com.gov.cn/article/news/202011/20201103016087.shtml.

（3）投资及贸易便利化方面

在投资及贸易便利化方面，RCEP 投资章节主要包括投资自由化、投资保护、投资促进和投资便利化措施四方面内容。RCEP15 个成员对制造业、农业、林业、渔业、采矿业 5 个领域投资均以负面清单的方式做出较高水平的开放承诺，各方的政策透明度有较大提高。中国第一次通过负面清单形式在自由贸易协定中对投资领域进行了承诺，这有利于完善国内"准入前国民待遇加负面清单"的外商投资管理制度，进一步扩大外商投资市场准入范围。

RCEP 的贸易便利化措施主要包括海关程序与贸易便利化措施、卫生和植物卫生措施及标准、技术法规和合格评定程序方面的措施。RCEP 简化了海关通关手续，预裁定、抵达前处理、信息技术运用等手段大大提高了海关程序的效率。特别是，对易腐货物等时效要求高的货物争取实现货物抵达后 6 小时内放行，推动了果蔬等生鲜产品的快速通关①。此外，RCEP推动各方减少非必要的技术性贸易壁垒，鼓励各方的标准化机构加强信息交流与合作。这些举措都将提高 RCEP 区域内货物贸易便利化水平，降低贸易成本。

（4）知识产权及电子商务方面

在知识产权及电子商务方面，RCEP"知识产权"章共包含 83 个条款和过渡期安排、技术援助 2 个附件，覆盖了著作权、商标、地理标志、专利设计、传统知识和民间文艺、知识产权执法等领域，是中国已签署自由贸易协定中最全面的知识产权章节。过渡期和技术援助 2 个附件的规定则致力于缩小不同成员之间技术水平和能力差异，帮助有关成员更好地履行协定义务。RCEP"知识产权"章在充分尊重区域内不同成员发展水平的基础上，提升了区域内知识产权整体保护水平，为 RCEP 域内知识产权的保护提供了平衡、包容的方案，有助于推动区域内创新合作和可持续发展②。

RCEP"电子商务"章是亚太区域内首次达成的、覆盖面广、水平较高的多边电子商务规则成果。该章主要包括了促进无纸化贸易、推广电子签名、保护线上消费者权益等规则。这些条款加强了 RCEP 成员之间电子商务合作领域的制度支持，有利于营造良好的电子商务发展环境，增强各

---

① 商务部解读《区域全面经济伙伴关系协定》[J]. 中国外资，2020（23）：14-17.
② 商务部解读《区域全面经济伙伴关系协定》[J]. 中国外资，2020（23）：14-17.

方在电子商务领域的规制互认和企业互通。

（5）合作及其他规则议题

为推动中小企业、发展中经济体更好地共享 RCEP 成果，RCEP 专门设置了"中小企业"和"经济技术合作"两章，旨在促进区域内各成员实现均衡发展，致力于为中小企业提供更广阔的合作平台，推动中小企业更快更好地融入区域价值链供应链中来。另外，各方将实施技术援助和能力建设项目，兼顾缅甸等欠发达成员的发展需要，促进各方充分利用 RCEP 协定发展本国经济，进一步缩小成员之间的发展差距。

RCEP"贸易救济"章主要包括保障措施、反倾销和反补贴等内容。RCEP 设立过渡性保障措施制度，若成员因履行协定降税而遭受损失，则为其提供救济。同时，对书面信息、磋商机会、裁定公告等做法做出统一规定，提升了贸易救济调查的透明度和正当性。

RCEP"竞争政策"章内容覆盖全面，对竞争立法、竞争执法合作、消费者权益保护等重点内容做出了详细规定。同时，为照顾欠发达成员，RCEP 还专门为柬埔寨、老挝、缅甸等国提供了过渡期。该章条款有利于推动各方执法的公平、公正和透明，同时提供了多种竞争执法合作形式，有利于强化各方在竞争政策领域的交流与合作。

RCEP"政府采购"章首次在多边协定中纳入政府采购相关规则。该章包含了信息交流合作、提供技术援助、加强能力建设等内容，还特别增加了审议条款，为各方未来进一步丰富和完善本章预留空间。RCEP 将推动各方加强政府采购信息交流和合作，为促进区域内政府采购市场的逐步开放奠定基础。

5.1.2.3 RCEP 协定与 CPTPP 的区别

《全面与进步的跨太平洋伙伴关系协定》（CPTPP）的前身是跨太平洋伙伴关系协定（TPP），在 2017 年美国退出 TPP 后，由日本牵头组建，并于 2018 年在智利正式签署 CPTPP 协定，其成员包括智利、秘鲁、加拿大和墨西哥等 11 个国家，其中，文莱、新加坡、马来西亚、越南、日本、澳大利亚和新西兰与 RCEP 的成员重合①（见图 5-1）。CPTPP 协定保留了其前身 TPP 大约 95% 的协定内容，主要改动包括：一是搁置 22 项涉及投资、服务贸易、政府采购、知识产权等具有争议条款；二是协定生效条件

---

① 赵慧，张浓，李雄师. 新谈判背景下 RCEP 的进展、困难及中国对策 [J]. 广西社会科学，2020（4）：53-58.

由至少有经济总量的 85% 的 6 个成员批准之后才可以生效，修改为至少
6 个成员或者超过 50% 的成员批准就可以生效，而不管国家大小；三是修
订了部分附件以协调成员之间的利益博弈①。此外，CPTPP 降低了 TPP 关
于劳工和环保的相关要求。

RCEP 各成员的经济发展水平差异较大，而 CPTPP 参与方的综合经济
实力较强，各国间差异较小。从地域分布来看，RCEP 成员的分布较为集
中，CPTPP 参与方在太平洋的东西两岸均有分布。RCEP 与 CPTPP 两者在
谈判目标、协定覆盖范围上差异很大，CPTPP 代表的是以日本为主的 7 个
发达国家的核心利益，而 RCEP 则是由东盟主导的、以整合发展中国家区
域经贸关系为目标的协定；另外，CPTPP 所包含的劳工保障、政府购买、
环境保护等提案都是 RCEP 中所不具有的②。从总体上看，CPTPP 是比
RCEP 标准更高的区域自由贸易协定。

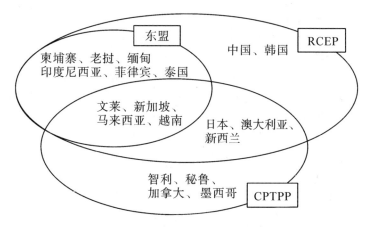

图 5-1　东盟、RCEP 与 CPTPP 的成员组成

资料来源：笔者根据中国自由贸易区服务网（http://www.fta.mofcom.gov.cn）资料整理而得。

5.1.3　中国与 RCEP 成员之间的贸易发展现状及特征

5.1.3.1　中国与 RCEP 成员之间的贸易规模

近年来，中国与 RCEP 14 个成员之间的货物贸易额不断增长。据统

---

①　白洁，苏庆义. CPTPP 的规则、影响及中国对策：基于和 TPP 对比的分析 [J]. 国际经
济评论，2019（1）：58-76.

②　吕越，李启航. 区域一体化协议达成对中国经济的影响效应：以 RCEP 与 TPP 为例 [J].
国际商务（对外经济贸易大学学报），2018（5）：37-48.

计，2009—2020年，中国对 RCEP 14 个成员之间的贸易总额从 6 627.4 亿美元上升至 14 737.7 亿美元，共增长了约 1.22 倍，年均增长率为 6.5%。其中，进口额由 3 821.2 亿美元增长至 7 754.1 亿美元，共增长了 1.03 倍，年均增长率为 6.1%；出口额从 2 806.2 亿美元增长至 6 984.3 亿美元，共增长了 1.5 倍，年均增长率为 7.1%。特别是，2010—2011 年，中国对 14 个成员的贸易总额分别达到 8 925.8 亿美元、10 768.7 亿美元，同比增长 34.7%和 20.6%；2018 年，中国与 RCEP 14 个成员的贸易总额突破了 1.4 万亿美元，同比增长 12.1%；2020 年，贸易总额达到近年来的新高 1.47 万亿美元（见表 5-2）。目前，中国已成为东盟、日本、韩国、澳大利亚和新西兰的第一大进口来源国。

表 5-2 2009—2020 年中国对 RCEP 14 个成员货物贸易情况

年份	进出口总额		出口额		进口额		贸易差额/亿美元
	金额/亿美元	增长率/%	金额/亿美元	增长率/%	金额/亿美元	增长率/%	
2009	6 627.4	−11.4	3 821.2	−8.8	2 806.2	−14.7	−1 015.0
2010	8 925.8	34.7	5 346.2	39.9	3 579.6	27.6	−1 766.7
2011	10 768.7	20.6	6 379.5	19.3	4 389.1	22.6	−1 990.4
2012	11 179.8	3.8	6 328.1	−0.8	4 761.7	8.5	−1 566.3
2013	11 791.1	5.5	6 520.9	3.0	5 270.2	10.7	−1 250.6
2014	12 340.6	4.7	6 684.1	2.5	5 656.6	7.3	−1 027.5
2015	11 514.0	−6.7	5 919.8	−11.4	5 594.2	−1.1	−325.6
2016	11 000.1	−4.5	5 789.9	−2.2	5 210.2	−6.9	−579.7
2017	12 497.0	13.6	6 837.0	18.1	5 660.0	8.6	−1 176.9
2018	14 004.9	12.1	7 702.2	12.7	6 302.7	11.4	−1 399.5
2019	14 289.0	2.0	7 243.7	−6.0	7 045.3	11.8	−198.4
2020	14 737.7	3.1	7 754.1	7.1	6 984.3	−0.9	−769.8

数据来源：UNCOMTRADE；2019—2020 年数据来源于中国海关总署。

在贸易差额上，近十年来，中国对 RCEP 14 个成员总体均为贸易逆差。其中，2011 年中方贸易逆差高达 1 990.4 亿美元；2012—2016 年，中方贸易逆差呈现逐步缩小态势；2017—2018 年，中方贸易逆差再次出现增长；2019 年，由于中国对 RCEP 成员的出口同比增长 11.8%，而进口下滑了 6%，中方贸易逆差下降至 198.4 亿美元，但 2020 年中方贸易逆差再次增长至 769.8 亿美元。

5.1.3.2 中国与 RCEP 成员之间贸易的国别结构

目前，中国已成为东盟、日本、韩国、澳大利亚和新西兰的第一大进口来源国，同时 RCEP 成员对中国外贸出口的重要程度也日趋加深。据统计，2014—2020 年，中国与 RCEP 成员的贸易额占中国外贸的比例由 28.7%提升至 31.7%，其中，东盟、日本、韩国分别是中国第一大、第四大、第五大贸易伙伴。2020 年，中国与东盟进出口额为 6 845.9 亿美元，同比增长 6.7%，占中国外贸总额的 14.7%，东盟超越欧盟成为中国第一大贸易伙伴。同年，中国与日本进出口额为 3 123.1 亿美元，占中国外贸总额的 6.8%；紧随其后的是韩国，其与中国贸易额 2 904.4 亿美元，占中国外贸总额的 6.1%。中国与澳大利亚贸易额为 1 683.2 亿美元，占中国外贸总额的 3.6%；中国外贸总额的 0.39%来自经济体量较小的新西兰。具体见表 5-3。从国别角度来看，中国与 RCEP 成员近一半的贸易额来自东盟，其次是日本、韩国，分别各占约五分之一的份额，澳大利亚约占十分之一的贸易额，最后是不足 2%的贸易额来自新西兰。

表 5-3 中国与 RCEP 成员贸易的国别情况

国家	2014 年		2017 年		2020 年	
	贸易额/亿美元	占中国外贸比例/%	贸易额/亿美元	占中国外贸比例/%	贸易额/亿美元	占中国外贸比例/%
东盟	4 802.86	11.17	5 154.53	12.55	6 845.91	14.73
日本	3 123.12	7.26	3 030.53	7.38	3 175.09	6.83
韩国	2 904.42	6.75	2 802.57	6.82	2 852.60	6.14
澳大利亚	1 367.77	3.18	1 364.47	3.32	1 683.18	3.62
新西兰	142.43	0.33	144.91	0.35	181.19	0.39
汇总	12 340.61	28.69	12 497.02	30.43	14 737.98	31.72

数据来源：联合国商品贸易数据库（UNCOMTRADE）。

5.1.3.3 中国与 RCEP 成员之间贸易的商品结构

（1）中国对 RCEP 成员的出口商品结构

中国对 RCEP 成员出口商品主要包括机电产品、化工产品、纺织品、金属及其制品、轻工业制品等。据联合国 SITC 分类统计，2014—2020 年，中国对 RCEP 成员出口排名前五大类商品分别为机械及运输设备、按原材料分类的制品、杂项制品、化学制品和相关产品、食品及活牲畜。例如，2020 年，中国对东盟出口机械及运输设备 1 667.12 亿美元、按原料分类的制品 843.64 亿美元、杂项制品 649.26 亿美元、化学制品和相关产品 293.03 亿美元、食品及活牲畜 177.31 亿美元，分别占当年中国对东盟出口总额的 43.45%、21.99%、16.92%、7.64% 和 4.62%；中国对日本和韩国出口机械及运输设备 1 177.26 亿美元（占当年中国对日、韩出口总额的 46.14%，下同）、杂项制品 568.27 亿美元（22.27%）、按原料分类的制品 394.18 亿美元（15.45%）、化学制品和相关产品 203.64 亿美元（7.98%）、食品及活牲畜 129.21 亿美元（5.06%）；中国对澳大利亚、新西兰出口机械及运输设备 226.44 亿美元（占当年中国对澳、新出口总额的 46.14%，下同）、杂项制品 170.31 亿美元（22.27%）、按原料分类的制品 120.82 亿美元（15.45%）、化学制品和相关产品 42.05 亿美元（7.98%）、矿物燃料及润滑油 15.56 亿美元（5.06%）。具体见表 5-4。

表 5-4　2020 年中国对 RCEP 成员出口商品结构

SITC 分类	商品类别	东盟		日韩		澳新	
		金额 /亿美元	占比 /%	金额 /亿美元	占比 /%	金额 /亿美元	占比 /%
第 0 类	食品及活牲畜	177.31	4.62	129.21	5.06	10.50	1.76
第 1 类	饮料及烟草	5.16	0.13	1.63	0.06	0.41	0.07
第 2 类	非食用粗原料	24.53	0.64	35.75	1.40	1.48	0.25
第 3 类	矿物燃料及润滑油	117.79	3.07	23.73	0.93	15.56	5.06
第 4 类	动植物油脂	2.66	0.07	0.80	0.03	0.26	0.04
第 5 类	化学制品和相关产品	293.03	7.64	203.64	7.98	42.05	7.98
第 6 类	主要按原料分类的制品	843.64	21.99	394.18	15.45	120.82	15.45
第 7 类	机械及运输设备	1 667.12	43.45	1 177.26	46.14	226.44	46.14
第 8 类	杂项制品	649.26	16.92	568.27	22.27	170.31	22.27
第 9 类	其他未分类商品和交易	56.70	1.48	16.98	0.67	7.55	1.27

数据来源：联合国商品贸易数据库。

（2）中国对 RCEP 成员的进口商品结构

中国自 RCEP 成员进口商品主要包括机电产品、化工产品、矿产品、金属及其制品、轻工业制品等。2020 年，中国自东盟进口机械及运输设备 1 471.03 亿美元、矿物燃料及润滑油 302 亿美元、按原料分类的制品 265.01 亿美元、化学制品和相关产品 237.81 亿美元、非食用粗原料 226.67 亿美元，分别占当年中国自东盟进口总额的 48.89%、10.04%、

8.81%、7.9%和7.53%（见表5-5，下同）；中国自日本和韩国进口机械及运输设备2 083.9亿美元（占当年中国自日、韩进口总额的59.95%，下同）、化学制品和相关产品552.46亿美元（15.89%）、按原料分类的制品348.14亿美元（10.01%）、杂项制品331.72亿美元（9.54%）、矿物燃料及润滑油94.33亿美元（2.71%）；中国自澳大利亚、新西兰进口非食用粗原料842.41亿美元（占当年中国自澳、新进口总额的66.38%，下同）、矿物燃料及润滑油193.17亿美元（15.22%）、食品及活牲畜148.91亿美元（11.73%）、按原料分类的制品29.07亿美元（2.29%）、化学制品和相关产品19.59亿美元（1.54%）。

表5-5　2020年中国自RCEP成员进口商品结构

SITC 分类	商品类别	东盟		日韩		澳新	
		金额 /亿美元	占比 /%	金额 /亿美元	占比 /%	金额 /亿美元	占比 /%
第0类	食品及活牲畜	157.00	5.22	17.84	0.51	148.91	11.73
第1类	饮料及烟草	3.60	0.12	4.46	0.13	7.79	0.61
第2类	非食用粗原料	226.67	7.53	34.61	1.00	842.41	66.38
第3类	矿物燃料及润滑油	302.00	10.04	94.33	2.71	193.17	15.22
第4类	动植物油脂	50.36	1.67	0.13	0.00	2.85	0.22
第5类	化学制品和相关产品	237.81	7.90	552.46	15.89	19.59	1.54
第6类	按原料分类的制品	265.01	8.81	348.14	10.01	29.07	2.29
第7类	机械及运输设备	1 471.03	48.89	2 083.90	59.95	3.78	0.30
第8类	杂项制品	211.63	7.03	331.72	9.54	3.58	0.28
第9类	其他未分类商品和交易	83.60	2.78	8.64	0.25	17.85	1.41

数据来源：联合国商品贸易数据库。

综上所述，在中国与RCEP成员进出口总额排名前5大类产品中，机械及运输设备、化学制品和相关产品、按原料分类的制品等三类产品始终位列其中，说明中国与RCEP成员在这些领域存在一定程度的产业内贸易。此外，通过比较进出口规模大于200亿美元的SITC分类产品，可以发现中国在按原料分类的制品、杂项制品两类产品上对RCEP成员的出口均大于自RCEP成员的进口，而在非食用粗原料、矿物燃料及润滑油这两类产品上的表现正好相反。特别是在机械及运输设备、化学制品和相关产品两类产品上，中国对东盟、澳大利亚及新西兰是净出口，而对日本和韩国是净进口。

5.1.3.4 中国与 RCEP 成员的贸易互补性和竞争性

（1）中国与 RCEP 成员的贸易互补性

我们采用 RCA 指数测量 RCEP 成员的各产业比较优势，分析中国与 RCEP 成员的贸易互补性。我们根据第四版 SITC 的分类标准，计算中国和 RCEP 成员各类商品的显示性比较优势指数（见表 5-6）。由于各成员各类商品的 RCA 指数在近五年内较为稳定，为便于分析，本书取各类商品 2016—2020 年的 RCA 指数均值进行后续分析。

由 RCA 指数均值可知，中国具有较强国际竞争力的产品有三大类，包括第 6 类（主要按原料分类的制品）、第 7 类（机械及运输设备）、第 8 类（杂项制品），特别是第 8 类产品的比较优势显著，其余商品的 RCA 指数均小于 0.8，表明中方这些类别产品的国际竞争力较弱。东盟具有较强国际竞争力的产品主要是第 4 类（动植物油脂）、第 8 类、第 7 类。日本和韩国具有较强国际竞争力的产品主要是第 7 类和第 5 类（化学制品和相关产品）。澳大利亚和新西兰则在第 2 类（非食用粗原料）、第 9 类（其他未分类商品和交易）和第 0 类（食品及活牲畜）产品上具有极强的竞争力，在第 3 类（矿物燃料和润滑油）和第 1 类（饮料及烟草）产品上也拥有较强竞争力。因此，中国与 RCEP 各成员之间的优势产业不同，具有产业结构上的互补性。

表 5-6 2016—2020 年 RCEP 成员的 RCA 指数均值

第四版 SITC	分类标准	国家			
		中国	东盟	日韩	澳新
0	食品及活牲畜	0.42	1.05	0.14	2.66
1	饮料及烟草	0.17	0.67	0.27	1.61
2	非食用粗原料	0.18	0.98	0.35	8.09
3	矿物燃料及润滑油	0.18	1.01	0.44	2.08
4	动植物油脂	0.09	5.35	0.05	0.39
5	化学制品和相关产品	0.54	0.70	1.01	0.28
6	按原料分类的制品	1.35	0.71	0.96	0.39
7	机械及运输设备	1.28	1.12	1.56	0.14
8	杂项制品	1.91	1.21	0.63	0.20
9	其他未分类商品和交易	0.09	0.65	0.72	3.10

数据来源：联合国商品贸易数据库。

（2）中国与 RCEP 成员的贸易竞争性

我们选取中国、东盟、日本、韩国、澳大利亚、新西兰等国的主要出口目的地作为中国和 RCEP 成员的竞争市场，运用 ESI 指数分析中国与 RCEP 成员在世界市场、美国、中国香港、中国台湾及欧盟市场上的商品竞争关系。

根据 ESI 计算结果（见表 5-7），中国与 RCEP 成员在世界市场上出口相似度指数偏高，总体围绕 75.6 上下波动，2020 年最高为 78.16，这说明双方在世界市场上竞争较为激烈。中国与 RCEP 成员在美国、中国香港、中国台湾及欧盟市场的 ESI 指数均高于在世界市场上的相似度指数，分别围绕 82、83.5、81.1、83.3 上下波动，这说明中方与各成员在这四大主要出口市场上竞争激烈。其中，在欧盟市场上的 ESI 在 2018 年达到 90.89，在中国香港市场上的 ESI 增幅最大，2020 年 ESI 高达 86.86，比 2011 年增长了 8.5%；在美国市场上的 ESI 指数增幅也较大，竞争关系日益激烈；在中国台湾市场上，ESI 指数虽然偏高，但呈缓慢下降趋势。总体上，中国与 RCEP 成员的出口产品相似度较高，主要出口产品集中在机电产品、运输设备、化工产品、金属及其制品等领域。

表 5-7　2011—2020 年中国与 RCEP 成员在主要市场的 ESI 指数

年份	2011	2012	2013	2014	2015	2016	2017	2018	2019	2020
世界	73.68	73.32	72.98	72.70	76.26	77.58	76.95	76.88	77.70	78.16
美国	81.18	80.62	80.06	81.88	79.04	80.24	83.04	84.38	84.53	84.83
中国香港	80.04	79.60	79.79	81.67	85.42	83.78	84.09	87.07	86.84	86.86
中国台湾	83.17	80.63	79.12	78.41	82.47	83.69	81.47	79.28	79.95	83.05
欧盟	82.53	81.48	77.29	81.95	82.67	81.16	87.44	90.89	83.24	84.32

数据来源：联合国商品贸易数据库。

虽然中国与 RCEP 成员在主要出口市场上竞争较为激烈，但从 RCEP 区域内的产业链和供应链上看，成员之间在产业链上的分工不同，仍具有较强的贸易互补性。因要素禀赋结构不同，RCEP 各成员拥有各自的比较优势，其主要体现在：东盟、澳大利亚、新西兰具有自然资源优势，日本、韩国具有资本和技术优势，中国则拥有劳动力优势和完整的产业链条。RCEP 各成员之间的贸易互补关系将进一步推动亚太经济一体化进程。

5.1.4 基于 GTAP 模型的 RCEP 经济效应实证分析

5.1.4.1 中国与 RCEP 成员双边 FTA 的贸易效应

（1）中国与东盟双边 FTA 的贸易促进效应

目前，中国与除了日本之外的 RCEP 成员都签署了双边自由贸易协定，分别是中国与东盟、韩国、澳大利亚和新西兰的 FTA。在 FTA 的作用下，中国与 RCEP 成员中自由贸易伙伴的双边贸易额出现较快增长。例如，自 2004 年中国与东盟签署《货物贸易协定》以来，双方的贸易额从 2004 年的 891.58 亿美元增长至 2020 年的 6 845.91 亿美元，共增长了 6.7 倍，年均增速为 13.6%，远高于同期东盟十国贸易总额 5.3% 的年均增速（见表 5-8）。

表 5-8　中国与 RCEP 成员中自由贸易伙伴的双边贸易情况

贸易伙伴/项目	FTA 生效前双边贸易额/亿美元	2020 年双边贸易额/亿美元	双边贸易额年均增速/%	同期该国贸易总额年均增速/%	FTA 生效前与中国的贸易占其外贸比例/%	2020 年与中国贸易额占其外贸比例/%
东盟	891.58（2004 年）	6 845.91	13.6	5.3	8.3	32.7
新西兰	36.98（2007 年）	181.19	13.1	2.9	6.4	23.9
韩国	2 757.92（2015 年）	2 852.60	0.9	0.8	28.6	29.1
澳大利亚	1 138.17（2015 年）	1 683.18	8.3	3.5	28.7	36.8

数据来源：世界银行、UNCOMTRADE。

在双边贸易高速增长的推动下，中国与东盟彼此之间的贸易伙伴地位不断提高。2010—2020 年，中国与东盟的贸易额占东盟外贸总额的比例从 8.3% 上升至 32.7%，中国已连续 11 年保持东盟的最大贸易伙伴地位。同样，东盟在 2006 年之前只是中国的第五大贸易伙伴，2011 年超过日本成为中国的第三大贸易伙伴，2019 年超过美国成为中国的第二大贸易伙伴。2020 年，中国与东盟进出口额为 6 845.9 亿美元，同比增长 6.7%，占中国外贸总额的 14.7%，东盟超越欧盟成为中国的第一大贸易伙伴。

（2）中国与其他 RCEP 成员双边 FTA 的贸易促进效应

据统计，2007 年，中国与新西兰的双边贸易额只有 36.98 亿美元，2008 年中新 FTA 正式签署并生效。2020 年，中新双边贸易额增长至 181.19 亿美元，共增长了 3.9 倍，年均增速高达 13.1%，远高于同期新西兰外贸 2.9%的年均增速。在占比方面，2007—2020 年，中新双边贸易额占新西兰外贸总额的比例从 6.4%上升到 23.9%。从 2013 年至今，中国始终是新西兰的第一大贸易伙伴和第一大出口市场①。

虽然中国与澳大利亚 FTA 协定签署较晚（2015 年末才生效），但自由贸易协定生效后，两国双边贸易额从 2015 年的 1 138.17 亿美元增长至 2020 年的 1 683.18 亿美元，年均增速达 8.3%，远高于同期澳大利亚外贸 3.5%的年均增速。中澳双边贸易额占澳方贸易总额的比例也由 28.7%提升至 36.8%。2009—2020 年，中国对外贸易额年均增速为 5.8%，中新和中澳双边贸易的年均增速均超过同期中方外贸的年均增速，说明 FTA 明显促进了中国与新西兰、澳大利亚双边贸易的增长。

2015 年中韩 FTA 生效后，虽然中韩双边贸易额增速低于同期韩国外贸增速，但中、韩两国贸易规模较大，2020 年双方贸易额达到 2 852.6 亿美元，占同年韩国贸易总额的 29.1%。多年以来，中国一直是韩国的第一大贸易伙伴，自由贸易协定进一步促进了中韩贸易合作，两国贸易关系更加紧密。

5.1.4.2　基于 GTAP 模型的 RCEP 协定经济效应

在 RCEP 协定的贸易效应研究方面，许多学者使用了 GTAP 模型。例如，陈淑梅等运用 GTAP 模型模拟 RCEP 完全建成时，区域内外主要国家和地区的宏观经济效应、贸易效应以及产业效应，认为建立 RCEP 可以提升成员的整体福利，各成员之间经济互补，但 RCEP 各成员的产品贸易结构将逐渐趋同②。刘冰等认为，RCEP 区域内实现零关税对成员的经济总量、福利水平、贸易规模都有明显的正向变动效应，并且这种正向变动效应将随着区域内技术性贸易壁垒的逐步降低而逐渐扩大③。李春顶（2018）

①　参见：国家统计局网站（http://www.stats.gov.cn/）、中国海关总署网站（http://www.customs.gov.cn/）。

②　陈淑梅，倪菊华.中国加入"区域全面经济伙伴关系"的经济效应：基于 GTAP 模型的模拟分析［J］.亚太经济，2014（2）：125-133.

③　刘冰，陈淑梅.RCEP 框架下降低技术性贸易壁垒的经济效应研究：基于 GTAP 模型的实证分析［J］.国际贸易问题，2014（6）：91-98.

认为，RCEP、CAFTA 等协定都会提高中国的福利、产出、就业和贸易，其中贸易效应最强，产出和就业效应次之，福利效应相对较小，且 RCEP 协定对中国的积极作用最突出。

（1）模型介绍

全球贸易分析模型（global trade analysis project model，GTAP）是一种一般均衡分析理论模型，主要被应用于农业、国际贸易等方面，定量分析政策冲击所带来的影响。从 1993 年美国普渡大学发布第一版 GTAP 数据库开始，每三到四年进行一次改版，至今已发展到第十版，覆盖面从 13 个区域扩展到 141 个区域。GTAP 以其庞大、详细的数据库以及在模拟区域贸易协定效应方面的良好表现，深受国际组织、政府机构、学者们的青睐，得到了广泛运用。

GTAP 模型以新古典经济学为理论基础，以市场完全竞争、生产规模报酬不变为假设前提。在此基础上，市场中的消费者都以效用最大化为目标，生产者以成本最小化为目标。模型中有私人家庭、厂商和政府等经济主体，家庭效用函数采用固定差异弹性（constant difference of elasticity，CDE）效用函数，企业生产函数为常数替代弹性（constant elasticity substitute，CES）生产函数，政府的效用函数用柯布—道格拉斯函数（Cobb - Douglas）。GTAP 模型遵循阿明顿假设，默认国内商品和进口商品之间不存在完全可替代性。如图 5-2 所示，各个国家之间通过贸易和资金流动建立起联系，一国所有经济主体的收入全部流入该国唯一的账户"区域部门"，全部的储蓄流入世界银行。"区域部门"决定私人部门和政府的消费和储蓄行为，世界银行决定资金的流向。其中，私人部门、政府部门的支出均由国内支出和进口支出组成，对于厂商而言，生产所需中间投入品来自国内供给和国外进口，销售分为内销和出口两种渠道。世界银行和国际运输部门通过贸易和投资将各国联系在一起，使得 GTAP 可以较准确地模拟贸易协定等政策变化给多个国家和多个部门带来的影响。

GTAP 主要由两部分组成：RunGTAP 主程序和 GTAPAgg 数据库，其中，RunGTAP 被用来进行变量冲击和计算模拟，GTAPAgg 数据库主要被用来设定区域、部门和要素，制作数据包导入主程序。数据库数据来自国际货币基金组织（IMF）、世界银行（World Bank）、联合国商品贸易数据库（UNCOMTRADE）、经合组织（OECD）数据库等权威数据库。

我们选择 GTAP 模型模拟分析 RCEP 协定的经济效应，采用最新的第十版 GTAP 数据库，以 2014 年为基期，涵盖 141 个国家和地区、65 个细分产业以及土地、自然资源、资本、熟练劳动力、非熟练劳动力等 8 种生产要素的相关数据，通过 RunGTAP3.70 主程序进行模拟冲击，分析 RCEP 协定对成员和非成员产生的宏观经济效应及其对中国外贸和产业的影响。

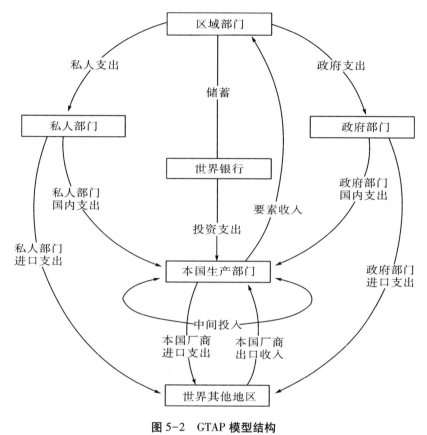

图 5-2　GTAP 模型结构

资料来源：GTAP 官网（https://www.gtap.agecon.purdue.edu）.

（2）区域与产业部门划分

为了分析 RCEP 协定对各成员以及外部区域产生的经济效应，我们将第十版 GTAP 数据库中 141 个国家和地区划分为以下 11 个国家和地区：中国、东盟、日本、韩国、澳大利亚、新西兰、印度、美国、英国、欧盟、世界其他地区（见表 5-9）。其中，由于缺乏缅甸的数据，且其经济体量较小，故用除缅甸外的东盟 9 国来代表东盟整体。印度是 RCEP 创始成员之一，出于后续模拟方案的需要，特将印度单独列出。美国、欧盟作为

RCEP 成员重要的贸易伙伴也单独列出，由于英国已脱离欧盟，故将英国也单独列出。

表 5-9　GTAP 区域划分

序号	区域	所含国家和地区
1	中国	中国大陆
2	东盟	东盟九国（不含缅甸）
3	日本	日本
4	韩国	韩国
5	澳大利亚	澳大利亚
6	新西兰	新西兰
7	印度	印度
8	美国	美国
9	英国	英国
10	欧盟	欧盟所有成员
11	世界其他地区	GTAP 数据库中除上述国家外的所有国家和地区

数据来源：笔者根据 GTAP 数据库整理分类。

第十版 GTAP 数据库中主要包含 65 个产业部门，为便于计算分析，结合 RCEP 成员之间的主要贸易产品，我们将 65 个产业划分为 12 个大类，即谷物及作物、畜牧业及其制品、奶类制品、纺织品及服装、运输设备、机电产品、矿产品、金属制品、化学及橡胶制品、其他制造业、交通与通信、其他服务业（见表 5-10）。

表 5-10　GTAP 产业部门划分

序号	分类	具体产业部门
1	谷物及作物	水稻、小麦、蔬菜、水果、坚果、油料种子、植物油脂、糖料作物、植物纤维、饮料烟草、食物制品、其他谷物及作物
2	畜牧业及其制品	牛、羊、马等牲畜、羊毛、蚕丝等动物制品，肉制品及其他相关产品
3	奶类制品	生牛乳、乳制品
4	纺织品及服装	纺织品、服装服饰
5	运输设备	机动车机器零配件、交通运输设备及其他相关产品

表5-10（续）

序号	分类	具体产业部门
6	机电产品	机械设备及其他相关产品、电子设备、计算机、电子电路、光学器械
7	矿产品	煤炭、石油、天然气、其他矿产品及开采业
8	金属制品	黑色（铁类）金属、有色金属及其相关产品
9	化学及橡胶制品	化学制品、基础制药、塑料、橡胶制品
10	其他制造业	皮革制品、木制品、纸制品、渔业制品、其他制造业产品
11	交通与通信	旅游、海运、空运、通信、交通及其他相关服务
12	其他服务业	水、电力、天然气制造及零售，建筑，公共管理，医疗，教育，住房，金融及其他相关服务，保险，商务服务及其他相关服务，娱乐及相关服务

数据来源：笔者根据 GTAP 数据库整理。

（3）数据更新

第十版 GTAP 数据库以 2014 年为基期，反映的是 2014 年全球的经济运行情况，这种滞后的数据无法反映当前的实际情况，需要更新数据库。我们参考 Walmsley（2000）动态递归的思路，将数据更新至 2021 年。我们根据 IMF、世界银行、法国国际经济研究中心（CEPII）等国际权威机构的数据，计算出所研究的各主要经济体的 GDP、资本、人口、熟练劳动力、非熟练劳动力等要素的预期增长率。在此基础上，我们将 GDP 增长率转化为内生变量，利用前期计算得到的各要素预期增长率对资本、人口、熟练劳动力、非熟练劳动力等变量进行冲击，将数据递推更新至 2021 年。

（4）模拟情景设计

关税冲击是目前研究自由贸易协定经济效应的主流方法，但亚太地区存在错综复杂的 FTA 网络。在 RCEP 签署前，东盟与 5 个 RCEP 成员（中国、日本、韩国、澳大利亚、新西兰）均存在双边自由贸易关系；非东盟成员之间也存在诸多双边自由贸易协定，例如，中国分别与新西兰、澳大利亚、韩国建立了 FTA。除日本与中国、韩国、新西兰未签订双边自由贸易协定外，其余各缔约方之间的关税水平已经很低，且多数自由贸易协定在 2021 年已经实现了除敏感产品外的全面零关税。因此，如果只研究关税冲击带来的经济影响是远远不够的。

作为一个现代的、高质量的自由贸易协定，RCEP 致力于消除成员之间的关税和非关税壁垒，促进区域内贸易自由化和投资便利化。RCEP 贸易便利化条款涉及标准、技术法规和合格评定程序，推动削减各方技术性贸易壁垒，简化海关程序等措施也将降低运营成本，提高运输效率。基于以上原因，除了考虑关税冲击，本书将技术性贸易壁垒、交通运输效率等非关税壁垒指标纳入模拟方案中。此外，印度虽然选择了退出 RCEP，但 RCEP 仍对印度保持开放，未来印度有加入 RCEP 的可能性，因此，模拟方案中考虑了印度未来加入 RCEP 的状况。

在关税冲击方面，通过分析 RCEP 协定中各方的关税承诺表，考虑到谷物及作物、畜牧业及其制品、奶类制品等是日本、韩国希望得到保护的行业，因此，我们将包含谷物及作物、畜牧业及其制品在内的农产品相关产业部门设置为敏感产业，对敏感行业的关税采取逐步削减的方案，先在原有税率基础上削减 50%，而后再降至零关税；同时，协定生效后区域内 90% 以上的商品将最终实现零关税，因此将其余产业设置为零关税。

在降低技术性贸易壁垒方面，为考察不同程度削减技术性贸易壁垒的影响，借鉴刘冰、陈淑梅（2014）的研究，设置降低 5% 和降低 10% 两种情况。在交通运输便利化方面，由于 RCEP 成员大多是亚太经合组织成员，且 2014 年通过的《亚太经合组织互联互通蓝图》对实现互联互通、提高贸易便利化程度提出了 25% 的明确目标，故假设交通运输效率提高 25%，以此提升贸易便利度。

具体模拟情景见表 5-11。在情景 1 中，RCEP 成员之间敏感产业降税 50%，其余产业关税降至零，降低 5% 的技术性贸易壁垒；在情景 2 中，RCEP 成员之间全面取消关税，技术性贸易壁垒降低 10%；在情景 3 中，在情景 2 的基础上再提升 25% 的交通运输效率；在情景 4 中，假设印度加入 RCEP，其余设置与情景 1 相同，分析印度加入 RCEP 所带来的经济效应。

表 5-11　模拟情景设计

模拟情景	具体方案描述
情景 1	RCEP 15 个成员之间敏感产业降税 50%，其余产业关税降至零，技术性贸易壁垒降低 5%
情景 2	RCEP 15 个成员之间全部取消关税，技术性贸易壁垒降低 10%
情景 3	RCEP 15 个成员之间全部取消关税，技术性贸易壁垒降低 10%，交通运输效率提升 25%
情景 4	印度加入 RCEP，16 个成员之间敏感产业降税 50%，其余产业关税降至零，技术性贸易壁垒降低 5%

（5）模拟结果分析

在上述区域、产业划分的基础上，我们利用动态递归的方法将GTAP10.0数据库的相关数据进行更新，之后通过RunGTAP3.70软件进行变量冲击，模拟四种情景并得出结果。我们通过整理模拟结果，分析经济增长效应、福利效应、进出口变化等宏观经济效应。

第一，经济增长效应。由GTAP模拟结果整理得到表5-12，展示了四种情景下各区域GDP的变动情况。在情景1中，RCEP成员的实际GDP均出现不同程度的增长，其中，韩国GDP增长率最高，高达6.07%，紧接着是日本（GDP增长率为4.62%，下同）、澳大利亚（3.07%）、新西兰（2.6%），中国增幅最小，只增长了0.79%，但由于中国的经济体量大，故经济增量依旧可观；非成员的经济受损，其中，印度GDP降低0.91%，美国GDP降低0.9%，英国和欧盟也有所损失。在情景2中，在全面取消关税和进一步降低技术性贸易壁垒的情况下，RCEP成员的GDP增长扩大，增幅在1.46%~9.92%之间，印度、美国、英国和欧盟等非RCEP成员的国家和地区经济增长受损程度较情景1加深。情景3是在情景2的基础上提高了25%的交通运输效率，结果显示：RCEP成员的GDP增长幅度再次扩大，非RCEP成员的国家和地区经济受损程度小幅加深，整体趋势与情景2相同。情景4在情景1的基础上，假设印度加入了RCEP，印度的GDP增长率由负转正，增长率为0.63%，其余RCEP成员的GDP也实现了一定程度的增长，同时非RCEP成员的国家和地区GDP降幅也进一步扩大。

总之，在四种情景下，RCEP成员的实际GDP均出现不同程度的增长，而非成员的经济增长下降。究其原因，削减关税、降低技术性贸易壁垒、提高交通运输效率，这些措施都能够扩大RCEP各成员之间的贸易，同时产生的贸易转移效应使非成员的经济受损。

表5-12　四种情景下各区域GDP变动情况　　　　单位:%

区域	情景1	情景2	情景3	情景4
中国	0.79	1.46	1.59	0.93
东盟	1.66	3.90	4.57	1.99
日本	4.62	6.97	7.29	4.67
韩国	6.07	9.92	10.54	6.30

表5-12(续)

区域	情景1	情景2	情景3	情景4
澳大利亚	3.07	6.11	6.84	3.27
新西兰	2.60	5.24	5.79	2.61
印度	-0.91	-1.52	-1.62	0.63
美国	-0.90	-1.49	-1.61	-1.03
英国	-0.81	-1.34	-1.50	-0.96
欧盟	-0.79	-1.32	-1.49	-0.92
世界其余地区	-1.12	-1.92	-2.02	-1.38

数据来源：由 GTAP 模拟结果整理而得。

第二，进出口变化情况。我们根据 GTAP 模拟结果，将四种情景下各区域进出口的变动情况整理汇总于表5-13。在情景1中，RCEP 成员的进口和出口均有不同程度的增加，其中，在出口方面，韩国出口增长了7.82%，其次分别是日本5.84%、澳大利亚4.91%、中国4.37%、新西兰4.2%和东盟2.67%；在进口方面，韩国增长了10.89%，其次分别是日本10%、澳大利亚8.8%、中国6.73%、新西兰5.55%和东盟3.48%。非RCEP 成员的进出口均有所萎缩，其中，美国的进口和出口分别下降1.48%和1.24%，印度的进口和出口分别下降1.33%和下降1.15%，其他区域的进出口下降幅度较小。

在情景2和情景3中，随着 RCEP 域内贸易自由化和投资便利化水平的提高，各成员的进出口增长幅度都呈扩大趋势。特别是，韩国的出口增长率分别提升至12%和12.43%，进口增长率分别达到16.77%和17.5%。与此同时，RCEP 区域外的进出口进一步萎缩。例如，美国的出口分别减少2.19%和2.13%，进口的降幅分别扩大至2.44%和2.57%。在情景4中，印度加入 RCEP 后，其出口和进口分别增长了5.35%和5.78%；其余RCEP 成员的进口及出口增长率均出现小幅提高。非 RCEP 成员的区域进出口缩减程度较情景1有所加深。

从总体上来看，在四种情景下，RCEP 成员的进口、出口贸易规模均有所扩大，且各成员的进口增长率普遍高于出口增长率。非 RCEP 成员的进出口贸易出现小幅萎缩，其中美国表现得较为明显。

表 5-13　四种情景下各区域进出口变动情况　　　　单位:%

区域	出口增长率				进口增长率			
	情景 1	情景 2	情景 3	情景 4	情景 1	情景 2	情景 3	情景 4
中国	4.37	7.07	7.86	4.76	6.73	10.68	11.93	7.29
东盟	2.67	5.00	5.76	3.19	3.48	6.37	7.30	4.07
日本	5.84	8.56	8.74	5.85	10.00	15.54	16.33	10.08
韩国	7.82	12.00	12.43	7.99	10.89	16.77	17.50	11.15
澳大利亚	4.91	8.69	9.76	5.21	8.80	15.37	17.15	9.33
新西兰	4.20	8.02	9.01	4.42	5.55	10.61	11.86	5.78
印度	-1.15	-1.98	-1.99	5.35	-1.33	-2.24	-2.29	5.78
美国	-1.24	-2.19	-2.13	-1.53	-1.48	-2.44	-2.57	-1.7
英国	-0.65	-1.12	-1.17	-0.84	-1.06	-1.75	-1.90	-1.29
欧盟	-0.77	-1.31	-1.36	-0.95	-1.00	-1.67	-1.78	-1.2
世界其余地区	-1.05	-1.84	-1.90	-1.31	-1.57	-2.70	-2.80	-1.92

数据来源：由 GTAP 模拟结果整理而得。

第三，福利效应。表 5-14 展示了四种情景下各区域的福利变动情况：在情景 1 中，中国、日本福利水平明显提高，分别增加 812.47 亿美元、594.52 亿美元，其次是韩国（382.33 亿美元）、东盟（357.75 亿美元），澳大利亚、新西兰的福利水平也得到小幅提升。非 RCEP 成员的福利效应为负值，其中，美国（-178.03 亿美元）、欧盟（-96.09 亿美元）的福利损失最明显，印度、英国的福利水平有小幅下滑。

在情景 2 中，进一步削减技术性贸易壁垒使 RCEP 成员的福利水平得到大幅提升，幅度由大到小依次为中国（1 494.99 亿美元）、日本（989.39 亿美元）、东盟（757.68 亿美元）、韩国（660.76 亿美元）、澳大利亚（333.31 亿美元）、新西兰（52.26 亿美元）；非 RCEP 成员的区域福利损失大幅扩大，其中，美国、欧盟的福利损失分别提高至 289.22 亿美元、158.28 亿美元。在情景 3 中，由于区域内交通运输效率提高，RCEP 成员的福利水平进一步提高，非 RCEP 成员的区域福利损失小幅加深。在情景 4 中，由于印度加入 RCEP，印度的福利水平大幅提升至 193.54 亿美元，其余 RCEP 成员的福利水平比情景 2 和情景 3 出现较大下滑，但仍好于情景 1；非 RCEP 成员的福利损失较情景 1 进一步扩大。

总之，在四种情景下，RCEP 成员的福利水平都出现增加，特别是在情景 3 中，各成员的福利效应最显著。非 RCEP 成员如美国、欧盟的福利有所下降，但世界总体的福利水平都呈现正增长。

表 5-14　四种情景下各区域福利变动情况　　　　单位：亿美元

区域	情景 1	情景 2	情景 3	情景 4
中国	812.47	1 494.99	1 750.47	900.79
东盟	357.75	757.68	908.63	415.14
日本	594.52	989.39	1 090.56	607.79
韩国	382.33	660.76	728.61	402.88
澳大利亚	174.86	333.31	378.52	186.75
新西兰	26.42	52.26	59.17	27.19
印度	−23.42	−41.59	−42.28	193.54
美国	−178.03	−289.22	−293.05	−199.19
英国	−20.93	−34.81	−39.08	−25.67
欧盟	−96.09	−158.28	−185.58	−109.68
世界其余地区	−345.90	−595.77	−591.68	−432.15
汇总	1 683.97	3 168.71	3 764.28	1 967.39

数据来源：由 GTAP 模拟结果整理而得。

5.1.5　RCEP 协定的作用及对中国经济的影响

5.1.5.1　RCEP 协定的作用

第一，RCEP 协定整合了多重双边自由贸易协定，是在东盟与 6 个国家之间所签署的双边 FTA 协定以及"10+1""10+3"模式之上的"优化升级"，这将会形成区域内统一的规则体系。此前东盟分别与中、日、韩、澳、新 5 个 RCEP 成员都签有自由贸易协定，这些 FTA 协定的原产地规则、投资开放、服务贸易规则都有所不同，相同的商品可能面临多种关税税率及原产地规则，导致企业交易成本上升，产生了"意大利面碗效应"①。RCEP 协定通过制定统一的优惠待遇和原产地规则等，简化了成员

―――――――――

① "意大利面碗效应"是指一个地区存在大量双边自由贸易协定和区域贸易协定，形成了盘根错节的自由贸易协定网络。各协定的不同优惠待遇和原产地规则就像碗里的意大利面条那样相互缠绕，一根根地绞在一起。这种现象被称为"意大利面碗"现象或效应，这将减弱贸易协定的效益。

之间各种错综复杂的经贸关系，有效克服了"意大利面碗效应"带来的不利影响，降低了交易和运营成本，给区域内的工商界和外贸企业带来了极大的便利。

第二，RCEP 协定采用区域累积的原产地规则，将深化区域内的产业链和供应链。RCEP 协定的实施将有助于区域内基于比较优势重塑供应链和价值链，促进区域内各种生产要素的流动，降低生产成本，形成"贸易创造效应"。以纺织业为例，中国可以从新西兰免税进口羊毛，织成布料，再把布料免税出口到低人工成本的越南，越南把布料做成服装再出口到区域内各成员或其他国家和地区，服装生产成本大幅降低，服装产业链条上的 RCEP 各方企业都将获益。

第三，RCEP 协定在服务和投资领域大多采用"负面清单"方式，对制造业、农林渔业、采矿业等领域投资做出较高水平开放承诺，提升了投资政策透明度。各成员之前对于区域外投资都有不同的制度，RCEP 协定建立了区域内统一的投资规则，区域外投资者进入一个成员就相当于进入到整个区域的各个成员，企业拓展的机遇和市场空间会大幅增加，这必将进一步促进 RCEP 各成员吸引区域外的投资。

第四，RCEP 协定的货物贸易最终零关税产品数超过 90%，服务贸易和投资开放水平远高于原有"10+1"自由贸易协定。RCEP 协定囊括了诸多高水平的现代化议题，在竞争政策、知识产权、政府采购、电子商务等领域与国际高标准规则全面接轨。另外，RCEP 协定在货物、服务和投资等市场准入和规则领域平衡了各方利益，兼顾了各方诉求。为帮助成员加强能力建设，促进该地区的包容和可持续性均衡发展，协定专门设置了"中小企业"和"经济技术合作"两个章节，并给予区域内最不发达国家差别待遇。

5.1.5.2 RCEP 协定对中国的影响

RCEP 协定是中国目前加入的规模最大的自由贸易协定，也是中国参加的第一个巨型自由贸易协定。RCEP 成员都是中国重要的贸易伙伴。2020 年，中国对 14 个 RCEP 成员的贸易总额高达 1.47 万亿美元，占当年中国外贸总额的 31.7%。

第一，RCEP 协定将促进中国与各成员的贸易规模持续扩大。在 RCEP 协定中，各成员之间关税减让以立即降至零关税、十年内降至零关税的承诺为主，区域内自由贸易程度明显提升；贸易便利化条款将显著提升通关和物流效率，推动供应链与资源优化，这些措施必将极大地促进中国与RCEP成员之间贸易的持续增长。据中国海关统计，2022年第一季度，中国对RCEP其他14个成员进出口总值为2.86万亿元人民币，同比增长6.9%，占同期中国外贸总值的30.4%[①]。特别是，RCEP协定的电子商务、海关程序与贸易便利化、电信附件等相关规则将进一步促进各成员互联互通，推动各方之间贸易的数字化发展，拓宽各成员的网络贸易渠道。2013—2019年，中国跨境电商年均增长率高达22%，同期，跨境电商占中国货物贸易的比例从12%上升到33%。当前，国内中小企业正在大力发展跨境电子商务，领先电商企业已在东南亚等地区进行了产业布局。RCEP协定的生效还将推动区域电商政策趋于一致，降低中国跨境电商的经营风险和不确定性。

第二，RCEP协定统一大市场的形成将有助于中国国内产业优化升级，加快提高中国产业的国际竞争力。作为全球规模最大的区域自由贸易协定，RCEP协定将整合亚太地区资源，推动亚洲地区庞大的生产网络建设，促进中国与各成员共同打造成为世界级制造业基地。近年来，随着中国老龄化社会的深入发展及劳动力成本的逐步上升，劳动密集型的中低端加工制造业出现向东盟等国家转移的趋势。RCEP协定的实施将会进一步推动国内价值链低端及劳动密集型产业向外转移，这有利于提升中国在全球价值链中的分工地位。

第三，RCEP协定有利于提升中国自由贸易区网络的"含金量"。在签署RCEP协定后，中国对外签署的FTA协定达到19个，自由贸易伙伴达到26个，自由贸易伙伴贸易覆盖率上升至35%。在RCEP框架下，中国首次与日本建立了自由贸易关系，中、日之间将实施双边关税减让安排，实现了历史性的突破。另外，RCEP协定还新增了日本和韩国之间的自由贸易关系，这将进一步加强中、日、韩三国之间的经贸联系，有助于推动"中日韩自由贸易协定"谈判。中、日、韩三国是亚洲前三大经济体，也分别是全球第2大、第3大和第12大经济体。自2013年中日韩自由贸易区首轮谈判至今，已经完成了16轮谈判，但三国仍面临如领土争端、外部干扰等一些阻碍。RCEP的签署将极大地提高中日韩FTA达成协定的可能性，并为缓和中、日、韩之间的摩擦做出有益贡献。

---

① 佚名. RCEP生效首季为世界经济释放红利 [EB/OL]. http://www.news.cn/world/2022-04/22/c_1128584150.htm.

第四，RCEP 协定给中国企业带来机遇的同时也带来了挑战。RCEP 协定将提高中国对于高端产品的进口依赖度，给中国企业技术创新带来挑战，对市场主体适应规则能力也提出了较高要求。在先进技术和中高端产品领域，中国企业较掌握成熟技术的日本、韩国企业更缺乏竞争力，核心技术尚待攻克，而 RCEP 协定的生效将降低高技术产品的价格，进口产品在国内的市场份额可能随之加大。为此，中国企业应加快核心技术攻关，以应对日本、韩国企业的竞争压力。

5.1.5.3 RCEP 协定对中国外贸影响的模拟分析

（1）贸易区域结构的变化

表 5-15 展示了上文四种模拟情景下，RCEP 对中国出口区域结构的影响。在情景 1 中，中国对 RCEP 成员的出口增加，对外部区域的出口减少。其中，中国对东盟的出口增加了 875.64 亿美元，增长了 24.57%；对韩国的出口增幅最大，增长了 38.45%；对美国的出口缩减最多，减少了 247.37 亿美元，下滑幅度最大的是对欧盟的出口。在情景 2 和情景 3 中，中国对 RCEP 成员的出口大幅增长，增长率均超过 30%，对外部区域的出口进一步缩减。在情景 4 中，中国对印度的出口增长率高达 42.1%，对其余 RCEP 成员的出口比情景 2 和情景 3 均有大幅减少。

表 5-15　不同模拟情景下中国对各区域出口变动情况

区域	情景 1		情景 2		情景 3		情景 4	
	增加值/亿美元	增长率/%	增加值/亿美元	增长率/%	增加值/亿美元	增长率/%	增加值/亿美元	增长率/%
东盟	875.64	24.57	1 538.00	43.16	1 658.60	46.55	832.16	23.35
日本	599.69	24.83	997.07	41.28	1 084.73	44.91	586.07	24.27
韩国	599.60	38.45	913.89	58.61	969.93	62.20	585.55	37.55
澳大利亚	183.10	28.13	289.65	44.51	315.72	48.51	175.98	27.04
新西兰	15.92	16.08	32.33	32.65	36.17	36.53	14.74	14.89
印度	−24.05	−2.51	−40.94	−4.27	−37.00	−3.86	403.36	42.10
美国	−247.37	−2.63	−431.57	−4.59	−417.48	−4.44	−330.24	−3.51
英国	−31.44	−3.65	−53.36	−6.20	−52.55	−6.10	−40.38	−4.69
欧盟	−189.62	−3.67	−326.77	−6.32	−320.56	−6.20	−245.33	−4.74
世界其余地区	−292.58	−3.37	−514.22	−5.92	−488.21	−5.62	−386.66	−4.45

数据来源：由 GTAP 模拟结果整理而得。

表 5-16 展示了不同模拟情景下, RCEP 对中国进口区域结构的影响。在情景 1 中, 中国自日本进口的增加值和增幅均位列首位, 分别为 768.65 亿美元、36.69%, 对其他成员进口的增长率都在 10% 以上; 对非 RCEP 成员的进口普遍减少, 其中, 对欧盟的进口下滑最多, 减少了 242.36 亿美元, 其下降幅度 (7.26%) 也最大。

在情景 2 和情景 3 中, 由于非技术贸易壁垒的降低及交通运输效率的提高, 中国从 RCEP 成员的进口大幅增长, 进口增长率从大到小排列依次是日本、韩国、东盟、新西兰、澳大利亚; 对美国、英国、欧盟、印度等非成员的进口进一步缩减。在情景 4 中, 印度加入 RCEP 后, 中国对印度的进口将增加 112.32 亿美元, 增长 29.79%, 但对其他 RCEP 成员的进口规模比情景 2 和情景 3 均有所下降, 同时自外部区域的进口规模进一步缩小。

表 5-16 不同模拟情景下中国自各区域进口变动情况

区域	情景 1		情景 2		情景 3		情景 4	
	增加值/亿美元	增长率/%	增加值/亿美元	增长率/%	增加值/亿美元	增长率/%	增加值/亿美元	增长率/%
东盟	540.03	20.79	1 084.68	41.77	1 178.27	45.37	500.15	19.26
日本	768.65	36.69	1 073.88	51.26	1 120.13	53.46	759.96	36.27
韩国	732.50	32.25	1 084.78	47.76	1 130.67	49.78	713.06	31.39
澳大利亚	116.31	11.77	228.04	23.08	267.54	27.08	86.87	8.79
新西兰	17.07	16.54	34.04	32.97	39.40	38.17	15.92	15.43
印度	-14.11	-3.74	-23.67	-6.28	-12.49	-3.31	112.32	29.79
美国	-59.82	-5.45	-92.96	-8.46	-72.63	-6.61	-56.43	-5.14
英国	-28.64	-6.26	-41.19	-9.00	-35.10	-7.67	-26.92	-5.88
欧盟	-242.36	-7.26	-380.30	-11.39	-306.77	-9.19	-230.44	-6.90
世界其余地区	-399.78	-5.10	-691.01	-8.81	-585.56	-7.47	-313.52	-4.00

数据来源: 由 GTAP 模拟结果整理而得。

总体上而言, RCEP 贸易自由化和投资便利化水平的提高将产生显著的贸易创造效应和转移效应。在不同情景中, 中国对成员的进出口额均有增加, 对日本、韩国的进出口增长最为明显; 中国对 RCEP 外部区域的进出口普遍减少, 对美国、欧盟的进出口下降较多; 如果印度加入 RCEP, 中国对印度出口的增长最为显著。

（2）贸易商品结构的变化

我们根据 GTAP 模拟的结果，将不同模拟情景下，中国各产业部门出口的变动情况汇总于表 5-17。在情景 1 中，除了交通与通信，中国其他产业部门的出口均为正增长；机电产品作为中国的优势产业，出口增加值最大，增加了 728.73 亿美元，其次是矿产品（增加 212.38 亿美元，下同）、化学及橡胶制品（140.86 亿美元）、金属制品（110.22 亿美元）；矿产品的出口增长率最高，增长了 13.12%，其次是谷物及作物（9.47%）、畜牧业（9.32%）和运输设备（6.3%）。

在情景 2 和情景 3 中，中国各产业部门的变化趋势与情景 1 相同，但增长的规模普遍更大；纺织品及服装的出口增幅较其他两个情景有所缩小。在情景 4 中，印度加入 RCEP，服务业（包括交通与通信和其他服务业）出口规模有所下降，其他部门的出口规模依旧呈扩大的趋势。

表 5-17　不同模拟情景下中国各产业部门出口的变动情况

产业部门	情景 1		情景 2		情景 3		情景 4	
	增加值/亿美元	增长率/%	增加值/亿美元	增长率/%	增加值/亿美元	增长率/%	增加值/亿美元	增长率/%
谷物及作物	63.54	9.47	132.74	19.78	147.73	22.02	57.97	8.64
畜牧业及其制品	16.71	9.32	23.95	13.35	23.69	13.21	13.95	7.78
奶类制品	0.13	2.69	0.36	7.50	0.37	7.76	0.07	1.53
纺织品及服装	73.71	2.15	50.37	1.47	63.54	1.85	75.25	2.19
运输设备	75.20	6.30	112.15	9.39	123.30	10.32	75.06	6.28
机电产品	728.73	4.70	1 244.23	8.02	1 339.37	8.63	732.84	4.72
矿产品	212.38	13.12	325.60	20.11	418.98	25.88	243.37	15.03
金属制品	110.22	4.42	192.95	7.75	246.58	9.90	153.82	6.17
化学及橡胶制品	140.86	5.09	223.60	8.09	261.59	9.46	188.99	6.84
其他制造业	66.73	1.82	83.97	2.29	112.51	3.07	63.25	1.72
交通与通信	-3.57	-0.75	-3.10	-0.65	-4.10	-0.86	-6.48	-1.36
其他服务业	4.24	0.32	17.26	1.29	15.79	1.18	-2.82	-0.21

数据来源：由 GTAP 模拟结果整理而得。

表 5-18 展示了不同模拟情景下，中国各产业部门进口的变动情况。在四种模拟情景下，中国各产业部门的进口规模都有所扩大，且从情景 1 到情景 2，各部门进口增长的幅度越来越大。进口增加规模前五位的产业

部门主要有机电产品、化学及橡胶制品、矿产品、运输设备和金属制品。进口增长率较高的产业部门主要是纺织品及服装、奶类制品、机电产品、运输设备、化学及橡胶制品。

表 5-18　不同模拟情景下中国各产业部门的进口变动情况

产业部门	情景 1		情景 2		情景 3		情景 4	
	增加值/亿美元	增长率/%	增加值/亿美元	增长率/%	增加值/亿美元	增长率/%	增加值/亿美元	增长率/%
谷物及作物	34.53	3.79	62.64	6.87	94.46	10.35	38.90	4.26
畜牧业及其制品	11.25	7.89	16.25	11.40	21.16	14.84	12.11	8.49
奶类制品	6.13	10.82	11.97	21.15	13.58	24.00	6.45	11.40
纺织品及服装	44.93	15.76	63.64	22.32	75.74	26.56	55.35	19.41
运输设备	125.83	9.38	161.55	12.04	180.62	13.47	132.80	9.90
机电产品	606.22	10.28	1 002.39	16.99	1 082.43	18.35	624.95	10.59
矿产品	186.23	3.93	303.87	6.42	459.82	9.71	220.90	4.67
金属制品	89.35	6.19	140.91	9.76	168.57	11.67	102.50	7.10
化学及橡胶制品	203.41	8.99	302.62	13.37	383.98	16.97	219.97	9.72
其他制造业	46.76	6.23	74.40	9.92	103.04	13.73	55.35	7.38
交通与通信	18.17	2.30	32.32	4.09	33.17	4.20	22.53	2.85
其他服务业	57.02	2.24	103.74	4.07	106.88	4.19	69.16	2.71

数据来源：由 GTAP 模拟结果整理而得。

从模拟结果来看，出口扩张规模大于进口扩张规模的产业部门有：谷物及作物、畜牧业、纺织品及服装、机电产品、矿产品、金属制品、其他制造业，中国在这些部门都具有出口优势，而在交通与通信、其他服务业、奶类制品等产业部门呈净进口态势。

（3）RCEP 协定对中国各产业部门的影响

在不同模拟情景下，中国各产业产出的变动比例不尽相同（具体见表5-19）。在情景 1 中，谷物及作物、畜牧业、纺织品及服装、其他制造业、其他服务业等产业部门产出均有一定程度的增加，其中产出增长幅度最大的是其他服务业（0.29%），其次是纺织品及服装（0.15%）、畜牧业（0.12%）、谷物及作物（0.1%）、其他制造业（0.06%）；产出萎缩的部门有：奶类制品、运输设备、机电产品、矿产品、金属制品、化学及橡胶制品，其中奶类制品的产出降低幅度最大，降低了 1.17%，其次是化学及橡胶制品（1.16%）、运输设备（0.61%）、机电产品（0.45%）、矿产品（0.4%）、金属制品（0.29%）。在情景2中，产出增加的部门有谷物及作物、畜牧业、交通与通信和其他服务业，与情景1相比，这些部门的产出增长幅度均有所扩大；其余产业部门的产出都呈进一步萎缩的态势。在情景3中，谷物及作物、畜牧业和其他服务业等产业的产出增长，其余产业的产出有所萎缩，整体产出的增长幅度比情景1、情景2要大，增长率为1.64%。在情景4中，谷物及作物、畜牧业、其他服务业的产出增加，其中，其他服务业产出增幅最大，增长了0.32%，谷物及作物、畜牧业产出增幅较小；其余产业部门的产出均有所下降。

整体来看，在不同情景下，中国全行业的总产出都出现正增长。其中，其他服务业的产出效应最为显著，增幅最大；奶类制品、化学及橡胶制品、机电产品、矿产品等产业部门的产出有所萎缩。这意味着随着RCEP贸易自由化和投资便利化水平的提高，中国将从高污染、高能耗、低附加值的产业向低污染、低能耗、高附加值的服务业转型升级，这符合中国产业的发展目标，有利于中国经济实现高质量发展。

表5-19　不同模拟情景下中国各产业的产出变化情况　　　　单位:%

产业部门	情景1	情景2	情景3	情景4
谷物及作物	0.10	0.24	0.09	0.02
畜牧业	0.12	0.16	0.08	0.06
奶类制品	−1.17	−2.30	−2.49	−1.22
纺织品及服装	0.15	−0.54	−0.55	−0.01
运输设备	−0.61	−0.49	−0.46	−0.66
机电产品	−0.45	−0.81	−0.73	−0.50
矿产品	−0.40	−0.85	−1.20	−0.41
金属制品	−0.29	−0.40	−0.25	−0.18
化学及橡胶制品	−1.16	−1.90	−2.28	−1.02
其他制造业	0.06	−0.16	−0.18	−0.07
交通与通信	0.00	0.01	−0.13	−0.02
其他服务业	0.29	0.54	0.67	0.32
全行业合计	0.82	1.41	1.64	0.90

数据来源：由GTAP模拟结果整理而得。

5.2 中、日、韩自由贸易区建设的进展及障碍

5.2.1 中、日、韩自由贸易区谈判的现状及进展

5.2.1.1 引言及文献综述

国内外学术界对于中、日、韩区域合作的研究始于 20 世纪 90 年代。卢新德（2002）最早论述了中、日、韩建立 FTA 的可行性；朴盛珉（2004）利用 CGE（可计算的一般均衡）模型预测了中、日、韩建立 FTA 的经济效应，认为日本的制造业和中国的农业将受益最大；另外，许多国内学者分析了中、日、韩建立 FTA 的可行性、障碍及原因等。在研究方法上，学者们分别运用 CGE、GTAP 模型等方法从静态及动态的角度检验了中、日、韩建立 FTA 将给三国带来的经济效应与冲击。

5.2.1.2 中国对日本、韩国的贸易发展现状

中、日、韩三国拥有 16 亿人口，三国 GDP 总量高达 21 万亿美元，约占亚洲经济总量的 70% 及全球 GDP 的 20%。1999 年，中、日、韩三国之间贸易总额只有 1 320 亿美元，至 2019 年，三国之间进出口贸易总额增长至 6 754.7 亿美元，这说明中、日、韩之间贸易关系较为密切，各方均是对方重要的贸易伙伴。

在双边贸易方面，2012—2019 年，中、日两国双边贸易额基本维持在 3 000 亿美元左右，2012 年为 3 294 亿美元，2016 年两国双边贸易下滑至阶段性低点 2 747.9 亿美元，2019 年回升至 3 150.3 亿美元。目前，中国是日本的第二大出口对象国和第一大进口来源国。同期，中国对韩国双边贸易额从 2012 年的 2 563 亿美元增长至 2018 年的 3 134 亿美元，2019 年回落至 2 845.8 亿美元。中国近年来一直是韩国最大的贸易伙伴。2019 年，日本对韩国进出口贸易额为 758.6 亿美元，并多年保持对韩国的贸易顺差。具体见表 5-20。

在贸易差额上，2012—2019 年，中国对日本和韩国始终属于贸易逆差状态。其中，中方对日方贸易逆差保持在 100 亿至 300 亿美元之间，中方对韩国贸易逆差远高于日本，一直维持在 600 亿至 950 亿美元之间。在贸易结构方面，日、韩两国在资本和技术密集型产品上具有竞争优势，中国在资源型和劳动密集型产品上具有竞争优势。具体见表 5-20。

表 5-20　2012—2019 年中国对日本、韩国进出口贸易

单位：亿美元

年份	进出口总额		出口额		进口额		贸易差额	
	日本	韩国	日本	韩国	日本	韩国	对日本	对韩国
2012	3 294.5	2 563.3	1 516.4	876.8	1 778.1	1 687.4	−261.7	−810.6
2013	3 125.5	2 742.5	1 502.8	911.8	1 622.8	1 830.7	−120.0	−918.9
2014	3 124.4	2 905.6	1 494.4	1 003.5	1 630.0	1 901.9	−135.6	−898.4
2015	2 786.6	2 758.1	1 356.7	1 013.0	1 429.9	1 745.1	−73.2	−732.1
2016	2 747.9	2 525.6	1 292.6	937.1	1 455.2	1 588.7	−162.6	−651.6
2017	3 029.8	2 802.6	1 373.2	1 027.5	1 656.5	1 775.1	−283.3	−747.6
2018	3 276.6	3 134.3	1 470.8	1 087.9	1 805.8	2 046.4	−335.0	−958.5
2019	3 150.3	2 845.8	1 432.7	1 110.0	1 717.6	1 735.7	−284.9	−625.7

资料来源：中国统计年鉴（http://www.stats.gov.cn/tjsj./ndsj/）.

5.2.1.3　中、日、韩自由贸易区谈判的现状及进展

中、日、韩三国是亚洲前三大经济体，也分别是全球第二大、第三大和第 12 大经济体。"中日韩 FTA"于 2002 年提出，2013 年开启首次谈判，至 2019 年底已经历了 16 轮谈判，至今自由贸易协定还未达成，但在一些领域已取得了积极进展。

2013 年 3 月，中日韩 FTA 第一轮谈判在韩国举行，三方探讨了 FTA 的谈判领域和方式等议题；2013 年 7 月底，在中国上海举行了第二轮谈判，开始就货物贸易、服务贸易、原产地规则等问题进行磋商；同年 11 月，在日本进行了第三轮中日韩 FTA 谈判，举行了货物贸易、服务、投资等各类工作小组会议；2014 年分别在韩国和中国举行了第四轮和第五轮谈判；在 2015 年的第六轮谈判中，日方以"自由化水平低"为理由，拒绝了中、韩两国的提议，谈判陷入僵局。至 2016 年 1 月，中日韩 FTA 前 9 轮谈判都未取得实质性的进展[①]。

2017 年，中日韩三国分别在北京和东京举行了第 11 轮和第 12 轮谈判，三方深入探讨了如何推动货物和服务贸易、投资等谈判议题。2018 年 5 月，在日本举行的第七次中、日、韩领导人会议上，发表了联合宣言，三方重申将加速 FTA 谈判。2018 年 11 月，中国国家主席习近平在首届中

---

① 参见：中国自由贸易区服务网（http://fta.mofcom.gov.cn/）。

国国际进口博览会开幕式主旨演讲中也提出，要加快中日韩 FTA 谈判进程。2019 年，中、日、韩三方举行了第 15 轮和第 16 轮谈判，一致同意纳入高标准的贸易和投资规则，并表示要积极打造一份全面、高质量的 FTA 协定，进一步挖掘中、日、韩三国的经贸合作潜力。

5.2.2　中、日、韩 FTA 谈判的主要障碍

5.2.2.1　领土争端

中、日、韩建设 FTA 的一个重要障碍是三国之间的领土争端[①]，一是中、日之间存在"钓鱼岛争议"[②]；二是日、韩之间存在"独岛之争"[③]，两国对该问题都保持强硬的态度，给日韩经贸往来带来了不小的冲击。另外，中国和韩国历史上都受到过日本的侵略，但日本否认其错误的历史行径，这引起了中、韩两国民众的抗议，这些因素都导致中、日、韩合作的互信度不够。

5.2.2.2　敏感产业市场开放的矛盾

建立自由贸易区意味着较高的市场开放度，这势必会对中、日、韩三方国内弱势产业带来冲击。三国都存在相对敏感的弱势产业，特别是农业一直是日本、韩国的弱势产业。日本对农业的扶持力度较大，还严格限制农产品进口，日本的"肯定列表制度"对农产品进口的检验多达 200 项，严重限制了他国对日本出口农产品。同样，农林渔业也是韩国的敏感产业，由于先天地理条件的限制，韩国的农产品自给率低，产品种类少，生产成本高，竞争力较低，韩国对农产品进口具有严格的配额和关税限制。另外，虽然中、日、韩之间经济具有互补性，但在机械制造业等产业上也具有较强的竞争性。在 FTA 谈判中，日、韩两国均要求中国高度开放工业领域，这势必会造成中国的利益受损。

5.2.2.3　美国的战略干扰

区域经济合作一直是国家之间的博弈过程，区域外大国如美国的战略

---

① 蔡彤娟. 新功能主义视野下的中日韩 FTA：战略重塑、机制设计与推进策略 [J]. 世界经济与政治论坛，2016（2）：124-140.

② 2012 年 9 月 10 日，日本政府不顾中方强烈反对和一再严正交涉，宣布"购买"钓鱼岛及其部分附属岛屿，执意对中国领土钓鱼岛及其部分附属岛屿实施所谓"国有化"，这是对中国领土主权的严重侵犯。

③ 独岛是一座位于日本海中央的火山岛，该岛在日本被称为"竹岛"。"独岛之争"是韩日关系中极为敏感的问题之一。

决策必然会对中、日、韩 FTA 谈判带来影响。由于历史原因，日本和韩国均与美国保持着经济、政治和安全等领域的合作。日美《旧金山条约》、韩美《共同防御条约》构筑了日、韩与美国的战略利益共同体，日韩在东亚地区的合作战略失去了自主性，严重依赖于美国，《韩美自由贸易协定》的签订更是加深了韩国对于美国的依赖。因此，日韩两国的区域一体化战略会受到美国的左右，这些都加大了中、日、韩自由贸易区谈判的难度。

5.3 中国与海合会的经贸关系及 FTA 建设的进展与障碍

5.3.1 海合会六国经济发展概况

2018 年，海合会国家总人口约为 5 458 万，其经济总量约为 1.66 万亿美元，进出口贸易总额约为 1.37 万亿美元。其中，沙特是中东地区最大的经济体，2018 年其 GDP 总量为 7 865 亿美元；阿联酋是海合会第二大经济体（GDP 为 4 222 亿美元）和第一大货物贸易国（进出口总额为 5 985 亿美元）。海合会成员基本上都属于世界高收入国家。2018 年，卡塔尔、阿联酋、科威特的人均 GDP 分别高达 6.8 万美元、4.4 万美元和 3.4 万美元，位列世界高收入国家前列；沙特、巴林的人均 GDP 也都超过 2 万美元。海合会国家对外贸易一直保持较大顺差，例如，沙特、阿联酋 2018 年外贸顺差分别高达 1 640.8 亿美元和 925 亿美元（见表 5-21）。

海合会国家拥有丰富的石油和天然气资源。其中，沙特长期雄居世界石油产量冠军宝座，石油储量和可采量均居世界首位，石油产业为沙特贡献了 50% 的 GDP、70% 的财政收入、90% 的外贸收入；沙特天然气剩余可采储量 8.2 万亿立方米，占世界储量的 4.1%，居世界第四位。阿联酋已探明的石油储量为 978 亿桶（约 133 亿吨），居世界第 7 位。卡塔尔已探明石油储量 262 亿桶，居世界第 13 位；天然气储量 25.8 万亿立方米，居世界第 3 位。

表 5-21　2018 年海合会六国主要经济指标情况

国家	人口规模 /万人	GDP 总量 /亿美元	人均 GDP /美元	出口 /亿美元	进口 /亿美元	贸易差额 /亿美元
沙特	3 370	7 865.22	23 338	2 991	1 350.20	1 640.80
阿联酋	963	4 222.15	43 839	3 455	2 530.00	925.00
卡塔尔	278	1 913.62	68 793	864.69	342.98	521.71
科威特	414	1 406.45	33 994	715.66	366.24	349.42
阿曼	483	792.75	16 414	466.37	254.12	212.25
巴林	157	376.52	23 991	198.75	131.00	67.75

数据来源：GDP 数据来自 IMF（http://www.imf.org/）；进出口贸易数据来自 WTO 统计数据库（http://www.wto.org/）。

5.3.2　中国与海合会国家经贸合作的现状

5.3.2.1　中国与海合会国家双边贸易现状及特点

（1）贸易规模高速增长，中方贸易逆差由扩大到减小

自 2001 年以来，中国与海合会各国的双边贸易出现较快增长。据中方统计，2001—2008 年，中国与海合会国家贸易总额从 97.6 亿美元上升至 923 亿美元，增长了 8.5 倍。2009 年受国际金融危机的影响，中国对海合会进出口总额降至 679 亿美元，同比下降 26%。进入 2010 年以后，中海双边贸易再次出现大幅增长：2011—2013 年，中国与海合会国家的贸易总额分别上升至 1 337 亿美元、1 550 亿美元和 1 653 亿美元，同比增长分别为 44.5%、15.9% 和 6.7%；2014 年，中海双边贸易创历史新高至 1 751.8 亿美元，同比增长 6%。在贸易差额方面，2001—2014 年，中国对海合会国家持续保持逆差地位，且中方贸易逆差呈现逐步扩大态势；特别是，2009—2014 年，中国对海合会国家的贸易逆差从 54 亿美元增长到 504 亿美元（见表 5-22，下同）[①]。

进入 2014 年之后，国际原油价格出现巨幅下跌，从 2014 年最高 107 美元/桶下降至 2016 年最低点 26 美元/桶左右，导致中国从海合会国家进口额急速下降。2015 年，中国与海合会进出口总额下滑至 1 336.2 亿美元，同比下降 22%，中方贸易逆差大幅缩减至 10 亿美元；2016 年中海贸易总

额再次下滑至 1 122.9 亿美元，同比下降 17.8%，中方出现了近 16 年以来第一次贸易顺差，为 124.8 亿美元。

据中方统计，2017 年，中国与海合会进出口贸易额为 1 276.4 亿美元，同比增长了 13.7%，中方贸易逆差为 60.8 亿美元；2018 年，中海贸易总额为 1 143.2 亿美元，占中国与阿盟①国家贸易总额的 66%，其中，中方出口 578.7 亿美元，进口 562.7 亿美元，中方贸易顺差为 16 亿美元。

表 5-22　2008—2018 年中国对海合会进出口贸易

年份	进出口总额 /亿美元	进出口 增长率/%	进口额 /亿美元	出口额 /亿美元	贸易差额 /亿美元
2008	923.1	59.1	537.3	385.8	-151.5
2009	679.2	-26.4	366.7	312.5	-54.2
2010	925.3	36.2	564.8	360.5	-204.3
2011	1 337.0	44.5	868.3	468.7	-399.6
2012	1 550.0	15.9	1 010.0	540.0	-470.0
2013	1 653.1	6.7	1 056.2	596.7	-459.5
2014	1 751.8	6.0	1 065.9	561.9	-504.0
2015	1 366.2	-22	688.1	678.1	-10.0
2016	1 122.9	-17.8	561.1	685.9	124.8
2017	1 276.4	13.7	668.6	607.8	-60.8
2018	1 143.2	-10.4	562.7	578.7	16.0

数据来源：2002—2019 年《中国统计年鉴》。

（2）贸易结构特点是以工业制品换原油

中国与海合会国家的贸易结构特点是以工业制品换原油。石油、矿物燃料和相关原料进口约占中国自海合会进口总额的 80% 以上。据中方统计，2017 年，在当年中国排名前十的原油进口国中，海合会国家占据了 4 个，分别是沙特、阿曼、科威特、阿联酋，分别占当年中国石油进口总额的 12.4%、7.4%、4.3% 和 2.4%，其中，沙特是中国最大的原油进口来源国②。

---

① 阿拉伯联盟（简称"阿盟"）成立于 1945 年，由西亚 12 国和北非 11 国组成，共 23 个成员，包括阿联酋、沙特、伊拉克、卡塔尔、黎巴嫩、埃及、阿尔及利亚、叙利亚、苏丹（南苏丹与北苏丹）、索马里、巴勒斯坦、科摩罗、毛里塔尼亚、突尼斯、阿曼、约旦、也门、巴林、吉布提、科威特、利比亚等。

② 赵青松，王娟. "一带一路"倡议下中国对阿拉伯国家出口贸易的影响因素及潜力研究：以宁夏回族自治区为例 [J]. 宜宾学院学报，2020（2）：25-33.

中国对海合会国家出口商品品种繁多，主要产品是工业制品和传统加工制品，如机械及运输设备、杂项制品、服装鞋帽等；近年来，中国的机电和高科技产品对海合会各国的出口增长较快。

（3）沙特是中国在中东地区的最大贸易伙伴

沙特是中国在西亚非洲地区最大的贸易伙伴。2017 年，沙特前五大出口目的地依次为日本、中国、韩国、印度、美国；前五大进口来源地依次为中国、美国、阿联酋、德国、日本。中国已是沙特第一大进口来源国和第二大出口市场。

据中方统计，2000—2010 年，中、沙两国双边贸易额从 27 亿美元增长到 432 亿，增长了约 15 倍；2012 年，两国双边贸易额达到历史最高 734 亿美元；2013 年，两国贸易额小幅下降至 722 亿美元，其中，中方出口 187 亿美元，进口 535 亿美元，中方贸易逆差 347 亿美元[①]。受 2016 年国际原油价格大幅下跌的影响，2017 年，中、沙两国双边贸易额下降至 499.84 亿美元，其中，中方出口 182.2 亿美元，中方进口 317.64 亿美元，中方贸易逆差缩减至 135.44 亿美元。

在贸易结构上，中国对沙特出口的主要商品为机电产品、通信设备、纺织服装、家电、建材家具等。中国从沙特进口商品主要类别包括原油、化学品、铜及其制品、塑料及其制品等。

（4）阿联酋是中国在海湾地区最大的出口市场

近年来，中、阿两国双边贸易发展迅速，阿联酋已是中国在阿拉伯地区的第一大出口目的国和第二大贸易伙伴。据统计，2010—2012 年，中国与阿联酋双边贸易分别为 256 亿美元、351 亿美元、404 亿美元。2013 年，两国贸易总额高达 462 亿美元，其中，中方出口 334 亿美元，进口 128 亿美元，中方贸易顺差为 206 亿美元。2017 年，中、阿两国双边贸易额为 409.8 亿美元，同比增长 2.3%。其中，中方出口 287.4 亿美元，进口 122.4 亿美元，中方贸易顺差为 165 亿美元。

阿联酋的商业环境宽松，经济开放度高，是海湾和中东地区最具投资吸引力的国家。特别是，迪拜港是继新加坡与香港之后的全球第三大转口贸易中心，中国出口至阿联酋的许多商品以再出口形式转销其他中东国家。中国对阿联酋出口的商品主要为机电产品、家用电器、钢铁制品、纺

---

① 赵青松. FTA 建设下中国与海合会经贸关系研究 [J]. 阿拉伯世界研究，2015 (3)：59-71.

织服装、家具等；中方从阿方进口的主要商品是石油、沥青、铜铝及其制品、化工产品等①。

（5）阿曼是中国在海合会的第三大贸易伙伴

据中国海关统计，2011—2012 年，中国与阿曼双边贸易额分别为 159 亿美元、188 亿美元；2014 年，两国双边贸易额达到历史新高 258.6 亿美元，其中，中方出口 20.65 亿美元，进口 237.93 亿美元，中方贸易逆差为 217.28 亿美元。受国际原油价格下降的影响，中阿双边贸易从 2015 年的 171.89 亿美元下滑至 2017 年的 155.33 亿美元。2018 年，中阿双边贸易为 217.4 亿美元，同比增长 40%，其中，中方出口 28.77 亿美元，进口 188.62 亿美元，中方贸易逆差为 159.85 亿美元。

目前，中国是阿曼的最大贸易伙伴、最大出口目的国和第三大进口来源国，中国已连续 11 年保持阿曼石油第一大进口国地位。2018 年，中国从阿曼进口原油 3 290.7 万吨，进口额 173.8 亿美元，同比增长 42.4%。除石油外，石化产品、矿产品及海产品也是中方从阿曼进口的主要商品。中国向阿曼出口的主要商品有工程机械、汽车、机电产品、纺织品、瓷砖及玻璃制品、蔬菜及水果等，特别是石油钻井设备和配件、汽车、建筑机械设备等商品出口近年来增长较快②。

（6）中国与卡塔尔、科威特、巴林双边贸易的特点

卡塔尔是人均 GDP 名列世界前茅的国家之一，其液化天然气（LNG）产量和出口量从 2006 年至今均居世界第一位。据中方统计，2013 年，中国与卡塔尔双边贸易额约 102 亿美元，其中，中方出口 17 亿美元，进口 84 亿美元。但受油气价格下降等因素影响，2015 年之后，中卡双边贸易出现下滑。2017 年国际石油及天然气价格回升，加之中方进口天然气数量大幅增长，2017 年中卡双边贸易额为 80.8 亿美元，同比增长 46.1%，其中，中方出口 16.8 亿美元，同比增长 11%；中方进口额为 64 亿美元，同比增长 59.4%。中国从卡塔尔进口的主要商品是天然气、原油和化工产品；出口的主要商品是机械设备、电器及电子产品、家具和日用品等③。

① 商务部国际贸易经济合作研究院. 对外投资合作国别（地区）指南：阿联酋（2018 年版）[EB/OL]. http://www.gdqy.gov.cn/attachment/0/23/23945/1302110.pdf.

② 商务部国际贸易经济合作研究院. 对外投资合作国别（地区）指南：阿曼（2019 年版）[EB/OL]. https://www.yidaiyilu.gov.cn/wcm.files/upload/CMSydylgw/202002/202002141049024.pdf.

③ 商务部国际贸易经济合作研究院. 对外投资合作国别（地区）指南：卡塔尔（2018 年版）[EB/OL]. https://www.yidaiyilu.gov.cn/wcm.files/upload/CMSydylgw/201902/201902010417042.pdf.

2018 年，中国与科威特双边贸易额为 186.9 亿美元，同比增长 55.1%。其中，中方进口额为 153.7 亿美元，出口额为 33.1 亿美元，中方贸易逆差 120.6 亿美元。中方从科威特进口商品主要是原油、矿物燃料、沥青、化工产品等；出口商品主要包括机电产品、车辆、纺织服装等。巴林是海合会中经济总量最小的国家，2018 年，中国与巴林双边贸易额只有 12.9 亿美元，同比增长 25.4%，其中，中方出口 11.4 亿美元，进口 1.5 亿美元①。

5.3.2.2　中国与海合会国家的投资合作状况

（1）中国对海合会的直接投资增长快，但规模小

近年来，中国对海合会国家 FDI 保持增长，但总体规模及占中国 FDI 总量的比例仍较小。据中方统计，2006 年，中国对海合会国家直接投资存量只有 4.7 亿美元；2011—2012 年，FDI 存量分别增长至 23.1 亿美元、28.9 亿美元；2017 年底，中国对海合会国家 FDI 存量总额为 96.3 亿美元，比 2006 年增长了 19.6 倍（见表 5-23）②。从国别上看，沙特、阿联酋一直是吸引中国 FDI 最多的两个海合会国家。2015 年底，中国对沙特和阿联酋的 FDI 存量分别为 24.3 亿美元和 46 亿美元，分别占当年中国对海合会六国 FDI 总存量的 29.6% 和 55.9%。

在 2009 年之前，中国在沙特的 FDI 存量列海合会国家第一，但自 2010 年以后，阿联酋吸引的中国 FDI 就超过了沙特，其主要原因是阿联酋作为中东地区的金融中心和转口贸易中心，具备较低的税率和世界排名前列的营商环境，阿联酋对中国投资者的吸引力增强。2017 年末，中国对沙特 FDI 存量为 20.4 亿美元，而在阿联酋的 FDI 存量上升至 53.7 亿美元，两国分别占中国对海合会六国 FDI 总存量的 21.2% 和 55.8%。2017 年底，中国对阿曼、卡塔尔和科威特的直接投资存量分别为 1 亿美元、11.1 亿美元、9.4 亿美元。

---

① 商务部国际贸易经济合作研究院. 对外投资合作国别（地区）指南：巴林（2019 年版）[EB/OL]. http://www.gdqy.gov.cn/attachment/0/23/23951/1304910.pdf.

② 商务部国际贸易经济合作研究院. 对外投资合作国别（地区）指南：阿联酋（2018 年版）[EB/OL]. http://www.gdqy.gov.cn/attachment/0/23/23945/1302110.pdf.

表 5-23　2006—2017 年中国对海合会六国直接投资存量

单位：亿美元

年份	沙特	阿联酋	阿曼	卡塔尔	科威特	巴林	合计
2006	2.7	1.5	0.3	0.1	0.1	0.00	4.7
2007	4.0	2.3	0.4	0.4	0.0	0.00	7.1
2008	6.2	3.8	0.1	0.5	0.03	0.00	10.6
2009	7.1	4.4	0.1	0.4	0.1	0.00	12.1
2010	7.6	7.6	0.2	0.8	0.5	0.00	16.7
2011	8.8	11.4	0.3	1.4	0.9	0.01	23.1
2012	12.1	13.4	0.3	2.2	0.8	0.10	28.9
2013	17.5	15.2	1.8	2.5	0.9	0.02	37.92
2014	19.9	23.4	1.9	3.5	3.6	0.04	52.34
2015	24.3	46.0	2.0	4.5	5.4	0.04	82.24
2016	26.1	48.9	0.9	10.3	5.8	0.40	92.4
2017	20.4	53.7	1.0	11.1	9.4	0.70	96.3

数据来源：中国商务部，国家统计局.2018 年度中国对外直接投资统计公报［M］.北京：中国统计出版社，2019.

（2）中国在海合会的投资项目以能源领域为主

阿联酋是中国企业对海合会投资的首选国家，目前有超过 3 000 家中资企业在阿联酋开设了公司或办事处，主要投资领域为能源、钢铁、建材机械等；主要投资项目包括：Adnoc 和中石油（占股 40%）合资成立的 Al Yasat 石油作业公司；中石化冠德控股有限公司（占股 50%）投资的石油仓储合资项目；中远海运收购阿布扎比哈利法港 2 号码头运营权；中石油和华信能源公司各获得阿布扎比陆上石油区块 8% 和 4% 的股份权益等。

中国对沙特的投资项目也主要集中在能源领域。例如，中石化与沙特阿美公司组建了中沙天然气公司，共同开发沙特 B 区块天然气勘探项目；2014 年，中石化参股在沙特廷布年产 2 000 万吨的红海炼油厂项目，项目总投资 85 亿美元，中石化占比 37.5%，项目以沙特重油作为原料，2016 年 1 月投产。这是中石化第一次在海外投资建设炼油厂，也是中国在沙特最大的投资项目[①]。

2018 年末，中国对阿曼直接投资存量为 1.51 亿美元，主要投资项目

---

① 赵青松.FTA 建设下中国与海合会经贸关系研究［J］.阿拉伯世界研究，2015（3）：59-71.

有：中阿（杜库姆）产业园一期、江苏常宝钢管股份有限公司油井管加工线（投资 2 000 万美元）、沈阳华氏食品饮料有限公司投资设立的阿曼塑料有限公司（投资约 1 亿美元）等。

（3）海合会对中国投资：石化和金融领域为主

近年来，海合会国家对中国的投资也呈上升趋势。沙特、阿联酋对中国的投资总量居中东国家第一位和第二位。例如，中石化和沙特基础工业公司（SABIC）合资的天津炼油化工一体化项目、沙特阿美公司在中国福建合资建设的炼油一体化项目已投产运营。

在金融领域，海合会国家主要通过主权财富基金对中国进行投资。例如，科威特和卡塔尔曾经分别出资 7.2 亿美元、2 亿美元购买中国工商银行股份，还分别购买了 8 亿美元、28 亿美元的中国农业银行股份；阿联酋阿布扎比国际联合投资 7.75 亿美元入股重庆农村商业银行等。2015 年 12 月，中国和阿联酋设立了"中阿共同投资基金"，基金总规模 100 亿美元，双方各出资 50%。至 2015 年底，科威特阿拉伯基金向中国的 37 个项目共提供优惠贷款 9.7 亿美元。

2012 年，中国和阿联酋签署了双边货币互换协议，规模为 350 亿元人民币/200 亿迪拉姆；2015 年两国续签了双边货币互换协议，互换规模保持不变，有效期三年。中国还批准阿联酋成为人民币合格境外机构投资者（RQFII）试点国家，投资额度为 500 亿元人民币。2014 年 11 月，中国人民银行与卡塔尔中央银行签署了 350 亿元人民币双边本币互换协议；2015 年多哈人民币清算中心正式启动。此外，卡塔尔还获得 300 亿元人民币合格境外机构投资者（RQFII）额度，这是中国首次向中东国家开放国内资本市场。

5.3.2.3 海合会是中国海外工程承包的重要市场

海合会国家是全球最大的工程承包和劳务市场之一，且工程承包市场潜力巨大。近年来，海合会国家大力开展基础设施建设，中国企业在海合会国家的承包工程总量迅速增加。据统计，2001 年，中国在海合会国家的工程承包营业额仅有 3.4 亿美元；至 2013 年，工程承包营业额增长至 101.8 亿美元。2016 年，中方在海合会国家工程承包完成营业额高达 152.5 亿美元，比 2008 年的 53 亿美元增长了 2.88 倍（见表 5-24）。

表 5-24　2008—2016 年中国在海合会的工程承包完成营业额

单位：亿美元

年份	沙特	阿联酋	阿曼	卡塔尔	科威特	巴林	总计
2008	24.5	21.1	1.6	4.2	1.1	0.40	52.9
2009	35.9	35.4	2.7	4.2	2.1	0.70	81.0
2010	32.3	29.7	4.6	10.4	4.1	0.80	81.9
2011	43.6	19.4	5.9	11.3	6.6	0.20	87.0
2012	46.2	15.4	3.0	15.2	7.2	0.02	87.02
2013	58.8	13.4	2.4	16.6	10.5	0.05	101.75
2014	46.2	15.4	3.0	15.2	14.0	0.30	94.1
2015	70.2	15.4	4.5	13.6	12.8	0.01	116.51
2016	94.8	22.5	8.1	12.0	15.1	0.10	152.6

数据来源：中国商务部，国家统计局. 2018 年度中国对外直接投资统计公报 ［M］. 北京：中国统计出版社，2019：42-51.

　　沙特、阿联酋是中国在海合会工程承包营业额最多的两个国家，中国在沙特的工程承包营业额远高于其他五国。据中方统计，2008 年，中国在沙特完成工程承包额 24.5 亿美元；2016 年上升至 92.8 亿美元，比 2008 年增长了 2.78 倍，占当年中国企业在海合会工程承包总营业额的 62%。2017年，中资企业在沙特承包工程新签合同额 29.3 亿美元，完成营业额 63.4亿美元。目前，中资企业在沙特务工人员近 3 万人，新签大型工程承包项目主要包括：中石化中原石油工程有限公司承建的沙特钻修井项目；中国石化集团南京工程有限公司承建沙特阿美 Fadhili 天然气处理项目 2 包、3 包等。另外，中、沙双方正在积极推进吉赞工业城中沙工业园区建设①。

　　2009—2010 年，中国企业在阿联酋的工程承包营业额分别高达 35.4亿美元、29.7 亿美元，之后出现了一定程度的下降。2016 年，中国企业在阿联酋完成工程承包营业额 22.5 亿美元。2017 年，中国企业在阿联酋新签承包工程合同额 49.9 亿美元，完成营业额 25 亿美元；中方企业在阿联酋的新签大型工程承包项目主要包括：中国石油工程建设有限公司承建的巴布综合设施项目、中国化学工程第七建设有限公司承建的世博村开发项目、中国机械进出口（集团）有限公司承建的阿联酋纸厂项目等。

---

　　①　商务部国际贸易经济合作研究院. 对外投资合作国别（地区）指南：沙特（2018 年版）［EB/OL］. http://www.gdqy.gov.cn/attachment/0/23/23981/1313252.pdf.

近年来，中资企业在科威特的工程承包完成营业额增长较快，从 2008 年的 1.1 亿美元上升至 2016 年的 15.1 亿美元，增长了 12.4 倍，这些工程承包的项目涉及油田服务、勘探、炼化、基建、电信等领域。2018 年，中国企业在科威特新签承包工程合同 42 份，新签合同额 22.1 亿美元，完成工程承包营业额 27.3 亿美元；新签大型工程承包项目包括：中国电建集团贵州工程有限公司承包的科威特国际机场 2 号航站楼项目、中石化第十建设有限公司承包的科威特新收集中心项目、中国石化国际石油工程有限公司承包的 20 台钻修井服务合同等。

2016 年，中国企业在阿曼完成工程承包营业额 8.1 亿美元，主要工程项目包括阿曼水泥厂生产线、萨拉拉独立电厂项目等。2018 年，中国企业在阿曼新签承包工程合同额 9.19 亿美元，完成营业额 8.8 亿美元。新签大型工程承包项目包括：中石油管道局承建的阿曼原油储罐项目、华为公司承建的阿曼电信等。另外，由宁夏回族自治区政府推动建设的中国—阿曼（杜库姆）产业园已经初具规模。

2016 年，中国企业在卡塔尔完成工程承包营业额 12 亿美元；2017 年，中国企业在卡塔尔新签承包工程合同额 4.4 亿美元，完成营业额 10.3 亿美元，工程项目涉及路桥、港口、水电、电信等领域。相比较之下，中国企业在巴林的工程承包营业额最少①。

5.3.3 中国—海合会 FTA 谈判的进程及障碍

5.3.3.1 中国与海合会已经举行九轮 FTA 谈判

2004 年 7 月，中国与海合会签署了《经济、贸易、投资和技术合作框架协议》，并启动了中国—海合会 FTA 谈判；2005 年，中国与海合会签订了《经济贸易协定》《投资保护协定》，还与除沙特以外的五国签订了《避免双重征税协定》。2005 年 6 月，中海第二轮 FTA 谈判讨论了市场准入和原产地规则问题；2006 年 1 月，第三轮中海 FTA 谈判在海关程序、技术性贸易壁垒、卫生措施等方面取得了积极进展。2009 年 6 月，第五轮中海 FTA 谈判在沙特举行，同时开启了双方的服务贸易谈判②。但 2009 年以后，海合会单方面中止了所有正在进行中的、与全球其他贸易伙伴共计 17

---

① 以上数据来源：中国商务部，国家统计局. 历年中国对外直接投资统计公报 [EB/OL]. http://fec.mofcom.gov.cn/article/tjsj/tjgb/.

② 赵青松. FTA 建设下中国与海合会经贸关系研究 [J]. 阿拉伯世界研究，2015 (3)：59-71.

个国家和地区组织的自由贸易区谈判。

2011 年 5 月，第二轮中国与海合会战略对话在阿联酋举行，双方均认为要尽早完成 FTA 谈判。2014 年 1 月，中海第三轮战略对话在北京举行，双方提出要打造中国—海合会友好合作"升级版"。2016 年 1 月，中国与海合会宣布重启中止 6 年之久的中海 FTA 谈判，双方于 2016 年 2 月、5 月和 10 月分别在沙特首都利雅得、中国广州和北京举行了第六轮、第七轮和第八轮谈判。至 2016 年底，中国与海合会已经举行了九轮 FTA 谈判，其中，15 个谈判议题中有 9 个结束了谈判，双方在货物贸易多数领域达成一致，在服务贸易领域也取得了积极进展。具体见表 5-25。

表 5-25　中海 FTA 谈判历程

时间	谈判进程	成果
2004 年 7 月	启动 FTA 谈判	签订《经济、贸易、投资和技术合作框架协议》，成立经贸合作委员会
2005 年 4 月	第一轮	达成建立 FTA 谈判的工作机制与工作大纲协议，初步探讨了货物贸易、关税减让、知识产权、技术合作和相互投资等问题
2005 年 6 月	第二轮	签订《经济贸易协定》《投资保护协定》，成立双边经贸混委会；中国与 5 个海合会国家签署了《避免双重征税协定》
2006 年 1 月	第三轮	讨论了贸易技术壁垒、贸易救济、关税、海关核查程序、货物贸易自由贸易协定文本等问题
2006 年 7 月	第四轮	深入磋商了贸易技术壁垒、自由贸易协定文本、贸易救济等内容，并就服务贸易谈判交换了初步意见
2009 年 6 月	第五轮	就服务贸易要价展开磋商，并对货物贸易主要问题进行了探讨
2016 年 2 月	第六轮	这是在中止 6 年后举行的首轮正式谈判；双方就服务贸易、投资、经济技术合作等内容进行了深入交流
2016 年 5 月	第七轮	就服务贸易、投资、经济技术合作以及货物贸易遗留问题等内容进行了深入交流
2016 年 10 月	第八轮	就服务贸易、投资、电子商务等内容进行了深入磋商
2016 年 12 月	第九轮	就服务贸易、投资等内容进行磋商，结束了"经济技术合作"等章节的谈判；15 个谈判议题中的 9 个结束谈判，并就"技术性贸易壁垒（TBT）""电子商务"等 3 个章节内容接近达成一致

资料来源：中国自由贸易区服务网（http://fta.mofcom.gov.cn/）。

5.3.3.2　中国—海合会 FTA 谈判的主要障碍

自 2003 年起，海合会就开始与全球主要大国开展自由贸易区谈判，但迄今为止，欧盟、日本、印度等主要经济体都没有与海合会签订 FTA 协议，美国则是单独与巴林、阿曼签订了 FTA 协议。截至 2022 年 1 月底，海合会只与新加坡和欧洲自由贸易联盟签署了自由贸易协定。中国—海合会 FTA 谈判至今已历时 16 年多，其进展比较缓慢，主要障碍有以下几点：

（1）海合会成员内部矛盾较多，对外政策意见不统一

第一，海合会六国经济结构高度相似，各成员经济发展都依赖于油气资源，互补性低，且在石油、石化等产品上存在竞争关系。沙特作为海合会中的"领头羊"，并没有起到好的领头作用，沙特近几年所采取的"低油价、抢份额"政策就是一种表现。

第二，海合会国家内部对外政策意见不统一。海合会的六个成员虽然在政治制度、宗教、语言等方面具有共性，但六国之间经济规模差异较大。在确定未来发展方向等问题上，各成员都越来越注重本国利益，不易协调和统一对外政策。2009 年第五轮中国—海合会 FTA 谈判之后，就曾经由于关税减免和海合会成员之间的利益冲突而被搁置 6 年。

第三，卡塔尔断交危机导致中海 FTA 谈判再次搁置。2017 年 6 月，沙特、阿联酋等国家指责卡塔尔支持恐怖主义活动，并宣布与卡塔尔断交。断交危机破坏了海合会国家的合作基础，卡塔尔甚至威胁要退出海合会。随着卡塔尔断交事件的发生，海合会统一协调机制的作用已被大大弱化，中国—海合会自由贸易区谈判自 2017 年以来再次被搁置。

（2）中国从中海 FTA 中获益有限，中国石化企业将面临冲击

首先，中国的优势产品主要是工业制品，海合会各国当前对中国主要出口商品的关税只有 5% 左右。由于海合会国家的人均收入水平都很高，FTA 建成后，有限的关税降低和商品价格下降对海合会各国的消费偏好不会产生太大影响[①]；其次，海合会国家市场规模较小，与其建立 FTA 很难再带动中国对其出口大幅增长；最后，海合会国家对中国出口的商品大部分是石油和天然气，中国对油气产品已经实施零关税，但对石化产品的保护关税却高于世界平均水平[②]。海合会国家石化产品的成本优势远远超过许多国家，石化产品将是海合会国家从自由贸易区关税减免中获益的主要商品。例如，沙特的乙烯、聚乙烯的生产成本只有中国的 30% 左右[③]。中

---

① 刘东. 货物贸易视角下中海自由贸易区收益的实证分析 [J]. 西亚非洲, 2014 (3)：79-80.
② 赵青松. FTA 建设下中国与海合会经贸关系研究 [J]. 阿拉伯世界研究, 2015 (3)：59-71.
③ 佘莉. 中国与海合会国家的经贸关系 [J]. 阿拉伯世界研究, 2013 (1)：54.

海 FTA 建成后，海合会国家的石化产品将大量进入中国市场，中国的基础化工和塑料加工业将会受到较大冲击，但这两个工业部门的就业人口共占 2010 年中国制造业总就业人口的约 6.6%。因此，如取消对海合会石化产品的进口限制，中国石化企业将面临较大竞争压力，并可能带来失业问题。因此，中国将很难从中海自由贸易区中获取较多实质性利益。

（3）美国、印度等大国的制约作用明显

第一，美国政府曾在 2003 年提出建立"美国—中东 FTA"，并于 2005 年 9 月和 2006 年 1 月分别与巴林、阿曼两个海合会国家签订了双边 FTA 协定。2008 年，海合会六国达成共同意见，即所有成员作为一个整体统一与美国进行 FTA 谈判。目前，虽然美国与海合会还未达成自由贸易区协定，但美国与海合会国家在能源和军事方面一直合作密切。例如，2017 年 5 月，美国与沙特签署了总额高达 1 100 亿美元的军售协议及 220 亿美元的石油和天然气交易合同。

第二，印度与海合会国家的经贸合作也具有较多优势。印度与海合会国家的经贸关系日益密切，印度在 2004 年就启动了与海合会的 FTA 谈判，印度在海合会国家的投资额占海合会国家 FDI 总额的比例从 2011 年的 4.7% 上升至 2016 年的 16.2%[①]。印度经济增长速度仅次于中国，其对能源的需求也越来越大。中、印两国为了保证本国的能源供给稳定，将在海合会国家市场上展开激烈的竞争。

5.4 上合组织框架下中国与欧亚经济联盟的经贸合作

上海合作组织（简称"上合组织"）作为唯一一个由中国发起、以中国城市命名的地区组织，对中国的和平发展具有极为重要的意义。上合组织自 2001 年成立至今，目前共拥有 8 个成员（中国、俄罗斯、哈萨克斯坦、乌兹别克斯坦、塔吉克斯坦、吉尔吉斯斯坦、印度、巴基斯坦），已成为世界上面积最大、人口最多的综合性区域合作组织，国际影响力正日益扩大。上合组织所在的地区是"一带一路"建设的重点地区，8 个成员、

---

① 参见：中国驻阿拉伯联合首长国使馆经商处网站（http://ae.mofcom.gov.cn/）。

4 个观察员、6 个对话伙伴大部分位于丝绸之路沿线①。上合组织成员是丝绸之路经济带建设的重点国家和区域，推进上合组织区域经济合作对于构建"一带一路"经济带意义重大。

5.4.1 上合组织区域经济合作成效显著

自 2003 年签署《上海合作组织成员国多边经贸合作纲要》以来，各成员大力推进贸易自由化与投资便利化进程，区域经济合作取得了明显成效。

5.4.1.1 上合组织区域经济合作的机制化建设

在制度性建设方面，自上合组织成立以来，建立了经贸、交通等多个部长级协调机制，还成立了上合组织银行联合体②。为了推动区域经济合作的发展，成员签署了一系列经济合作的文件与纲要，包括《上海合作组织多边经贸合作纲要》（2003 年 9 月）、《〈多边经贸合作纲要〉实施措施计划》《上海合作组织至 2025 年发展战略》（2015 年 7 月）、《2017—2021 年进一步推动项目合作的措施清单》《上海合作组织成员国政府间国际道路运输便利化协定》等。此外，各成员还在海关、金融合作、电子商务等领域签署了多项合作协议。

5.4.1.2 上合组织区域贸易和投资规模快速增长

上合组织成立 20 多年以来，区域贸易和投资规模快速增长，成员之间相互成为主要贸易伙伴。2001 年，上合组织最初 6 个成员的贸易总额为 6 720 亿美元，2017 年上升至 4.9 万亿美元，增长了 7.2 倍。2018 年，中国与上合组织成员间的贸易总额达到了 2 550 亿美元，中国已经成为俄罗斯、吉尔吉斯斯坦、印度、巴基斯坦的第一大贸易伙伴，中国也是哈萨克斯坦、乌兹别克斯坦、塔吉克斯坦的第二大贸易伙伴。在投资方面，至 2019 年 4 月底，中国对上合组织成员投资总额约 870 亿美元；至 2018 年底，中国在上合组织各成员工程承包营业额累计达 2 263 亿美元。

在互联互通建设方面，中哈原油管道、中俄原油管道、中国—中亚天然气管道、中俄天然气管道等能源合作项目提升了区域内经贸合作水平；中吉乌公路、中巴公路、"双西公路"等一批基础设施领域项目顺利完成，

---

① 上海合作组织 4 个观察员分别是阿富汗、白俄罗斯、伊朗、蒙古，6 个对话伙伴分别是阿塞拜疆、亚美尼亚、柬埔寨、尼泊尔、土耳其、斯里兰卡。

② 刘华芹. 借鉴上合经验建设"丝绸之路经济带"［J］. 经济，2013（12）：75-77.

显著提高了成员之间的互联互通水平。

5.4.1.3　上合组织成员积极支持共建"一带一路"

自 2015 年至今，历届上合组织峰会发布的"元首宣言"及"总理会议公报"均明确支持"一带一路"建设。另外，哈萨克斯坦、乌兹别克斯坦等上合组织成员纷纷将本国发展战略与"一带一路"对接。2015 年 6 月，乌兹别克斯坦与中国签署了《关于在落实建设"丝绸之路经济带"倡议框架下扩大互利经贸合作的议定书》；中、哈两国在 2016 年签署了《丝绸之路经济带建设与"光明之路"新经济政策对接合作规划》；2015 年 5 月，中俄签署了《关于丝绸之路经济带建设和欧亚经济联盟建设对接合作的联合声明》[①]。

5.4.2　适时启动中国与欧亚经济联盟的自由贸易区谈判

2015 年 1 月，欧亚经济联盟正式启动，其成员包括俄罗斯、哈萨克斯坦、白俄罗斯、亚美尼亚、吉尔吉斯斯坦五个国家。2015 年 6 月，欧亚经济联盟与越南缔结了自由贸易协定，与新加坡也签署了综合性较强的自由贸易协定，2018 年与伊朗缔结了自由贸易区的临时协定。

在 2015 年中、俄签署的《丝绸之路经济带和欧亚经济联盟对接合作的联合声明》之中，提出要研究推动建立"中国—欧亚经济联盟 FTA"这一长期目标。2019 年 10 月，中国和欧亚经济联盟签署了《中国与欧亚经济联盟经贸合作协定》，协定内容涵盖"海关合作"和"贸易便利化""部门合作"等 13 个章节。该协定是中国与欧亚经济联盟首次达成的经贸合作制度性安排。该经贸合作协定是非优惠性质的协定，尽管不涉及关税减让，但协定的生效标志着中国与欧亚经济联盟的经贸合作进入新阶段。

近年来，中国与欧亚经济联盟的双边贸易呈现逐步增长态势。2018 年，中国与欧亚经济联盟各成员的货物贸易总额为 1 270 亿美元。从国别上看，中国目前是俄罗斯、吉尔吉斯斯坦的第一大贸易伙伴，是哈萨克斯坦、亚美尼亚的第二大贸易伙伴，是白俄罗斯的第三大贸易伙伴。

随着世界区域经济一体化的快速发展，建立 FTA 已成为各个区域组织普遍和优先的选择，也是区域经济合作的主导模式。中国一直是构建区域自由贸易区的积极推动者，组建"中国—欧亚经济联盟 FTA"是当前最现

[①]　韩璐. 上海合作组织与"一带一路"的协同发展 [J]. 国际问题研究，2019 (2)：22-34.

实的制度安排和模式选择，符合各成员的共同利益和长远利益，而各方之间的经济互补性和地理上的紧密联系为组建自由贸易区提供了良好条件。欧亚经济联盟成员对中国具有重大的安全、经济和地缘政治意义，中国必须立足周边，发挥大国应有的"主导性作用"，继续发挥区域内经济增长极的作用，引领区域经济合作的方向，推动区域经济合作的制度化建设，适时启动"中国—欧亚经济联盟自由贸易区"谈判。

5.5 小结

首先，本章总结了区域全面经济伙伴关系（RCEP）的发展历程及主要内容，分析了中国与 RCEP 成员之间的贸易规模、国别结构、贸易结构，采用显示性比较优势指数（RCA）、出口相似度指数（ESI）等指标，研究了中国与 RCEP 成员贸易的互补性和竞争性，以及中国与东盟、新西兰、澳大利亚、韩国双边 FTA 的贸易效应。

其次，本章运用 GTAP 模型，重点分析了 RCEP 协定的宏观经济效应及影响。研究发现：RCEP 协定对各成员的 GDP、福利水平、贸易条件及进出口都有正向刺激作用，而非成员将遭受负面冲击；RCEP 的贸易创造效应和贸易转移效应显著。RCEP 协定将促进中国扩大对区域内成员的进出口规模，尤其是与日本、韩国之间的贸易；中国各产业部门的进出口规模均有所增加，中国与 RCEP 成员产业互补优势明显；中国的整体产出有所提升，但部分产业也将遭受一定负面冲击。

再次，本章总结了中、日、韩自由贸易区谈判的现状及进展，分析了中、日、韩进行 FTA 谈判的主要障碍。论述了中国与海合会成员的经贸发展现状，包括中国与海合会国家双边贸易特点、投资合作和工程承包的状况，分析了中国—海合会 FTA 谈判的进程及主要障碍，指出海合会成员存在内部矛盾较多、中国从中海 FTA 中获益有限等问题。

最后，本章总结了上海合作组织区域经济合作的成绩，包括区域经济合作的机制化建设、各国发展战略与"一带一路"对接等方面，并提出要适时启动中国与欧亚经济联盟的 FTA 谈判。

6 中国与丝绸之路沿线国家(地区)建设自由贸易区的 SWOT 分析

6.1 中国与丝绸之路沿线国家(地区)建设自由贸易区的优势

6.1.1 中国与丝绸之路沿线国家（地区）形成了良好的政治外交关系

目前我国与大部分"一带一路"沿线国家（地区）建立了良好的政治关系，除个别国家（地区）外，基本不存在领土争端，且与多数国家（地区）已建立了友好伙伴外交关系。根据中国外交部统计，中国已同世界上67个国家、5个地区组织建立了72对不同形式的伙伴关系①。其中，中国与俄罗斯建立了"全面战略协作伙伴关系"，与巴基斯坦的关系提升至"全天候战略合作伙伴关系"；与越南、哈萨克斯坦、蒙古、沙特等丝绸之路沿线的17个国家建立了"全面战略伙伴关系"；与吉尔吉斯斯坦、阿联酋等10个国家建立了"战略伙伴关系"；与印度、阿富汗、土耳其等6个国家建立了"战略合作伙伴关系"；与罗马尼亚等3个国家建立了"全面友好合作伙伴关系"；与匈牙利、亚美尼亚两个国家建立了友好伙伴关系。具体见表6-1。

---

① 中国的"伙伴"按关系的密切程度和交流力度一般可以分为：合作伙伴、全面合作伙伴、战略（合作）伙伴和全面战略（合作）伙伴。

表 6-1　中国与丝绸之路沿线国家（地区）签署伙伴关系协定的情况

伙伴关系名称	国家
全天候战略合作伙伴关系	巴基斯坦
全面战略协作伙伴关系	俄罗斯
全面战略伙伴关系	越南、老挝、缅甸、柬埔寨、泰国、哈萨克斯坦、乌兹别克斯坦、印度尼西亚、马来西亚、蒙古、埃及、沙特、伊朗、波兰、塞尔维亚、澳大利亚、新西兰
战略合作伙伴关系	印度、阿富汗、斯里兰卡、韩国、土耳其
战略伙伴关系	吉尔吉斯斯坦、塔吉克斯坦、土库曼斯坦、阿联酋、乌克兰、卡塔尔、约旦、伊拉克、捷克
全面友好合作伙伴关系	罗马尼亚、马尔代夫、保加利亚
全面合作伙伴关系	孟加拉国、尼泊尔
友好伙伴关系	匈牙利、亚美尼亚

资料来源：中国外交部网站（https://www.fmprc.gov.cn/）.

近年来，中国与印度尼西亚、马来西亚、蒙古、埃及、沙特、伊朗、波兰、乌兹别克斯坦、塞尔维亚、澳大利亚、新西兰等国的伙伴关系提升至"全面战略伙伴关系"；还与新加坡建立了"全方位合作伙伴关系"。中国与丝绸之路沿线国家（地区）伙伴关系的确定和提升为推进"一带一路"建设创造了良好的政治前提。

6.1.2　中国与丝绸之路沿线国家（地区）具备较好的经济合作基础

6.1.2.1　经贸合作机制更加完善

迄今，中国与"一带一路"沿线国家（地区）之间已形成了良好的经济合作关系，建立了必要的法律基础与合作机制。据统计，2018年底，在全球范围内，同中国签有贸易协定或议定书及经济合作协定的国家和地区共计161个，与中国签有投资协定或协议的国家和地区共有134个，同中国签有税收协定（安排、协议）的国家和地区有111个①。特别是，中国与丝绸之路沿线所有国家（地区）都签署了经济贸易协定、投资保护协定和税收协定（安排），这些协定为推动相互之间贸易与投资的发展奠定了重要的法律基础，也为推进"一带一路"建设提供了法律保障。

此外，中国与丝绸之路沿线所有国家（地区）都建立了双边经贸合作

---

① 中国商务部. 中国商务年鉴（2019）[M]. 北京：中国商务出版社，2020：75-93.

机制，包括双边经贸联委会、混委会机制等，还形成了多个次区域经济合作机制或合作协定及合作纲要。另外，中方与相关国家（地区）建立了贸易畅通及投资合作工作组，还与沿线许多国家（地区）建立了电子商务、服务贸易合作机制。

从合作地域看，2013年以来，中国与欧亚经济联盟签署了《中国与欧亚经济联盟经贸合作协定》；与中东欧国家先后签署了《中国—中东欧国家布加勒斯特纲要》《中国—中东欧国家合作苏州纲要》《中国—中东欧国家合作里加纲要》等；与阿拉伯国家先后签署了《中国—阿拉伯国家合作论坛2014—2016年行动执行计划》《中阿合作共建"一带一路"行动宣言》等，这些协定或机制为推动双边、多边经贸合作以及丝绸之路经济带建设奠定了坚实的法律基础。

6.1.2.2　中国与丝绸之路沿线国家（地区）之间经济和贸易互补性强

近年来，我国与丝绸之路沿线国家（地区）的经贸往来快速发展，目前中国已经是丝绸之路沿线国家（地区）最重要的贸易伙伴之一。丝绸之路沿线国家（地区）大多为新兴经济体，正处于工业化进程之中，经济发展空间较大，相对于中美贸易而言，未来中国与丝绸之路沿线国家（地区）经贸合作前景更为广阔。

首先，中国与丝绸之路沿线国家（地区）存在较强的市场互补性。市场结构互补性是贸易产生的前提条件。以俄罗斯和中亚国家为例，中国向这些国家主要出口机械及运输设备、电子产品、纺织服装等日用品，自俄罗斯和中亚国家主要进口石油、天然气、钢材、木材、铜、铝等矿产资源。中国与丝绸之路沿线国家（地区）的区域经济合作实现了两者之间的优势互补，即中国可以保障经济发展所需的能源和原材料供给，丝绸之路沿线国家（地区）可以利用中国先进的轻工业技术，享用物美价廉的中国商品，实现经济上的互利共赢。

其次，欧亚地区是能源及矿产资源富集区，这些国家（地区）与中国的经贸合作互补性强，潜力巨大。从能源储量和生产方面看，丝绸之路沿线国家（地区）覆盖了中东石油输出国、俄罗斯、哈萨克斯坦、土库曼斯坦等能源储量丰富地区，能源出口是这些国家（地区）最重要的支柱性产业，扩大能源资源的开发则是其重要的经济增长点。

最后，从需求方面来看，中国是一个稳定的能源和资源消费大国，每年需要进口大量能源和资源以满足经济快速发展带来的需求增长。例如，

中国 2019 年共进口原油约 5.06 亿吨，同比增长 9.5%；进口额为 1 662.66
亿美元。2020 年进口原油高达 5.42 亿吨，同比增长 7.3%。具体见图 6-1①。

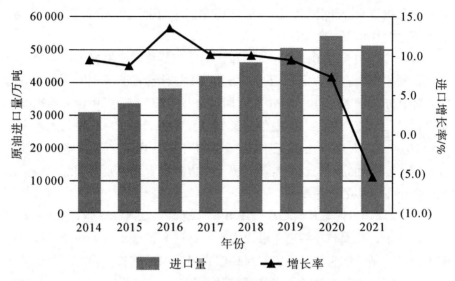

图 6-1 2014—2021 年中国原油进口量及增长率

数据来源：中国产业研究院大数据库（https://s.askci.com/data/year/）.

目前，中国已经成为全球最大的石油进口国，石油对外依赖度高达
70%以上，中国约 50%以上的石油进口来自中东海湾地区，但由于中东地
区政局不稳和印度洋上索马里海盗等问题，中国的能源安全难以得到保
障。因此，从俄罗斯、中亚国家进口石油与天然气就成为中国能源进口多
元化、分散能源进口风险的重要途径。近年来，中国与中亚各国开展了多
项能源合作，且发展势头良好。2006 年 7 月，中哈原油运输管道正式供
油，开创了中国与中亚国家能源合作领域的先河。2009 年 12 月，中国—
中亚天然气管道正式竣工。至 2020 年 3 月 7 日，土库曼斯坦等中亚国家已
累计向中国出口天然气 3 046 亿立方米，惠及中国约 5 亿人口，相当于少
用 3.99 亿吨煤炭，减少二氧化碳和二氧化硫排放数亿吨②。

---

① 参见：中商情报网（https://baijiahao.baidu.com/s？id＝1660379383580986106&wfr＝
spider&for＝pc）。

② 参见：中国商务部网站（http://www.mofcom.gov.cn/article/i/jyjl/e/202004/20200402952046.
shtml）。

6.1.3 中国持续扩大贸易和投资领域的开放

第一，中国扩大货物贸易领域开放，大幅度降低进口关税。至 2010 年底，中国加入 WTO 后的货物贸易降税承诺全部履行完毕。并且，中国通过给予最不发达国家特殊优惠，多次大幅降低进口关税水平。另外，中国的加工贸易占比较高，大部分加工贸易产品已经享受零关税待遇。按照 2015 年 WTO 统计的进口额进行加权平均，中国实际进口关税水平远低于简单平均的关税水平，所有产品的关税已下降至 4.4%，远低于印度、印度尼西亚等新兴经济体；在农产品方面，中国也低于日本、韩国、印度农产品的实际关税水平。具体见表 6-2。

表 6-2　中国与主要国家 2015 年关税水平　　　　　　单位:%

国家（地区）	总体关税	农业关税	非农业关税
中国	4.4	9.7	4.0
美国	2.4	3.8	2.3
欧盟	3.0	7.8	2.6
日本	2.1	11.1	1.2
印度	7.6	38.0	5.6
印度尼西亚	6.8	7.8	6.7
韩国	6.9	55.4	4.0

数据来源：WTO 关税数据库（https://www.wto.org/english/tratop_e/tariffs_e/tariff_data_e.htm）.

第二，中国广泛扩大服务贸易领域的开放，逐步降低服务业的外资准入门槛，取消服务领域的各类限制，不断扩大外资的业务范围。在 WTO 服务贸易的 12 个大类的 155 个分部门中，目前中国实际服务业开放的部门已达 120 个；在快递、银行、保险等 54 个服务分部门允许设立外商独资企业，在 30 多个分部门允许外资控股。特别是，自 2013 年以来，中国在全国设立了 21 个自由贸易试验区，在全国范围内实施外商投资的"准入前国民待遇和负面清单制度"①，进一步提升了服务业的开放水平。

第三，中国积极推进贸易自由化和投资便利化。2015 年，中国成为接

---

① "准入前国民待遇"是指在企业设立、取得、扩大等阶段给予外国投资者及其投资不低于本国投资者及其投资的待遇。负面清单又称消极清单、否定列表。外商投资负面清单是一份禁止外资进入或限定外资比例的行业清单。"准入前国民待遇+负面清单"是国际上新的高标准投资规则之一。

受"贸易便利化协定"议定书的第 16 个 WTO 成员。中国积极推动实施贸易类投资便利化，目前，在全国各省、市和自治区都建立了"贸易便利化工作联席会议制度"。另外，中国通过举办亚太经济合作组织第 22 次领导人非正式会议、G20 集团杭州峰会、"一带一路"国际合作高峰论坛等一系列多边会议，多次阐明支持多边贸易体制，推动将"反对贸易保护主义"等内容写入各类会议成果文件中。

6.1.4 中方积累了丰富的与各国（地区）开展 FTA 建设和区域经济合作的经验

6.1.4.1　中方积累了丰富的与各国（地区）开展 FTA 建设的经验

根据对象国家或地区的不同特点，中国在 FTA 建设进程方面呈现"循序渐进"的特点，采取了先发展中国家、后发达国家的谈判顺序；先开放国内具有竞争力的产业，适当保护一些弱势产业，并安排过渡期。在中国与东盟、巴基斯坦的 FTA 建设中，中国就采取先在货物贸易领域分阶段降低关税，之后再延伸到服务贸易和投资领域。以中国—东盟 FTA 为例，先实施了农产品贸易的《早期收获计划》，同年达成了《货物贸易协议》，之后再签署了《服务贸易协议》，协议内容从农产品等货物贸易向服务贸易不断拓展。

由于"一带一路"沿线国家（地区）大部分是发展中国家，市场经济不是很发达，签署 FTA 的短期效应不确定性较强。为了使签订 FTA 对丝绸之路沿线国家（地区）经济的负面影响降到最小，中国采取了逐步深化的 FTA 推进模式。另外，中国也积累了丰富的与部分发达国家建设自由贸易区的经验，如瑞士、冰岛、新西兰等。中国与这些经济规模较小的发达经济体都采取了"一揽子开放"模式，即直接签署包括货物与服务贸易、投资等诸多领域的 FTA 协定。

6.1.4.2　中方积累了丰富的与各国（地区）开展区域经济合作的经验

在全球国际经济合作的实践中，总体上看，发达经济体之间及发达经济体与发展中经济体的区域经济合作成效显著，而新兴经济体之间的经济合作成功者较少。作为第一个以中国城市命名的区域性国际组织，上合组织在推进区域经济合作方面积累了许多经验。自 2001 年成立以来，上合组织已经形成政治安全、经贸合作和人文交流三大支柱，三者之间紧密相连，保障了上合组织各领域合作的协调发展。

上合组织各成员之间经济规模和发展水平差距较大，经贸合作困难较多，但各成员采取了"由易到难、循序渐进"的推进策略①。在投资方向上，首先选择了成员能够共同受益的交通运输、通信建设项目等，以及成员具有传统优势的领域，如石油、天然气开发与运输，农业合作等。针对上合组织区域内成员资源丰富的特点，中方创新了"资源换贷款"等新型融资模式②，先从贸易和投资便利化合作开始，逐渐向经济技术合作深入发展。经过20多年的发展，上合组织区域经济合作最大限度地发挥了各成员的优势，实现了经济互补，无论是大国还是小国均在合作中受益，彼此建立了紧密的经济联系。2018年，吉尔吉斯斯坦人均GDP达到1 300多美元，基本实现了"脱贫"，这对"一带一路"建设具有较大的借鉴意义。

6.2 中国与丝绸之路沿线国家(地区)建设自由贸易区的劣势

6.2.1 中国FTA建设仍存在许多不足及问题

从总体上看，中国自由贸易区建设水平和发展规模有限。亚洲是中国建立自由贸易区的主要区域，但主要集中于东南亚和南亚地区，而在丝绸之路沿线国家（地区）的中亚、西亚、欧洲，中国只与格鲁吉亚、瑞士、冰岛三个国家签署了FTA。

6.2.1.1 自由贸易区伙伴多为小型经济体，欠缺"影响力"

从目前中国已经签署的自由贸易区伙伴来看，除了韩国、澳大利亚之外，其他国家在经济规模上仍属于小国；除韩国以外，其他自由贸易区伙伴均不是中国的主要贸易伙伴，它们对中国经济和贸易的影响有限。中国最大的贸易伙伴如美国、欧盟都不是我国的FTA伙伴，全球重要的新兴经济体如印度、俄罗斯、巴西等也不是中国的自由贸易伙伴。另外，中国FTA的伙伴类型多样，分布广泛，国家主体既有瑞士、新西兰这样的发达国家，也有巴基斯坦、秘鲁等发展中国家，还包括东盟这样的一体化组织。从地理覆盖范围来看，中国的自由贸易区伙伴覆盖五大洲。但总体上

---

① 刘华芹. 借鉴上合经验，建设"丝绸之路经济带"[J]. 经济，2013（12）：75-77.
② "贷款换资源"是中国通过给予矿产资源丰富国家一定数额的贷款融资，换取从该国进口一定数量资源的权利。这是我国保障资源供应的一种模式创新。

看，与中国签署 FTA 的国家（地区）主要是小经济体，中国 FTA 协定的规模和影响力都不及欧盟、日本等发达经济体。

6.2.1.2 中国在全球自由贸易区网络中仍处于"辐条国"地位

一般认为，在全球自由贸易区网络中，各国会向"轴心国"集聚，处于主导地位的"轴心国"将在未来的贸易中获得更多的经济效益，这种现象被称为"轮轴—辐条效应"。例如，南美洲的智利与世界各国签署了 40 多个 FTA 协议，已经成为全球 FTA 网络结构中重要的"轴心国"，享受到了 FTA 最大的经济利益；东盟十国一直处于东亚自由贸易区网络中的轮轴地位，"10+3"和 RCEP 谈判都由东盟主导和推动。中国目前在已建立的自由贸易区网络中，主要试图融入他国的自由贸易区网络（如 RCEP），还没有在自由贸易区网络中形成"轴心国"地位，仍然处于"辐条国"地位。这主要是因为中国的自由贸易区对象范围较窄，以及难以与欧盟、美国、加拿大等主要发达经济体达成自由贸易协定。

6.2.1.3 自由贸易协定标准较低，内容缺乏"深度"

从中国目前已签 FTA 协定的内容来看，基本涵盖了货物和服务贸易、投资等领域，但非传统领域议题仍然偏少，水平较低。虽然近年来新签署的 FTA 协定涉及领域逐渐增多，开放程度不断提高，但总体上来看，中国已签署的 FTA 协定的标准较低，质量不高。从当前美欧发达经济体所签署的 FTA 范本来看，协定的内容已经广泛涉及政府采购、竞争政策、环境及劳工保护等新议题。相比之下，中国在这些方面与之仍存在一定差距。

6.2.1.4 自由贸易协定的利用率偏低，效果不明显

一方面，由于中国所有的 FTA 签署时间都不算长，导致大多数中国企业对 FTA 的特惠关税、原产地规则、投资条款等政策缺乏了解。其中，原产地规则是 FTA 协定中的核心内容之一，其主要被用于确保 FTA 协定中的优惠贸易安排只适用于签署 FTA 的成员之间。例如，中国—东盟 FTA 的原产地规则是以"区域价值百分比 40%"为主要标准，且原产地的认定比较繁琐。另一方面，中国所签订的 FTA 存在多重原产地规则，已经形成了区域自由贸易协定的"意大利面碗效应"。多重原产地规则给中国出口企业增加了额外的交易成本，导致许多企业不愿意申请原产地证书。这些因素都造成了中国现有自由贸易协定的利用率偏低。

我们根据有关方面提供的出口企业优惠原产地证书申领数据计算发现，2014—2018 年，中国企业的自由贸易协定出口利用率从 9.75% 提升至

19.75%。最近几年虽有较大进步，有的省份单项自由贸易协定利用率突破了60%，但总体上仍远远低于发达国家水平。例如，根据汤森路透和毕马威的一项调查结果，美国约41%的企业能够利用所有的可用的自由贸易协定；日本自由贸易协定利用率为44.9%，韩国为75%，澳大利亚与智利、日本、韩国、泰国间的自由贸易协定利用率均高于90%①。

6.2.2 多层次相互交织的区域经济合作机制阻碍了中国的 FTA 建设

2008 年全球金融危机发生后，美欧等发达经济体掀起了新一轮区域经济合作浪潮，而丝绸之路沿线国家（地区）多为发展中国家，这些国家难以加入到发达国家主导的高水平贸易协定之中。在欧亚地区，目前主要有八个国别构成不同的次区域经济合作组织，主要包括欧亚经济联盟、海合会等。这些次区域经济组织之间的关系错综复杂，加大了区域经济合作的协调难度。

6.2.2.1 欧亚区域经济合作组织的地域分布

在西亚地区有海合会，该组织成员包括沙特、阿联酋等 6 个国家。在南亚地区有南亚区域合作联盟②，该联盟成员有印度、巴基斯坦等 7 个国家。在中西亚地区有中西亚经济合作组织，该组织是 1985 年由伊朗、土耳其和巴基斯坦三国倡导成立的，阿富汗、阿塞拜疆、哈萨克斯坦等中亚五国也于 1992 年加入了该组织。

在苏联地区有独联体自由贸易区和欧亚经济联盟（原俄白哈关税同盟）。2011 年，俄、白、哈等八个独联体成员签署了建立独联体 FTA 的协定。另外，俄白哈关税同盟在 2010 年启动，三国在 2011 年取消了海关关境；2014 年，俄、白、哈三国签署了《欧亚经济联盟条约》，该联盟于 2015 年 1 月正式启动，同年，亚美尼亚、吉尔吉斯斯坦也相继加入欧亚经济联盟。另外，在欧亚地区还有上合组织，上合组织的初始成员为中国、俄罗斯和中亚四个国家。2017 年，巴基斯坦、印度也正式加入上合组织。

6.2.2.2 欧亚区域经济合作机制的层次

按照区域经济一体化水平，上述次区域经济组织可分为 4 个等级。第

---

① 中国自由贸易区服务网. 中国贸促会副会长张慎峰：自由贸易协定实施应乘势而上 [EB/OL]. http://fta.mofcom.gov.cn/article/fzdongtai/202011/43743_1.html.

② 1985 年 12 月，南亚七国（印度、孟加拉国、不丹、尼泊尔、巴基斯坦、斯里兰卡、马尔代夫）通过了《南亚区域合作宣言》和《南亚区域合作联盟宪章》，正式宣告了南亚区域合作联盟（南亚联盟）自由贸易区的成立。

一层级是经济联盟，如海合会。第二层级为关税同盟，如欧亚经济联盟。第三层级是独联体自由贸易区和南亚自由贸易区。2004年，南亚区域合作联盟各成员签署的《南亚自由贸易协定》规定，成员从2006年起，10年内将关税从30%左右降至0~5%。第四层级是一般区域经济合作，如黑海经济合作组织①等。该组织侧重于中亚国家到欧洲的能源管道建设问题，还计划建设"环黑海高速公路"。

目前来看，在上述区域经济合作组织中，有些组织成效显著，有些则收获很小，有些组织的成员之间相互交叉重叠。例如，欧亚经济联盟的成立使上合组织所倡导的多边经济合作增加了复杂性和难度。因此，在建设"一带一路"的过程中，如何协调这些次区域经济组织之间的关系，如何解决这些问题都具有一定的挑战性。

6.2.2.3 各类区域经济合作机制阻碍了其与中国建设自由贸易区

目前，丝绸之路沿线潜在FTA对象的主要贸易伙伴主要是其周边国家及欧美发达国家，如海合会、欧亚经济联盟等。这些区域经济一体化组织内部已经具备了高水平的经贸合作关系，并且建立了超国家的关税管理机构，如欧亚经济联盟。这些层次高于或等于关税同盟的区域经济合作组织都限制其成员与其他国家签订自由贸易协定，关税同盟都要求其成员必须统一与其他国家签署FTA协议。在此情况下，如果中国要与欧亚经济联盟成员商签FTA，只能与其整个组织进行谈判，而不能与该组织的某个国家商签自由贸易区。

6.2.3 丝绸之路沿线国家(地区)对区域经济合作和建立 FTA 的认识差异较大

6.2.3.1 丝绸之路沿线部分国家对与中国扩大贸易合作心存疑虑

从中国与丝绸之路沿线国家（地区）的贸易差额上看，多年以来，只有中东和中亚地区的能源出口国始终保持了对中国的贸易顺差。除此之外，大部分丝绸之路沿线国家（地区）对中国存在长期贸易逆差，部分国家和地区对华贸易逆差额较大，如印度、巴基斯坦、土耳其、阿联酋、英

---

① 黑海经济合作组织（Black Sea Economic Cooperation），又称黑海经济合作计划。1992年6月，土耳其、保加利亚、罗马尼亚、希腊、摩尔多瓦、亚美尼亚、阿塞拜疆、格鲁吉亚、俄罗斯、乌克兰和阿尔巴尼亚等11个黑海沿岸国家在土耳其的伊斯坦布尔举行会议，签署了关于建立黑海经济合作计划的协议。

国、欧盟等，导致这些国家对与中国扩大贸易合作心存疑虑，担心中国产品继续占领其国内市场，挤压其国内产业的发展空间。

6.2.3.2 丝绸之路沿线国家（地区）对区域经济合作的认识差异较大

丝绸之路沿线国家（地区）的经济体制存在较大差异，经济规模相差更大，导致其对国际经贸合作的认识有很大差异。中国经济规模巨大，丝绸之路沿线大部分国家（地区）经济规模较小，这些国家（地区）都担心受到中国商品的冲击，成为中国经济的"附庸"。以中亚五国为例，当前中亚五国各利益集团对与中国深化合作存在不同的声音，"中国威胁论""中国扩张论"还有一定的市场。此外，中亚国家都面临资金短缺的问题，中亚各国希望从区域经济合作中取得项目，得到贷款，获得具体的实惠，对建设自由贸易区缺乏热情。近年来，美国、日本、欧盟、韩国、土耳其也加大了对中亚国家的投资力度。在此情况下，中亚国家更愿保持本国外交的多元化、经济利益最大化、获得更多的经济援助。中亚国家发展水平不一，相互间利益存在一定冲突，对开展区域经济合作的需求和关注点有所不同，相互之间难以协调。与此同时，中亚各国正在构建自己独立的经济体系，担心区域经济一体化的效应只对大国有利，自身产业受到影响。

另外，中国与中亚各国及俄罗斯对能源合作的认识也存在很大差异。近年来，中亚国家虽有与中国进一步加强经贸合作的愿望，但不少国家对中国在能源资源开发方面合作持谨慎态度，甚至刻意放缓合作步伐，中国在能源合作方面所遭遇的阻力越来越大。

6.2.3.3 丝绸之路沿线各国（地区）对建立 FTA 的态度和认识不同

以上合组织为例，当前在上合组织框架下建立自由贸易区的较大困难是各成员对建立 FTA 的态度存在较大差异。例如，哈萨克斯坦曾多次表示建立自由贸易区不是上合组织的现阶段目标，而是长期目标；乌兹别克斯坦认为，其加入 WTO 还没有明确的目标和时间表，对于建立上合组织FTA 问题还未做好准备；塔吉克斯坦认为，其当前的主要任务是消除贫困，建立上合组织框架下的自由贸易区对塔国来说短期内难以实现。

虽然上合组织区域经济合作已经取得了许多成就，但各成员在资源禀赋、发展阶段等各方面存在巨大差异，导致上合组织的多边经济合作发展相对缓慢。目前，上合组织各成员在海关程序、标准一致等方面仍存在着各种壁垒，在签证、边防、海关、交通、动植物检验检疫等领域便利化方面还没有取得共识。各成员的利益诉求差别较大,建立"上合组织自由贸易区"问题更是久拖不决①。在上合组织成员中,中国只与巴基斯坦签署了 FTA 协议。与欧亚经济联盟相比,中国与其他成员之间的区域经济合作还停留在贸易类投资便利化阶段。特别是中、俄作为上合组织中的两个大国,在中亚地区存在着利益竞争关系。尽管俄罗斯对上合组织持支持态度,希望搭上中国经济高速发展的"顺风车",但对中国提倡建立的"上合组织自由贸易区"和"中国—欧亚经济联盟自由贸易区"这种更深层次的合作却存有戒心,担心其会对欧亚经济联盟内部市场造成冲击,态度一直比较消极。另外,印度对"一带一路"倡议一直持保留态度,不愿表态支持和参与"一带一路"建设。

6.3 中国与丝绸之路沿线国家(地区)建设自由贸易区的机遇

6.3.1 "一带一路"倡议与丝绸之路沿线国家(地区)发展战略实现对接

当前,"一带一路"沿线大多数国家(地区)与中国的合作意愿日益增强,对"一带一路"倡议都给予了积极回应。至 2019 年 4 月底,中国已与 125 个国家和 29 个国际组织签署了 173 份伙伴合作文件。特别是,自 2013 年以来,中国积极推动与丝绸之路沿线国家(地区)签署合作备忘录或合作规划,通过各层次的合作机制,实现"一带一路"倡议与丝绸之路沿线国家(地区)的发展战略对接。例如,"一带一路"倡议已经与俄罗斯的"欧亚经济联盟"、蒙古的"草原之路"、哈萨克斯坦的"光明之路"、欧盟的"容克计划"、英国的"英格兰北方经济中心"、韩国的"欧亚倡议"、东盟的"互联互通总体规划"、波兰的"琥珀之路"等 30 多个国家(地区)的发展战略实现了对接。"一带一路"倡议将沿线国家(地区)发展战略对接在一起,可以使各国(地区)的经贸联系更加紧密,促进各地缘板块联动共振、协同发展。

---

① 韩璐. 上海合作组织与"一带一路"的协同发展 [J]. 国际问题研究,2019 (2):22-34.

6.3.1.1　上合组织成员积极支持共建"一带一路"

近年来,上合组织历届峰会发布的公报均明确支持丝绸之路经济带建设。特别是在 2018 年上合组织青岛峰会上,各成员领导人达成了一系列重要共识,包括维护 WTO 规则的权威性和有效性、巩固多边贸易体制、反对贸易保护主义、加强"一带一路"建设合作和各国发展战略对接等①。另外,哈萨克斯坦、乌兹别克斯坦等上合组织成员纷纷将本国发展战略与"一带一路"建设对接。2015 年,中、俄两国签署了《关于丝绸之路经济带和欧亚经济联盟建设对接合作的联合声明》②;2016 年,中、蒙、俄三国签署了《建设中蒙俄经济走廊规划纲要》;2018 年,中国与欧亚经济联盟签署了经贸合作协定,这是双方首次达成的经贸领域的制度性安排。

6.3.1.2　阿盟国家与中国签署"一带一路"建设合作文件

阿拉伯国家身处"一带一路"交汇地带,是共建"一带一路"的天然合作伙伴。阿拉伯国家对于参与"一带一路"建设表现出了积极意愿,目前中国已经同沙特、苏丹、伊拉克、阿曼、卡塔尔、科威特、埃及等 9 个阿盟国家签署了"一带一路"合作文件,同阿联酋、阿尔及利亚、沙特、苏丹和埃及 5 个阿拉伯国家签署了产能合作文件。阿联酋、沙特、约旦、阿曼、卡塔尔、科威特和埃及 7 个阿盟国家已成为亚洲基础设施投资银行创始成员。

另外,2014 年 6 月在北京举行了中国—阿拉伯国家合作论坛第六届部长级会议,会后发表了《北京宣言》。阿方表示"欢迎关于建设'一带一路'的倡议,愿进一步扩大中阿双边贸易和相互投资"。2018 年 7 月,在中国—阿拉伯国家合作论坛第八届部长级会议上,中阿共同发布了《中阿合作共建"一带一路"行动宣言》。阿方赞赏双方在"一带一路"框架内合作所取得的丰硕成果,中、阿双方强调应按照共商、共建、共享原则合作建设"一带一路",要继续加强对话协商,根据各自优先方向,推动"一带一路"倡议同阿盟国家的重大发展战略和政策对接。中、阿将进一步推动签署更多"一带一路"建设合作文件,包括与沙特的"2030 愿景"对接实施方案,与科威特共同编制双边合作规划纲要,实现同其他阿盟国家发展战略的对接协调,包括卡塔尔"2030 国家愿景"、巴林"2030 经济发展愿景"、埃及"2030 愿景可持续发展战略"等。

---

① 参见:新华网(http://www.xinhuanet.com/world/2018-06/11/c_1122965039.htm)。

② 韩璐. 上海合作组织与"一带一路"的协同发展 [J]. 国际问题研究, 2019 (2): 22-34.

6.3.1.3　南亚国家积极与中国商签自由贸易区

在南亚各国中，中国与巴基斯坦长期以来一直视对方为"铁杆朋友"，2015年，中巴关系提升为"全天候战略合作伙伴关系"。中巴经济走廊建设已是"一带一路"建设中"六大经济走廊"的旗舰项目，成为"一带一路"经贸合作的典范。2019年，中、巴两国签订了第二阶段自由贸易区议定书，这是对原有中巴FTA协定的大幅升级，两国实施零关税的产品数目扩大至75%。另外，2017年12月，中国与南亚另一个岛国马尔代夫也签署了自由贸易协定，中、马FTA树立了规模差异巨大的国家间开展互利合作的典范。2014年9月，中国与斯里兰卡两国关系进一步提升为战略合作伙伴关系，斯政府的"愿景2025"发展计划提出将打造"印度洋物流和贸易体系的轴心"，这一目标与"一带一路"倡议发展方向契合。斯总统曾经表示："21世纪海上丝绸之路"构想对斯里兰卡经济发展具有重要意义，斯里兰卡是"一带一路"倡议的坚定支持者和参与者。目前，中、斯两国已经举行五轮FTA谈判，并取得了一些重要成果。

6.3.1.4　中东欧国家积极参与和支持"16+1合作"

中东欧国家是"一带一路"倡议的重要拓展区。2012年，中国—中东欧国家领导人首次在波兰华沙进行了"16+1合作"会晤，这次会议对加强中国与中东欧国家双边经贸往来具有重要意义。至2019年底，中国—中东欧国家领导人已举行了八次会晤，各国领导人经过多次会议，共同签署了一系列合作协议。例如，2013年签署了《中国—中东欧国家合作布加勒斯特纲要》，2015年签署《中国—中东欧国家合作苏州纲要》，2016年签订了《中国—中东欧国家合作里加纲要》等，双方表示在基础设施建设、人文交流、道路互通、产能合作等领域开展合作。在2019年的中国—中东欧国家领导人第八次会晤中，中东欧国家都表示愿进一步推进"16+1合作"，共同维护多边贸易体制，推进共建"一带一路"合作，持续推动中小企业和产业园区建设合作。

6.3.2　中国是全球增长最快的商品和服务进口大市场

6.3.2.1　中国已成为全球经济增长的第一大引擎

中国作为世界上最大的发展中国家，在过去40多年的改革开放中实现了自身经济的高速发展，也越来越广泛地参与到国际经济体系的构建中，成为全球国际分工和价值链体系的重要组成部分。当前，中国已具有全球规模最大的制造业，具备完备的工业生产能力和配套体系，还拥有1亿多市场主体和超过1.7亿高端专业人才，正处在新兴工业化、城镇化、信息化快速发展阶段。

作为世界第二大经济体，中国经济增长对全球经济增长的贡献越来越大。据统计，在过去的30多年里，中国经济对全球经济增长的贡献度平均达到13.5%，相当于所有发展中国家总贡献的40%；特别是在2008年全球金融危机发生以后，中国对全球经济增长的贡献度年均超过30%，成为世界经济增长的第一大引擎，对全球经济的复苏发挥了重要作用。展望未来，尽管近年来中国经济增长速度逐步下降，但中国经济仍将是全球经济最大的"火车头"和头号引擎。

6.3.2.2 中国已是全球第二大商品和服务进口市场

近年来，中国外贸始终保持总体平稳、稳中提质的发展态势，已经连续多年位居全球货物贸易第一大国地位。中国经济发展具有较强的韧性，外贸企业的竞争力和市场开拓能力也很强。特别是，中国的进口贸易正在成为全球市场需求增长的最重要因素之一。2005年，中国进口商品总额只有6 601亿美元，2017年上升至1.84万亿美元，占全球进口贸易的份额从1980年的1%增长至2017年的10.5%。2018年，中国进口商品总额高达2.14万亿美元，同比增长15.8%，是2005年的2.8倍，占全球的比例进一步上升至10.8%，仅次于美国，位居全球第二。在出口方面，中国2018年出口贸易额为2.49万亿美元，占全球出口总额的比例为12.8%，继续保持全球第一。具体见表6-3。

与此同时，中国的服务贸易占世界的比例也不断提升。2017年，中国服务贸易总额为6 956.8亿美元，位居世界第二。其中，服务贸易进口额为4 675.9亿美元，占全球的比例为9%，也位列全球第二。另外，中国的外汇储备规模多年来始终位居世界第一，2017年底为3.14万亿美元。

中国拥有14亿人口形成的超大规模内需市场，这其中包括了4亿多中等收入群体。近年来，随着中国居民收入的不断提高，消费结构升级步伐加快。根据《2017年全球奢侈品行业研究报告》①，2017年，全球个人奢

---

① 贝恩公司，意大利奢侈品行业协会（Fondazione Altagamma）. 2017年全球奢侈品行业研究报告（2017 WORLDWIDE LUXURY MARKET MONITOR）［EB/OL］. https://www.bain.cn/news_info.php? id=740.

侈品市场销售额达到 2 620 亿欧元，中国消费者贡献了其中 32%的销售额。当前，中国中等收入群体不断扩大，消费需求多样性日益增长，中国进一步扩大商品和服务进口的潜力很大。为此，中国还实施了积极的进口政策，通过每年在上海举办中国国际进口博览会来扩大进口①，让世界各国共享中国市场。据商务部预测，未来 5 年中国将进口 10 万亿美元左右的商品，中国超大的内需市场必将给丝绸之路沿线国家（地区）企业带来无限的商机。

表 6-3　2005—2019 年中国进出口贸易额及增速

年度	进出口总额		出口额		进口额		贸易差额/亿美元
	进出口额/亿美元	增速/%	出口总额/亿美元	增速/%	进口额	增速/%	
2005	14 221.2	23.2	7 620.0	28.4	6 601.2	17.6	1 018.8
2006	17 606.9	23.8	9 690.7	27.2	7 916.1	19.9	1 774.6
2007	21 738.3	23.5	12 180.1	25.7	9 558.2	20.7	2 621.7
2008	25 616.3	17.8	14 285.5	17.3	11 330.9	18.5	2 954.6
2009	22 072.2	−13.8	12 016.6	−15.9	10 055.6	−11.3	1 961.0
2010	29 727.6	34.7	15 779.3	31.3	13 948.3	38.7	1 831.0
2011	36 420.6	22.5	18 986.0	20.3	17 434.6	25.0	1 551.4
2012	38 667.6	6.2	20 489.3	7.9	18 178.3	4.3	2 311.1
2013	41 589.9	7.6	22 090.0	7.8	19 499.9	7.3	2 590.2
2014	43 012.3	3.4	23 422.9	6.0	19 592.4	0.5	3 830.6
2015	39 530.3	−8.1	22 734.7	−2.9	16 795.6	−14.3	5 939.1
2016	36 855.6	−6.8	20 976.3	−7.7	15 879.3	−5.5	5 097.1
2017	41 045.0	11.4	22 635.2	7.9	18 409.8	15.9	4 225.4
2018	46 230.0	12.6	24 870.0	9.9	21 360.0	15.8	3 510.0
2019	45 778.0	−0.9	24 995.0	0.5	20 784.0	−2.7	4 211.0

数据来源：2006—2019 年中国统计年鉴各年版。

---

① 中国国际进口博览会（China International Import Expo, CIIE 或简称"进博会"），由中国商务部、上海市政府主办，是世界上第一个以进口为主题的大型国家级展会，旨在坚定支持贸易自由化和经济全球化，主动向世界开放市场。2018 年 11 月 5 日至 10 日，第一届进博会在上海举行。

6.4 中国与丝绸之路沿线国家（地区）建设自由贸易区所面临的挑战

6.4.1 区域安全形势异常复杂，大国博弈异常激烈

丝绸之路经济带所在的欧亚地区是国际安全形势最为复杂的区域之一，且世界主要大国在这一地区角逐异常激烈，对中国与该地区国家未来开展合作构成了巨大挑战。

6.4.1.1 区域安全形势异常复杂

亚洲是当今世界涵盖多元文化和复杂矛盾冲突的地区，在各国经济快速发展的同时，亚洲各国间相互防范的心理增强，地区热点问题交替上演，如朝鲜核问题、印巴领土争端、伊朗核危机等，各种安全隐患不定时地发作[①]。特别是，2011年以来中东地区持续进行的"阿拉伯之春"[②] 运动，最终导致一系列极端主义和恐怖暴力活动，对西亚、北非及中亚各国的社会稳定与安全造成了严重破坏。

2009年以来，在经济上，美国曾经试图通过主导"跨太平洋伙伴关系协定"（TPP）谈判构建超强经济圈以孤立中国；在外交上，美国加强与亚太国家的接触和交往，凝聚传统盟友，拉拢印度、越南、印度尼西亚等新伙伴。此外，"钓鱼岛事件"和"南海问题"也给中国与日本、菲律宾、越南的区域经济合作造成了严重的负面影响。特别是，2017年11月，美国特朗普政府又提出了所谓的印度洋—太平洋战略（简称"印太战略"），随后重启了美国、日本、澳大利亚和印度之间的四方安全对话。"印太战略"将中国作为其针对的主要目标，美国想借印度来遏制中国，这必将对"一带一路"建设产生不利影响。

6.4.1.2 世界大国在欧亚地区的博弈异常激烈

在国际政治关系上，许多丝绸之路沿线国家（地区）与其周边大国存在依附关系，其对外贸易政策常受到大国政治关系的影响。特别是，俄罗

---

① 许涛. 共同营造新世纪亚洲和平发展环境的战略创新思路：亚信上海峰会后析 [J]. 和平与发展，2014（4）：11-21.

② "阿拉伯之春"是指自2010年底在北非和西亚的阿拉伯国家发生的一系列以"民主"等为主题的反政府运动。这项运动先后波及突尼斯、埃及、利比亚、也门、叙利亚等国，多名领导人先后下台，其影响之深、范围之广、来势之猛，吸引了全世界的高度关注。

斯、印度等区域大国，都有自己的"大国梦想"和战略抱负，使得中国很难与这些国家商谈建立自由贸易区。例如，中亚国家具有丰富的能源及独特的地理位置，世界主要大国都企图通过实施各自的中亚战略来谋求在中亚地区的利益。

第一，美国推行"新丝绸之路计划"。美国利用"9·11"事件之后的反恐战争机会向中亚进军，目前中亚多国都有美国军事力量的存在或影响。2006年以来，美国试图通过推进以阿富汗为中心的"大中亚计划"，发展与包括中亚五国在内的"大中亚"地区国家的伙伴关系。2011年，美国又提出了"新丝绸之路计划"①，计划在中亚和南亚地区构筑一条经济和能源通道，实现美国在该地区的地缘政治和经济利益。

第二，欧盟的中亚政策框架主要包括《合作伙伴关系协定》和《对独联体国家的技术援助》两个机制。近30年来，欧盟通过该计划向中亚五国在内的独联体国家提供了许多技术援助，其中包括连接欧洲与高加索地区的"欧亚交通走廊"项目。欧盟还颁布了《2007—2013年中亚战略》，其目标是密切中亚国家和欧盟在交通、能源、生态和高等教育等领域的合作。

第三，俄罗斯大力推进欧亚经济联盟。1991年苏联解体后，独联体国家仍保持了集体安全条约组织②，俄罗斯凭借其实力积极推动区域经济一体化进程。2011年，8个独联体国家签署了FTA协定；同年，俄、白、哈三国启动了关税同盟机制；2015年，俄、白、哈三国又成立了欧亚经济联盟。根据普京的构想，未来在独联体空间内将构建以俄罗斯为中心的欧亚联盟。但2014年乌克兰克里米亚事件③爆发后，西方国家对俄进行全面经济制裁，俄罗斯推进欧亚联盟建设面临诸多不确定因素。

---

① 2011年7月，美国时任国务卿希拉里·克林顿在印度举行的第二次美印战略对话会上首次提出"新丝绸之路计划"，其目标是巩固阿富汗战果，规制地区局势走向；以经济合作为手段，将阿富汗和其周边邻国联系起来以促进南亚和中亚经济发展，并把该地区整合为一个贸易、运输相联系的大陆网络。

② 集体安全条约组织的前身是《独联体集体安全条约》。1992年5月15日，俄罗斯、哈萨克斯坦、乌兹别克斯坦、塔吉克斯坦、亚美尼亚、吉尔吉斯斯坦等国家首脑在塔什干会晤时签署了这一条约。该组织性质属于军事同盟，阿塞拜疆、格鲁吉亚、乌兹别克斯坦曾经属于集安组织成员，但后来退出。

③ 1991年苏联解体时，克里米亚以自治共和国的身份加入乌克兰，并得到了国际社会的承认。俄罗斯对此一直耿耿于怀。2014年3月18日，俄罗斯总统普京与克里米亚共和国及塞瓦斯托波尔市正式签署条约，接受其以新的联邦主体身份加入俄罗斯联邦。

6.4.2 丝绸之路沿线各国（地区）的经济发展水平差异较大

丝绸之路沿线国家（地区）在经济发展水平上存在较大差异，既有经济总量大国，也有经济总量小国；既有高收入国家，也有低收入国家。2012 年，中国就成为世界第一大货物贸易国；2019 年，中国 GDP 总额约为 14.36 万亿美元，占全球经济总量的 16.4%，稳居全球第二，进出口贸易总额达 4.58 万亿美元，继续位居全球第一。

6.4.2.1 俄罗斯和中亚五国经济发展水平存在巨大差异

中亚国家是丝绸之路经济带建设的核心区，中亚五国与俄罗斯之间的经济实力相差巨大。据统计，2018 年，俄罗斯经济总量为 1.67 万亿美元，人均 GDP 为 1.14 万美元，进出口贸易额为 6 930.7 亿美元；同年，哈萨克斯坦 GDP 总量为 1 793 亿美元，人均 GDP 为 9 812 美元，外贸总额为 934.9 亿美元；土库曼斯坦、乌兹别克斯坦的经济总量分别只有 407.6 亿美元、503.9 亿美元；2018 年，塔吉克斯坦、吉尔吉斯斯坦 GDP 总值分别仅为 75.2 亿美元和 82.7 亿美元，人均 GDP 分别只有 826 美元和 1 308 美元，两国人均 GDP 不到俄罗斯的 10%（见表 6-4）。

表 6-4 2018 年中亚、西亚和南亚主要国家各经济指标情况

地区	国家	人口规模/万人	GDP 总量/亿美元	人均 GDP/美元	出口额/亿美元	进口额/亿美元	贸易总额/亿美元
俄罗斯、中亚五国	俄罗斯	14 440	16 696.00	11 370	4 440.10	2 490.55	6 930.65
	哈萨克斯坦	1 830	1 793.40	9 812	609.56	325.34	934.90
	乌兹别克斯坦	3 300	503.93	1 529	112.18	173.06	285.24
	土库曼斯坦	585	407.61	6 966	100.00	25.00	125.00
	塔吉克斯坦	910	75.23	826	12.09	24.47	36.56
	吉尔吉斯斯坦	632	82.71	1 308	17.65	49.07	66.72
南亚	印度	135 260	27 132.00	2 005	3 255.62	5 106.65	8 362.27
	巴基斯坦	21 200	3 145.68	1 482	234.85	604.72	839.57
	孟加拉国	16 100	2 740.39	1 698	392.52	615.00	1 007.52
	斯里兰卡	2 170	884.26	4 080	119.00	225.35	344.35

表6-4(续)

地区	国家	人口规模 /万人	GDP 总量 /亿美元	人均 GDP /美元	出口额 /亿美元	进口额 /亿美元	贸易总额 /亿美元
西亚	沙特	3 370	7 865.22	23 338	2 991.00	1 350.16	4 341.16
	阿联酋	963	4 222.15	43 839	3 455.00	2 530.00	5 985.00
	伊朗	8 180	4 453.45	5 520	1 079.00	493.54	1 572.54
	伊拉克	3 840	2 242.28	5 834	893.55	478.50	1 372.05
	土耳其	8 230	7 713.50	9 370	1 679.67	2 230.46	3 910.13
东亚	中国	139 300	13 894.00	9 976	24 870.45	21 359.05	46 229.50

数据来源：GDP 数据来自国际货币基金组织网站（https://www.imf.org/en/Data），进出口贸易数据来自 WTO 统计数据库（https://www.wto.org），人口数据来自世界银行网站（https://data-bank.worldbank.org/home.aspx）。

总体上，中亚五国的经济发展水平存在较大差异。其中，2018 年哈萨克斯坦的 GDP 是其他中亚四个国家经济总量（1 069.5 亿美元）的 1.7 倍，土库曼斯坦、乌兹别克斯坦两国经济发展较快，塔吉克斯坦、吉尔吉斯斯坦两国资源禀赋较差，经济结构单一，发展严重依赖外援。多年以来，在俄罗斯等独联体国家劳务移民汇回的收入是塔、吉两国外汇的主要来源。由于经济差距大，中亚各国对开展合作的要求也有所不同，这些都制约了区域经济合作进程。

6.4.2.2　南亚国家经济发展水平普遍较低

近年来，南亚许多国家经济增速加快，如 2015—2017 年，印度的 GDP 增速分别达到 8%、8.26% 和 7.04%，但由于自然禀赋较差，人口基数较大，南亚各国基本上属于世界低收入国家。2018 年底，印度、巴基斯坦、孟加拉国三个国家的人口规模分别高达 13.5 亿、2.12 亿和 1.61 亿。2018 年，印度的 GDP 总量达到 2.71 万亿美元，出口额为 3 255.62 亿美元，进口额为 5 106.65 亿美元，贸易逆差高达 1 851 亿美元；巴基斯坦的 GDP 总量为 3 146 亿美元，外贸总额为 839.57 亿美元，贸易逆差约为 370 亿美元。在人均上，印度、巴基斯坦 2018 年人均 GDP 分别只有 2 005 美元、1 482 美元；同期，孟加拉国、斯里兰卡的 GDP 总量分别为 2 740.39 亿美元、884.26 亿美元，人均 GDP 分别为 1 698 美元、4 080 美元。南亚国家的人均 GDP 远低于世界平均水平，经济发展较为落后。

6.4.2.3　西亚国家经济发展水平差异明显

西亚中东地区的石油、天然气探明储量一直位列世界首位，分别占全球总量的约 62%和 41%，油气出口一直是一部分中东国家的主要外汇收入来源。阿盟各国的经济总量和发展水平差异巨大。据统计，2018 年，GDP 超过 1 000 亿美元的国家有沙特（7 865 亿美元）、阿联酋（4 222 亿美元）、卡塔尔（2 509 亿美元）、伊拉克（2 242 亿美元）、阿曼（1 807 亿美元）、科威特（1 417 亿美元）、叙利亚（1 185 亿美元）。其中，沙特、阿联酋、卡塔尔三国一直位列阿盟国家经济总量的前三名。GDP 超过 400 亿美元的国家包括黎巴嫩（566.4 亿美元）、约旦（423 亿美元）、利比亚（793 亿美元）、埃及（483 亿美元）、苏丹（409 亿美元）；其他阿盟国家如也门、巴勒斯坦、毛里塔尼亚、索马里等经济规模较小，经济发展较落后。

西亚国家在人均 GDP 上的差距更大，6 个海合会成员都属于高收入国家。如 2017 年，卡塔尔、阿联酋两国的人均 GDP 分别高达 6.13 万美元、4.10 万美元，沙特、科威特、巴林的人均 GDP 也超过 2 万美元；伊朗、伊拉克的人均 GDP 分别只有 5 520 美元和 5 205 美元；也门的人均 GDP 仅有 882 美元，是世界上最贫穷的国家之一。

6.4.3 丝绸之路沿线国家（地区）的政治经济体制及文化和宗教、价值观差异巨大

6.4.3.1 各国政治经济制度差异显著

"一带一路"沿线国家（地区）的政治经济体制差异较大，既有结盟国家，也有非结盟国家，其政治决策机制各不相同；沿线大部分国家（地区）加入了 WTO，但仍有些国家徘徊在多边贸易体制之外，也有部分国家一直采用计划经济体制。这些差异将对中国与这些国家的合作机制和方式都产生影响。

6.4.3.2 各国文化、宗教和价值观等差异巨大

总体上，"一带一路"沿线国家和地区的民族、语言文化、宗教及价值观等都存在较大差异。在丝绸之路沿线 65 个国家之间，仅有 29%的国家有相同的官方宗教。各国的主流宗教差异明显，如中东欧国家以基督教为主，西亚和中东地区以伊斯兰教为主，其中，沙特 100%的国民都信奉伊斯兰教，南亚国家以印度教和佛教为主。突出的宗教差异使中国与丝绸之路沿线国家（地区）的区域经济合作面临潜在的运行风险。

另外，根据对中国和"一带一路"沿线国家（地区）文化价值观的评估①，有90%以上的国家比中国更厌恶风险，特别是中亚、中东欧和西亚国家的国民都高度厌恶风险，对新鲜事物的接受程度比中国低很多。同时，大部分丝绸之路沿线国家（地区）比中国更加强调个性主义文化在国民经济中的重要性，也更强调市场竞争对经济增长的决定作用。一般认为各国文化差异越小，越容易开展经贸合作。但是，丝绸之路沿线国家（地区）在文化和价值观等方面的巨大差异，使得中国与这些国家在区域合作和经济利益上的观点存在不同，将影响双边经贸合作的意愿和倾向。

6.4.4 美国在全球范围内大搞单边主义和贸易保护主义

自特朗普执政以来，美国在全球范围内掀起了单边主义、贸易保护主义的热潮。2017年1月，美国退出跨太平洋伙伴关系协定（TPP）；2018年5月开始，美国对中国发起全面"贸易战"和"科技战"，美国对华战略开始从"接触+遏制"向单纯"遏制"方向转型。在本国利益也必然遭受损失的情况下，特朗普政府依然在高科技等领域发起多次对华"脱钩"行动，试图对中国进行"权利控制"。

特别是，美国试图通过其新签的区域贸易协定中的"毒丸条款"，排斥中国与其盟友缔结区域贸易安排，试图将"毒丸条款"模块化。2019年，在特朗普政府的推动下，《北美自由贸易协定》（NAFTA）被《美国、墨西哥、加拿大协议》（USMCA）取代，新增了为中国量身定做的"日落条款"，即"毒丸条款"。该条款规定，如果三个国家中有一国与"非市场经济国家"签署自由贸易协定，则其他伙伴有权在6个月内退出USMCA协定。美国通过这一条款拥有了对加拿大和墨西哥若同中国签署FTA协定的先行干预权。正在洽谈的"美英贸易协定"也可能会加入类似的"毒丸条款"。如果该条款被美国模块化，延伸到美国与欧盟、美国与日本以及其他双边和多边协定，这将进一步巩固以美国范式为基础的国际贸易体系，并且确立了美国在全球经贸关系上围堵中国的世界经济新体制，制约中国这样的所谓"非市场经济国家"②。

---

① 唐宜红. 全球贸易与投资政策研究报告（2018）[M]. 北京：人民出版社，2018：75-85.
② 周永生. 加快推进"中日韩自由贸易协定"谈判的机遇与挑战 [J]. 东北亚论坛，2019（6）：81-94.

6.4.5 新冠肺炎（新型冠状病毒感染）疫情对世界经济和国际贸易形成巨大冲击

6.4.5.1 新冠肺炎（新型冠状病毒感染）疫情导致世界经济和国际贸易大幅萎缩

2020 年以来，新冠肺炎（新型冠状病毒感染）疫情对世界各国的经济活动造成了巨大冲击。自疫情发生以来，波及全球 200 多个国家和地区，至 2022 年 6 月初，全球新型冠状病毒感染人数累计已经超过 5.35 亿，累计死亡病例高达 630 万。

新冠肺炎（新型冠状病毒感染）疫情导致的全球经济恶化程度远高于 2008 年发生的全球金融危机。根据 IMF《2021 年世界经济展望报告》[①]，2020 年全球经济增长率为 -3.1%，发达国家经济下滑 4.7%，新兴经济体和发展中国家经济下滑 2.2%。其中，美国经济增速为 -3.5%，日本为 -4.8%，英国为 -9.9%，德国为 -4.9%，只有中国经济实现了 2.3% 的正增长。2020 年成为大萧条以来世界经济表现最差的一年。

疫情发生以来，主要大国相继推出各种超常规财政和货币政策，在这些措施的刺激下，世界经济出现反弹。根据 IMF《2022 年世界经济展望报告》，2021 年全球经济增长率回升至 6.1%，发达国家和新兴经济体分别增长了 5.2% 和 6.8%。其中，美国、中国、日本、德国经济分别增长了 5.7%、8.1%、1.7%、2.8%。

在国际贸易方面，由于 2020 年各国采取的限制运输和旅行、关闭零售业和酒店业等措施，服务贸易受到的影响最为直接，疫情对全球电子产业、汽车制造业和服务贸易的打击更为严重。2020 年 10 月，WTO 预计全球货物贸易将下降 9.2%，2021 年全球货物贸易将增长 7.2%[②]。根据 WTO 2021 年度《全球贸易数据与展望》报告，2020 年全球货物贸易量实际上共下滑了 5.3%，这一表现好于预测。其主要原因是主要经济体实施了积极的财政政策与货币政策、中国等亚洲经济体采取了有效的疫情管控措施并遏制住了经济下滑，提振了需求，避免了全球贸易陷入严重衰退。

6.4.5.2 主要大国的各种超常规政策措施将产生负面效果

为遏制疫情对经济造成重创，2020 年以来，世界主要大国相继推出各

---

① 国际货币基金组织. 世界经济展望报告 [EB/OL]. https://www.imf.org/zh/Publications/WEO.

② 参见：环球外汇网（http://forex.cnfol.com/）。

种超常规政策措施。这些措施包括大规模的货币和财政刺激。例如，美联储启动无限量量化宽松政策，下调基础利率至 0~0.25%水平，同时推出 7 000 亿美元购债计划，并通过 2 万亿美元财政刺激法案。欧洲中央银行宣布 7 500 亿欧元紧急资产购买计划，覆盖私营和公共领域的证券，并放宽购买欧元区成员国债的条件。日本推出总额达 108 万亿日元空前规模的经济刺激措施。英国、印度、加拿大、澳大利亚等国家中央银行也陆续出台紧急经济刺激政策，深化量化宽松政策。

虽然积极的财政政策和宽松的货币政策在一定程度上提振了市场总需求，但过度刺激政策将会出现边际效用递减，并会给全球经济带来一定的副作用。2021 年以来，世界主要大国的刺激政策开始产生效果，美、欧、日等发达经济体进入零利率或负利率时代；在财政政策方面，大规模财政刺激使得各国政府债务规模迅速攀升，赤字风险增大。2020 年至 2022 年 3 月，美联储共购买国债 2.916 万亿美元，购买抵押支持证券（MBS）2.926 万亿美元，远超过 2008 年次贷危机后的三轮 QE 合计购买规模。2022 年 3 月底，美联储总资产超过 8.9 万亿美元。

受主要大国各种超常规政策的影响，2020 年，全球大宗商品在供需矛盾及流动性充裕助推下普遍出现较大涨势，特别是小麦、玉米等国际粮食价格均出现明显上升。2021 年，国际原油价格也超预期大幅上涨，布伦特原油全年均价为 71 美元/桶，较 2020 年上涨 64%，创 11 年来最大年度涨幅。2022 年以来，WTI 和布伦特原油期货价格都涨至 100 美元/桶以上。2022 年 6 月，美国消费者价格指数（CPI）同比上升 9.1%，刷新了 40 年来的最高记录；而欧盟通货膨胀率则升至 9.6%，也创下了历史新高。中国是全球大宗商品的主要进口大国，进口价格的过快上涨将会加剧中国国内宏观经济波动，推高物价水平，增大企业的经营压力。

6.5 小结

本章内容分四个方面：

一是中国与丝绸之路沿线国家（地区）建设自由贸易区的优势，包括中国与丝绸之路沿线国家（地区）形成了良好的政治外交关系，奠定了良好的经济合作基础，经贸合作机制更加完善、经济和贸易互补性强；中国持续扩大贸易和投资领域开放，大幅度降低进口关税；中方积累了丰富的与各国（地区）开展区域经济合作及建设 FTA 的经验。

二是中国与丝绸之路沿线国家（地区）建设自由贸易区的劣势，包括中国自由贸易协定标准较低、自由贸易协定的利用率偏低等问题；与中国商签 FTA 的丝绸之路沿线国家（地区）经济规模较小，其对中国经济发展的促进作用有限；欧亚地区多层次相互交织的区域经济合作机制阻碍了中国的 FTA 建设，8 个区域经济合作组织之间相互交错，陷入竞合局面；丝绸之路沿线国家（地区）对区域经济合作和建立 FTA 的认识差异较大，中国与这些国家（地区）建立 FTA 仍存在许多障碍，各国普遍担忧国内产业受到冲击等。

三是中国与丝绸之路沿线国家（地区）建设自由贸易区的机遇，包括"一带一路"倡议与丝绸之路沿线许多国家包括上合组织成员、阿盟、南亚及中东欧各国的发展战略实现了对接，中国已是全球增长最快的商品和服务进口大市场。

四是中国与丝绸之路沿线国家（地区）建设自由贸易区所面临的挑战，包括欧亚地区区域安全形势异常复杂、大国博弈异常激烈；丝绸之路沿线各国（地区）经济发展水平差异较大，政治体制及文化和宗教差异巨大；美国全球范围内大搞单边主义、贸易保护主义，试图通过其区域贸易协定的"毒丸条款"排斥中国；新冠肺炎（新型冠状病毒感染）疫情对世界经济和国际贸易产生巨大冲击等。

7 以 FTA 建设推动"一带一路"建设深化升级的经验借鉴、对策建议及发展前景

7.1 以 FTA 建设推动"一带一路"建设深化升级的经验借鉴

7.1.1 世界主要经济体实施 FTA 战略的特点

美国、欧盟、日本、东盟等一些发达国家和区域组织都制定了各具特色的 FTA 战略,并在自由贸易区建设方面取得了丰富的成果和经验,总结这些国家的经验,对今后中国自由贸易区的实践,不无裨益。

7.1.1.1 美国的 FTA 战略

迄今为止,美国已经同 20 个国家(地区)签署了 FTA 协定,包括多边以及双边自由贸易协定。美国的第一个贸易协定是 1985 年与以色列签订的双边 FTA 协定;1994 年,美国与加拿大、墨西哥两国签署了《北美自由贸易协定》(NAFTA)。之后美国加快了 FTA 的谈判步伐。2001 年,美国与约旦的 FTA 在没有贸易促进授权(TPA)的情况下即获得批准;2004—2005 年,美国与智利、新加坡、澳大利亚的 FTA 正式生效;2006 年,美国与摩洛哥、巴林两个中东国家签署了 FTA;同年,美国—中美洲自由贸易区(包括萨尔瓦多、洪都拉斯、危地马拉、尼加拉瓜和哥斯达黎加 5 个国家)协定也正式实施;2009 年,美国与秘鲁 FTA 开始实施;2012 年,美国与哥伦比亚、巴拿马、韩国的 FTA 也相继生效。

从总体上看,美国在国际规则和制度建设上仍掌握主导话语权,处于

全球贸易制度的霸权地位。美国制定的 FTA 规则和制度不仅领先世界许多国家很多年，并且其中一些规则经过美国在多边贸易谈判中推广，已经成为 WTO 等多边贸易体制的议题，许多被成功转化为多边贸易体制的规则，例如 WTO 的《服务贸易总协定》、与贸易有关的投资措施、知识产权等。特别是，美国在 FTA 建设中力推的"竞争政策、政府采购"等议题，已成为各类多边贸易谈判的议题。

7.1.1.2 欧盟的 FTA 战略

欧盟是全球最大、一体化程度最高的区域性经济集团，欧盟的发展道路以国际条约和相应政策作为一体化存续和发展的基础。欧洲一体化先后经历了部门合作（1951 年，欧洲煤钢共同体）、自由贸易区（1957 年，欧洲经济共同体）、关税同盟（1967 年，欧洲共同体）、共同市场（1993 年，欧洲联盟）等几个阶段，再通过货币合作的深入发展，最终走向了欧洲经济货币联盟（1999 年）。作为欧盟的两个"轴心国"，德国与法国的紧密合作始终影响欧洲一体化的发展进程。

欧盟自成立以来，积极推进自由贸易区战略。2019 年底，欧盟已签署并生效的贸易协定（包括 FTA）有 43 个。欧盟的自由贸易区不仅数量多，而且标准高，欧盟 FTA 的质量高于全球及美国的平均水平，是所有经济体中签署 FTA 数量最多和标准最高者[①]。

2006 年之前，欧盟商签的自由贸易协定通常只包含货物贸易协议，主要有欧盟与土耳其 FTA（1995 年生效）、欧盟—瑞士 FTA（1999 年签署）、欧盟—智利 FTA（2002 年签署）及欧盟—墨西哥 FTA（2000 年生效）等。2006 年，欧盟启动了新一代自由贸易区战略，其签署的 FTA 协定内容更加全面，涵盖了货物贸易、服务贸易、国际投资等一系列议题。例如，欧盟—韩国 FTA（2011 年签署）、欧盟—哥伦比亚和秘鲁 FTA（2012 年签署）、欧盟—中美洲 FTA（2013 年生效）。近年来，欧盟开始与一些国家签署深度全面自由贸易协定（DCFTA），如 2014 年，欧盟与乌克兰、摩尔多瓦、格鲁吉亚签署了 DCFTA 协定，其标准水平远高于前期的 FTA 协定。

从 FTA 区域布局上看，在北美洲，2013 年，欧盟与美国启动了跨大西洋贸易和投资伙伴关系（TTIP）谈判，但特朗普上台后，TTIP 谈判一直处于停止状态；欧盟与加拿大的全面经济贸易协定（CETA）于 2017 年

---

① 韩剑."全球英国"理念下的英国自贸协定谈判及中英 FTA 前景展望 [J]. 国际贸易，2020（5）：61-67.

9月生效。在南美洲，欧盟与巴西等南方共同市场签署了高标准自由贸易协定。在东南亚，欧盟分别与新加坡、越南达成了 FTA 协定；在东亚，欧盟与日本的自由贸易协定（EU-Japan FTA）于 2018 年正式签署，这是迄今为止发达经济体之间的最大自由贸易区。总体上，欧盟 FTA 的实施范围广，涉及国家众多，覆盖 70 多个国家和地区，欧盟的自由贸易区战略网络已覆盖全球。

7.1.1.3 日本的 EPA 战略

日本是亚洲最发达的国家之一，也是运用 FTA 战略转变最成功的国家之一。二战结束之后，日本确立了"贸易立国"战略，通过学习和引进美国等西方发达国家的先进技术，日本赶超了欧洲发达国家，一度成为全球第二大经济体。进入新世纪以来，日本外务省设立了专门负责 EPA（经济伙伴关系协定）建设的自由贸易课。2002 年，日本与新加坡签署了第一个 EPA 协定；2003 年又提出了《日本加强经济伙伴关系（EPA）的政策》等文件。之后，2005—2008 年，日本分别与墨西哥、马来西亚、智利、泰国、菲律宾、印度尼西亚、越南及东盟都先后签署 EPA 并生效。2009—2011 年，日本分别与瑞士、印度、秘鲁签署了 EPA 协议。

进入 2010 年以来，日本积极参与了由美国主导的 TPP 谈判。2017 年美国特朗普政府退出 TPP 后，日本抓住了"千载难逢的大好机会"，与包括智利、秘鲁、加拿大和墨西哥在内的 11 个国家于 2018 年签署了 CPTPP 协定，成为推动亚太地区自由贸易的主导者。另外，日本在 2013 年与欧盟启动了自由贸易区谈判，2017 年双方就 EPA 达成了原则性协定；日本与欧盟在 2018 年正式签署了《日欧经济伙伴关系协定》。2018 年底，日本已签订 16 个自由贸易协定，拥有 20 多个自由贸易伙伴。

日本 EPA 建设的最初特点是为保障能源、原材料的供应，积极与资源丰富的国家进行 EPA 谈判；由于农业缺乏竞争力，日本推行非对称性自由贸易区策略，以前只同意在工业品等方面实现贸易自由化。但是，日本在完成 CPTPP 和《日欧经济伙伴关系协定》这两项跨区域多边大型自由贸易协定后，其市场开放程度和质量标准大幅提高。CPTPP 协定基本上保留了原 TPP 的规则框架体系。在这两个大型 EPA 协定中，日本的贸易自由化率超过 95%，并取消了对农产品市场的过度保护。从总体上看，日本自由贸易区战略是坚持多边为主、区域及双边同时推进，逐步提高 EPA 的开放程度，实现自由贸易协定的"高标准和高质量"。这些策略都值得中国学习和借鉴。

7.1.1.4 韩国的 FTA 战略

韩国目前是全球第 12 大、亚洲第 3 大经济体。韩国也是一个贸易大国，其长期坚持"贸易立国"战略。韩国在外交通商部下设立了专门的 FTA 机构，成立了专门负责自由贸易区协商谈判和相关事务的 FTA 局。

韩国的自由贸易区"经济领土"位列全球前列。目前，韩国已经签署并生效的自由贸易协定有 15 个，涉及国家和地区多达 56 个，主要包括韩国—智利（2004 年）、韩国—新加坡（2006 年）、韩国—东盟（2007 年）、韩国—印度（2010 年）、韩国—欧盟（2011 年）、韩国—秘鲁（2011 年）、韩国—美国（2012 年）、韩国—土耳其（2013 年）、韩国—澳大利亚（2014）、韩国—加拿大（2015 年）、韩国—中国 FTA 协议（2015 年）。无论是从数量还是从质量上看，韩国已经成为亚洲地区自由贸易区网络的"轴心国"。目前世界前 14 大经济体中，只有日本、俄罗斯、巴西未与韩国签署 FTA 协定。

韩国国土面积狭小，其农业生产一直处于劣势地位，多数农产品依靠进口。为了减轻对国内农业生产的影响，在 FTA 谈判中，韩国采取了划分敏感产业与保护本国农产品的措施。韩国的能源和资源比较匮乏，其一直致力于同自然资源丰富的国家签订 FTA 协议。

韩国 FTA 政策的普及推广体制对中国具有较强的借鉴意义。多年以来，韩国以举国体制实施推广自由贸易协定工作和企业服务，出台专门的政策法案，成立 FTA 贸易综合支援中心，该机构由政府部门和民间团体（以韩国产业通商资源部和韩国贸易协会为主）派出的公务员和关税师等专业人员联合组成并集中办公，以稳定的任期和带薪常驻中心开展咨询、培训等全方位服务。得益于韩国政府及商会不断加大对 FTA 的宣传和培训力度，韩国企业自由贸易协定的利用率不断提高。

7.1.2 主要经济体实施 FTA 战略的国际比较

近年来，美国、欧盟、日本等发达经济体已经撇开 WTO 协商机制，开始相互达成更高层次的自由贸易协定。2017 年，美国政府宣布退出 TPP 之后，开始转向双边自由贸易协定谈判，但并没有改变美国把贸易协定作为国际政治工具的属性。2018 年以来，美国、欧盟、日本各自或相互之间先后达成多个双边或多边自由贸易协定，包括《美国、墨西哥、加拿大协议》（USMCA）取代了《北美自由贸易协定》（NAFTA），欧盟与日本正式签署了《经济伙伴关系协定》（EPA），日本主导的《全面与进步的跨太平洋伙伴关系协定》（CPTPP）等。发达国家与部分发展中国家正在构建新一轮自由贸易协定。例如，巴西等南方共同市场与欧盟签署了高标准自由贸易协定、欧盟与越南达成的自由贸易协定（EVFTA）等。

中国的 FTA 建设起步较晚，近 20 年来，自由贸易区建设虽取得了一定成效，但与世界主要经济体的实际进展相比，中国仍存在较大差距。例如，按照 2017 年的出口额计算，欧盟的自由贸易协定覆盖率达到了 76.3%，美国为 46.6%，加拿大和韩国分别为 86.8% 和 72.4%，发达国家普遍较高；在发展中国家中，墨西哥、智利的自由贸易协定覆盖率最高，分别达到了 92.6% 和 90.1%，东盟平均为 56.1%；而中国、印度、巴西分别是 22.8%、22.2% 和 17.5%，属于较低水平①。香港地区、澳门地区、台湾地区是中国的 3 个独立关税区，中国大陆（内地）分别与港、澳、台地区签署了 CEPA 和 ECFA 协议。加上这三个地区，2018 年 17 个 FTA 国家和地区占中国出口总额的 37.5%、进口总额的 41.8%、进出口总额的 39.5%，但这仍远低于日本、韩国甚至越南等国家的 FTA 覆盖率②。

7.2 以 FTA 建设推动"一带一路"建设深化升级的战略构想和目标

7.2.1 以 FTA 建设推动"一带一路"建设深化升级的战略构想

首先，2015 年，国务院出台了《加快实施自由贸易区战略的若干意见》，提出中国 FTA 建设的总体目标与主要任务。从提出"以周边为基础加快实施 FTA 战略"，到提出"构筑面向全球的 FTA 网络"，中国 FTA 建设的战略布局日益清晰。中国未来 FTA 总体战略布局仍应以周边国家或地区为重点，继续向欧洲、非洲、拉美推进，全面构建中国在全球的 FTA 网络。

其次，逐步提高 FTA 协议的自由化标准。高水平的开放标准已经成为当前双边和多边 FTA 协定谈判的新趋势。随着中国经济实力的提升，中国

---

① 日本贸易振兴机构（JETRO）. 2018 年世界贸易投资报告［EB/OL］. https://www.jetro.go.jp.
② 全毅. 我国推进区域合作和 FTA 建设的进程、目标与策略［J］. 国际贸易，2020（8）：11-20.

要紧跟当前国际经贸规则的新趋势，创新 FTA 的谈判模式，不断提高开放标准；另外，对于早期签署的 FTA 协定，要通过商签"FTA 升级版"的方式，对原协定进行补充和完善。

再次，FTA 建设要将利用国际资源和保证能源安全作为战略目标。中国的许多大宗商品如石油、天然气、铁矿石、大豆等资源长期以来依靠进口，而战略性资源市场的供求关系日益紧张。随着中国经济规模的不断扩张，对各类大宗商品资源及农产品的需求也会日益增长，中国应当加快和能源与资源丰富的国家缔结 FTA，如俄罗斯、巴西、南部非洲联盟及海合会等。

最后，增强中国自由贸易区谈判策略的针对性和务实性。深入研究世界主要国家对华贸易政策以及重点区域和双边谈判的进展。在此基础上，对不同对象采取有所区别的 FTA 谈判策略。对于经济规模小、发展水平低的国家，中国应该以"多予少取"为基本原则，加快建设双边 FTA；对于经济规模较大、产业竞争力较强的国家，应根据"积极和灵活"相结合的原则，在保证总体利益的前提下进行利益取舍和平衡①。在当前丝绸之路沿线许多国家对与中国商签 FTA 存在较大顾虑的情况下，中国应适度给予这些国家优惠待遇。例如，允许对方国家低水平开放，给予对方更长时间的降税过渡期；根据过渡期之后的评估结果，再实行对等开放等措施②。

7.2.2 以 FTA 建设推动"一带一路"建设深化升级的目标

7.2.2.1 总体目标

中国的自由贸易区战略要坚持"循序渐进、突出重点、全面参与"的指导方针。近期，中国要加快正在进行的 FTA 谈判进程，逐步提升已有 FTA 的自由化水平，积极推动与周边大部分国家和地区建立 FTA，使中国自由贸易协定的覆盖率（与 FTA 伙伴的贸易额占外贸总额的比例）达到多数发达国家的水平；在中长期，要建成涵盖"一带一路"沿线国家（地区）及辐射重要国家的全球 FTA 网络③。

---

① 赵晋平. 加快推进我国自由贸易区战略的思考与建议 [J]. 南开学报（哲学社会科学版），2015（3）：129-137.

② 赵晋平，等. 全球化视野下的我国自由贸易区战略 [M]. 广州：广东经济出版社，2019：90.

③ 国务院办公厅. 国务院关于加快实施自由贸易区战略的若干意见（国发〔2015〕69 号）[EB/OL]. http://www.gov.cn/zhengce/content/2015-12/17/content_10424.htm.

7.2.2.2 FTA 谈判对象选择

多年以来，中国的前十大主要贸易伙伴一直是欧盟、美国、东盟、日本、韩国、澳大利亚、加拿大、巴西、印度、俄罗斯等国家和地区，其中，与中国签署 FTA 的只有东盟、韩国和澳大利亚。当前，在美国对华贸易摩擦加剧的情况下，中国与美国还无法达成全面的贸易类投资自由化协定，为此，中国应该积极争取推进与欧盟签署双边投资协定（BIT）。

中国目前正在进行多个自由贸易协定谈判。2020 年 11 月，RCEP 协定正式签署，这标志着全球规模最大的自由贸易协定达成。在此基础上，中国要加快推进"中日韩 FTA 谈判"，积极加入以日本主导的《全面与进步的跨太平洋伙伴关系协定》（CPTPP）谈判。另外，要积极重启中国—海合会 FTA 谈判，积极推进与摩尔多瓦、斯里兰卡、以色列等国的双边 FTA 谈判，进一步升级与韩国、秘鲁的现有自由贸易协定。

在全球布局上，中国还应将脱欧的英国、西亚的土耳其、北非的埃及，以及欧盟、南方共同市场（MERCOSUR）等组织作为未来 FTA 的谈判对象。特别是，巴西是中国前十大贸易伙伴之一，中国应积极争取与以巴西为主要成员的 MERCOSUR 进行 FTA 谈判。

7.2.2.3 加快建设高水平自由贸易区

建设高水平自由贸易区是中国应对国际环境变化的严峻挑战、抢抓战略机遇、提高开放型经济水平的需要。高水平 FTA 建设有利于引进国际先进的经贸制度，形成倒逼机制，以开放促改革，加快中国经济发展方式转变，有利于提升中国在全球经济治理中的影响力和话语权。

一是要提高货物贸易开放水平，扩大市场准入，通过共同削减关税和非关税壁垒，促进对 FTA 伙伴贸易的发展；二是推进金融、教育等服务业领域逐渐开放，放开服务业领域外资准入限制，推进服务贸易便利化和自由化；三是放宽投资领域准入，逐步推进以"准入前国民待遇加负面清单"方式开展谈判；四是积极参与符合中国经济社会发展需要的规则议题，如知识产权、竞争政策、政府采购等 21 世纪新议题的谈判；五是提升贸易便利化水平，推进自然人移动的便利化①。

---

① 国务院办公厅. 国务院关于加快实施自由贸易区战略的若干意见（国发〔2015〕69 号）[EB/OL]. http://www.gov.cn/zhengce/content/2015-12/17/content_10424.htm.

7.3 中国与丝绸之路沿线国家（地区）进行多边 FTA 建设的前景及对策

7.3.1 RCEP 协定的发展前景及中国的应对策略

7.3.1.1 RCEP 协定的发展前景

RCEP 是目前世界上人口最多、发展潜力最大的自由贸易区。RCEP 各成员的经济体制、发展水平等差异较大，各成员之间关系复杂，仍存在一些地缘政治问题。但在东盟的引领下，历经 8 年谈判，各成员共同推动全球最大自由贸易区从构想变成现实，达成了一个高质量的 FTA 协定。RCEP 现有的 15 个成员在经济总量、贸易规模等各方面均占全球份额的约 30%。RCEP 各成员之间经贸关系紧密，产业优势互补，市场容量和贸易潜力巨大。

RCEP 是 20 多年来东亚区域经济一体化的最重要的成果。印度作为 RCEP 创始成员之一，其出于对本国农业和制造业的保护及在服务贸易方面的诉求与 RCEP 存在分歧，暂时没有加入 RCEP 协定。但从长远来看，印度与 RCEP 成员的合作潜力巨大。2020 年 11 月，第四次 RCEP 领导人会议后发表的《联合声明》重申了 RCEP 对印度保持开放，各方将欢迎印度以各种形式继续开展双边或多边经济合作，而 RCEP 谈判的包容性与灵活性特征也使这种可能性大为提高。

RCEP 协定的达成将使全球三大经济圈之一的东亚经济圈形成一体化制度安排和统一的内部大市场。协议的生效和实施将会激发各成员之间的贸易潜力，也有利于在亚太地区构建稳定的贸易秩序，减轻当前贸易保护主义、单边主义引发的消极影响。RCEP 也将有助于各成员应对当前世界经济下行风险的挑战，为区域和全球经济增长注入强劲动力。

7.3.1.2 中国应对 RCEP 协定的对策建议

首先，RCEP 协定的生效需要至少 9 个成员的批准，其中至少 6 个东盟成员和 3 个非东盟成员。至 2022 年 3 月底，RCEP 协定已在 7 个东盟成员和中国、日本、韩国、新西兰、澳大利亚 5 国生效实施。在此基础上，中国要加快推动"中日韩自由贸易协定"谈判进程，加强同世界高标准自由贸易区交流互鉴，积极加入《全面与进步的跨太平洋伙伴关系协定》（CPTPP）。

其次，要用好 RCEP 协定原产地累积规则，深度参与产业链和供应链的动态调整。原产地累积规则有利于降低关税优惠门槛、促进区域内贸易合作、稳定和强化区域产业链。为此，中国企业要着力扩大区域内中间品的生产规模，优化区域内产业布局，提升供应链安全。

最后，中国各级各类主管部门要结合各地方和企业的实际需要，做好协定宣传解读和企业服务工作，推动企业做好充分适应 RCEP 的准备，让企业用好用足协定的相关优惠政策和便利化规则，帮助企业更好地搭乘"RCEP 快车"。

7.3.2 FTA 建设背景下中国与海合会经贸合作的前景及对策

7.3.2.1 中国与海合会经贸合作前景

海合会国家在"一带一路"建设中具有不可或缺的重要地位。丝绸之路经济带和 21 世纪海上丝绸之路交汇于中东地区。以海合会作为一个重要支点，可以辐射整个西亚地区。2014 年，在第六届中阿合作论坛部长级会议上，中、阿双方达成《共建"一带一路"倡议构想蓝图》与《中阿构建"1+2+3"合作格局》等合作文件。2018 年，在第八届中阿合作论坛部长级会议上，中、阿双方同意打造升级版的《中阿合作关系——"战略伙伴关系"》，并签订了中国——阿曼产业园区等建设项目协议。另外，海合会中的科威特、阿曼、卡塔尔、沙特、阿联酋五国积极加入了亚洲基础设施投资银行（AIIB），并成为首批创始成员。

中海双边经贸合作具有极大的互补性，中国约 40%的进口石油来自海合会国家。另外，受"页岩气革命"和欧美国家石油供应来源多样化战略的影响，当前美国已不再是海湾国家的第一大石油进口国，而中国经济的快速增长和对石油需求的增加，为海合会国家寻求长期稳定的石油出口市场提供了重大机遇[①]。未来十年，能源供需缺口的约束仍然是制约中国经济发展的瓶颈之一。中国除了加强与海合会在能源领域的合作，还应该要大力推动以基础设施建设、贸易和投资便利化为两翼，核能、航天、新能源三大高新领域为突破口的"1+2+3"合作格局。长期来看，中国与海合会的经贸合作仍具有良好的发展前景。

---

① 赵青松. FTA 建设下中国与海合会国家经贸关系研究［J］. 阿拉伯世界研究，2015（3）：59-71.

7.3.2.2　促进中国与海合会国家经贸合作的对策建议

（1）加快中国与海合会 FTA 谈判，加快建设石油战略储备

当前，中国与海合会经贸合作的重要方向仍是推进自由贸易协定谈判进程，力争尽早达成相关协议。在 FTA 谈判中，中国应该将海合会国家对华油气出口定价问题作为重点，消除石油贸易的"亚洲升水"① 问题。另外，自 2020 年以来，受新冠肺炎（新型冠状病毒感染）疫情影响，世界经济增速大幅下滑，国际原油价格多次出现暴跌，此次油价下跌将给中国节省巨额的原油进口成本。为此，中国应该抓住此次机遇，扩大从海合会国家进口原油的规模，加快建设石油战略储备。

（2）继续办好中国与阿拉伯国家博览会

中国—阿拉伯国家博览会为中、阿双方企业经贸合作搭建了一个重要合作平台，也已经成为宁夏与阿盟国家经贸合作的重要平台。2010 年至今，宁夏回族自治区通过举办中阿经贸论坛和中国—阿拉伯国家博览会，共吸引了 140 多个国家、地区及国际组织，7 700 多家大中型企业的代表参会参展，参展商和采购商共计 5.7 万余名，为推动中阿经贸合作发挥了积极作用②。因此，中国要继续办好中阿博览会，吸引更多阿盟国家企业和参展商参会参展。

（3）积极建设"网上丝绸之路"

发展"网上丝绸之路"是加强中国与海合会贸易合作的重要方式及路径。随着互联网、大数据、云计算等新一代信息技术的发展，跨境电商已经发展成为外贸发展的新增长点。为此，中国与海合会各国要通过共建信息基础设施、加强信息技术交流，大力开展跨境电子商务。当前，宁夏等地已经建立了"丝路通""百优惠"等跨境电子商务平台及国际物流大数据平台，这些举措必将深化中国与海合会的贸易合作。

（4）加强中国与海合会国家的金融合作

金融合作将会有力地促进中国与海合会国家的贸易合作。海合会成员都设立了不同规模的主权财富基金，目前，海合会国家对中国的投资主要

---

① "亚洲升水"现象，是指每桶中东原油销往中国等东北亚地区的价格比销往欧美地区的价格要高大约 1 至 3 美元。由于亚洲目前还没有一个成功的原油期货市场，亚洲的几种本地基准油的价格最终都是由 WTI 和布伦特价格决定的，无法完全反映东北亚地区真正的市场供求关系，从而导致中东销往东北亚地区的原油价格普遍偏高，中国也因此深受其害。

② 赵青松，王娟. "一带一路"倡议下中国对阿拉伯国家出口贸易的影响因素及潜力研究：以宁夏回族自治区为例 [J]. 宜宾学院学报，2020（2）：25-33.

通过主权财富基金方式并集中在金融领域。阿联酋迪拜是阿拉伯国家的金融中心，中国各大商业银行都在迪拜设立了分行或分支机构，迪拜也将发展成为人民币离岸贸易的中心。中国要积极开展与海合会国家的金融合作，开拓融资渠道，包括成立中阿合资银行、设立中阿产业投资资金等。

（5）积极参与海合会国家境外合作园区建设

目前中国与海合会国家已达成多项合作园区建设项目协议，已建设并运营的项目有：中国与阿联酋（迪拜）食品工业园、中国与沙特（吉赞）产业园、中国与阿曼（杜库姆）产业园等。通过建设境外合作园区，既能促进中国对海合会国家的工程设备出口，规避部分海合会国家对中国产品的高关税限制，还能够促进海合会国家企业提高其产品竞争力。

（6）扩大中国企业对海合会的劳务与工程承包合作

海合会国家一直是中国海外工程承包的重要市场。据中方统计，2018年底，中国企业在阿盟国家的劳务与承包工程合同总额累计约为 3 874 亿美元，其中，2018 年新签劳务与承包工程合同为 356 亿美元，完成营业额 278 亿美元[①]。扩大中国对海合会国家劳务与工程承包合作，既可以解决这些国家工程人才紧缺、建筑技术落后等问题，还能促进中国企业"走出去"。因此，中国企业要积极承包海合会经济合作园区建设项目，扩大产业合作园区建设，积极参与海合会国家的交通运输通道建设项目等。

7.3.3　上合组织框架下深化中国与欧亚经济联盟经贸合作的对策

当前，在中国与区域外国家和地区（东盟等）形成更紧密经济联系的背景下，上合组织在区域经济合作方面裹足不前，这对于该组织的未来发展是不利的。上合组织需要尽快改变长期以来经济合作滞后于政治、安全合作的状况。在一系列"逆全球化"事件频发和全球贸易保护主义加剧的背景下，上合组织成员都有继续深化区域经济合作水平的愿望。上合组织成员之间具备密切的贸易联系和较强的贸易结构互补性，上合组织推进区域经济合作进程仍存在着巨大潜能。

7.3.3.1　促进扎实落实新版"多边经贸合作纲要"

2019 年 9 月，上合组织成员经贸部长第 18 次会议通过了新版《上海合作组织成员国多边经贸合作纲要》草案，作为 2020—2035 年推动区域

---

① 中华人民共和国商务部. 中国对外承包工程发展报告（2018—2019）[EB/OL]. http://images.mofcom.gov.cn/fec/202106/20210630085424891.PDF.

经济合作的指导文件。中方提出了加强经贸合作规划、推动贸易和投资自由化便利化、提升互联互通水平等建议，得到各成员的积极响应。新版纲要有效期15年，每一个阶段为5年，实施"三步走"策略。因此，推动上合组织各成员提高贸易类投资便利化水平，以及构建互利共赢的欧亚地区合作空间具有重要的现实意义。

7.3.3.2 推动区域内的贸易类投资便利化进程，扩大相互贸易

各成员要加强政策协调，减少贸易壁垒，提高通关效率，应在通关、检验检疫等方面简化手续，积极落实《上海合作组织成员国海关执法领域合作议定书》①等文件中的合作内容，提升海关合作水平，为通关便利创造条件。

加强本组织区域内公路、铁路和航空交通合作。积极落实《上海合作组织成员国政府间国际道路运输便利化协定》，有效利用现有交通基础设施，提高过境运输潜力。及时有效对接国际物流供需信息，提升中欧班列等国际货运通道的运输能力。另外，要大力推广跨境电子商务等贸易方式，培育贸易新业态新模式。

7.3.3.3 扩大区域投资，加强区域金融合作

中国与其他上合组织成员将启动新版投资保护协定谈判，为区域投资奠定良好的法律基础。扩大金融、科技、海关、农业、交通、电信等领域务实合作。一是深化能源合作，加强石油炼化、成品油加工等能源加工领域合作。二是加强上合组织区域内公路、铁路交通合作，实现互联互通。继续完成中国—中亚天然气D线管道建设②，推动中哈口岸之间农产品"绿色通道"平稳运行。三是进一步发挥好上合组织银行联合体的作用，建立上合组织框架内项目融资保障机制。扩大成员之间的货币互换和本币结算，推动人民币在国际结算中的运用，启动中国—欧亚经济合作基金③首批项目遴选，为区域内经济项目的实施提供资金支持。

---

① 2014年12月15日，中国总理在哈萨克斯坦首都阿斯塔纳出席了上海合作组织成员政府首脑理事会第十三次会议，与各成员共同签署了《上海合作组织成员国海关关于发展应用风险管理系统合作的备忘录》和《上海合作组织成员国海关执法领域合作议定书》，它们是上海合作组织成员政府首脑理事会第十三次会议期间签署的重要文件。

② 中国—中亚天然气管道D线全长1 000千米，其中境外段840千米，设计年输气量300亿立方米，气源地为土库曼斯坦复兴气田，是继A、B、C线之后又一条引进中亚天然气的大动脉。

③ 2014年9月，习近平主席在上海合作组织杜尚别元首峰会期间，宣布中国—欧亚经济合作基金启动。中国—欧亚经济合作基金是深入推进国家"一带一路"倡议的重要股权投资平台之一。

在当前欧亚经济联盟不愿与中国商签自由贸易区的情况下，要多路径灵活推进 FTA 建设，先易后难、先小国后大国。中国可以积极推动与乌兹别克斯坦、乌克兰等非欧亚经济联盟国家建立 FTA，实施"农村包围城市"的推进方式。

7.4 双边 FTA 建设背景下中国与丝绸之路沿线国家(地区)经贸合作的前景及对策

7.4.1 FTA 建设背景下中国与以色列经贸合作的前景及对策

7.4.1.1 中、以两国具备高度的政治互信和强烈的合作愿望

2017 年 3 月，以色列总理内塔尼亚胡访华期间曾表示，以色列人民永远不会忘记第二次世界大战期间中国人民对以色列人民施与的援助之手。以色列愿与中国加强创新方面的合作，愿意发挥自己的技术优势，在农业、清洁能源、节水、海洋渔业、智能汽车、现代医疗、通信等领域扩大与中国的互利合作。同时，以色列希望加快以中 FTA 谈判，扩大双向投资，积极开展第三方市场合作，深化教育合作，推动两国创新合作。中方也表示愿意继续巩固与以色列的政治互信，共同努力推进创新全面伙伴关系，密切教育、旅游等人文领域的往来，促进中以关系与合作向更高层次、更广阔领域、更深程度发展[①]。

7.4.1.2 两国经贸关系日益密切，双方产业优势互补，经贸合作潜力巨大

近十年来，中以双边贸易额增长了约 1.7 倍，两国之间的投资规模也不断扩大，工程承包合作成果丰硕。以色列国内市场狭小，自然资源贫乏，传统工业经济薄弱，但以色列高科技产业发达，创新能力闻名世界，拥有"第二个硅谷"的美誉。如在农业领域，以色列在滴灌技术、种子培育、水肥一体化、无土栽培、计算机检测和控制等方面都处于世界农业技术的最前沿，以色列大部分农场和牧场都已经实现集约化、规模化发展。中国的农产品市场广阔，加工制造能力强，中方应深化与以色列的农业合作，引入低压滴灌技术，大力推进国内水肥一体化。此外，以色列在许多

---

① 本报记者. 加强创新引领 加快商谈自贸协定 为中以关系发展增添新动力 [N]. 光明日报，2017-03-21.

制造业产品上也极具优势，如精密仪器、医疗器械、军工产品等，中方应扩大以方精密仪器等高技术含量制品的进口，加强与以方在技术转让方面的合作，优化贸易结构。

7.4.1.3　中、以两国在旅游、教育等服务贸易方面的合作潜力较大

近年来，以色列加大对中国游客的宣传力度，采取多种措施提升服务质量，旨在吸引更多中国游客前往以色列旅游。2016年，两国同意相互为对方公民发放为期10年的旅游签证。据统计，2019年前四个月，赴以色列的中国游客约5.5万人次，较2018年同期增加约70%[①]。目前，中国游客在以色列也可以使用微信支付，主要旅游景点都提供中文标识和地图，更多的中国游客赴以色列旅游，由此给以色列带来的服务贸易收入将会部分抵消以色列对华货物贸易逆差。此外，以色列许多大学的教育和科研水平较高，并且都采用英文教学，也是中国学生出国留学的热门选择之一。因此，应加强中、以双方在教育方面的合作，鼓励两国大学和科研机构在生物、材料及农业等高新技术领域加强交流与合作，鼓励本国学生赴对方国家学习深造，为留学生提供奖学金等优惠政策。

7.4.1.4　中、以两国在资金融通合作方面具有较大的发展潜力

为了促进以色列对华出口业务，两国政府已经签署了三次贷款合作协议。至今，以方承诺对华优惠贷款总额10亿美元，其中约5.5亿美元已生效，生效贷款项目190余个[②]，主要用于中方医疗卫生、农业开发、教育培训、智能交通管理、消防、水处理、节能减排及其他高科技领域项目。另外，以色列商业银行提供的贷款利率普遍低于中资银行，这为中国企业投资并购提供了低成本的资金融通。近年来，中国企业赴以投资发展迅速，大型投资项目越来越多，从"绿地投资"向海外股权并购、基金投资、风险投资等形式发展。至2017年底，中国对以色列累计投资已超过60亿美元（包括直接和间接投资）。中、以两国在FTA谈判中，应给予对方国家高水平的投资保护，为双方投资者提供充分的权利保障，营造和维护公平的市场竞争环境，促进双边投资便利化。

---

① 中国"一带一路"官网.2019年前四个月赴以色列中国游客同比增长近70%［EB/OL］.
https://www.yidaiyilu.gov.cn/xwzx/hwxw/91414.htm.

② 参见：http://inter-finsmart.com/yslzfdk.

7.4.1.5　两国在交通基础设施建设、第三方市场合作的前景良好

以色列是中国在中东地区的重要合作伙伴，第三方市场合作有助于中国企业和其他国家的企业优势互补，共同推动第三国的产业发展，提升基础设施建设水平，改善社会民生，实现 1+1+1>3 的效果。中国企业在基础设施建设领域具有较大的竞争优势，一方面，中国企业应积极参与以色列的基础设施项目建设，稳步推进港口、轨道交通等重点基础设施建设项目合作；另一方面，在"一带一路"倡议背景下，中国企业应积极同以色列开展第三方市场合作，充分发挥企业的主体作用，加强机制建设，拓展合作领域，推动重大项目，深化中以经贸合作①。

7.4.2　FTA 建设背景下中国与挪威经贸合作的前景及对策

中国是挪威在亚洲的最大贸易伙伴，挪威则为中国在北欧地区的重要贸易伙伴。目前，挪威已与智利、克罗地亚、以色列、埃及、加拿大、黎巴嫩、约旦、韩国、墨西哥、巴勒斯坦、新加坡、突尼斯、摩洛哥、中国香港、南非关税同盟、土耳其、哥伦比亚等 17 个国家和地区签署了 FTA 协定。中挪 FTA 谈判在货物贸易、服务贸易与投资等方面已经取得积极进展，两国在石油、天然气、清洁能源、船舶、水产品贸易等领域具有较大的合作潜力。

7.4.2.1　中、挪两国经贸合作的互补性强

在进出口贸易结构上，挪威主要出口石油等矿物燃料及润滑油、木材及其制品等；中国主要出口机械与运输设备、杂项制品等中低端劳动密集型产品。从两国的 RCA 指数来看，中、挪的优势产业分布不同，中方在工业制品上具有优势，挪威的优势则在油气等产业上。中、挪的优势产业不重叠，两国之间的竞争性不强，因此，FTA 建设有助于两国发挥产业比较优势，形成互补。

7.4.2.2　中、挪两国在水产品贸易上发展潜力巨大

水产品是挪威对华出口的重要农产品，其中冻鱼的出口量最大。特别是，挪威生产了全球 55% 的养殖三文鱼，是全球最大的三文鱼出口国。据挪方统计，2016 年，中国进口大西洋三文鱼约 8 万吨，挪威只占 5% 的份额。目前中国正在经历消费升级，老百姓对于高质量农产品的需求日趋旺

---

① 中国政府官网. 我国已与 14 个国家签署第三方市场合作文件 [EB/OL]. http://www.gov.cn/xinwen/2019-09/04/content_5427257.htm.

盛。当前中国已取消了对挪威三文鱼的进口限制，2018 年挪威三文鱼对华出口大幅上升，出口额增长了约 3.66 亿元人民币①。根据 2017 年挪威海产局发布的海产"2025 中国计划"②，挪方将于 2025 年之前将对华海产品出口提高至 100 亿元人民币。双边 FTA 建设将有助于中方扩大从挪威的水产品进口，这也将会减少挪威对华贸易逆差。

7.4.2.3 中、挪两国在服务贸易领域具有较大的增长空间

挪威领土南北狭长，海岸线漫长曲折，沿海岛屿很多，被称为"万岛之国"。挪威风景优美，以其多姿多彩的自然风光和风土人情闻名于世。据不完全统计，2017 年，中国游客到访挪威突破了 20 万人次，且到挪威旅游的中国游客的人均日消费额也位列第一，中国将成为挪威最大的国外游客市场来源地。为此，挪威应该采取对中国公民实施免签或落地签的政策措施，大力吸引中国游客和发展对华服务贸易。

2013 年，中国与瑞士签署了与欧洲大陆国家的首个自由贸易协定，该协议也是至今为止中国对外达成的水平最高、最为全面的 FTA 协定之一。中国—挪威 FTA 谈判已经持续了 10 年多，建立自由贸易区符合中、挪两国的共同利益，通过建设中挪双边 FTA，中方可以深入了解欧洲国家的市场和政策，积极开展与欧洲其他国家的经贸合作，为推进中国与欧盟建立自由贸易区奠定基础。

7.4.3 FTA 建设背景下促进中国与斯里兰卡经贸合作的对策建议

7.4.3.1 利用斯里兰卡不断优化的营商环境，加快推动中斯 FTA 谈判

根据世界银行的报告，2019 年，斯里兰卡的营商环境便利度排名居全球第 99 位，同比提升了 12 位③。斯里兰卡是南亚区域合作联盟自由贸易区成员，与 38 个国家签订了避免双重征税协议，与包括中国在内的 27 个国家签署了双边投资保护协定。斯国大力吸引外资，外资准入限制较少，大多数领域对外资开放。目前，斯国与印度、巴基斯坦、新加坡分别签署了双边 FTA 协定，有多达 4 000 种产品可免税或减税进入印度和巴基斯坦市场。斯里兰卡还计划与日本、伊朗、尼泊尔、孟加拉国、马来西亚、泰

---

① 澎湃新闻. 中国取消挪威三文鱼进口禁令 或成其最大消费市场［EB/OL］. https://toutiao.china.com/.

② 李颖，李明爽. 挪威海产重返中国，"吃货们"有口福啦［J］. 中国水产，2017（6）：21-22.

③ 参见：世界银行官网（https://data.worldbank.org.cn/）。

国等国商签自由贸易协议或优惠贸易协定。这些有利条件为推动中斯FTA谈判和加强两国经贸合作提供了契机。

7.4.3.2　加强中、斯两国在茶叶等农产品贸易、纺织业领域的合作

斯里兰卡每年生产3亿千克各类茶叶，主要市场是土耳其、伊朗、伊拉克和俄罗斯等，其每年向中国出口的红茶约为1 100万千克。随着中国越来越多的年轻人喜爱饮用加奶红茶，斯国计划未来5年将对华红茶出口大幅增加至每年约2 000万千克，这将有助于减少斯方对华贸易逆差。为此，斯方几家大型茶叶制造商都参加了2019年在上海举办的第二届中国国际进口博览会。另外，中、斯在纺织业领域具有较强互补性，中方可以通过投资斯方纺织业，延长其纺织服装业产业链，帮助其提高服装出口竞争优势。

7.4.3.3　开发斯里兰卡丰富的旅游资源，扩大两国在旅游服务贸易领域的合作

斯里兰卡旅游服务资源丰富，被著名旅游杂志《孤独星球》评为最佳旅游国家之一，《今日美国》杂志将斯国评选为冬季旅游首选目的地，甚至超过巴厘岛、悉尼、奥克兰等20个著名旅游城市或地区。据斯方统计，2017年到斯里兰卡的游客有211万人次，同比增长3.2%。近年来，随着两国的经贸合作日益紧密、斯国基础设施的日益完善，中国赴斯游客人数持续增长，2017年中国已经是斯第二大游客来源国，全年共有26.8万人次中国游客赴斯旅游[①]。另外，2019年8月起，斯方对包括中国在内的48个国家的游客实施签证免费。这些政策措施将进一步促进中国游客赴斯，两国旅游合作前景看好。

7.4.3.4　深化对斯里兰卡的基础设施投资及工程承包合作，降低各种投资风险

中国已成为斯里兰卡最大投资和援助来源国及最大的基础设施建设合作伙伴。目前，斯方有约70%的基础设施项目是中方贷款、中方企业承建的，现许多项目已经开始逐步投入运营，这些大型基础设施项目将使斯里兰卡更好地发挥其地缘和区位优势，有利于斯方巩固其在印度洋航运中的枢纽地位，并打造成为印度洋海上航运中心。另外，斯国内政治问题将是影响中斯经贸关系的重要因素。中方需要认真评估各类项目的投资风险，

---

① 新华网. 2017年中国赴斯里兰卡游客超26万 [EB/OL]. http://www.xinhuanet.com/world/2018-01/06/c_1122220493.htm.

避免投资中产生的负面环境效应引发民众反感等事件。

7.4.3.5 推动"一带一路"倡议与斯里兰卡"愿景2025"发展计划的合作对接

"一带一路"倡议的实施为中、斯经贸关系发展带来了前所未有的良机，斯里兰卡是"一带一路"倡议的坚定支持者和参与者。斯政府的"愿景2025"发展计划提出将斯里兰卡打造成为"印度洋物流和贸易体系的轴心"，这一目标与"一带一路"倡议发展方向契合。2014年，中、斯两国关系进一步提升为战略合作伙伴关系，建设中斯双边FTA成为双方的共识，经过5轮谈判已经取得了一些重要成果。2017年12月，中国与南亚另一个岛国马尔代夫签署了FTA协定。中马自由贸易协定谈判于2015年12月启动，历时只有两年，马尔代夫以切实行动做出了正确的选择。中斯双边FTA的建立必将两国经贸合作推向新的高度，打造两国经济与命运共同体，造福两国企业和人民。

7.4.4 FTA建设背景下中国与摩尔多瓦经贸合作的前景及对策

近年来，中、摩两国一直保持良好的政治关系，中国视其为中东欧和独联体国家的重要合作伙伴。2014年12月4日，两国签署了《关于在中摩政府间经贸合作委员会框架内加强共建丝绸之路经济带合作的谅解备忘录》。2017年9月，摩尔多瓦正式加入"一带一路"倡议。当前，中、摩两国贸易合作不断加强，双边贸易互补性较强，经贸合作潜力巨大，具备建立自由贸易区的条件。

7.4.4.1 摩尔多瓦具有独特的地缘和区位优势

摩尔多瓦具有面向欧盟、背靠独联体的地缘区位优势，是从亚洲通向欧洲陆路通道上处于"十字路口"的国家，其区位优势和辐射作用巨大。近年来，欧盟给予了摩尔多瓦不对等关税优惠待遇。2014年6月，摩尔多瓦与欧盟签署了包含FTA协议的联系对象协定。根据该协定，欧盟对在摩尔多瓦生产并获得原产地证的大部分商品免征关税。当前在摩方生产并获得原产地证书的产品可免税、无配额限制进入欧盟和独联体市场。因此，摩尔多瓦本国市场虽小，但开展对外经贸活动的辐射范围很广。中国企业应充分利用摩尔多瓦独特的地缘优势和政策优惠条件，积极开展与摩方企业的贸易与投资合作，在摩生产面向欧盟和独联体两大市场的产品，可以将中国产品打入拥有9亿人口的欧亚大市场。2011年，摩尔多瓦加入了

8个独联体成员组成的自由贸易区。另外，摩尔多瓦在2014年还与土耳其建立了FTA。

7.4.4.2 摩尔多瓦经济开放度较高，营商环境良好

近年来，摩政府致力于经济体制改革，建设良好的营商环境。根据世界银行《2019年营商环境报告》①，摩尔多瓦在经济自由度方面位列全球第47名，连续三年高居世界前50名，高于邻国罗马尼亚和乌克兰。

首先，摩尔多瓦关税税率低。2012年摩调整了关税税率，新的简单平均关税税率只有4.6%，低于大多数欧洲国家的关税税率。其次，摩尔多瓦国内政局相对稳定，社会治安总体较好。2016年至今，未发生恐怖袭击事件和恶性暴力事件。摩尔多瓦政府办事效率较高，行政审批项目处理周期较短，有利于外商企业降低投资成本。最后，摩尔多瓦的高素质廉价劳动力资源相对丰富，其教育体系较为发达，大多数公民懂两种以上语言，月均工资相对较低，只有4 000摩列伊（约2 000元人民币）。2018年1月底，国际评级机构穆迪对摩尔多瓦主权信用评级为B3，展望为稳定。良好的营商环境有利于吸引更多的中国企业赴摩投资。

7.4.4.3 摩尔多瓦对华葡萄酒出口增长潜力较大

摩尔多瓦拥有5 000多年酿酒历史②，被称为"葡萄酒王国""苏联酒窖"。摩尔多瓦葡萄酒凭借其优良的品质和生产工艺，在苏联和中东欧国家中享有很高的声誉。目前，摩尔多瓦每年葡萄酒产量约70万吨，其中90%以上出口。2017年，摩方向中国出口葡萄酒545万升，价值约1 243万美元，同比分别增长44%和41.1%。而2017年中国进口葡萄酒共计0.708亿升，价值约26亿美元，摩方葡萄酒在华市场份额仅有0.48%。近年来，中方企业不断加大摩葡萄酒在华宣传力度，在北京、上海都举办了多场"摩尔多瓦葡萄酒节"，其葡萄酒在中国消费者中的知名度和认可度不断提升。如中、摩两国达成FTA协议，中方进口摩方葡萄酒将实现零关税，这必然会进一步促进摩方对华葡萄酒出口，其葡萄酒在华市场占有率也将逐年扩大，这也将有利于摩方减少对华贸易逆差。

7.4.4.4 中、摩在旅游服务贸易领域合作潜力较大

摩尔多瓦国内拥有丰富的地热资源和遍布全国的各种温泉，其境内山

---

① 世界银行. 2019年营商环境报告 [EB/OL]. http://www.doingbusiness.org/zh/reports/global-reports/doing-business—2019.

② 知乎网站. 摩尔多瓦拥有五千年酿酒历史葡萄酒王国！！！ [EB/OL]. https://zhuanlan.zhihu.com/p/478228342.

地和平原交错，景色优美，是一个亟待开发且性价比高的旅游国家。同时，摩尔多瓦拥有大大小小各具特色的酒窖和酒庄。特别是，米列什蒂·密茨大酒窖总长 250 千米，是欧洲最大的酒窖，现藏有 200 万瓶高品质的名酒；克里克瓦酒庄则保持着一项吉尼斯世界记录，即全球最大的酒庄，这座酒庄总面积 64 平方千米，包括两家葡萄酒厂、一座酒博物馆和四家香槟酒厂，酒博物馆里珍藏着 150 多万瓶世界名酒。

近年来，摩尔多瓦政府全力打造"葡萄之路"等旅游项目，该项目已经成为各国人民更好地了解摩尔多瓦、提升其国际形象的旅游名片。据不完全统计，2017 年到摩尔多瓦旅游的中国游客只有 550 人次，这与中国每年约 1.5 亿人次的出境游人数形成了鲜明对比①。对多数中国人来讲，摩尔多瓦还是一个非常陌生的国家，因此，中、摩双方在旅游服务领域合作潜力巨大。为此，摩尔多瓦应采取对中国游客实施免签或落地签的政策措施，大力吸引中国游客。

7.4.4.5　中方对摩尔多瓦投资合作潜力巨大

摩尔多瓦国内设立了七个自由贸易区、两个自由贸易港和九个工业园。摩方在这些区域里实施了一系列优惠措施，大力吸引外商投资，为国际和国内投资者建立良好的商业环境。例如，对原产于摩自由经济区的产品出口企业，所得税减半按 6% 征收；外商在自由经济区内的其他经营活动，所得税按 9% 征收；在摩自由经济区进口和出口的产品，以及自由经济区相互输出（入）的产品，免征增值税等。同时，在摩工业园入驻企业在项目审批、使用厂房等基础设施等方面可以获取优惠待遇。这一系列减免税收等政策措施都有利于中方企业进驻其自由经济区，中国企业应抓住这个契机，加快在摩尔多瓦投资办厂。

2017 年 5 月，中国与独联体成员格鲁吉亚签署了自由贸易协定，2018 年 1 月生效并实施。中格 FTA 协定是我国与欧亚地区国家的第一个自由贸易协定，也将成为中国与摩尔多瓦商签自由贸易协定的重要参照。中国与摩尔多瓦建设自由贸易区，既有利于推动"一带一路"倡议的实施，还能进一步提升两国经贸合作水平，推动两国在多领域的深入合作，也能进一步促进中国与中东欧国家的经贸合作。

---

① 参见：摩尔多瓦旅游局网站（http://lvyou168.cn/MoldovaHoliday）。

7.5 促进中国与潜在自由贸易伙伴经贸合作的对策建议

7.5.1 促进中国与欧盟双边投资协定谈判的对策建议

7.5.1.1 中欧双边投资协定谈判历程

中欧双边投资协定谈判（bilateral investment treaty，BIT）① 最早可以追溯到 2012 年的中欧峰会，中欧双方当年在第 16 次中国—欧盟峰会上联合宣布正式开启中欧 BIT 谈判。谈判初期，双方虽然在市场准入、争端解决机制等议题领域取得了进展，但存在一些较大分歧，特别是在服务业开放、知识产权保护等方面意见不一致。2017 年 7 月，经过 14 轮艰苦磋商，双方就透明度、国内规则等议题取得积极进展。2018 年共举行了三轮谈判，中、欧交换了市场准入清单出价。2019 年 11 月，中欧 BIT 在第 24 轮谈判后更名为"中欧 CAI"（"中欧全面投资协定"）。从 2019 年开始，中欧 BIT 谈判节奏加快，中、欧双方每月都分别在北京和布鲁塞尔举行会面，至 2020 年秋季，谈判已进行至 33 轮。双方在市场准入、争端解决机制等核心议题领域已取得进展，但双方在服务业开放、知识产权保护等方面意见不一致，主要原因是欧盟的标准较高、诉求较多、中国的开放度不够等。例如，欧盟一直在知识产权、环境保护、劳工福利、人权等方面提出更严格的标准，要求将关系到劳工、环境等领域的可持续发展条款纳入中欧 BIT 谈判中来。欧盟也要求尊重东道国公共干预的能力，特别是在对社会和环境标准、人权维护、劳工安全和权利的保障、打击假冒伪劣产品、尊重文化多样性等方面。

2020 年 9 月 14 日，中国与欧盟签署了《中国政府与欧洲联盟地理标志保护与合作协定》，该协定将在对方市场上保护双方共 550 个地理标志②。

---

① BIT 是东道国与投资国之间订立的，旨在保护外国投资者权利、促进国际投资的双边条约。双边投资保护协定的特征在于适用范围的专门性即限于投资领域，目的在于保护投资，确认国家有关外贸立法的有效性。BIT 的主要内容有：投资的范围和定义、批准和设立、国民待遇、最惠国待遇、公平和公正待遇。

② 《中欧地理标志协定》谈判始于 2011 年，历时 8 年时间。协定包括 14 条和 7 个附录，主要规定了地理标志保护规则和地理标志互认清单等内容。协定纳入双方共 550 个地理标志（各 275 个），涉及酒类、茶叶、农产品等。我国第一批 100 个知名地理标志将在协定生效后立即获得欧盟保护，阻止仿冒等侵权行为发生。

在经历了七年共 35 轮谈判之后，2020 年 12 月底，中欧 CAI 谈判终于完成。2020 年 12 月 30 日，中、欧领导人共同宣布"中欧全面投资协定"谈判如期完成，成为中欧经贸关系中的里程碑式事件。

多年以来，中国与欧盟一直互为最重要的贸易伙伴和投资来源地。2020 年，中国与欧盟的贸易总额达到 5 860 亿欧元，中方首次超过美国成为欧盟最大的贸易伙伴。2021 年，受新冠肺炎（新型冠状病毒感染）疫情影响，欧盟与世界其他地区进出口贸易均出现明显下滑，而中欧贸易逆势增长，双方贸易总额超过 7 293 亿欧元，创历史新高。相较于中欧双边贸易总量，目前双方在双边投资方面水平依然较低。中欧 CAI 的签订必将促进中国与欧盟之间的双向投资，进而对中欧双边贸易产生重要影响。

7.5.1.2 中欧 CAI 谈判的主要内容

至 2021 年 3 月底，中国共签订了 145 份双边投资协定，生效的协定为 108 份，并有 13 份被新的双边投资协定替代。中欧 CAI 着眼于制度型开放，是一项平衡、高水平、互利共赢的协定。中欧 CAI 将替代中国与欧盟成员之间的所有双边 BIT 协定。其主要内容有 4 个方面：

第一，市场准入承诺。主要包括两点：一是准入前国民待遇加负面清单。协定明确列举了禁止外资准入的行业，这是中方首次在所有行业领域以负面清单形式做出承诺。中方还做出更大的开放承诺，如在汽车行业、健康（民营医院）、商业服务、环保服务取消合资要求，在金融服务业（银行业、证券交易等领域）取消外资股本上限；在生物资源研发领域、计算机服务业、建筑业缩小市场准入限制。二是投资便利化。双方承诺将取消对经营企业在技术研发、运营管理、产销业绩等各方面的限制，确保外汇投资资金的转移自由，并准许欧盟企业经理等相关人员在华工作，最长时间可达三年。

第二，公平竞争规则。主要包括四点：一是国有企业（SOEs）。美国等 12 国于 2015 年达成的《跨太平洋伙伴关系协定》（TPP）首次在其"国有企业"条款中，将政府所有或控制的企业作为主要规制对象。该条款规范了 SOEs 的行为，限制政府对其提供支持，以实现公平竞争和自由市场；确保对 SOEs 进行独立监管，提升其运营的透明度。二是补贴。协定对服务业的补贴规定透明度，若补贴可能产生负面影响，双方需积极磋商以寻求解决方案。三是技术转让。协定明确规定反对强制技术转让，如禁止在投资过程中强迫某方向合资伙伴转让技术，保证技术许可方面的自由；还包括保护双方企业的商业秘密，防止相关行政机关违规披露其商业信息。四是标准制定、透明度。协定允许欧盟企业拥有平等的进入标准制定机构的机会，参与国内的标准制定过程；提升政府监管和行政措施的透明度，并保障企业获得司法审查的权利。

第三，可持续发展。中欧 CAI 旨在建立以可持续发展为原则的投资关系，纳入劳工与环境条款、专门执行机制的相关条款，对与投资有关的劳工问题、环境问题做出专门规定，处理好吸引投资、保护环境和劳动者权益的关系。中方承诺不降低劳工和环境标准以吸引投资或使本国企业获得成本优势，或使用劳工和环境标准保护本国企业。另外，双方承诺将支持企业积极承担社会责任，履行国际义务，如遵守已经加入的《巴黎气候协定》等多边环境协定和公约，并有效实施。

第四，争端解决。协定允许中、欧双方通过争端解决机制来处理产生的投资争议。但中、欧在此方面有较大分歧，欧盟委员会明确表示将用"投资法院制度"替代现有的投资者—国家争端解决机制[①]，但"投资法院制度"对于投资协定而言过于繁琐[②]，是否要引入到投资协定中还需中、欧双方进一步沟通。而从中国与欧盟成员已缔结 BIT 的争端解决机制条款来看，中方倾向于通过协商、调解和行政复议等方式解决投资争议。因此，中、欧尚未在此方面达成完全一致，双方承诺在中欧 CAI 签署后两年内就争端解决机制问题完成磋商[③]。

7.5.1.3　促进中欧 CAI 协定的对策建议

第一，面对中欧全面投资协定带来的挑战，中方应积极主动与国际高标准投资贸易规则对接，不断加大投资开放水平和力度。在中欧 CAI 之中，中方首次在所有行业领域以负面清单形式做出承诺。为此，中国要根据产业结构变化情况，进一步缩减外商投资负面清单的限制措施，加快构建与高水平开放相适应的贸易类投资管理体系。另外，中方也要积极参与国际 ISDS 制度改革，简化制度设计，建立中、欧之间高效的争端解决机制。

---

① 投资者—国家争端解决机制（Investor-State Dispute Settlement，ISDS）：外国投资者同东道国政府之间因投资关系而产生争端的解决机制。

② 投资法院制度：欧盟一直在提出建立多边投资争端解决法院的公约，逐步推动国际投资法院制度的构建，包括建立由初审法庭和上诉机构组成的常设法院，公开任命完全合格的法官，设立具有透明度的诉讼程序和制定明确的规则。

③ 邹磊，王优酉. 中欧投资协定：规则、影响与挑战［J］. 国际贸易，2021（4）：67-74.

第二，中欧 CAI 的签署及生效将为欧盟企业来华投资提供稳定的制度保障与最新的法律框架。CAI 协定涉及领域远远超过传统的中欧 BIT 协定，将为双方企业提供更好的市场准入条件与规则。面对欧盟内部存在的质疑和恐慌，欧盟官方需要正确引导舆论，建立与中国增强互信、视中国为战略伙伴而非对手的欧盟内部协调机制。

第三，加快推进中欧全面投资协定批约进程，力争推动协定早日签署。2020 年底谈判结束后，中欧 CAI 还需双方政府的签订与批准才会正式生效，但在欧盟内部反对势力的影响下，欧盟目前暂时中止了对中欧 CAI 的审议。为此，中国要加大与欧盟三大机构的磋商和沟通力度，争取欧盟众多大型跨国企业的支持，减少欧洲议会批准的阻力，重启中欧 CAI 批准程序，稳步推进中欧 CAI 正式生效。

7.5.2 促进中国与印度经贸合作的对策建议

7.5.2.1 增加从印度的进口，改善中印贸易不平衡状况

近年来，印度对华贸易逆差持续扩大，2018 年高达 572 亿美元。印度一些媒体将中、印两国经贸问题政治化，其右翼势力总爱发动"抵制中国货"运动，这些都严重破坏了中印经贸关系的健康发展。为此，中方应该增加从印度的进口，如印度大米、食糖、医药产品等产品①。

7.5.2.2 扩大中国企业对印度制造业的直接投资

当前约有 1 000 家中国企业对印度的产业园区、电子商务等领域投资，累计投资额达 80 亿美元。特别是，小米、Vivo 等中国智能品牌手机在印度广受欢迎，已经占据印度手机 50% 以上的市场份额。2014 年，印度政府提出了"印度制造"计划，力争将制造业占 GDP 比例从 15% 提高到 25%，这为中国对印度的投资提供了新机遇。中国企业应该扩大对印度轻工业、机械制造等产业的投资，优化印度产品的出口结构，并且这样也能减少印度对华贸易摩擦。

7.5.2.3 利用多边金融机构，扩大对印度基础设施的投资

利用亚洲基础设施投资银行（AIIB）等多边金融机构，扩大对印度基础设施的投资。2011—2015 年，印度的贸易便利化水平总体得分在 0.57～

---

① 赵青松，祝学军. 中印贸易合作的潜力及实现路径研究：基于随机前沿引力模型 [J]. 价格月刊，2020（5）：34-42.

0.61 之间①，属于不便利的范畴，与其他丝绸之路沿线国家（地区）相比较落后。当前，印度政府正积极实施 PPP 模式，重点建设铁路等基础设施；在物流领域实施"自动审批"模式，积极引入外资。因此，中国要依托 AIIB、"金砖国家"新开发银行等多边金融机构，增加对印度基础设施的投资，改善其交通、通信落后的状况，提高其出口效率。

7.5.2.4 积极推动"一带一路"倡议与印度"季风计划"的对接合作

中方要积极推动"一带一路"倡议与印度"季风计划"的对接合作，努力消除印方对"一带一路"倡议的猜忌。2019 年 10 月，在中、印领导人第二次非正式会晤期间，两国领导人决定建立高级别经贸对话机制。中、印同属上合组织、G20 等多个国际组织的成员，两国应该妥善管控分歧，加强多边体制框架内的沟通与合作，增进战略互信。作为全球两个最大的发展中国家，中、印之间的贸易合作具有巨大的增长潜力。

7.5.2.5 积极推动印度重回 RCEP 谈判

2019 年 11 月，RCEP 第三次领导人会议的联合声明宣布，15 个 RCEP 成员结束全部文本谈判及市场准入谈判。2020 年 11 月 15 日，在第四次 RCEP 领导人会议上，《区域全面经济伙伴关系协定》正式签署，这标志着世界上人口最多、规模最大的自由贸易区正式形成。虽然印度宣布暂时不加入 RCEP，但从长远来看，印度与 RCEP 成员的合作潜力巨大，15 个 RCEP 成员仍欢迎印度随时可以再次加入，不排除印度未来重回 RCEP 谈判。

7.5.3 中、英建设双边 FTA 的可行性及对策建议

第一，中、英两国互为对方的重要贸易伙伴，近年来，中、英双边贸易持续增长，中国已经成为英国除了欧盟之外的第二大进口国。中、英贸易结合度不断上升，两国出口商品的互补性较强，且产业内的竞争性较弱。因此，中、英之间的贸易潜力仍较大，两国具有建立双边 FTA 的可行性。

第二，英国脱欧后，英国将摆脱欧盟统一贸易政策的限制，而重新获得制定贸易政策的独立性和自主性。在欧盟一直不愿与中国开展自由贸易

---

① 马莉莉，任保平，等. 丝绸之路经济带发展报告（2015）[M]. 北京：中国经济出版社，2016：227.

区谈判的背景下，英国脱欧无疑为中、英建立 FTA 带来了契机。

第三，本书第 4 章的实证研究表明，建立中英自由贸易区将有利于双方福利增长，特别是对英国福利的改善更显著，这将为中英双边 FTA 谈判减少一定的阻力。并且，中、英两国福利的改善分别主要来源于最终品和中间品关税的降低，故中国可以降低进口英国的中间品关税，英国则需要降低中国的最终品关税，这样才能更加有利于中、英双方的福利改善。

第四，英国历来都有崇尚自由贸易的传统。2019 年，英国政府在《英国退出欧盟与欧盟建立新型伙伴关系白皮书》中提出，脱欧后英国能够自由地与其他国家建立 FTA。由此可见，中、英两国政府都对英国脱欧后建设中英 FTA 协定具有高度共识，中、英建立 FTA 具有较大的可行性，两国应该在英国脱欧后实时启动双边 FTA 谈判。

7.6 小结

首先，本章总结了美国、欧盟、日本、韩国等世界主要经济体实施 FTA 战略的特点及经验。在此基础上，提出了中国以 FTA 建设推动"一带一路"建设深化升级的战略构想和目标任务，以及选择 FTA 谈判对象的建议。提出中国要增强 FTA 谈判策略的针对性和务实性，对不同对象采取差别化的 FTA 策略，加快建设高水平 FTA。"一带一路"建设的风险是沿线各国（地区）政策变化带来的不确定性，为此，中国要创新 FTA 的内容和标准，应适度给予这些国家（地区）优惠待遇。

其次，本章分析了中国与丝绸之路沿线国家（地区）建设多边 FTA 的前景及对策，包括 RCEP 的发展前景、FTA 建设背景下中国与海合会经贸合作的前景及对策、上合组织框架下的中国与欧亚经济联盟经贸合作的对策建议。提出中国要在 RCEP 协定生效实施的基础上，加快推进"中日韩 FTA"谈判，积极加入日本主导的 CPTPP 协定；推动并重启中国与海合会的 FTA 谈判，深化上合组织框架下的中国与欧亚经济联盟经贸合作，积极推动与乌兹别克斯坦等非欧亚经济联盟国家建立 FTA。

再次，本章分析了双边 FTA 建设背景下中国与丝绸之路沿线国家（地区）的经贸合作前景及对策。提出积极推进与以色列、挪威、斯里兰卡、摩尔多瓦的双边 FTA 谈判，中国与以色列在旅游、教育、交通基础设施建设、第三方市场方面的合作潜力巨大；中国与挪威经贸合作的互补性强，两国在水产品贸易、旅游等服务贸易领域发展潜力较大；中国与斯里兰卡应扩大农产品贸易，加强纺织业、旅游等领域合作，深化中方对斯方投资及工程承包合作；中国与摩尔多瓦在葡萄酒、旅游服务贸易上发展潜力较大，中国要扩大在摩方的直接投资等。

最后，本书提出了促进中国与潜在自由贸易伙伴经贸合作的对策建议，包括推动签署中国与欧盟的全面投资协定、加强中国与印度的经贸合作、在英国脱欧后实时启动中英双边 FTA 谈判。

参考文献

[1] KRUGMAN. Scale Economics, Product Differentiation and the Pattern of Trade [J]. American Economic Review, 1979, 70 (5) : 950-959.

[2] PAUL R KRUGMAN. Increasing Returns, Monopolistic Competition, and International Trade [J]. Journal of International Economics, 1979, 9 (4): 469-479.

[3] RICHARD E BALDWIN. Adomino: "Theory of Regionalism" [R]. NBER Working Paper , No.4465, 1993.

[4] GENE M GROSSMAN, ELHANAN HELPMAN. The Politics of Free-Trade Agreements [J]. 1995, 85 (4): 667-690.

[5] J FRANCOIS, M ROMBOUT. Preferential Trade Arrangements, Induced Investment and National Income in a H - O - Ramseymodel [R]. Tinbergen Institute Discussion Paper, Amsterdam, 2000.

[6] MARC J MELITZ. The Impact of Trade on Intra-Industry Reallocations and Aggregate Industry Productivity, Econometrica, 2003, 71 (6): 1695-1725.

[7] SCOTT L BAIERA, JEFFREY H BERGSTRAND. Economic determinants of free trade agreements [J]. Journal of International Economics, 2004, 64 (1): 29-63.

[8] CLAUDIO E MONTENEGRO, ISIDRO SOLOAGA. Nafta's trade effects: new evidence with a gravity model [J]. Estudios de Economia, 2006, 33 (1): 45-63.

[9] M J MELITZ, G OTTAVIANO. Market Size, Trade, and Productivity [J]. Review of Economic Studies, 2008 (75): 295-316.

[10] PETER EGGER, MARIO LARCH. Interdependent preferential trade

agreement memberships: An empirical analysis [J]. Journal of International Economics, 2008, 76 (2): 384-399.

[11] SUPRABHA BANIYA, NADIA ROCHA, MICHELE RUTA. Trade effects of the New Silk Road: A gravity analysis [J]. Journal of Development Economics, Volume 146, September 2020: 102467.

[12] WTO. World Tariff Profiles 2019 [EB/OL]. http://www. intracen.org/.

[13] 白洁, 苏庆义. CPTPP 的规则、影响及中国对策: 基于和 TPP 对比的分析 [J]. 国际经济评论, 2019 (1): 58-76.

[14] 白永秀, 王颂吉. 丝绸之路经济带的纵深背景与地缘战略 [J]. 改革, 2014 (3): 64-73.

[15] 包艳, 崔日明. "丝绸之路经济带" 框架下中国—格鲁吉亚自由贸易区建设研究 [J]. 辽宁大学学报 (哲学社会科学版), 2017 (1): 51-57.

[16] 毕健康. 以色列中东战略调整与 "一带一路" 倡议下的中以合作 [J]. 当代世界, 2018 (12): 64-67.

[17] 陈淑梅, 倪菊华. 中国加入 "区域全面经济伙伴关系" 的经济效应: 基于 GTAP 模型的模拟分析 [J]. 亚太经济, 2014 (2): 125-133.

[18] 陈淑梅. 以经贸手段经略周边的自贸区战略思考 [J]. 国际贸易, 2016 (10): 14-20.

[19] 陈淑梅, 张思杨. RCEP 时代的中印自贸关系实证研究 [J]. 现代经济探讨, 2018 (8): 74-81.

[20] 陈虹, 马永健. 中国—欧盟自贸区经济效应的前瞻性研究 [J]. 世界经济研究, 2015 (8): 88-99.

[21] 陈广猛. 中国和以色列双边经贸活动不对称的互补关系 [J]. 对外经贸实务, 2017 (9): 8-11.

[22] 陈谢晟. "一带一路" 背景下赴以色列投资的问题与对策 [J]. 国际经济合作, 2017 (12): 44-47.

[23] 陈继勇, 严义晨. 中印两国贸易的竞争性、互补性与贸易潜力: 基于随机前沿引力模型 [J]. 亚太经济, 2019 (1): 71-78.

[24] 程云洁. "中巴经济走廊" 背景下提升中巴贸易发展问题研究 [J]. 南亚研究, 2015 (2): 94-101.

[25] 蔡彤娟. 新功能主义视野下的中日韩 FTA: 战略重塑、机制设计

与推进策略［J］. 世界经济与政治论坛，2016（2）：124-140.

［26］丁晓星. 丝绸之路经济带的战略性与可行性分析：兼谈推动中国与中亚国家的全面合作［J］. 人民论坛-学术前沿，2014（4）：7.

［27］范静. 一带一路与自由贸易园区模式下，中国餐饮企业到摩尔多瓦发展的可行性分析［J］. 中国国际财经，2017（17）：6-10.

［28］樊海潮，张丽娜. 中间品贸易与中美贸易摩擦的福利效应：基于理论与量化分析的研究［J］. 中国工业经济，2018（9）：41-59.

［29］冯宗宪. 中国向欧亚大陆延伸的战略动脉：丝绸之路经济带的区域、线路划分和功能详解［J］. 人民论坛-学术前沿，2014（2）：79-85.

［30］高志刚，张燕. 中巴经济走廊建设中双边贸易潜力及效率研究：基于随机前沿引力模型分析［J］. 财经科学，2015（11）：101-110.

［31］高健，王成林，李世杰. 自由贸易区、自由贸易园区与“一带一路”国家战略［J］. 海南大学学报（人文社科版），2017（4）：41-47.

［32］匡增杰. 全球区域经济一体化新趋势与中国的 FTA 策略选择［J］. 东北亚论坛，2013（2）：90-98.

［33］国家开发银行，联合国开发计划署，北京大学. “一带一路”经济发展报告［M］. 北京：中国社会科学出版社，2017.

［34］郭美新，陆琳，盛柳刚，余淼杰. 反制中美贸易摩擦和扩大开放［J］. 学术，2018（6）：32-42.

［35］韩永辉，罗晓斐，邹建华. 中国与西亚地区贸易合作的竞争性和互补性研究：以“一带一路”战略（原标题如此。编辑注）为背景［J］. 世界经济研究，2015（3）：89-98.

［36］韩剑. “全球英国”理念下的英国自贸协定谈判及中英 FTA 前景展望［J］. 国际贸易，2020（5）：61-67.

［37］何卫. 摩尔多瓦艰难的经济转轨［J］. 俄罗斯中亚东欧市场，2014（2）：33-39.

［38］贺艳. 建设“丝绸之路经济带”自由贸易协定问题研究［J］. 国际经贸探索，2015（6）：87-101.

［39］胡艺，杨晨迪，沈铭辉. “一带一路”背景下中国与南亚诸国贸易潜力分析［J］. 南亚研究，2017（4）：78-92.

［40］胡鞍钢，马伟，鄢一龙. “丝绸之路经济带”：战略内涵、定位和实现路径［J］. 新疆师范大学学报，2014（2）：1-11.

[41] 韩璐. 上海合作组织与"一带一路"的协同发展 [J]. 国际问题研究, 2019 (2)：22-34.

[42] 李钢. 中国特色的区域经济合作总体布局与实施自由贸易区战略 [J]. 国际贸易, 2008 (4)：11-17.

[43] 李光辉. 中国自由贸易区战略 [M]. 北京：中国商务出版社, 2011：48-56.

[44] 李志庆. 当代俄罗斯与摩尔多瓦关系浅析 [J]. 西伯利亚研究, 2012 (6)：42-48.

[45] 李新. 丝绸之路经济带对接欧亚经济联盟：共建欧亚共同经济空间 [J]. 东北亚论坛, 2016 (4)：60-71.

[46] 李燕, 何宛昱. 摩尔多瓦政局与"一带一路"框架下的中摩合作 [J]. 北京工业大学学报 (社会科学版), 2016 (5)：78-88.

[47] 李亚洲. 苏联解体后的摩尔多瓦共产党 [J]. 国外理论动态, 2005 (8)：15-18.

[48] 李轩. 自贸协议下中巴贸易存在的问题、原因及对策研究 [J]. 南亚研究, 2014 (1)：85-90.

[49] 李艳芳. "21 世纪海上丝绸之路"框架下中斯经济关系的重塑研究 [J]. 南亚研究, 2017 (2)：29-53.

[50] 李丽, 邵兵家, 陈迅. 中印自由贸易区的建立对中国及世界经济影响研究 [J]. 世界经济研究, 2008 (2)：22-28.

[51] 李媛, 孙碧宁, 倪志刚. 英国脱欧对中英贸易的影响分析 [J]. 沈阳工业大学学报 (社会科学版), 2017 (2)：118-124.

[52] 刘华芹, 等. 丝绸之路经济带：欧亚大陆新棋局 [M]. 北京：中国商务出版社, 2015.

[53] 刘华芹, 李钢. 建设丝绸之路经济带的总体战略与基本架构 [J]. 国际贸易, 2014 (3)：4-9.

[54] 刘华芹. 借鉴上合经验建设"丝绸之路经济带" [J]. 经济, 2013 (12)：75-77.

[55] 刘文革, 王文晓. 建立金砖自贸区可行性及经济效应分析 [J]. 国际经贸探索, 2014 (6)：80-91.

[56] 刘冰, 陈淑梅. RCEP 框架下降低技术性贸易壁垒的经济效应研究：基于 GTAP 模型的实证分析 [J]. 国际贸易问题, 2014 (6)：91-98.

[57] 刘树林，王义源，张文涛. 我国加快推进自由贸易区战略研究 [J]. 现代管理科学，2016（1）：21-23.

[58] 刘岩. 中国潜在自贸区伙伴的选择战略：基于贸易效应的局部均衡分析 [J]. 国际商务（对外经济贸易大学学报），2013（4）：15-26.

[59] 孔欣，宋桂琴. 国际贸易理论新进展：新新贸易理论述评 [J]. 税务与经济，2011（5）：16-21.

[60] 吕越，李启航. 区域一体化协议达成对中国经济的影响效应：以 RCEP 与 TPP 为例 [J]. 国际商务（对外经济贸易大学学报），2018（5）：37-48.

[61] 吕萍. 格鲁吉亚与丝绸之路经济带倡议：态度、意义与前景 [J]. 俄罗斯学刊，2016（5）：75-83.

[62] 吕萍. 格鲁吉亚在"一带一盟"对接中的作用 [J]. 欧亚经济，2016（5）：91-95.

[63] 罗书宏. 摩尔多瓦农业、基建急需外国投资 [J]. 中国对外贸易，2010（10）：59.

[64] 廖萌. 斯里兰卡参与共建海上丝绸之路的战略考虑及前景 [J]. 亚太经济，2015（3）：62-67.

[65] 马细谱. 摩尔多瓦：向何处去仍是未知数 [J]. 世界知识，2019（7）：48-49.

[66] 马博. 打造"21 世纪海上丝绸之路"交汇点：中国—斯里兰卡关系发展的机遇与挑战 [J]. 世界经济与政治论坛，2016（1）：48-63.

[67] 梅冠群. 莫迪执政后印度经济发展战略选择及我国应对之策 [J]. 南亚研究，2017（2）：30-40.

[68] 全毅. 我国推进区域合作和 FTA 建设的进程、目标与策略 [J]. 国际贸易，2020（8）：11-20.

[69] 曲如晓，刘霞. "一带一路"背景下中国与西亚贸易竞争性与互补性分析 [J]. 国际经济合作，2017（4）：60-66.

[70] 祁欣，林梦，范鹏辉，等. 中以经贸：聚焦高科技产能合作 [J]. 国际经济合作，2018（2）：77-83.

[71] 申现杰，肖金成. 国际区域经济合作新形势与我国"一带一路"合作战略 [J]. 宏观经济研究，2014（11）：30-38.

[72] 戢梦雪，李文贵. 中印贸易合作机制及合作潜力探析 [J]. 南亚

研究，2015（2）：56-60.

　　[73] 彭羽，沈玉良，唐杰英，等."一带一路"建设与沿线自由贸易发展 [M]. 上海：上海社会科学院出版社，2018.

　　[74] 唐宜红，等. 全球贸易与投资政策研究报告（2018）[M]. 北京：人民出版社，2018.

　　[75] 唐鹏琪. 实施"一带一路"战略（原标题如此。编辑注）的政治与经济风险：以中国在斯里兰卡的投资为例 [J]. 南亚研究，2015（2）：102-106.

　　[76] 王原雪，张晓磊，张二震."英国脱欧"将如何影响中国的"一带一路"战略（原标题如此。编辑注）：基于 GTAP 模型的分析 [J]. 国际经贸探索，2017（5）：29-39.

　　[77] 王晓文，李宝俊. 中印关系的现实困境：原因及前景分析 [J]. 国际论坛，2014，16（2）：38-43.

　　[78] 王喜莎，李金叶. 中国与巴基斯坦双边贸易的竞争性和互补性分析 [J]. 上海经济研究，2016（11）：65-74.

　　[79] 汪文卿，刘晓锋. 中国与挪威双边经贸关系发展潜力研究 [J]. 国际经贸探索，2014（11）：66-80.

　　[80] 文春玲，张晓婉，田志宏. 挪威农产品对外贸易及中挪双边贸易分析 [J]. 世界农业，2013（3）：85-89.

　　[81] 文富德. 中印经济关系中的问题、原因与对策 [J]. 南亚研究，2015（3）：47-54.

　　[82] 魏方，朱文佳. RCEP 对中国制造业经济影响的评估：基于 GTAP 模型的模拟分析 [J]. 东北财经大学学报，2018（1）：23-32.

　　[83] 卫玲. 丝绸之路经济带：超越地理空间的内涵识别及其当代解读 [J]. 兰州大学学报，2014（1）：31-39.

　　[84] 薛坤，张吉国. RCEP 对中国农产品贸易的影响研究：从关税削减的角度 [J]. 世界农业，2017（4）：137-143.

　　[85] 邢广程. 海陆两个丝路：通向世界的战略之梯 [J]. 人民论坛-学术前沿，2014（7）：90-95.

　　[86] 平力群. 亚太区域经济一体化的步伐：以 RCEP 为中心 [J]. 亚太安全与海洋研究，2020（6）：111-124.

　　[87] 许涛. 共同营造新世纪亚洲和平发展环境的战略创新思路：亚信

上海峰会后析 [J]. 和平与发展, 2014 (4)：11-21.

[88] 谢锐, 赖明勇. 中国自由贸易区建设：演化历程、特点与趋势 [J]. 国际经贸探索, 2009 (4)：35-40.

[89] 谢向伟, 龚秀国. "一带一路" 背景下中国与印度产能合作探析 [J]. 南亚研究, 2018 (4)：112-153.

[90] 线凤阳. 浅谈中以经贸关系及其前景 [J]. 国际研究参考, 2018 (10)：37-41.

[91] 徐则荣, 王也. 英国脱欧的原因及对中英贸易的影响 [J]. 管理学刊, 2017 (1)：21-33.

[92] 徐建炜, 艾西亚, 张佳唯. 英国 "脱欧" 会影响中欧贸易吗? [J]. 国际经济评论, 2017 (3)：45-57.

[93] 闫海龙. 中国与巴基斯坦贸易发展走向 [J]. 开放导报, 2015 (3)：56-59.

[94] 杨宏玲, 张志宏. 基于贸易引力模型的中印 FTA 的贸易扩大效应分析 [J]. 河北大学学报 (哲学社会科学版), 2012, 37 (5)：4-7.

[95] 杨文武, 李星东. 后金融危机时代中印农产品贸易合作 [J]. 南亚研究, 2013 (2)：67-74.

[96] 杨金玲. 单一窗口下 FTA 原产地证对我国外贸的影响：以《中国—格鲁吉亚自由贸易协定》为例 [J]. 天津商务职业学院学报, 2019 (3)：20-25.

[97] 姚铃. 英国脱欧背景下的中英经贸合作 [J]. 对外经贸实务, 2017 (5)：4-7.

[98] 叶国卉, 应霄燕. 摩尔多瓦民主转型的困境与反思 [J]. 国际研究参考, 2018 (5)：24-30.

[99] 殷永林. 中巴商品贸易发展研究 [J]. 南亚研究, 2015 (1)：55-59.

[100] 竺彩华, 韩剑夫. "一带一路" 沿线 FTA 现状与中国 FTA 战略 [J]. 亚太经济, 2015 (4)：40-50.

[101] 周永生. 加快推进 "中日韩自由贸易协定" 谈判的机遇与挑战 [J]. 东北亚论坛, 2019 (6)：81-94.

[102] 张丽艳. 中国葡萄酒贸易格局分析及展望 [J]. 世界农业, 2012 (12)：128-131.

[103] 张明艳, 贺丽娜. 我国进口葡萄酒存在的问题与对策 [J]. 食品研究与开发, 2013, 34 (22): 126-128.

[104] 张红星, 何颖. "一带一路" 战略 (原标题如此。编辑注) 下中巴自由贸易协定研究 [J]. 国际经济合作, 2016 (9): 84-89.

[105] 张斯琪. 中国与格鲁吉亚葡萄酒自由贸易可行性研究 [J]. 中国人口·资源与环境, 2017 (S1): 307-310.

[106] 张静中, 王文君. "一带一路" 背景下中国—西亚自贸区经济效应前瞻性研究: 基于动态 GTAP 的实证分析 [J]. 世界经济研究, 2016 (8): 70-78.

[107] 张猛, 丁振辉. 上海合作组织自由贸易区: 构想及其意义 [J]. 国际经贸探索, 2013 (2): 22-33.

[108] 张珺, 展金永. CPTPP 和 RCEP 对亚太主要经济体的经济效应差异研究: 基于 GTAP 模型的比较分析 [J]. 亚太经济, 2018 (3): 12-20.

[109] 张国凤. 中国与欧亚经济联盟自由贸易区构建的基础、问题与对策 [J]. 中国高校社会科学, 2016 (4): 96-107.

[110] 曾小林. 基于 "一带一路" 倡议下的中欧班列高质量发展分析 [J]. 国有资产管理, 2020 (1): 17-21.

[111] 赵雯. 建立中俄自由贸易区可行性研究 [D]. 沈阳: 沈阳工业大学, 2011.

[112] 赵慧, 张浓, 李雄师. 新谈判背景下 RCEP 的进展、困难及中国对策 [J]. 广西社会科学, 2020 (4): 53-58.

[113] 赵晋平, 等. 全球化视野下的我国自贸区战略 [M]. 广州: 广东经济出版社, 2019.

[114] 赵晋平. 加快推进我国自贸区战略的思考与建议 [J]. 南开学报 (哲学社会科学版), 2015 (3): 129-137.

[115] 赵青松. FTA 建设下中国与海合会国家经贸关系研究 [J]. 阿拉伯世界研究, 2015 (5): 59-71.

[116] 赵青松, 李钦. 俄白哈关税同盟的投资效应及引资前景分析 [J]. 亚太经济, 2014 (3): 92-97.

[117] 赵青松. "一带一路" 建设下中国与沿线国家的国际金融合作研究 [J]. 苏州市职业大学学报, 2016 (1): 8-12.

[118] 赵青松, 祝学军. 脱欧背景下中英双边 FTA 建设的可行性及其

福利分析［J］. 经济论坛，2020（2）：87-96.

［119］赵青松，王文倩. 中国与以色列经贸合作和自贸区建设［J］. 国际研究参考，2020（2）：39-46.

［120］赵青松，郭婉茹. FTA 建设下中国与斯里兰卡经贸合作的问题及对策研究［J］. 天津商务职业学院学报，2020（1）：33-40.

［121］赵青松，舒展. FTA 建设下中国与挪威经贸合作现状及前景［J］. 武汉商学院学报，2019（6）：26-31.

［122］赵青松，崔晓梦. 第二阶段自贸协定对中国与巴基斯坦经贸合作的影响研究［J］. 区域与全球发展，2020（3）：140-153.

［123］赵青松，祝学军. 中印贸易合作的潜力及实现路径研究：基于随机前沿引力模型［J］. 价格月刊，2020（5）：34-42.

［124］赵青松，王娟.“一带一路”倡议下中国对阿拉伯国家出口贸易的影响因素及潜力研究：以宁夏回族自治区为例［J］. 宜宾学院学报，2020（2）：25-33.

［125］赵青松，王文倩. RCEP 协定的贸易效应及其影响：基于局部均衡模型的分析［J］. 价格月刊，2021（12）：52-59.

［126］赵青松. 中国与中亚五国经贸合作研究［M］. 北京：商务印书馆，2021.

［127］推进“一带一路”建设工作领导小组办公室. 共建“一带一路”倡议：进展、贡献与展望［N］. 人民日报，2019-04-23.

［128］推进“一带一路”建设工作领导小组办公室. 共建“一带一路”：理念、实践与中国的贡献［N］. 法制日报，2017-05-11.

［129］田原. 中国—东盟自贸区“升级版”带来新商机［N］. 经济日报，2019-09-20.

［130］王受文. 推动中瑞、中冰经贸新发展［N］. 国际商报，2014-06-30.

［131］国新办就《共建“一带一路”倡议：进展、贡献和展望》举行发布会［J］. 中国产经，2019（5）：66-77.

［132］国务院. 国务院关于加快实施自由贸易区战略的若干意见（国发〔2015〕69 号）［EB/OL］. http://www.gov.cn/zhengce/content/2015-12/17/content_10424.htm.

附表

附表1 "一带一路"沿线国家（地区）签署FTA的情况

RTA 名称	覆盖范围	生效日期	RTA 名称	覆盖范围	生效日期
俄罗斯联邦—阿塞拜疆	产品	1993年2月17日	土耳其—北马其顿	产品	2000年9月1日
俄罗斯联邦—白俄罗斯—哈萨克斯坦	产品	1997年12月3日	土耳其—波斯尼亚和黑塞哥维那	产品	2003年7月1日
俄罗斯联邦—塞尔维亚	产品	2006年6月3日	土耳其—格鲁吉亚	产品	2008年11月1日
俄罗斯联邦—土库曼斯坦	产品	1993年4月6日	土耳其—黑山	产品	2010年3月1日
俄罗斯联邦—乌兹别克斯坦	产品	1993年3月25日	土耳其—马来西亚	产品	2015年8月1日
格鲁吉亚—俄罗斯联邦	产品	1994年5月10日	土耳其—毛里求斯	产品	2013年6月1日
吉尔吉斯共和国—哈萨克斯坦	产品	1995年11月11日	土耳其—摩尔多瓦共和国	产品	2016年11月1日
吉尔吉斯共和国—摩尔多瓦共和国	产品	1996年11月21日	土耳其—摩洛哥	产品	2006年1月1日
吉尔吉斯共和国—乌克兰	产品	1998年1月19日	土耳其—塞尔维亚	产品	2010年9月1日
吉尔吉斯共和国—乌兹别克斯坦	产品	1998年3月20日	土耳其—突尼斯	产品	2005年7月1日
吉尔吉斯共和国—亚美尼亚	产品	1995年10月27日	土耳其—新加坡	商品与服务	2017年10月1日
欧盟—阿尔巴尼亚	商品与服务	2006年12月1日	土耳其—叙利亚	产品	2007年1月1日
欧盟—埃及	产品	2004年6月1日	土耳其—以色列	产品	1997年5月1日
欧盟—巴勒斯坦权力机构	产品	1997年7月1日	土耳其—智利	产品	2011年3月1日
欧盟—北马其顿	商品与服务	2001年6月1日	埃及—土耳其	产品	2007年3月1日
欧盟—冰岛	产品	1973年4月1日	大韩民国—土耳其	产品	2013年5月1日

RTA 名称	覆盖范围	生效日期	RTA 名称	覆盖范围	生效日期
欧盟—波斯尼亚和黑塞哥维那	商品与服务	2008 年7 月 1 日	乌克兰—阿塞拜疆	产品	1996 年9 月 2 日
欧盟—格鲁吉亚	商品与服务	2014 年9 月 1 日	乌克兰—白俄罗斯	产品	2006 年11 月 11 日
欧盟—韩国	商品与服务	2011 年7 月 1 日	乌克兰—北马其顿	产品	2001 年7 月 5 日
欧盟—黑山	商品与服务	2008 年1 月 1 日	乌克兰—哈萨克斯坦	产品	1998 年10 月 19 日
欧盟—摩尔多瓦共和国	商品与服务	2014 年9 月 1 日	乌克兰—黑山	商品与服务	2013 年1 月 1 日
欧盟—挪威	产品	1973 年7 月 1 日	乌克兰—摩尔多瓦	产品	2005 年5 月 19 日
欧盟—日本	商品与服务	2019 年2 月 1 日	乌克兰—塔吉克斯坦	产品	2002 年7 月 11 日
欧盟—瑞士—列支敦士登	产品	1973 年1 月 1 日	乌克兰—土库曼斯坦	产品	1995 年11 月 4 日
欧盟—塞尔维亚	商品与服务	2010 年2 月 1 日	乌克兰—乌兹别克斯坦	产品	1996 年1 月 1 日
欧盟—土耳其	产品	1996 年1 月 1 日	亚美尼亚—乌克兰	产品	1996 年12 月 18 日
欧盟—乌克兰	商品与服务	2014 年4 月 23 日	格鲁吉亚—乌克兰	产品	1996 年6 月 4 日
欧盟—叙利亚	产品	1977 年7 月 1 日	印度—阿富汗	产品	2003 年5 月 13 日
欧盟—亚美尼亚	服务	2018 年6 月 1 日	印度—不丹	产品	2006 年7 月 29 日
欧盟—以色列	产品	2000 年6 月 1 日	印度—马来西亚	商品与服务	2011 年7 月 1 日
欧盟—约旦	产品	2002 年5 月 1 日	印度—尼泊尔	产品	2009 年10 月 27 日
欧亚经济联盟（EAEU）	商品与服务	2015 年1 月 1 日	印度—日本	商品与服务	2011 年8 月 1 日
欧亚经济联盟（EAEU）—吉尔吉斯共和国	商品与服务	2015 年8 月 12 日	印度—斯里兰卡	产品	2001 年12 月 15 日
欧亚经济联盟（EAEU）—亚美尼亚	商品与服务	2015 年1 月 2 日	印度—泰国	产品	2004 年9 月 1 日
欧亚经济联盟（EAEU）—越南	商品与服务	2016 年10 月 5 日	印度—新加坡	商品与服务	2005 年8 月 1 日
土耳其—阿尔巴尼亚	产品	2008 年5 月 1 日	亚美尼亚—哈萨克斯坦	产品	2001 年12 月 25 日
土耳其—巴勒斯坦权力机构	产品	2005 年6 月 1 日	格鲁吉亚—哈萨克斯坦	产品	1999 年7 月 16 日

数据来源：WTO 官方网站。

附表 2 2009—2018 年中国与丝绸之路沿线国家(地区)的 ESI 均值

国家(地区)	目标市场								
	阿联酋	欧盟	日本	韩国	俄罗斯	沙特	新加坡	美国	世界
阿富汗	8.11	7.56	1.44	0.11	3.68	2.90	2.59	6.88	15.09
阿尔巴尼亚	14.49	47.54	10.04	7.95	16.95	17.56	19.96	17.63	48.00
阿联酋	0.00	35.74	25.38	35.69	54.37	54.07	45.73	43.91	24.11
亚美尼亚	49.92	24.21	22.26	31.33	34.19	32.65	22.41	19.34	34.42
阿塞拜疆	12.00	0.58	9.83	1.96	10.57	14.84	12.61	0.36	3.54
孟加拉国	27.02	21.99	30.72	25.74	35.30	22.12	28.48	23.87	25.24
巴林	30.41	11.10	13.35	14.91	32.69	33.99	16.01	18.47	15.09
波黑	27.68	66.50	39.37	62.72	19.39	36.80	60.18	51.38	62.68
白俄罗斯	36.77	27.57	40.77	39.63	66.51	53.72	25.82	38.10	46.47
不丹	0.00	6.24	5.74	1.83	0.00	0.00	3.14	7.36	13.76
瑞士	60.68	59.14	49.49	59.08	56.73	61.57	40.89	52.86	62.88
埃及	53.22	34.90	22.77	18.83	16.55	54.90	25.68	50.35	43.73
欧盟	73.05	0.00	75.70	82.78	71.81	60.69	80.71	71.47	76.53
英国	67.46	61.65	74.48	65.29	64.10	58.68	78.43	64.95	68.70
格鲁吉亚	44.04	26.29	16.59	7.03	41.13	15.04	7.92	20.71	52.61
印度	67.52	60.18	46.27	45.14	54.74	44.36	51.46	54.03	57.77
伊朗	15.04	15.66	9.12	11.19	14.43	24.58	13.49	11.68	12.22
伊拉克	1.60	10.37	0.00	0.32	0.48	0.43	1.77	9.03	1.36
冰岛	23.35	23.50	23.16	27.96	23.02	42.01	36.23	38.37	31.17
以色列	29.17	53.42	77.89	76.52	48.50	28.59	81.59	48.20	61.83
约旦	40.15	46.12	25.23	19.59	13.72	45.89	31.17	37.93	52.30
哈萨克斯坦	44.74	6.95	0.00	19.63	37.68	37.57	35.60	26.46	24.53
吉尔吉斯斯坦	30.95	42.79	37.54	30.73	43.78	5.79	26.12	51.91	48.75
科威特	68.27	40.02	21.85	29.87	36.19	61.25	62.14	17.83	8.75
黎巴嫩	64.63	43.36	12.38	5.85	51.28	61.09	40.57	39.57	57.25
斯里兰卡	35.37	45.87	46.95	38.18	16.02	30.50	62.42	43.97	46.47

国家(地区)	目标市场								
	阿联酋	欧盟	日本	韩国	俄罗斯	沙特	新加坡	美国	世界
摩尔多瓦	33.78	62.99	23.75	20.77	47.78	28.71	25.19	19.63	55.71
马尔代夫	4.24	1.73	6.84	19.89	2.90	3.60	3.12	1.70	3.53
马其顿	38.32	64.58	26.90	32.71	36.88	43.46	43.13	32.62	63.39
黑山	22.36	27.89	43.32	21.69	23.16	7.18	0.49	40.19	36.55
蒙古	13.85	26.10	33.48	19.11	7.16	5.72	29.89	36.47	4.91
挪威	70.98	24.73	45.24	71.96	42.64	57.44	70.13	36.46	28.37
尼泊尔	50.21	42.44	44.82	37.12	45.93	35.30	27.34	40.15	37.55
阿曼	40.47	34.99	14.90	18.99	30.52	39.33	32.12	24.20	20.61
巴基斯坦	50.93	48.80	45.15	21.71	42.82	45.32	50.05	47.87	52.56
巴勒斯坦	22.63	20.22	6.17	11.12	8.64	29.21	1.64	13.49	51.21
卡塔尔	17.82	8.49	1.78	2.76	22.10	31.32	11.99	11.30	7.54
俄罗斯	47.90	19.07	17.40	16.49	54.11	27.96	16.50	24.37	27.10
沙特	63.57	25.12	22.33	21.38	42.81	0.00	8.63	49.48	14.38
塞尔维亚	44.02	64.77	22.08	44.77	59.24	42.08	33.91	53.45	64.42
叙利亚	9.70	1.22	1.52	0.95	9.06	9.42	1.54	0.62	6.52
塔吉克斯坦	0.00	0.00	0.00	0.00	0.00	0.00	0.00	0.00	0.00
土库曼斯坦	0.00	0.00	0.00	0.00	0.00	0.00	0.00	0.00	0.00
土耳其	67.11	79.89	50.58	52.51	69.52	68.75	45.58	58.59	74.87
乌克兰	38.87	41.66	24.44	28.75	66.58	28.48	23.23	37.67	45.30
乌兹别克斯坦	9.73	6.88	5.83	6.38	9.56	1.21	7.47	10.75	7.67
也门	15.09	25.33	15.46	8.50	24.54	7.36	15.84	28.00	12.14

数据来源:UNCOMTRADE 数据库。零值是数据缺失较多未报告或者数值小于 0.01,下同。

附表 3　2009—2018 年中国与丝绸之路沿线国家（地区）各类 GL 均值

国家(地区)	SITC（第一版）分类									
	SITC0	SITC1	SITC2	SITC3	SITC4	SITC5	SITC6	SITC7	SITC8	SITC9
阿富汗	0.08	0.15	0.44	0.00	0.00	0.07	0.02	0.00	0.00	0.07
阿尔巴尼亚	0.02	0.02	0.03	0.11	0.02	0.06	0.01	0.00	0.12	0.26
阿联酋	0.06	0.03	0.42	0.13	0.30	0.70	0.05	0.01	0.00	0.26
亚美尼亚	0.02	0.07	0.03	0.00	0.00	0.03	0.04	0.00	0.37	0.04
阿塞拜疆	0.02	0.36	0.24	0.04	0.01	0.66	0.13	0.00	0.00	0.01
孟加拉国	0.38	0.10	0.67	0.00	0.52	0.06	0.04	0.00	0.46	0.24
巴林	0.01	0.00	0.21	0.70	0.08	0.71	0.24	0.00	0.00	0.05
波黑	0.01	0.01	0.07	0.03	0.00	0.14	0.38	0.27	0.77	0.12
白俄罗斯	0.35	0.10	0.16	0.03	0.15	0.28	0.17	0.18	0.14	0.16
不丹	0.01	0.00	0.00	0.00	0.00	0.01	0.07	0.05	0.00	0.16
瑞士	0.44	0.30	0.79	0.60	0.08	0.42	0.56	0.51	0.58	0.15
埃及	0.29	0.02	0.68	0.03	0.33	0.15	0.03	0.00	0.02	0.07
欧盟	0.77	0.24	0.36	0.90	0.59	0.76	0.65	0.86	0.33	0.58
英国	0.41	0.30	0.21	0.53	0.36	0.89	0.28	0.66	0.13	0.58
格鲁吉亚	0.03	0.35	0.26	0.03	0.05	0.07	0.02	0.01	0.05	0.05
印度	0.78	0.26	0.20	0.59	0.03	0.35	0.71	0.08	0.16	0.33
伊朗	0.47	0.01	0.13	0.02	0.02	0.57	0.06	0.00	0.00	0.10
伊拉克	0.09	0.00	0.22	0.00	0.00	0.00	0.00	0.00	0.00	0.07
冰岛	0.06	0.03	0.17	0.00	0.01	0.44	0.63	0.12	0.08	0.03
以色列	0.39	0.60	0.84	0.24	0.77	0.85	0.54	0.81	0.20	0.19
约旦	0.00	0.01	0.60	0.00	0.09	0.89	0.00	0.00	0.01	0.12
哈萨克斯坦	0.33	0.28	0.01	0.04	0.11	0.40	0.87	0.00	0.00	0.27
吉尔吉斯斯坦	0.06	0.21	0.10	0.42	0.08	0.01	0.03	0.00	0.00	0.11
科威特	0.00	0.00	0.40	0.00	0.00	0.16	0.00	0.00	0.00	0.05
黎巴嫩	0.00	0.12	0.75	0.00	0.02	0.03	0.01	0.00	0.00	0.06
斯里兰卡	0.35	0.26	0.44	0.01	0.43	0.05	0.05	0.04	0.24	0.15

国家(地区)	SITC (第一版) 分类									
	SITC0	SITC1	SITC2	SITC3	SITC4	SITC5	SITC6	SITC7	SITC8	SITC9
摩尔多瓦	0.21	0.00	0.49	0.00	0.00	0.08	0.03	0.05	0.77	0.07
马尔代夫	0.07	0.00	0.02	0.03	0.00	0.00	0.00	0.01	0.00	0.08
马其顿	0.15	0.10	0.56	0.01	0.00	0.23	0.31	0.20	0.78	0.12
黑山	0.00	0.28	0.13	0.00	0.00	0.00	0.00	0.01	0.00	0.15
蒙古	0.43	0.04	0.01	0.13	0.03	0.10	0.19	0.00	0.02	0.13
挪威	0.21	0.51	0.10	0.24	0.20	0.29	0.80	0.85	0.29	0.07
尼泊尔	0.00	0.00	0.33	0.00	0.03	0.06	0.17	0.00	0.01	0.40
阿曼	0.10	0.00	0.18	0.01	0.10	0.33	0.35	0.00	0.00	0.05
巴基斯坦	0.74	0.15	0.84	0.32	0.03	0.08	0.57	0.00	0.07	0.25
巴勒斯坦	0.00	0.00	0.19	0.00	0.00	0.01	0.05	0.00	0.00	0.03
卡塔尔	0.00	0.00	0.15	0.02	0.00	0.20	0.08	0.00	0.00	0.03
俄罗斯	0.92	0.51	0.05	0.02	0.23	0.74	0.63	0.06	0.02	0.41
沙特	0.02	0.54	0.22	0.00	0.32	0.18	0.02	0.01	0.00	0.08
塞尔维亚	0.25	0.15	0.08	0.13	0.16	0.14	0.23	0.14	0.12	0.26
叙利亚	0.00	0.01	0.50	0.00	0.26	0.02	0.00	0.00	0.00	0.29
塔吉克斯坦	0.04	0.00	0.06	0.00	0.00	0.01	0.09	0.00	0.00	0.12
土库曼斯坦	0.07	0.00	0.19	0.00	0.00	0.34	0.07	0.00	0.01	0.01
土耳其	0.63	0.51	0.31	0.31	0.64	0.36	0.17	0.06	0.23	0.43
乌克兰	0.25	0.44	0.03	0.11	0.06	0.23	0.19	0.09	0.03	0.11
乌兹别克斯坦	0.39	0.01	0.07	0.09	0.00	0.78	0.42	0.01	0.00	0.13
也门	0.01	0.00	0.51	0.00	0.00	0.35	0.01	0.00	0.00	0.16

附表4　2009—2018 年中国与丝绸之路沿线国家（地区）的 GLT

国家（地区）	年份									
	2009	2010	2011	2012	2013	2014	2015	2016	2017	2018
阿富汗	0.01	0.01	0.01	0.02	0.06	0.01	0.04	0.02	0.01	0.07
阿尔巴尼亚	0.02	0.02	0.03	0.02	0.04	0.04	0.05	0.04	0.05	0.06
阿联酋	0.08	0.09	0.08	0.08	0.08	0.08	0.08	0.09	0.14	0.15
亚美尼亚	0.04	0.04	0.03	0.02	0.04	0.05	0.04	0.05	0.06	0.07
阿塞拜疆	0.06	0.02	0.02	0.03	0.06	0.08	0.07	0.05	0.10	0.13
孟加拉国	0.04	0.05	0.08	0.10	0.11	0.12	0.11	0.11	0.11	0.11
巴林	0.51	0.32	0.25	0.24	0.23	0.16	0.11	0.14	0.23	0.15
波黑	0.37	0.38	0.54	0.44	0.23	0.13	0.33	0.37	0.34	0.35
白俄罗斯	0.32	0.17	0.23	0.19	0.23	0.15	0.12	0.14	0.22	0.27
不丹	0.03	0.02	0.01	0.00	0.00	0.02	0.08	0.05	0.06	0.00
瑞士	0.55	0.30	0.24	0.26	0.12	0.14	0.52	0.53	0.49	0.33
埃及	0.06	0.06	0.07	0.06	0.05	0.03	0.04	0.04	0.07	0.07
欧盟	0.65	0.65	0.68	0.71	0.72	0.73	0.67	0.68	0.73	0.75
英国	0.35	0.39	0.43	0.46	0.48	0.51	0.41	0.40	0.44	0.46
格鲁吉亚	0.05	0.05	0.02	0.02	0.02	0.04	0.04	0.04	0.05	0.06
印度	0.23	0.22	0.26	0.32	0.35	0.35	0.32	0.27	0.31	0.32
伊朗	0.09	0.09	0.07	0.08	0.09	0.09	0.11	0.12	0.15	0.14
伊拉克	0.01	0.00	0.00	0.00	0.00	0.00	0.00	0.00	0.00	0.00
冰岛	0.16	0.22	0.11	0.25	0.19	0.14	0.14	0.19	0.17	0.16
以色列	0.59	0.67	0.59	0.59	0.59	0.58	0.49	0.56	0.64	0.66
约旦	0.11	0.14	0.15	0.16	0.09	0.15	0.12	0.13	0.18	0.13
哈萨克斯坦	0.31	0.22	0.18	0.21	0.21	0.24	0.32	0.35	0.25	0.23
吉尔吉斯斯坦	0.01	0.01	0.01	0.01	0.02	0.01	0.02	0.01	0.01	0.01
科威特	0.02	0.02	0.02	0.01	0.02	0.02	0.02	0.02	0.04	0.03
黎巴嫩	0.02	0.03	0.02	0.02	0.02	0.02	0.01	0.02	0.02	0.05
斯里兰卡	0.05	0.07	0.07	0.07	0.08	0.10	0.10	0.11	0.13	0.14

国家(地区)	年份									
	2009	2010	2011	2012	2013	2014	2015	2016	2017	2018
摩尔多瓦	0.07	0.12	0.18	0.18	0.22	0.28	0.26	0.31	0.35	0.31
马尔代夫	0.01	0.00	0.00	0.00	0.01	0.01	0.00	0.00	0.00	0.01
马其顿	0.25	0.14	0.15	0.15	0.21	0.30	0.26	0.45	0.52	0.42
黑山	0.02	0.01	0.01	0.01	0.02	0.01	0.01	0.04	0.03	0.04
蒙古	0.05	0.03	0.03	0.02	0.07	0.06	0.09	0.12	0.10	0.08
挪威	0.65	0.64	0.54	0.56	0.59	0.45	0.56	0.51	0.45	0.42
尼泊尔	0.02	0.03	0.02	0.03	0.03	0.03	0.06	0.05	0.04	0.04
阿曼	0.05	0.02	0.03	0.03	0.02	0.03	0.05	0.06	0.06	0.07
巴基斯坦	0.36	0.37	0.38	0.45	0.41	0.32	0.26	0.19	0.18	0.22
巴勒斯坦	0.06	0.03	0.04	0.02	0.00	0.00	0.01	0.01	0.00	0.01
卡塔尔	0.09	0.05	0.05	0.03	0.03	0.03	0.05	0.05	0.07	0.06
俄罗斯	0.32	0.24	0.21	0.17	0.16	0.14	0.23	0.21	0.16	0.15
沙特	0.02	0.03	0.02	0.03	0.03	0.03	0.04	0.05	0.08	0.07
塞尔维亚	0.08	0.07	0.16	0.09	0.06	0.10	0.17	0.17	0.28	0.28
叙利亚	0.01	0.03	0.02	0.01	0.01	0.00	0.01	0.01	0.00	0.00
塔吉克斯坦	0.25	0.04	0.01	0.01	0.01	0.01	0.01	0.01	0.01	0.02
土库曼斯坦	0.03	0.02	0.01	0.01	0.01	0.01	0.00	0.01	0.00	0.00
土耳其	0.17	0.16	0.18	0.18	0.16	0.16	0.15	0.17	0.19	0.22
乌克兰	0.36	0.13	0.11	0.07	0.04	0.08	0.07	0.08	0.08	0.09
乌兹别克斯坦	0.13	0.18	0.22	0.22	0.18	0.21	0.32	0.32	0.31	0.25
也门	0.02	0.02	0.02	0.01	0.01	0.01	0.01	0.02	0.02	0.01

附表 5　2009—2018 年中国出口与丝绸之路沿线国家(地区)进口的
综合贸易互补性

国家(地区)	年份									
	2009	2010	2011	2012	2013	2014	2015	2016	2017	2018
阿富汗	0.22	0.22	0.18	0.10	0.11	0.15	0.29	0.38	0	0.78
阿尔巴尼亚	0.97	0.94	0.93	0.89	0.93	0.58	0.84	0.84	0.72	0.69
阿联酋	0	0	0	1.22	1.13	0.77	0.73	0.79	1.17	1.18
亚美尼亚	0.89	0.86	0.85	0.80	0.82	0.85	0.80	0.85	0.89	0.97
阿塞拜疆	1.11	1.08	1.18	1.14	1.13	1.08	1.00	1.04	0.96	1.01
孟加拉国	0.81	0.87	0.88	0.86	0.90	0	0.85	0	0	0
巴林	0.65	0.65	0.63	0.82	0.63	0.66	0.80	0.85	0.85	0.81
波黑	0.90	0.86	0.87	0.85	0.88	0.92	0.90	0.92	0.91	0.93
白俄罗斯	0.64	0.67	0.62	0.67	0.78	0.73	0.67	0.73	0.76	0.78
不丹	0.88	0.95	0.98	0.88	0	0	0	0	0	0
瑞士	1.14	1.17	1.20	1.18	1.20	1.19	1.15	1.13	1.16	1.19
埃及	0.89	0.85	0.79	0.75	0.79	0.82	0.81	0.82	0.80	0.83
欧盟	0.99	0.99	1.01	0.97	0.98	0.99	0.98	1.00	1.00	1.01
英国	0.88	1.02	1.03	0.97	1.06	1.10	1.07	1.07	1.06	1.06
格鲁吉亚	0.79	0.88	0.95	0.97	0.94	0.94	0.87	0.91	0.92	0.92
印度	0.72	0.69	0.68	0.62	0.61	0.62	0.70	0.74	0.76	0.74
伊朗	0	0.95	0.87	0	0.92	0.94	0	0.91	0.90	0
伊拉克	0	0	0	0	0	0.94	0	0	0	0
冰岛	0.95	0.96	0.99	0.98	0.93	0.95	0.93	0.99	1.01	0.98
以色列	0.99	1.00	1.03	0.97	1.00	1.02	1.03	1.06	1.04	1.04
约旦	0.87	0.84	0.78	0.71	0.80	0.76	0.82	0.86	0.86	0.82
哈萨克斯坦	1.07	1.09	1.11	1.10	1.12	1.16	1.07	1.03	1.03	1.04
吉尔吉斯斯坦	0.73	0.81	0.88	0.91	0.91	0.90	0.86	1.03	1.01	1.03
科威特	0	1.21	1.23	0	1.26	1.22	1.14	1.14	1.13	1.15
黎巴嫩	0.90	0.89	0.86	0.79	0.85	0.83	0.82	0.83	0.83	0.85
斯里兰卡	0.84	0.89	0.90	0.89	0.87	0.86	0.92	0.96	0.91	0

附表5（续）

国家（地区）	年份									
	2009	2010	2011	2012	2013	2014	2015	2016	2017	2018
摩尔多瓦	0.85	0.88	0.90	0.87	0.88	0.88	0.86	0.90	0.94	0.95
马尔代夫	0.12	0.52	0.86	0.30	0.28	0.76	0.85	0.91	0.88	0.89
马其顿	0.85	0.89	0.88	0.85	0.93	0.98	0.98	1.02	1.00	1.02
黑山	0.94	0.94	0.89	0.90	0.94	0.94	0.93	0.97	0.94	0.98
蒙古	0	0	0	0	0.95	0.91	0.86	0.88	0.88	0.92
挪威	1.16	1.15	1.17	1.17	1.17	1.17	1.10	1.10	1.09	1.08
尼泊尔	0.86	0.87	0.84	0.80	0.78	0.82	0.86	0.88	0.88	0
阿曼	1.07	1.07	1.05	0.75	0.91	1.07	0.97	0.98	0.88	1.04
巴基斯坦	0.66	0.64	0.61	0.59	0.64	0.66	0.71	0.75	0.75	0.72
巴勒斯坦	0.67	0.69	0.71	0.69	0.67	0.66	0.73	0.76	0.78	0.78
卡塔尔	0	1.21	0	0	1.25	1.23	1.13	1.10	1.12	1.16
俄罗斯	1.01	1.07	1.10	1.21	1.20	1.17	1.06	1.10	1.13	1.12
沙特	1.15	1.15	1.19	1.19	1.19	1.16	1.07	1.02	1.03	1.04
塞尔维亚	0.76	0.75	0.87	0.87	0.92	0.87	0.86	0.81	0.82	0.86
叙利亚	0.77	0.76	0	0	0	0	0	0	0	0
土耳其	0.86	0.87	0.87	0.82	0.87	0.86	0.87	0.93	0.90	0.86
乌克兰	0.70	0.73	0.75	0.79	0.81	0.77	0.72	0.82	0.85	0.87
也门	0.79	0.74	0.68	0.61	0.60	0.89	0.69	0	0	0

附表6 2009—2018年丝绸之路沿线国家(地区)出口与中国进口的贸易互补性

国家(地区)	年份									
	2009	2010	2011	2012	2013	2014	2015	2016	2017	2018
阿富汗	0.74	0.98	1.14	0.86	1.30	0.99	1.14	1.22	0	1.25
阿尔巴尼亚	1.15	1.16	1.13	1.11	1.06	1.13	0.84	0.99	0.62	0.52
阿联酋	0	0	0	0.99	1.09	1.05	0.58	0.58	0.75	0.93
亚美尼亚	1.40	1.47	1.41	1.32	1.28	1.26	1.49	1.43	1.64	1.39
阿塞拜疆	0.91	0.89	0.90	0.99	0.91	0.99	1.09	1.16	1.36	1.48
孟加拉国	0.79	0.80	0.75	0.74	0.69	0	0.70	0	0	0
巴林	1.00	1.08	1.23	1.15	0.93	1.04	1.02	1.17	1.27	1.32
波黑	1.12	1.09	1.12	1.10	1.09	1.09	1.06	1.05	1.04	1.01
白俄罗斯	0.92	0.88	0.90	0.93	0.89	0.91	0.94	0.94	0.99	1.02
不丹	1.03	0.98	0.94	0.98	0	0	0	0	0	0
瑞士	0.92	0.91	0.90	0.87	0.87	0.86	0.88	0.88	0.85	0.82
埃及	0.98	0.91	0.91	0.94	0.88	0.90	0.94	0.93	0.96	1.00
欧盟	0.96	0.96	0.96	0.95	0.95	0.95	0.96	0.96	0.95	0.94
英国	0.88	0.93	0.95	0.97	0.98	0.97	0.97	0.98	0.97	0.97
格鲁吉亚	1.34	1.26	1.21	0.99	1.00	1.06	1.21	1.29	1.30	1.22
印度	0.99	0.99	0.93	0.92	0.89	0.90	0.92	0.92	0.93	0.95
伊朗	0	0.89	0.90	0	0.93	0.98	0	1.12	1.29	0
伊拉克	0	0	0	0	0	1.01	0	0	0	0
冰岛	0.67	0.62	0.59	0.60	0.60	0.65	0.66	0.66	0.65	0.66
以色列	0.99	0.94	0.89	0.88	0.87	0.89	0.91	0.90	0.89	0.87
约旦	1.05	0.99	1.07	1.03	0.92	0.94	1.00	1.01	0.96	0.92
哈萨克斯坦	1.05	1.00	1.05	1.08	1.00	1.08	1.15	1.17	1.34	1.43
吉尔吉斯斯坦	0.72	0.80	0.98	1.09	0.96	0.91	0.96	1.21	1.50	1.55
科威特	0	0.91	0.92	0	0.92	1.00	1.13	1.17	1.36	1.48
黎巴嫩	1.02	1.04	1.12	1.04	1.07	0.94	0.96	0.94	1.01	0.99
斯里兰卡	0.77	0.76	0.74	0.72	0.68	0.70	0.75	0.73	0.73	0

国家(地区)	年份									
	2009	2010	2011	2012	2013	2014	2015	2016	2017	2018
摩尔多瓦	0.86	0.90	1.05	0.89	0.95	0.91	1.04	1.04	1.04	0.99
马尔代夫	0.32	0.39	0.38	0.38	0.40	0.44	0.55	0.51	0.50	0.54
马其顿	0.63	0.95	0.92	0.91	0.91	0.94	0.98	0.98	1.01	0.98
黑山	1.07	1.12	1.12	1.15	1.19	1.25	1.34	1.46	1.62	1.42
蒙古	0	0	0	0	2.39	2.79	2.94	2.69	2.48	2.41
挪威	0.90	0.87	0.90	0.98	0.93	0.98	1.02	1.02	1.15	1.26
尼泊尔	0.89	0.81	0.77	0.73	0.76	0.77	0.73	0.74	0.73	0
阿曼	0.79	0.82	0.90	1.04	1.03	1.02	1.11	1.13	1.28	1.38
巴基斯坦	0.82	0.78	0.75	0.77	0.73	0.75	0.74	0.71	0.71	0.69
巴勒斯坦	0.90	0.94	0.81	1.01	1.09	0.91	0.89	0.83	0.87	0.93
卡塔尔	0	0.86	0	0	0.98	1.04	1.03	1.16	1.36	1.47
俄罗斯	0.91	0.90	0.96	1.03	0.98	1.04	1.09	1.02	1.12	1.19
沙特	0.92	0.90	0.91	1.00	0.91	0.99	1.10	1.13	0.35	0.42
塞尔维亚	0.87	0.87	0.89	0.88	0.92	0.89	0.90	0.90	0.89	0.87
叙利亚	0.82	0.86	0	0	0	0	0	0	0	0
土耳其	0.93	0.90	0.87	0.87	0.88	0.88	0.89	0.89	0.90	0.87
乌克兰	1.10	1.08	1.08	1.03	1.08	1.11	1.13	1.09	1.13	1.08
也门	0.89	0.87	0.88	0.97	0.93	0.90	0.77	0	0	0

附表7 2009—2018年中国出口与丝绸之路沿线国家(地区)进口分类产品的
RCA均值

国家(地区)	SITC（第一版）分类									
	SITC0	SITC1	SITC2	SITC3	SITC4	SITC5	SITC6	SITC7	SITC8	SITC9
阿富汗	0.81	0.27	0.03	0.23	0.99	0.13	0.90	0.39	0.85	0.33
阿尔巴尼亚	0.78	0.55	0.09	0.09	0.08	0.46	2.09	0.67	1.79	0.12
阿联酋	0.37	0.15	0.06	0.04	0.03	0.34	1.62	1.32	2.21	0.14
亚美尼亚	0.94	0.70	0.09	0.18	0.10	0.54	1.99	0.77	1.61	0.01
阿塞拜疆	0.77	0.67	0.11	0.03	0.11	0.48	2.07	1.55	1.36	0.01
孟加拉国	0.61	0.01	0.41	0.07	0.67	0.53	2.71	0.85	0.87	0.00
巴林	0.53	0.27	0.26	0.32	0.03	0.39	0.99	0.96	1.20	0.00
波黑	0.90	0.52	0.10	0.15	0.09	0.63	2.25	0.76	1.59	0.00
白俄罗斯	0.57	0.16	0.16	0.31	0.04	0.51	1.46	0.79	0.88	0.03
不丹	0.73	0.17	0.32	0.12	0.13	0.22	2.29	1.27	0.86	0.00
瑞士	0.31	0.21	0.06	0.06	0.02	1.12	1.47	1.02	4.06	0.00
埃及	1.05	0.12	0.31	0.15	0.19	0.61	1.99	0.88	0.76	0.00
欧盟	0.50	0.18	0.16	0.12	0.06	0.69	1.35	1.23	2.20	0.02
英国	0.52	0.27	0.10	0.10	0.03	0.57	1.14	1.26	2.82	0.05
格鲁吉亚	0.73	0.46	0.17	0.16	0.07	0.49	1.58	1.04	1.86	0.02
印度	0.13	0.02	0.25	0.33	0.26	0.55	1.55	0.80	0.71	0.02
伊朗	1.03	0.09	0.21	0.01	0.25	0.64	1.84	1.28	0.72	0.07
伊拉克	0.42	0	0.12	0.13	0	0.25	3.52	1.08	0.43	0.00
冰岛	0.58	0.22	0.08	0.13	0.07	0.93	1.14	1.23	1.93	0.00
以色列	0.42	0.13	0.09	0.14	0.03	0.56	2.22	1.20	1.74	0.01
约旦	1.07	0.18	0.08	0.20	0.09	0.52	1.61	0.84	1.31	0.01
哈萨克斯坦	0.56	0.23	0.11	0.08	0.05	0.57	1.99	1.48	1.70	0.00
吉尔吉斯斯坦	0.73	0.47	0.08	0.16	0.12	0.52	1.88	0.84	2.12	0.03
科威特	0.93	0.20	0.07	0.01	0.06	0.54	1.70	1.53	2.64	0.00
黎巴嫩	0.93	0.36	0.10	0.22	0.09	0.60	1.55	0.81	1.74	0.00

国家（地区）	SITC（第一版）分类									
	SITC0	SITC1	SITC2	SITC3	SITC4	SITC5	SITC6	SITC7	SITC8	SITC9
斯里兰卡	0.79	0.11	0.10	0.16	0.09	0.49	2.79	0.88	0.86	0.00
摩尔多瓦	0.69	0.54	0.10	0.13	0.03	0.66	1.99	0.82	1.82	0.04
马尔代夫	1.20	0.44	0.22	0.18	0.06	0.33	1.42	0.90	1.73	0.00
马其顿	0.65	0.21	0.15	0.12	0.09	0.57	3.26	0.75	1.18	0.01
黑山	1.31	0.68	0.05	0.12	0.07	0.56	1.62	0.81	2.38	0.00
蒙古	0.55	0.42	0.02	0.26	0.07	0.42	1.70	1.25	0.99	0.00
挪威	0.43	0.24	0.23	0.05	0.10	0.51	1.53	1.52	2.65	0.01
尼泊尔	0.73	0.15	0.20	0.15	0.38	0.54	2.23	0.84	1.10	0.00
阿曼	0.68	0.23	0.16	0.08	0.10	0.50	1.77	1.42	1.22	0.03
巴基斯坦	0.35	0.01	0.38	0.27	0.45	0.74	1.16	0.85	0.59	0.00
巴勒斯坦	1.31	0.86	0.08	0.24	0.06	0.41	1.80	0.55	1.05	0.01
卡塔尔	0.56	0.16	0.18	0.01	0.03	0.44	1.65	1.69	2.31	0.02
俄罗斯	0.70	0.28	0.11	0.01	0.06	0.65	1.21	1.68	2.12	0.02
沙特	0.90	0.15	0.10	0.01	0.07	0.49	1.71	1.66	1.76	0.02
塞尔维亚	0.36	0.21	0.17	0.13	0.03	0.69	1.82	0.93	1.33	0.10
叙利亚	1.19	0.33	0.27	0.13	0.11	0.54	2.28	0.77	0.36	0.00
土耳其	0.21	0.06	0.34	0.08	0.08	0.66	1.71	1.16	1.14	0.10
乌克兰	0.46	0.28	0.15	0.26	0.05	0.73	1.41	0.91	1.11	0.00
也门	2.04	0.27	0.05	0.11	0.22	0.35	1.28	0.75	0.93	0.04

附表 8　2009—2018 年丝绸之路沿线国家(地区)出口与中国进口分类产品的
RCA 均值

国家(地区)	SITC (第一版) 分类									
	SITC0	SITC1	SITC2	SITC3	SITC4	SITC5	SITC6	SITC7	SITC8	SITC9
阿富汗	2.06	0.04	18.92	0.94	0.00	0.00	0.75	0.01	0.00	10.19
阿尔巴尼亚	0.34	0.12	8.97	0.90	0.12	0.06	1.19	0.09	1.69	2.42
阿联酋	0.11	0.30	0.74	2.64	0.17	0.20	0.49	0.43	0.35	5.87
亚美尼亚	0.40	7.72	25.14	0.42	0.01	0.14	1.66	0.12	0.42	0.09
阿塞拜疆	0.19	0.07	0.27	8.15	1.03	0.09	0.06	0.02	0.01	0.06
孟加拉国	0.16	0.10	1.70	0.09	0.09	0.05	0.49	0.04	4.83	0.05
巴林	0.15	0.27	6.38	4.48	0.01	0.33	1.02	0.25	0.23	0.05
波黑	0.35	0.29	9.81	0.84	1.85	0.68	1.40	0.43	1.19	0.44
白俄罗斯	0.77	0.19	2.32	2.49	0.58	1.24	0.74	0.49	0.32	0.65
不丹	0.29	0.24	7.34	1.26	0.11	0.62	2.77	0.00	0.49	0.00
瑞士	0.16	0.45	0.79	0.15	0.03	3.16	0.46	0.64	1.34	0.32
埃及	0.95	0.19	4.46	2.12	1.40	1.29	1.09	0.21	0.51	0.10
欧盟	0.44	0.56	2.59	0.44	0.80	1.31	0.76	1.21	0.63	0.50
英国	0.24	0.92	2.10	0.87	0.29	1.36	0.53	1.11	0.68	1.16
格鲁吉亚	0.74	5.52	15.18	0.32	0.49	0.88	0.95	0.68	0.24	0.17
印度	0.55	0.16	3.97	1.30	0.68	1.08	1.36	0.50	0.81	0.25
伊朗	0.34	0.01	2.12	5.84	0.12	0.85	0.35	0.04	0.06	0.49
伊拉克	0.00	0	0.02	6.34	0	0.00	0.00	0.00	0.00	0.00
冰岛	2.46	0.12	1.40	0.14	3.75	0.19	2.27	0.18	0.11	0.09
以色列	0.16	0.03	1.51	0.12	0.10	2.09	1.75	0.87	0.41	0.16
约旦	0.93	0.51	7.73	0.04	0.48	2.50	0.51	0.36	1.25	0.04
哈萨克斯坦	0.20	0.09	5.35	6.08	0.17	0.37	0.77	0.05	0.02	0.00
吉尔吉斯斯坦	1.15	1.09	12.30	0.97	0.03	0.17	0.55	0.52	0.85	0.84
科威特	0.04	0.02	0.25	8.63	0.02	0.32	0.03	0.06	0.03	0.01
黎巴嫩	1.10	1.34	9.03	0.14	2.05	1.24	1.02	0.54	0.77	0.11

国家（地区）	SITC（第一版）分类									
	SITC0	SITC1	SITC2	SITC3	SITC4	SITC5	SITC6	SITC7	SITC8	SITC9
斯里兰卡	1.36	0.40	3.50	0.11	0.80	0.13	0.76	0.19	2.69	0.03
摩尔多瓦	1.38	3.85	9.92	0.06	5.81	0.48	0.48	0.49	1.25	0.00
马尔代夫	5.73	0.00	1.96	0.00	0.09	0.00	0.00	0.01	0.00	0.00
马其顿	0.45	1.88	5.46	0.24	0.58	1.45	1.08	0.55	1.07	0.06
黑山	0.50	2.63	17.34	1.33	0.87	0.34	1.97	0.27	0.13	0.10
蒙古	0.10	0.04	58.50	4.03	0.01	0.00	0.11	0.05	0.04	0.00
挪威	0.51	0.03	1.48	5.41	0.30	0.25	0.43	0.31	0.14	0.58
尼泊尔	1.26	0.42	4.50	0.00	0.61	0.46	2.66	0.03	0.87	0.25
阿曼	0.15	0.16	1.76	6.25	0.83	0.56	0.27	0.12	0.04	1.17
巴基斯坦	1.05	0.05	3.16	0.19	0.88	0.36	2.05	0.06	1.77	0.04
巴勒斯坦	0.92	1.76	8.35	0.02	6.06	0.48	1.92	0.13	1.24	0.11
卡塔尔	0.00	0.00	0.38	8.89	0.00	0.19	0.03	0.04	0.01	1.41
俄罗斯	0.19	0.10	3.45	5.20	0.73	0.40	0.64	0.14	0.05	0.85
沙特	0.07	0.03	0.39	4.81	0.17	0.90	0.10	0.08	0.03	0.71
塞尔维亚	0.91	1.12	3.91	0.29	2.48	0.76	1.33	0.79	0.65	0.26
叙利亚	0.86	0.40	3.51	2.79	2.23	0.55	0.68	0.10	0.48	0.00
土耳其	0.56	0.34	2.86	0.29	1.09	0.47	1.48	0.93	1.04	0.25
乌克兰	1.17	0.48	11.59	0.26	12.56	0.55	1.69	0.48	0.21	0.10
也门	0.98	0.24	0.62	4.09	0.70	0.26	0.09	0.26	0.02	0.48

数据来源：联合国 UNCOMTRADE 数据库。

后记

在本书付梓之际，首先要感谢中国社会科学院俄罗斯东欧中亚研究所的徐坡岭教授。在 2017 年申报国家社科基金项目期间，徐教授从课题选题、修改到申报书定稿等各方面都给予了笔者许多有益的指导，最终使得该课题成功立项。感谢新疆财经大学国际经贸学院的领导和同事，马远教授、柴利教授、段秀芳教授等对课题申报和出版专著等工作都给予了大力支持。

本书也是近年来笔者在指导研究生过程中发表的相关论文成果的合集。这些硕士研究生包括：2017 级世界经济专业硕士祝学军，2018 级国际商务专业硕士王娟，2019 级国际商务专业硕士甘山亮、崔晓梦、舒展、郭婉茹，2019 级国际贸易学专业硕士王文倩。特别是，祝学军、王文倩同学的论文还分别获得了新疆财经大学校级优秀硕士毕业论文奖。本书的成果也充分体现了一名硕士生导师从事科研、教学及人才培养的良性循环机制的巨大作用。

本书的成果虽然凝结了笔者多年的研究积累，但受限于笔者的学识水平及经验阅历，本书的研究还比较初步并存在许多不足之处。"路漫漫其修远兮，吾将上下而求索"，笔者将沿着这一研究方向继续努力探索。

赵青松

2022 年 9 月